Gottfried Orth

Gottes und der Menschen Genossin

Marie Veit – Bibelwissenschaftlerin, Religionspädagogin, Sozialistin

Eine Werk-Biographie
Mit einem Geleitwort von Fulbert Steffensky

Gottfried Orth

Gottes und der Menschen Genossin

Marie Veit – Bibelwissenschaftlerin, Religionspädagogin, Sozialistin

Eine Werk-Biographie
Mit einem Geleitwort von Fulbert Steffensky

Edition ITP-Kompass, Bd. 35.[illegible]
Münster 2021

Bibliographische Information der Deutschen Bibliothek:
Die Deutsche Nationalbibliothek verzeichnet diese Publikation in der Deutschen Nationalbibliographie; detaillierte bibliographische Daten sind im Internet über http://dnb.dnb.de abrufbar.

Gottfried Orth

Gottes und der Menschen Genossin

Marie Veit – Bibelwissenschaftlerin, Religionspädagogin, Sozialistin

www.itpol.de

Satz und Layout: David Hellgermann
Umschlaggestaltung: David Hellgermann

Druck: Books on Demand GmbH, Norderstedt

ISBN: 978-3-98198-459-0

Inhalt

Zum Geleit 11
Einführung 15

I. Biographisches 23
1. Aus Kindheit und Jugend 24
2. Vom Leben und Studieren unter dem Nationalsozialismus 31
3. Kriegsende und Dissertation bei Rudolf Bultmann 41
4. Religionslehrerin in Köln 45
5. »Genossin Professorin« 51
6. Christ*innen für den Sozialismus 54
7. Reisen und Auslandsaufenthalte 67
7.1 Forschungssemester in Paris bei der Mission Populaire 67
7.2 Als Gastdozentin in Sao Leopoldo, Brasilien 70
7.3 Reise in die Sowjetunion – zu orthodoxen Kirchen 74
7.4 Mit einer Delegation der Friedensbewegung in China 77
7.5 Reise mit dem Verein »Zeichen der Hoffnung« nach Polen 81
7.6 Reise nach Israel 85

II. Schriften aus der Zeit als Religionslehrerin (1966 – 1972) 89
1. Biblische Theologin, Systematische Theologin, Religionslehrerin und -pädagogin 90
2. Fragen des Studiums weiter bedenken und neue Themen entdecken 91
2.1 »Zwei verschiedene Hermeneutiken lagen miteinander im Streit« 91
2.2 Das Politische Nachtgebet und Texte in seinem thematischen Umfeld 97
2.3 Der »Charme, die zauberhafte Kraft der herzlichen Zuwendung Gottes« 111
2.4 Zum biblischen Unterricht 115

2.5 »Gott ist ›immer‹ gerade ›heute‹ Gott« –
Lebensthemen sind deutlich geworden 119

**III. Schriften aus der Zeitals Professorin
und über die Emeritierung hinaus (1972-2003) 123**
1. Eher biblisch-theologische Texte 125
1.1 Predigten und Meditationen 125
1.2 Biblisch-theologische Aufsätze 136
2. Eher religionsdidaktische und religionspädagogische Texte 140
2.1 Lebens- und Glaubenserfahrungen derer »unten« 142
2.2 Zur Praxistheorie des Religionsunterrichtes 146
2.3 »Bibelunterricht kann das Interessanteste sein« 154
2.4 (Sozial-)Ethische Überlegungen zum
Religionsunterricht in der Marktgesellschaft 162
2.5 Gefährliche Erinnerungen erzählen 168
2.6 Politische Alphabetisierung 169
2.7 Zwei akademische Resümees 172
3. Eher systematisch-theologische Texte 179
3.1 Glaubenshindernisse in der Marktgesellschaft 182
3.2 »Was ›unten‹ geglaubt wird, wird wirklich geglaubt« 184
3.3 Der »Widerstand der Christen« – Theo- und Anthropologie 188
3.4 »Gnade als anmutvolle, den Menschen
erfreuende Zuwendung Gottes« 206
3.5 »Dein Wille geschehe« – eine eschatologische,
auf Veränderung zielende Bitte 210
3.6 »... damit Kirche mehr Kirche werde,
als sie heute ist« – Zur Ekklesiologie 210
3.7 »Vision und Analyse« – Sozialethische Themen 216
3.8 »Theologie steckt in den Ereignissen drin« –
Politische Texte der Theologin 223
3.9 Zwischenrufe 228

IV. »Menschenwürde hochhalten« – Grundzüge der Theologie Marie Veits **233**
1. Das Unendliche ist da 235
2. Zur Gliederung der folgenden Überlegungen 238
3. Der »neue Mensch« 240
4. »Dein Wille geschehe wie im Himmel so auf Erden« 244
5. Das »Fest der freien Menschen« feiern 247
6. »Gott wendet sich mit Charme dem Menschen zu« 250
7. Die Schätze kommen unters Volk, die Gnade kann sich erneut inkarnieren 252
8. »Das Recht aller Menschen auf Leben und Freiheit von Angst« 254
9. Religionsunterricht als zuhörendes Unterrichten - fünf Überlegungen 256

V. Marie Veit – ein Porträt **265**
1. Die Sozialisation in Kindheit und Jugend 267
2. Das Theologiestudium 271
3. Die Tätigkeit als Religionslehrerin 273
4. Die Arbeit an religionspädagogischen Konzepten 277
5. Die Tätigkeit als Professorin 279
6. Politisches Nachtgebet und die Auswirkungen auf den Religionsunterricht 281
7. Christlicher Glaube im Widerstand 283
8. Marie Veits Definition des Sündenbegriffs 286
9. Kritik am Jenseitsbegriff 288
10. Ihr Engagement dafür, dass »eine andere Welt möglich ist« 290
11. Die letzten Lebensjahre 293

Marie Veit: Schriftenverzeichnis **299**
Unveröffentlichte, bisher nicht auffindbare Schriften 310
Über Marie Veit 310

Zum Geleit

Fulbert Steffensky

Marie Veit - Eine Lehrerin, eine Christin, ein Mensch

Am Pfingstmontag 1947 schrieb eine 17-jährige Schülerin aus Köln über ihre neue Religionslehrerin in ihr Tagebuch: „Ein Mensch, eine Religionslehrerin trat auf, ein Christ, aber doch ein Mensch. Es war unerhört, und ich staunte sie an, wie sie vom Leben sprach und von der Existenz, und wie sie es nicht leicht nahm ... und doch fröhlichen Herzens war." Der Name der Schülerin: Dorothee Sölle. Der Name der Lehrerin: Marie Veit. Im Religionsunterricht behandelte Maria Veit die paulinische Gnadenlehre, die Schülerin geriet in Streit mit der Lehrerin und behauptete gegen das paulinische Menschenbild Goethes Iphigenie. Die Antwort der Lehrerin: „Seien Sie doch Iphigenie!" Das Erstaunen der Schülerin in ihrem Tagebuch: „Das war kein Spott. ... Sie sagte nicht: ‚Versuchen Sie zu glauben, anders geht es nicht.' Sondern: ‚Gehen Sie ihren Weg. Verwirklichen Sie Ihre Idee vom Adel des Menschseins.'"

Marie Veit: Ein Mensch, eine Christin, eine Lehrerin – drei Bezeichnungen, die sie genau treffen. Eine Lehrerin: Sie war es in der Schule, auf der Kanzel, im Presbyterium ihrer Braunsfelder Kirchgemeinde, in den Gruppen, in denen sie arbeitete, z.B. im Kölner Politischen Nachtgebet. Sie war als Lehrerin eine geduldige Übersetzerin. Sie übersetzte den ungeduldigen und zornigen jungen Menschen die alte Nachricht von der Gnade und dem Recht der Armen aus der Bibel. Sie übersetzte ihrer Kirchengemeinde die Anliegen der Befreiungstheologie und die Interessen eines ungeschändeten Sozialismus. Sie vermittelte den Kirchenleitungen die Anliegen der jungen Pfarrer und Pfarrerinnen. Sie machte die alte und die neue Wahrheit verstehbar. Am deutlichsten wird mir dies in der Art ihres Schreibens. Man kann lesen, was sie geschrieben hat. Das ist nicht selbstverständlich im abstrakten Haus der Universität, wo Verstehbarkeit beinahe ein akademischer Makel ist. Was sie schrieb, war nie eine Demonstration ihrer selbst und ihrer Klugheit. Sie wollte, dass Menschen, junge und alte, etwas verstanden und etwas lernten. Was sie schrieb und sagte, war im besten Sinn einfach, aber fern jeder Banalität. Als Lehrerin und Brückenbauerin hatte sie sozusagen zwei Gesichter: Das eine sah die Menschen, mit denen sie es zu tun hatte und für die sie die Wahrheit auslegte. Sie sah, was diese brauchten und woran sie litten. Was sie lehrte, war aber nie einer inhaltslosen Didaktik ausgeliefert. Ihr anderes Gesicht sah die christliche Tradition in ihrer Schönheit und Wahrheit. Sie liebte die Menschen und vergass darüber gelegentlich die Tradition. Sie liebte die Tradition und vergass darüber gelegentlich die Menschen – eine wundervolle Uneindeutigkeit.

Marie Veit war eine Christin, und sie hat dies nie verleugnet, nicht vor ihren aufbegehrenden Schülerinnen; nicht vor ihren linken Freundinnen und Freunden, denen ihre Liebe zur christlichen Tradition nicht ganz geheuer war. Sie war keine Edelchristin, die sich an den besten Stücken der christlichen Tradition erfreute, sonst aber mit dieser lumpigen Kirche wenig zu tun haben wollte. Sie ging sonntags in die Kirche, sie war Predigthelferin und predigte vor einer bescheidenen Gemeinde. Sie war im Presbyterium und sammelte sonntags die Kollekte ein. Als Christin war sie eine unaufgeregte Bekennerin, eindeutig, identifizierbar und ohne irgendwelche Bekehrungsabsichten. Das war ihre Freiheit, dass sie anderen ihre Freiheit liess, Wege zu gehen, die ihr selbst fremd waren. Sie wollte ihre Schülerin in ihrem Durst nach reinem Menschentum nicht zu ihrer paulinischen Gnadenlehre drängen. Sie sagte: „Seien Sie doch Iphigenie." Die Listige wusste, dass man auch darüber die Kostbarkeit der Gnade lernen kann.

Sie war ein Mensch, so hat ihre Schülerin sie genannt. Sie war es in ihrer Güte. Stets hatte sie eine Anzahl von Schülerinnen, gegenwärtigen und ehemaligen, um die sie besorgt war, denen sie nachging, die sie finanziell förderte und die gelegentlich auch bei ihr wohnten. Die Schule hörte bei ihr nie mit dem letzten Glockenzeichen auf. Sie war nicht verheiratet und hatte keine Kinder. Aber sie hat gesorgt für die Menschen, mit denen sie es zu tun hatte. Sorge – eines der schönsten menschlichen Worte, davon verstand Marie etwas. Da sie ein politischer Mensch war, erschöpfte sich ihre Sorge nicht nur in persönlichen Bereichen. Ihre politische Arbeit und ihre gesellschaftlichen Vorstellungen waren geboren aus dieser Sorge: die Sorge um die Schule, die Kirche, den Frieden, das Wasser. Politik war für sie nie nur Kalkül und Interesse. Ja, das war sie auch. Aber vor allem war es Sorge. Dorothee Sölle hat sie gelegentlich „unsere Rosa Luxemburg" genannt und hat damit den Geist jener Frau gemeint, deren Geist nie im Kalkül erstickte.

Marie Veit war noch in anderer Weise Mensch: Sie lief verwundet durchs Leben. Ihr Vater wurde 1937 als „Vierteljude" aus dem Dienst entlassen und die Familie geriet in finanzielle Not. Die Mutter starb früh, und Marie schlug sich mühsam durch das Studium. Marie stand nicht mit selbstverständlicher Sicherheit im Leben. Sie wusste, was Vertrauen ist. Das hat sie vor allem in ihrem Glauben erfahren. Sie wusste aber auch zu misstrauen. Mit diesem Misstrauen ging sie einem auch gelegentlich auf die Nerven. Wie oft hat sie den Verfassungsschutz als Mithörer bei Telefongesprächen vermutet, Absichten anderer Gruppen misstraut und sich damit das Leben schwer gemacht! Dies sage ich offen, weil ich nicht nur ihre Stärke, sondern auch ihre Wunde ehre. Nur wer die Niederlagen des Lebens erfahren hat, kann wissen, was Niederlagen sind. In einem der Stücke von Thornton Wilder spricht ein Engel: „Ohne deine Wunde, wo bliebe deine Kraft? .... Die Engel selbst vermögen die elenden, irrenden Menschenkinder nicht zu überzeugen, wie ein einziger Mensch es vermag, den die Räder des Lebens gebrochen haben. Im Dienst der Liebe sind nur die verwundeten Krieger tauglich."

Ich frage mich, wo Marie Veit ganz zuhause war. Wir waren oft in politischen und privaten Zusammenhängen mit Marie zusammen, sie war die Patin unserer Tochter Mirjam. Es war trotz der Nähe immer ein Gran Fremdheit dazugemischt. Wir alle wussten: Marie gehört dazu; zu den sozialen und politischen Aktionen. Sie gehörte zu unseren Festen. Marie war unentbehrlich, soweit ein Mensch unentbehrlich sein kann. Aber mit wem sie eng befreundet war, weiss ich nicht. Ich kann die Prise Fremdheit bei und mit diesem wundervollen Menschen nicht ganz verstehen, aber sie war da. Den freundschaftlichen Gefühlen, die wir alle für Marie hatten, war immer ein Teil Verehrung beigemischt. In der Veranstaltungsgruppe des Politischen Nachtgebets ging es oft sehr unverblümt und grob zu. Ich kann mich nicht daran erinnern, dass Marie je so scharf angegriffen wurde wie etwa Dorothee Sölle. Es könnte sein, dass diese Verehrung die Nähe zu Marie gedämpft hat. Vielleicht war sie am meisten bei ihrer Württemberger Freundin Else Grell und ihrer Familie zuhause. Vielleicht hat diese Fremdheit auch damit zu tun, dass Marie nie ein angepasster Mensch war. Sie hat sich weder links noch rechts, weder gesellschaftlich noch kirchlich angepasst. Man sah es an ihrer Kleidung. Sie war immer konventionell-gut gekleidet. Zu Vorlesungen ging sie gekleidet wie zu politischen Versammlungen wie zu Spaziergängen wie zu Freundesbesuchen. Sie war etwas langsamer damit, Menschen das Du zu anzubieten. Sie sprach anders, als es damals polit-üblich war. Sie sprach besonnener, gewählter und überlegter. Die Formbrüche, die damals üblich waren, hat sie nicht mitgemacht. Dorothee Sölle hat einmal von der alten Lehrerin gesagt: „Vielleicht ist Marie doch eine heimliche Nonne." Vielleicht war sie es.

Einführung

„Wie Dorothee Sölle, Luise Schottroff und Helmut Gollwitzer ist Marie Veit eine, ohne die wir nicht geworden wären, die wir sind“, schrieb mir am 23. Februar 2020 Brigitte Kahl, Professorin am Union Theological Seminary in New York, nachdem ich ihr von dieser Publikation kurz erzählt hatte. Wer war Marie Veit? Was hat sie geschrieben? Was bewegt? In unterschiedlicher Intensität formuliere ich in diesem Buch Antworten auf diese drei Fragen. Es wird uns eine fromme und politisch engagierte Frau begegnen, die als Lehrerin und Professorin nicht lediglich lehrte, sondern immer wieder neu, herausgefordert durch die „Tagesordnung der Welt“, lernte.

Marie Veit war 25 Jahre Lehrerin vor allem für Evangelische Religion an einem Mädchen-Gymnasium in Köln, 18 Jahre Professorin für Didaktik des Evangelischen Religionsunterrichtes an der Universität Gießen. Sie gründete und arbeitete in verschiedenen ökumenischen Gruppen in und am Rande der Amtskirche und war gleichzeitig Mitglied in deren Gremien. Sie war für unterschiedliche linke Parteien politisch aktiv; ihr politisches Credo war: „Links sein heißt: das Ergehen der Massen für das Wichtigste zu halten (in Politik und Kirche). Rechts sein heißt: die vorhandenen Privilegien erhalten und ausbauen wollen, weil angeblich nur so die ‚Ordnung‘ aufrechterhalten werden kann.“ Sie war eine „bürgerliche“ Theologin, die sich dem „Abenteuer bürgerlichen Bewusstseins“ gestellt hatte und Sozialistin wurde. So war sie von 1986 bis zu ihrem Tod Mitherausgeberin der „Blätter für deutsche und internationale Politik“ und von 1987-2003 im Herausgeberkreis der „Jungen Kirche“. Ihre autobiographischen Notizen aus dem Jahr 1989 schließen mit dem Satz: „Mein Ruhestand wird der christlichen Linken gehören – ubi et quando visum est Deo.“

1942 formulierte Dietrich Bonhoeffer die Frage: „Sind wir noch brauchbar?“ Dieser Frage gilt es, sich im Spiegel von Marie Veits theologischer Theorie und Praxis, die Bonhoeffers Theologie im Gespräch mit Dorothee Sölle vor allem nach- und weitergedacht hat, neu zu stellen. Dabei war Marie Veit ähnlich Dietrich Bonhoeffer ökumenische Theologin: die Tagesordnung ihrer Schülerinnen und Schüler, ihrer Studentinnen und Studenten, ihrer Predigthörerinnen und -hörer, die Tagesordnung der Welt bestimmte ihr theologisches Nachdenken wie – „to preach the gospel in the worlds agenda" – ihre Verkündigung.

Die Frage der ‚Brauchbarkeit' entschied sich für Marie Veit zuerst und zuletzt an der Bibel und ihrer Auslegung. Dies gilt für ihren theologischen Weg, der seinen Ausgang bei Bultmann und Veits neutestamentlicher Dissertation nahm, über ihre Zeit als Lehrerin und ihr Plädoyer für einen problemorientierten Bibelunterricht bis in ihr Professorinnenamt, in dem deutlich wurde, wie wenig sie sich an akademische Fächerteilungen und deren Disziplinierungen halten wollte und wie sehr ihr theologisches Tun biblisch-theologisch, systematisch-theologisch, kirchengeschichtlich und religionspädagogisch bestimmt war.

Wenn das Christentum wie das Judentum nicht lediglich ein Gedächtnis hat, sondern Gedächtnis in eschatologischer Perspektive ist, so gilt dieser Gedanke von Johann Baptist Metz geradewegs auch für die Arbeit von Marie Veit: Erinnerung ist eine historische wie eine eschatologische Kategorie, die auf die Gestaltung der Gegenwart zielt. Biblisch bestimmt, systematisch-theologisch bedacht und kirchengeschichtlich fundiert hat sich Marie Veit dort theologisch und pädagogisch eingemischt, wo die ‚Sache' der Theologie – die Menschen, zuerst die, die leiden, und Gott, seine Abwesenheit und der Glaube als ‚Tun-Wort' – auf dem Spiel stand.

Ziel dieser Publikation ist neben biographischen Hinweisen zu Marie Veit zuerst eine Rekonstruktion der Schriften der Religionspädagogin Marie Veit in ihrer werkgeschichtlichen Genese.

Dazu war zunächst die von Else Grell und Annebelle Pithan erstellte Bibliographie der Schriften Marie Veits kritisch zu prüfen und zu komplettieren; dazu gehört nun auch die Aufnahme der unveröffentlichten Texte. Die nun zum gegenwärtigen Stand vollständige Bibliographie [1] findet sich im Anhang und kann zu weiteren Arbeiten zu Marie Veit genutzt werden. Dabei gilt frei-

1 Da Marie Veit unsystematisch und unvollständig eine eigene Bibliographie notiert hat – lebendige Kontakte waren ihr immer wichtiger als dies –, gehe ich davon aus, dass sich weitere Texte von ihr bei zukünftigen Forschungen finden können.

lich zu bedenken, dass „lebendige Gespräche, Diskussionen und gemeinsames Handeln ihr immer wichtiger waren als Bücher zu schreiben“[2]. Doch ihre Prägungen, ihr kirchliches, gesellschaftliches und politisches Engagement und Erfahrungen ihrer Lebensgeschichte spiegeln sich auch in ihren Schriften. So wird zwar dieser Versuch einer Werkbiographie sicherlich nicht dem Menschen Marie Veit in Gänze gerecht – falls dies überhaupt möglich und erstrebenswert wäre –, wohl aber dem, was diese persönlich und gesellschaftlich hoch engagierte Frau als wissenschaftliche und essayistische Autorin sowie als Predigerin hinterlassen hat und was m. E. gerade heute neu zu erinnern und zu entdecken ist – nicht zuletzt, damit es wieder praktisch werden kann. Welche Anregungen für neue Konzepte und Konstrukte progressiver religionspädagogischer Phantasie stellen die Schriften Marie Veits bereit? Welche Hoffnungen an eine politische Praxis im Interesse der „Massen“ lassen sich heute kritisch gegenüber dem Politikbetrieb formulieren und politisch einfordern? Welche Bilder von Kirche finden sich in Marie Veits Werk? Welche Lebensfreude spricht uns aus Marie Veits Texten an und mobilisiert uns für das Recht aller Menschen auf Leben und Freiheit von Angst? Von welchen theologischen Gedanken nicht nur einer biblischen Anthropologie lassen wir uns anstecken, um gegen jeden Misanthropismus von dem „Charme Gottes“ Zeugnis abzulegen, „mit dem er dem hochgeliebten Menschen sich zuwendet“? Welche Resilienz, welche Widerstandskraft lassen sich aus den Schriften Marie Veits gegen die totale Ökonomisierung des Lebens im Projekt des Neoliberalismus und für die Subjektwerdung jedes einzelnen Menschen lernen, wenn wir ernstnehmen, dass Gott in den Schwachen mächtig ist? Sie merken, liebe Leserin und lieber Leser: es gibt viel zu entdecken in den Schriften Marie Veits.

Für diese Entdeckungsreise habe ich alle veröffentlichten und unveröffentlichten Texte Marie Veits, die mir zugänglich geworden sind, zusammengefasst und teilweise annotiert. Dies geschah innerhalb thematischer Zusammenhänge chronologisch. Die Zitate innerhalb der Darstellungen der einzelnen Schriften sind nicht gesondert nachgewiesen, da sie alle der jeweils aktuell dargestellten Schrift entstammen. Sie zeigen die ebenso präzise wie kraftvolle,

2 E. Grell, Vorwort. In: Dies. (Hrsg.), Marie Veit – Vom Charme Gottes reden. S. 3.

manches Mal auch vorsichtig tastende Sprache ihrer Autorin. Und sie wollen anregen zur Lektüre der Originaltexte.

Oftmals kommt es in der Darstellung der Schriften zu Wiederholungen ähnlicher und gar gleicher Formulierungen. Dies konnte ich nicht vermeiden, ohne in die Argumentationsstruktur der Texte massiv einzugreifen. Ich wollte es aber auch nicht vermeiden, denn: Die Wiederholungen signalisieren erstens, wie bedeutsam für Marie Veit bestimmte Autorinnen und Autoren und bestimmte Denkfiguren waren; sie zeigen zweitens Denkentwicklungen an, da ähnliche Texte in unterschiedlichen thematischen Kontexten oder argumentativen Figuren erscheinen; und sie machen drittens auf sprachliche Unterschiede aufmerksam, je nachdem für welche Adressat*innen Marie Veit gerade spricht oder schreibt.

Daneben finden sich in dem Buch immer wieder auch biographische Hinweise und Passagen. Hierfür danke ich zuerst Else und Wolfgang Grell sowie Annebelle Pithan[3], die Marie Veit nicht lediglich persönlich verbunden waren, sondern die in den Jahren 1992, 1995, 2000 und 2001 ausführliche Gespräche und Interviews mit Marie Veit geführt und dokumentiert haben[4] und diese samt weiterer Materialien mir großzügig zur Verfügung stellten. Neben diesen Interviews existieren ein autobiographischer Text Marie Veits, der in der ausgesprochen verdienstvollen Reihe „Religionspädagogik als Autobiographie" in deren erstem Band 1989 unter dem Titel „Auf dem Weg der Befreiung"[5] erschienen ist, und ein Porträt Marie Veits von Else Grell mit dem Titel „Ein Fenster zur Zukunft öffnen"[6] in dem von A. Pithan herausgegebenen Band „Religionspädagoginnen des 20. Jahrhunderts". Weitere Quellen für die biographischen

---

3 Else Grell war eine ehemalige Schülerin Marie Veits und lebenslange Freundin; Annebelle Pithan war als Mitarbeiterin des Comenius-Institutes verantwortlich für Projekt und Buch „Religionspädagoginnen des 20. Jahrhunderts".

4 Vgl. vor allem die von E. Grell herausgegebene Broschüre mit dem Titel „Marie Veit, Vom Charme Gottes reden" (Biberach 2002) mit Lebenserinnerungen und Texten Marie Veits. Hier danke ich besonders Frau Grell und Herrn Dr. Grell dafür, dass ich wesentliche biographische Teile dieser Broschüre, die auf Interviews beruhen und von Marie Veit selbst noch autorisiert wurden, in dieses Buch übernehmen kann.

5 M. Veit, Auf dem Weg der Befreiung. In: R. Lachmann, H. Rupp (Hrsg.), Lebensweg und religiöse Erziehung. Religionspädagogik als Autobiographie. Band 1. Weinheim 1989. S. 335-356.

6 E. Grell, Ein Fenster zur Zukunft öffnen. In: A. Pithan (Hrsg.), Religionspädagoginnen des 20. Jahrhunderts. Göttingen 1997. S. 299-318.

Hinweise waren die Marie Veit zugeeignete Festschrift zu ihrem 60. Geburtstag 1981[7], Dorothee Sölles Erinnerungen an ihre Lehrerin in ihrer Autobiographie „Gegenwind. Erinnerungen“[8], die Festreden zu ihrer Goldenen Promotionsfeier 1996[9], ein Text zu ihrem 80. Geburtstag[10] sowie eine ganze Reihe von 2004 erschienen Nachrufen[11].

Für weitere vielfältige Unterstützung danke ich Frau S. Baumgarten vom Stadtarchiv der Stadt Marburg, Frau A. Pithan vom Comenius-Institut in Münster, Herrn M. Bomba von der Augustana-Bibliothek der Theologischen Hochschule der Evangelisch-Lutherischen Kirche in Bayern und Frau K. Forster-Kuschmierz für unterschiedliche, immer aber großzügige Unterstützung.

Zum Erscheinen des Buches haben durch Druckkostenzuschüsse beigetragen: Frau Else Grell und Herr Dr. Wolfgang Grell sowie Herr Schuldekan und Pfarrer i.R. M. Pfeiffer, alle in Biberach an der Riß; der Evangelische Kirchenverband Köln und Region, das evangelische Schulreferat Köln, die Evangelische Kirche von Kurhessen-Waldeck, die Evangelische Kirche in Hessen und Nassau, die Christ*innen für den Sozialismus und die Solidarische Kirche im Rheinland. Ihnen allen ein herzliches Dankeschön! Da die Spenden und Zuschüsse den für dieses Buch notwendigen Druckkostenzuschuss übertroffen haben, haben wir – das Institut für Theologie und Politik und ich – uns entschlossen, einen weiteren Band mit zentralen Texten Marie Veits im Herbst diesen Jahres zu publizieren. Für die Bereitschaft dazu und für alle Unterstützung bei der Veröffentlichung danke ich dem Institut für Theologie und Politik und insbesondere den Herren Philipp Geitzhaus und Michael Ramminger.

---

7 B. Jendorff, G. Schmalenberg (Hrsg.), Sichtweisen in Theologie und Religionspädagogik. Festschrift des Fachbereichs Religionswissenschaften der Justus-Liebig-Universität in Gießen zu Ehren von Frau Professor Dr. Marie Veit anlässlich ihres 60. Geburtstages am 18. 8. 1981. Gießen 1981. Selbstverlag Fachbereich 07.

8 Hamburg 1995. Zitiert nach: D. Sölle, Gesammelte Werke Bd. 12. Hrsg. v. U. Baltz-Otto und F. Steffensky. Freiburg 2010. S. 35-37.

9 Festreden von Prof. Dr. Kessler/Marburg und Prof. Dr. Senger/Gießen am 18. 12. 1996 in Marburg nach Kassettenaufnahmen von Wolfgang Grell. Stadtarchiv Marburg N 20/7.

10 Paul Gerhard Schoenborn, Vom langen Atem der Solidarität. Für Marie Veit. In: CuS – Blätter des Bundes der religiösen Sozialistinnen und Sozialisten Deutschlands e. V., Nr. 4/96, Friedrichroda 1996, S. 7–10.

11 U.a. F. Steffensky, Marie Veit+. In: Blätter für deutsche und internationale Politik. 4/2004. Evangelischer Kirchenverband Köln und Region am 5. März 2004: Marie Veit – eine der wichtigsten Lehrerinnen, nicht nur von Dorothee Sölle – ist tot.

Das Buch erscheint im Jahr des 100. Geburtstages von Marie Veit am 18. August 2021. Es ist an der Zeit, von ihr zu lernen!

Rothenburg ob der Tauber, an Weihnachten AD 2020
Gottfried Orth

I.

Biographisches[1]

1 Sämtliche autobiographischen Texte und die von Marie Veit geschriebenen Reiseberichte sind mit freundlicher Genehmigung von Else Grell entnommen: M. Veit, Vom Charme Gottes reden. Hrsg. v. E. Grell. AaO. S. 7-17. 17-23. 46-54. Die biographischen Texte dieses Bandes stammen meist aus Interviews mit Marie Veit und wurden seinerzeit noch von ihr autorisiert. Biographische oder autobiographische Texte, die nicht aus diesem Kontext stammen wurden jeweils gesondert nachgewiesen.

1.

Aus Kindheit und Jugend

Marie Veit als Kleinkind mit ihrer Mutter im Jahr 1922 (sämtliche Fotos aus: Stadtarchiv Marburg)

Ich bin in Marburg geboren und habe bis zu meinem vierten Lebensjahr am Schlossberg, Renthof 29, mit meinen Eltern und meiner jüngeren Schwester gelebt. Unser Haus hatte einen Grasgarten, in den ging ich nicht gerne, weil man da die Gänse des Nachbarn drei Häuser weiter schreien hörte. Vor Gänsen hatte ich Respekt. Wenn ich mit dem Vater wanderte und Gänse uns entgegenkamen, setzte er mich auf seine Schultern; da fühlte ich mich sicher - wie bei »ein feste Burg ist unser Gott.« Aber im »Göttergarten« – so nannte ich den großen Garten, den Professor Göppert, Vaters Vorgesetzter, zur Verfügung stellte – spielte ich gerne mit meiner kleinen Freundin Püppi. Wir versuchten zum Beispiel, aus feuchtem Sand Kügelchen zu formen. Sie, die wohl etwas älter war, konnte das, aber ich brachte es mit meinen kleinen Händen noch nicht fertig – eine große Frustrationserfahrung. Später, als ich mit meiner Mutter an Püppis Gartentor vorbeiging, sagte sie: Püppi ist nicht mehr da, sie ist in Hamburg – ein seltsames Wort für mich, und eine erste Erfahrung, dass es etwas nicht mehr gibt, was es einmal gegeben hatte.

Das Schloss guckte in unser Kinderzimmer hinein. Ich hatte Angst vor seinen großen Augen, den Fenstern. Ich erinnere mich, wie meine zwei Jahre jüngere Schwester Gertrud und ich fotografiert werden sollten, während wir mit Klötzchen spielten. Ein riesiger Apparat wurde aufgebaut. Immer, wenn geknipst werden sollte, fiel ein Klötzchen herunter. Wir krochen unter den Tisch, um es aufzuheben – und verstanden nicht, warum wir angeschrien wurden.

Mein Vater wollte mich frühzeitig ans Bergsteigen – seine große Leidenschaft – gewöhnen; Berge gibt es in Marburgs Umgebung genug. So wanderten wir zur Augustenruhe und zur Kirchspitze – Namen, die sich mir tief eingeprägt haben –, hinauf über Holzschwellen, die das Wasser von den Wegen ableiten sollten. An diesen Holzschwellen liefen Ameisen herum, hochinteressant für mich. Ein anderes Mal fuhr mein Vater mit mir im Ruderkahn von Marburg nach Wehrda. Ich sehe mich noch im Kahn sitzen – ganz still, weil Vater gesagt hatte, das Boot könnte sonst kippen. Das Wasser um mich herum war dunkelgrün; ich empfand eine ganz feierliche Stimmung, so mit dem Vater über das Wasser zu fahren. Wir gingen auch oft spazieren zum Hansenhaus oder in die Marbach – heute längst Stadtteile von Marburg. Die Gaststätte Hansenhaus liegt in der Nähe meiner jetzigen Wohnung. Damals liefen die Hühner unter den Tischen herum. Ich hatte Sorge, dass sie mir durch die Sandalchen in die nackten Füße pickten.

Die beiden Schwestern: Marie und Gertrud (geb. 1923)

Ein einschneidendes Erlebnis für mich: Der Elektriker war da, hatte eine Trittleiter unter dem Kronleuchter aufgestellt und an den Glühbirnen gedreht, die dabei aus und an gingen – was ich faszinierend fand. Meine Mutter verbot mir, auf die Leiter zu steigen, als sie mit dem Elektriker hinausging. Natürlich war ich im Handumdrehen oben und drehte an den Birnen – ganz hingegeben und interessiert. Meine Mutter kam – unbemerkt – wieder herein, riss mich herunter und verdrosch mich. Ich war so schockiert, lief noch zu dem Sofa, und wurde kurz ohnmächtig. Ich sehe noch das Muster des Sofas, als ich wieder zu mir kam, und meine Mutter ganz erschrocken neben mir. Sie zeigte mir ihre gerötete Hand, »die täte ihr ja auch weh«. Mir tat nichts weh. Die erste Initiative, die ich ergriff, hatte so geendet; das muss mich an einem sensiblen Punkt getroffen haben. Von da an war ich sehr ängstlich mit Initiativen.

Als ich vier Jahre alt war, zogen wir nach Köln. Ich hatte dieses seltsame Wort schon öfter gehört, konnte mir aber nichts darunter vorstellen. Der Vater war vorausgefahren und suchte eine Wohnung für uns. Das war schwierig, denn das Rheinland war noch besetzt, und in Köln waren die Engländer. Die schnappten uns auch eine zunächst zugesagte Wohnung weg. Als das Telegramm meines Vaters mit der Absage kam, stand meine Mutter gerade auf der Leiter, um die Gardinen abzunehmen. Sie tat einen Schrei – und hängte die Gardinen wieder auf.

Als wir dann umzogen, mussten meine Schwester und ich mit unserem Hausmädchen, Trinchen, für ein paar Tage bei Freunden wohnen. Ich war ganz verängstigt, weil ich gar nicht wusste, was das alles bedeutete, und fing an, nach Trinchen zu rufen. Die Frau des Hauses kam und haute mich durch: ich hätte nichts zu brüllen! Als wir im großen dunklen Treppenhaus – in Marburg war es hell – hinaufgingen, fragte ich ängstlich: »Wo gehen wir denn hin?« »Nach Hause«, sagte Trinchen. Das wollte mir überhaupt nicht einleuchten. Aber dann war meine Mutter in der viel größeren Wohnung, und die nahm ich allmählich in Beschlag.

Mit fünf – fast sechs – Jahren brachte mich Vater in die Volksschule in der Hillerstraße. »Er konnte mit nichts warten«, sagte meine Tante später. Er fand sich eigentlich für uns zu alt – er war 36, als ich geboren wurde, und hatte wohl Angst, nicht mehr lange genug für uns sorgen zu können. In der Schule wurden wir Kinder zuerst untersucht. Ich sah mich nach den anderen um. Alle hatten braune Augen – entsetzlich für mich, denn braune Augen waren für mich Hundeaugen. Man hatte mir große Angst vor Hunden gemacht, als ich in Marburg dem Dackel unseres Hausbesitzers einmal die Hand ins Maul gelegt hatte – die Zunge war so schön weich! Hunde könnten beißen und auch sonst gefährlich werden, sagte man mir.

Es gab vieles, was ich nicht wusste. Nach dem Spielen auf dem Hof – ich hatte kräftig in mein Butterbrot gebissen – wollte ich im Klassenraum weiter essen. Fräulein Kusch, unsere Lehrerin, schimpfte: »Das dürfte ich nur in der Pause!« Was aber war die Pause?

Wir waren 70 Kinder im ersten Schuljahr. In den ersten Reihen saßen die Jungens, die bekamen es manchmal mit dem Stock. Ich sehe noch den kleinen Schubert – Jungen wurden mit Zunamen genannt – um die Tafel herum rennen und Fräulein Kausch mit dem Stock hinter ihm her. Man musste aufpassen, dass man nicht lachte. Auch ein – heute würde ich sagen – sehr »elegant« angezogener Junge bekam einmal Prügel. Der tat keinen Mucks – ich bewunderte ihn sehr. Die Mädchen wurden zwar nicht verhauen, kriegten aber schon mal eins mit dem Stock auf den Rücken, so auch ich. Warum? Ein Kind sollte an der Tafel »a-u« buchstabieren, kam absolut nicht drauf. Ich schrie »au«,

Familie Veit: Klaus, Hans, Mutter (Friede geb. Meinshausen), Gertrud, Vater (Dr. med. Otto Veit), Marie (1938)

weil ich es nicht mehr aushalten konnte. »Wer war das, wer war das?« fragte Fräulein Kausch. Sofort zeigten sämtliche Finger auf mich, und dann haute sie mir mit dem Stock auf die Schulterblätter. Das tat sehr weh – in meinem dünnen Sommerkleid. Vor mir saß ein Kind mit einem dicken Pullover. »Hätte ich den bloß an!« dachte ich nur.

Sonst ging es mir recht gut in der Schule – ich konnte alles wie von selbst –, wurde nur laufend krank. Weil wir nicht auf der Straße mit anderen Kindern spielen durften, hatte ich keine Abwehrkräfte entwickeln können. So bekam ich eine Infektion nach der anderen, auch Masern und Keuchhusten. Meine Mutter schimpfte, als ich so hustete: ich solle mich nicht so wichtigmachen. Als es mir alle Geschwister nachmachten – meine beiden Brüder waren inzwischen in Köln geboren –, wurde endlich der Arzt geholt: Keuchhusten! Der Jüngste, Klaus, wäre fast gestorben. Ich entsinne mich, dass der Kinderarzt ihm Chinin verordnete. Am kritischen Punkt, als der Kleine ganz elend und erbärmlich in seinem Bettchen lag, bekam er ein Gramm Chinin rektal. Wenn man es oral nähme, würde man – auch als Erwachsener – daran sterben, wurde mir erklärt. Aber die Wirkung war erstaunlich. Meine Mutter – sie hatte lange bei ihm gewacht und war darüber eingeschlafen – wachte schreckvoll auf und fragte: »Was ist nur mit dem Kind?!« Klaus stand im Bettchen und lachte sie an – gesund. Sie glaubte, ein Wunder zu sehen.

Als ich auch noch eine Lungenentzündung bekam, nahm mich mein Vater aus dieser Klasse heraus und schickte mich in eine Privatschule. Dort saßen wir zu viert oder fünft um einen großen Tisch herum. So kriegte ich – als einzige meines Jahrgangs – alles mit, was die anderen aus den höheren Klassen lernten, wodurch ich stark gefördert wurde. Manchmal brachte es aber auch Nachteile. So hörte ich einmal – ich sollte eigentlich rechnen – aus der Odyssee, die den Großen vorgelesen wurde, ausgerechnet die Szene, wie dem Polyphem das Auge ausgebrannt wird. Ich entsetzte mich und schrie nachts im Schlaf. Meine Mutter sprach mit der Schulleiterin und erreichte, dass den Größeren woanders vorgelesen wurde, während Horst, der eine Klasse weiter war, und ich Aufgaben machten. Nach einem Jahr kam ich zurück in die Volksschule, und zwar gleich eine Klasse höher.

Meine Mutter musste viel liegen, wir Kinder dachten natürlich, sie wäre krank. Später hat sie mir erzählt, dass sie in jeder Schwangerschaft viel liegen musste, um das Kind nicht zu verlieren; sie hat fünf Fehlgeburten durchgemacht. So waren wir oft den Hausangestellten anvertraut, die sich um uns kümmerten und uns zeigten, was wir im Haushalt helfen konnten. Einmal sollte ich zum zweiten Frühstück Grießbrei kochen. Ich setzte ihn auf, plötzlich fing er an sich seltsam zu benehmen – als ob sich lauter kleine Krater bildeten.

Ich rannte zu meiner Mutter ins Schlafzimmer: »Der Grießbrei explodiert!« Als ich ihr das näher beschrieb, meinte sie: »Der Brei wird kochen, geh schnell wieder hin, sonst brennt er an.« Ich hatte vom Kochen sehr wenig Ahnung. So war ich, als ich nach dem Abitur nach Kaiserswerth in die Haushaltsschule kam, sehr gespannt zu erfahren, woher eigentlich die Soße beim Braten kam. Denn die kaufte man ja nicht mit – und plötzlich war sie da!

Familie Veit (1944)

Meine frühesten Erinnerungen an die Religion – ich war etwa fünf Jahre alt, die Jungens waren noch nicht geboren – sind sehr stark angstbesetzt. In dem Zimmerchen in Köln, in dem Gertrud und ich schliefen, versuchte ich immer wach zu bleiben, damit ich nicht etwa im Schlaf – aus Versehen – in die Hölle käme. Ich fürchtete, zu sterben und keinen Einfluss nehmen zu können. Später wurde ich in den Kindergottesdienst geschickt. An den habe ich nicht viele Erinnerungen; aber ganz wichtig für mich war der Neukirchener Abreißkalender, den wir zu Weihnachten bekamen. Jeden Tag las ich ein Blatt und kam so richtig in die biblische Glaubenswelt hinein. Das heißt nicht, dass meine Ängste schon weg waren. Das geschah erst durch das Neue Testament. Als ich das mit 13 Jahren in die Hand bekam, fand ich darin viele tröstliche und zukunftsweisende Worte, die habe ich alle – auf dem Deckblatt – gesammelt und den anderen, angstmachenden gegenüber gestellt.

Allmählich wuchs so das Vertrauen, dass mir doch niemand etwas Böses wollte. Das war zum Beispiel wichtig, als ich nachts das Jaulen der wilden Tiere von einem Zirkus in der Nähe hörte. Ich hatte furchtbar Angst: vielleicht würden die Tiger und Löwen die Hauswand zu uns in den zweiten Stock hochklettern. Bis mir plötzlich einfiel: Gott hat ja auch alle die Tiger und Löwen geschaffen – und mit einem Male wurde ich ganz ruhig.

Ich habe mich dann immer mehr in die Religion hineingearbeitet. Heimlich habe ich gelesen - ein Mädchen, das viel liest, galt als faul. Nur sonntags durfte ich ein halbes Stündchen lesen, befanden mein Vater und meine Mutter. Oft verkroch ich mich ins Fremdenzimmer, hinter die Körbe mit hoch aufgetürmter ungebügelter Wäsche. Ich sollte lieber im Haushalt helfen. Dabei wurde so unsinnig viel bei uns geputzt, dass gar keine Zeit mehr zum Lesen blieb.

Es gab Unmöglichkeiten: Ich durfte Abitur machen, aber mündliche Aufgaben durfte ich kaum machen. War nichts mehr zu schreiben, saß ich nur über einem Buch, so war das »Lesen«, und das hieß soviel wie: unerlaubtes Nichtstun. Oder: ich begleitete den Vater auf einem weiten Weg, erzählte unterwegs, warm vor Interesse, was ich über die Sprache der Vögel gelesen hatte, dass es da Lockrufe, Warnrufe gab, aber keine Namen für Sachen. Mein Vater sah mich an: »Woher weißt du das denn alles?« Ich, vor Schreck ganz heiß: »Das habe ich alles in Brehms Tierleben gelesen«, – »Da sollst du aber nicht drin schmökern«, hieß es – zu Hause aber, der Mutter gegenüber: »Das Kind hat mir eben einen sehr vernünftigen Vortrag über die Sprache der Vögel gehalten!« Die Ohrfeige blieb aus. Ich ahnte: es könnte alles viel schöner sein.

2.

Vom Leben und Studieren unter dem Nationalsozialismus

Ich sollte zuerst Kochen und Fegen lernen. Im Frühjahr 1939 machte ich – mit 17 Jahren – mein Abitur. Ich durfte nicht sofort studieren. Mein Vater fand, ich sollte zuerst Kochen und Fegen lernen. Ich kam also in die Haushaltsschule nach Kaiserswerth. In dem halbjährigen Abiturienten-Lehrgang freundete ich mich mit Gertrud Wicke, einer Pfarrerstochter aus Westfalen, an. Die Kaiserswerther Schwestern, mit denen wir zu tun hatten, sind mir als 100prozentige Nationalsozialisten in Erinnerung. Als Gertrud und ich für das erkrankte Hausmädchen einsprangen, um beim Putzen zu helfen, erklärte eine der Schwestern: »Ihr beide habt den Nationalsozialismus verstanden!« Mir fiel das meiste etwas schwer, vor allen Dingen das Kochen, aber auch die Nadelarbeit. Immerhin kamen einige schöne Handarbeiten zustande, die ich meiner Mutter schenkte; leider sind sie alle im Bombenkrieg verbrannt. Im Gartenbau – ganz neu für mich – habe ich einiges gelernt, was ich später gut brauchen konnte. Dann brach der Krieg aus, die Lebensmittel wurden – wie zuvor schon Butter und Kaffee – rationiert; so lernte ich auch Kriegsrezepte kennen.

Nach der Zeit in Kaiserswerth arbeitete ich ein halbes Jahr in Essen im Haushalt von Pfarrer Wilhelm Busch, einem bekannten Pfarrer der Bekennenden Kirche. Meine Eltern hatten diesen Platz für mich ausgesucht. Buschs hatten fünf Kinder. Ich habe aus dieser Zeit vor allem in Erinnerung, dass es in dem alten Pfarrhaus im ersten Kriegswinter entsetzlich kalt war. Es gab keine Zentralheizung, sondern Öfen – aber nur in drei Zimmern. Die altmodische Waschmaschine wurde mit Wasserkraft betrieben. Einen Trockenboden gab es nicht; Wäsche, die ich abends herein holte, war steifgefroren. Man musste aufpassen, dass die Strümpfe nicht zerbrachen. Einmal war mein Waschwasser morgens gefroren, die Waschlappen auch, mit ihnen hätte ich ein Loch in die Wand werfen können! Ich lernte viel, vor allem als ich das erkrankte Hausmädchen – das halbe Jahr lang – ersetzen musste. Den Küchenboden zu schrubben, war für mich sehr anstrengend, mein Herz machte das fast nicht mit. Ich war damals schon so »lang« wie heute, aber mein Herz war nicht genug mitgewachsen.

Die Hausfrau war Westfälin, ihr Mann Schwabe, so lernte ich auch die Unterschiede zwischen der schwäbischen und der westfälischen Küche kennen. Er fand grundsätzlich, dass die Norddeutschen nicht wüssten, was zusammen gehört, weil sie zum Beispiel Rindfleisch mit Pflaumen »äsen«. Wenn Pfarrer Busch zu Hause war, gab es meistens schwäbische Küche, oft Linsen mit Spätzle, was ich wiederum ganz unmöglich fand.

Allerhand »Raben kamen zu uns geflogen«, hieß es im bibelfesten Pfarrhaus – in Anlehnung an Elia, den Raben mit Brot und Fleisch versorgten. Gemeint waren treue Leute aus der Bekennenden Kirche, die ihrem Pfarrer etwas Nahrhaftes brachten, etwa ein Hühnchen, das ich dann ausnehmen musste. Das hatte ich in der Haushaltsschule – theoretisch – gelernt. Es war entsetzlich anstrengend. Zwei Stunden habe ich gebraucht, bis alles draußen war, ohne die Galle oder den Darm zu verletzen. Nach diesem halben Jahr durfte ich endlich studieren.

Wir galten als jüdische Mischlinge. Dass wir zur Bekennenden Kirche gehörten, lag an meiner Familie. Hier waren wir als jüdische Mischlinge voll anerkannt. Nachdem mein Vater als Vierteljude seine Tätigkeit als Professor in der medizinischen Fakultät verloren hatte – er wurde zwangspensioniert –, gingen seine Kollegen auf die andere Straßenseite, wenn wir ihnen entgegen kamen. Nur die Institutsarbeiter – sogenannte »Diener« – kamen immer zu Weihnachten und zum Geburtstag ihren alten Chef besuchen. Sie hatten keine Angst, die verfemte Schwelle zu überschreiten. Die anderen haben wir bis 1945 nicht mehr gesehen. Aber ab Februar 1945 – sie brauchten einen »Schutzjuden« – kamen sie auf einmal wieder an: »Lieber Kollege, wie haben Sie diese schrecklichen Jahre überstanden?«

Mein Vater erhielt nur eine geringe Pension. Zuvor hatten die Kolleggelder der Studenten zwei Drittel seines Einkommens ausgemacht – als Ordinarius der Medizin hatte er viele Studenten. Die Kolleggelder fielen nun weg und das Gehalt wurde erheblich gekürzt. Wir mussten stark sparen und haben schon vor dem Krieg gehungert. Ich erinnere mich gut: ich nahm nie Butterbrote mit in die Schule. Butter und Wurst waren nicht möglich, trockenes Brot wäre aufgefallen. Ich war immer froh, wenn irgendjemand sein Brot anbot, das er nicht essen wollte. Dann habe ich so getan, als ob ich mich herabließe, es anzunehmen.

Als mein Vater entlassen war, sind meine Klassenkameradinnen nicht mehr mit mir nach Hause gegangen. Ich war Außenseiterin, aber nicht so wie die jüdischen Mitschülerinnen. Aus der großen jüdischen Gemeinde in Köln waren in der Unterstufe – nach meiner Erinnerung – zehn Kinder in meiner Klasse, einige noch 1936 in der Untersekunda (10. Klasse), keine mehr in der Oberstufe.

Vikare und Hilfsprediger der Bekennenden Kirche, die sich dem deutschchristlichen Konsistorium verweigerten, arbeiteten in Bekenntnis-Gemeinden und wurden von der Bekennenden Kirche bezahlt. In jedem Bekenntnisgottesdienst gab es neben dem offiziellen Klingelbeutel eine illegale Kollekte »für die Aufrechterhaltung der Wortverkündigung«. In der Silberbüchse auf einem Stuhl am Ausgang sammelten wir – wie alle Eingeweihten wussten – für die nichteingestellten Vikare. Manchmal war die Büchse – vor lauter 5 Mark-Stücken – kaum zu tragen. Trotzdem war es knapp, wovon die Vikare zu leben hatten.

Diese Vikare der Bekennenden Kirche haben sich damals zur Kirchlichen Bruderschaft im Rheinland zusammengeschlossen und sind auch nach dem Krieg zusammen geblieben. Als ich 1947 als Vikarin in Köln an die Schule kam, habe ich mich dieser Gruppe, die im Sinne der Bekennenden Kirche weiterarbeiten wollte, angeschlossen. Ihre Mitglieder wollten politisch daraufhin wirken, dass so etwas wie Faschismus nie wieder in Deutschland entstehen könne. Als kleine, aber aktive Gruppe haben wir öffentlich protestiert gegen die Wiederbewaffnung der Bundesrepublik, gegen die Atombewaffnung der Bundeswehr und gegen den Militärseelsorge-Vertrag der – damals noch Ost und West umfassenden – Evangelischen Kirche in Deutschland.

Erlebnisse als Studentin der Theologie. »Zum Glück« war das Geld knapp in der Familie Veit. Sonst hätten meine Schwester und ich nicht studieren dürfen. So rät der Vater Marie, die sich für Mathematik und Naturwissenschaften interessiert, Theologie zu studieren, weil sie – nach einem möglich gehaltenen Sieg Hitlers – nur in der Bekennenden Kirche eine Anstellung finden könne.

Ein Wort zur Studentengemeinde im Krieg. Es waren informelle, kleine Gruppen, die sich zu Bibelkreisen in den »Buden« trafen, die Morgenwachen und Wochenschluss-Andachten miteinander hielten, die auch im Lager der Munitionsfabrik, in die wir während der Semesterferien dienstverpflichtet wurden, je nach Schicht zur Morgen- oder Abend-Andacht in einem der Schlafsäle zusammenkamen. Auch während unserer Freizeiten, zweimal im Semester, standen Glaubensfragen im Mittelpunkt.

Wir luden Gerhard von Rad ein, der damals in Jena lehrte, im Lohraer Gemeindehaus mit Bultmann zu diskutieren, dessen Begriff von »Geschichtlichkeit« ihm für das Alte Testament nicht ausreichend erschien. Beide Professoren kamen (in jener Zeit ohne Autos!), um für uns 15 oder 20 Leute miteinander zu streiten… Als v. Rad in Jena, der Hochburg der Thüringer Deutschen Christen, aus dem Prüfungsamt ausgeschlossen worden war, weil den arischen Studenten nicht zuzumuten sei, sich mit den jüdischen »Viehhändler- und Zuhälter-Geschichten« des Alten Testaments zu befassen, da beschlossen wir, jedes Semester wenigstens eine oder einen zum Studium nach Jena zu entsenden, damit nicht aus Mangel an Hörern der Lehrstuhl v. Rads gestrichen würde.

So verbrachte ich mein 5. Semester im Winter 1941/42 dort, zusammen mit Gertraud Schön und einem japanischen Studenten; v. Rad hielt für uns drei zwei große Vorlesungen und ein Seminar, lud uns zu Wochenenden zu sich nach Hause ein, damit wir auch noch etwas von Psalmen hörten, und bat uns gegen Ende des Semesters, noch schnell ein wenig Aramäisch zu lernen, damit er uns von Daniel und Esther noch etwas mitteilen könne… Wir haben zum Schluss fast hebräisch gedacht. Im Traum hab ich's mal gesprochen.

Außerdem veranlasste mich v. Rad, beim Neutestamentler Macholz zu hören, der so gerne lesen wolle, aber keine Studenten hätte. Ähnlich wie mein Vater war auch er wegen eines jüdischen Vorfahren entlassen worden. Da gingen Gertraud und ich alleine in seine Wohnung. In dem eiskalten Winter saßen wir – in Decken eingehüllt – auf Fußbänkchen zu seinen Füßen. Ein Öfchen bullerte, und er – auch in Decken gewickelt – las uns den Philipper-Brief. Das sind unvergessliche Stunden für mich.

Die Jenaer Studentengemeinde, noch kleiner als die in Marburg, kam eines Tages auf Gertraud und mich zu mit der Frage, ob wir uns an Besuchen bei Juden in Jena beteiligen wollten. Ihnen stünde die Deportation bevor – was Auschwitz sein würde, das ahnte niemand! –, und es wäre gut, wenn wir uns, solange sie noch da wären, um sie kümmerten.

Wir beide haben dann eine ältere jüdische Dame besucht, die mir unvergesslich geblieben ist mit ihrer strahlenden Heiterkeit und Freundlichkeit, wohl wissend, dass sie ihres Alters wegen eine Deportation kaum überleben würde. Wir haben ernsthafte, schöne Gespräche mit ihr geführt (ich entsinne mich eines nachdenklichen Austausches darüber, was der Mensch für die Schöpfung eigentlich bedeute, ob er ihre Krönung sei oder ihr Ruin), – bis wir eines Tages ihre Wohnungstür kreuzweise vernagelt fanden und wussten, da wohnt niemand mehr.

Von Jena wechselte ich nach Halle, um den Neutestamentler Schniewind zu hören, der sich als Antipode von Bultmann verstand, bei dem ich in Marburg hauptsächlich studiert hatte. Ich wohnte in den Franckeschen Anstalten, konnte aber nur ein halbes Semester bleiben. Denn Pfingsten 1942 – ich kam gerade aus der Kirche – erfuhr ich vom ersten »Terrorangriff« auf Köln; so nannte man damals Angriffe, die Zivilgebiete völlig mit einbezogen.

Ich versuchte über das »Fräulein vom Amt« – anders bekam man keine Verbindung – zu Hause anzurufen. Immer nur: »Teilnehmer meldet sich nicht.« Ich kaufte meine Brotration für die ganze Woche und setzte mich in den Zug. Ich brauchte anderthalb Tage bis Köln: viele Strecken waren schon kaputt gebombt. Ich fand die Familie beim Ausräumen unserer sehr beschädigten Wohnung in Lindenthal – eine Luftmine war in einem Schrebergarten in der Nähe niedergegangen. Hauptsache: Es fehlte kein teures Haupt! Plötzlich sah ich, wie eine Wand einzustürzen drohte, auf den Vater herunter. Ich schrie ihm zu – er kam gerade noch weg, bevor die Wand niederging. Die geretteten Sachen brachten wir in den Keller einer befreundeten Mediziner-Familie, die auch am Stadtwald wohnte.

Wir bekamen Extra-Brotrationen – das war nach Terrorangriffen anfangs noch üblich, hörte aber bald auf, weil ein Angriff dem anderen folgte. In der Innenstadt sind Tausende gar nicht aus den brennenden Straßen herausgekommen. Ich blieb den Sommer 1942 in Köln – das halbe Semester in Halle wurde mir auf Antrag als Ganzes im Studienbuch anerkannt. Wir bekamen eine Wohnung zugewiesen, die Leuten gehörte, die in ihr Wochenendhaus im Siebengebirge ausgerückt waren. Die kamen gelegentlich und entsetzten sich, dass ihr Parkett nicht geputzt war. Das Wohnzimmer wurde vor uns verschlossen, nachdem die Tochter des Hauses es gewienert hatte. Umsonst! – das Haus wurde später ganz verbombt.

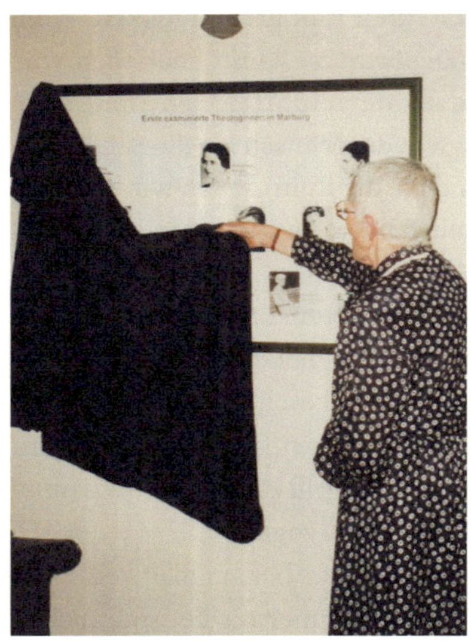

Marie Veit enthüllt eine Gedenktafel der ersten examinierten Theologinnen in Marburg 1999

Ich kehrte nach Marburg zurück und legte 1944 das Fakultätsexamen ab. Gleich anschließend wollte ich das Lehrvikariat antreten, wurde aber stattdessen dienstverpflichtet. Kanonen seien wichtiger als Konfirmandenunterricht, hieß es beim Arbeitsamt. So kam ich zur Fabrik Seidel, wo auch viele Zwangsarbeiter – Polen und Franzosen – beschäftigt waren. Deren Baracken lagen direkt neben der Müllkippe, die gelegentlich abgebrannt wurde. Der widerliche Qualm zog bis in die Stadt, aber zuerst in die Baracken. Die Maschinen, die auf Kriegsproduktion umgestellt, waren, funktionierten nur teilweise. Einmal ist ein großes Schwungrad – zehn Zentimeter dick, ein Meter Durchmesser – mitten durchgebrochen, während ich an der Maschine saß. Ich blieb Gott sei Dank unverletzt und bekam eine andere Arbeit, bis die Maschine repariert war. Einmal konnte ich Georgette, die neben mir an der Maschine arbeitete, mit Chinin-Cedoxon helfen, als sie durch Grippe hochgradig fieberte. Nach dem Krieg hat sie sich revanchiert. Von einem Auto der Amerikaner, die sie befreit hatten, warf sie mir im Vorbeifahren Apfelsinen zu.

Schließlich wurden wir freigestellt, weil der Betrieb kein Material mehr bekam, auch keine Kohlen. Schon zuvor hatten wir in einem – vor allem bei

Nachtschicht – eiskalten Raum gearbeitet. Wir mussten Gasmaskenfilter mit Lack bespritzen. Der Qualm stand in der Luft, wir konnten kaum atmen. Die Polen hatten erklärt, sie würden diese Arbeit nicht machen: »das Arbeit für deutsche Frau!« Das zeigte schon an, sie hatten ihre »Buschtrommeln« und ahnten: die Sache läuft schief für die Deutschen.

Ich habe mal vor der Gestapo gestanden. 1944 – Köln war zerbombt. In Marburg hatte ich für meinen jüngsten Bruder Klaus – er war fünfzehn – bei einem Pfarrer der »Landeskirchlichen Gemeinschaft«, also in einer Familie von Pietisten, eine Unterkunft gefunden, damit er das Gymnasium weiter besuchen konnte. Die Pfarrersleute waren zwar fundamentalistisch, aber sehr wohltätig. Acht Kinder hatten sie, und sie nahmen zusätzlich vier Menschen aus den Bombenstädten auf – darunter meinen Bruder.

Dann bekam Klaus Scharlach und lag in der Klinik in der Nordstadt. Es war der 20. Juli 1944, als ich ihn wieder abholen sollte. An der Pforte wird mir gesagt: »Ihr Bruder kann nicht entlassen werden.« Ich frage: »Was ist los? Hat er einen Rückfall?« – »Nein. Sie können nicht zu ihm!« Ich bin aber doch die Treppe rauf. Auf der Isolierstation – hinter Glas – sehe ich ihn im Bett liegen, schneeweiß, die Decke hochgezogen, mit großen angstvollen Augen. Er kann mir nichts sagen, die Scheibe ist ja dazwischen. Da kommt ein Arzt heraus. Ich sag: »Was ist mit meinem Bruder? Ich sollte ihn doch heute abholen.« – »Der kann nicht entlassen werden.« – »Was ist? Geht es ihm schlechter?« – »Kann ich Ihnen leider nicht sagen.« – »Dann wünsche ich jetzt! – man wird dann ja eiskalt – »den Chefarzt zu sprechen.« Dieser war ein Kollege meines Vaters gewesen. Dann gab es Voralarm. Der Chefarzt führte mich runter in seinen Bunker, machte die Tür fest zu und legte den Arm um mich. Ich dachte: Oh weih, was kriegst du denn jetzt zu hören?! Er sagte: »Es ist etwas Entsetzliches passiert. Die Nachricht vom Attentat auf den Führer kam durchs Radio, und da hat ihr Bruder gesagt: Hoffentlich ist der Kerl krepiert. Eine Krankenschwester hat sofort von allen Patienten unterschreiben lassen, dass sie das gehört hätten. Und jetzt geht das an die Gestapo.«

Ich denke: du Heiliger Bimbam, was machst du denn jetzt? Der redet uns alle an den Galgen – das wäre leicht möglich gewesen! Ich ging zum Sekretariat. Ich tat ihnen ja allen irgendwie leid, weil die sahen, dass ich fix und fertig war; aber keiner hat etwas getan, um mir oder dem Jungen zu helfen. Ich sah dieses Schreiben mit all den Unterschriften liegen, dachte: wenn ich das jetzt klauen könnte; aber das fällt ja auf, das hat keinen Zweck! So wichtig war ihnen das Papier, dass ein Bote damit zur Gestapo geschickt wurde. Ich dachte: was kannst du nur machen? Da fiel mir etwas ein: Unten auf dem Papier war noch so ein Rändchen... Ich sagte zur Sekretärin: »Ich möchte auch noch eine Erklärung abgeben, die soll auf dasselbe Blatt.« Ich habe diktiert und unterschrieben: mein Bruder sei bereits in Köln in nervenärztlicher Behandlung gewesen, weil er sich manchmal nicht ganz darüber klar wäre, was er tue und sage. Das war haushoch gelogen; er war zwar beim Nervenarzt gewesen – aber wegen Schlaflosigkeit. Ich denke: wir gewinnen vielleicht Zeit – es war 1944. Man sah ja, wie der Hase lief.

Dann ging der Bote los. Ich sagte: »Kann ich mit Ihnen gehen?« – »Von mir aus.« – »Können Sie mir das Blatt nicht geben?« – »Nee, tut mir leid, das kann ich nicht machen.« Ich bin also rauf mit ihm – er ging mit dem Papier rein. Dann wurde ich hereingerufen – er ging. Da saßen zwei Gestapobeamte – vormals Handschuhmacher und Schneider. Sie versuchten, mit mir ein Kreuzverhör anzustellen. Zum Glück konnten sie das nicht, sie waren viel zu dumm dazu. »Sie schreiben hier... Können Sie das denn belegen?« »Ja«, sag ich, »also in dem Fall müsste ich natürlich nach Köln.« Ich hab lang und breit von meinem Bruder erzählt, von den Terrorangriffen auf Köln, und dass wir jetzt eben hier wären, da die Stadt total zerbombt wäre. Sie verlangten, ich müsste alle Belege aus Köln bringen. Ich sagte: »Das wird aber dauern; die Brücken über die Sieg sind vom Feind zerstört.« Deshalb gaben sie mir zehn Tage Zeit.

Ich habe – sagenhaft! – anderthalb Tage bis Köln gebraucht. Man musste immer wieder aus dem Zug aussteigen. Dann fuhr ein mit Holzgas betriebener LKW – mit einem Öfchen hinten drauf; Benzin gab's ja nur fürs Militär! – bis zum nächsten Punkt, von wo wir mit dem Zug weiter fahren konnten. Mein Vater war entsetzt – Marburg war ja zu 150 Prozent braun; das konnte schlimm werden für Klaus. Was machen wir jetzt bloß? Ich sagte: »Du musst jetzt von einem Nervenarzt die Bescheinigung bringen, dass der Junge ab und an spinnt.« Bis wir den aber gefunden hatten! Wir sind rumgezogen und rumgezogen – schließlich hat einer so ein paar Zeilen mit einigem Latein drin geschrieben.

Dann haben wir die Briefe meines Bruders, der so richtig in der Pubertät war, durchgesehen. Er schrieb meinem Vater manchmal die unmöglichsten Briefe; die allerschlimmsten haben wir genommen. In einem hieß es: »Ich will ein treuer Jünger Jesu werden.« Im nächsten: »Ich will mit diesem ganzen Scheiß von Christentum nichts mehr zu tun haben, ich geh in die SS.« Zwei Daten nacheinander – das war natürlich gut.

Zwei Tage später bin ich mit dem ganzen Kram wieder in Marburg. Dort höre ich von einem Pfarrer, alles sei niedergeschlagen, mein Bruder sei entlassen. Ich denke: na, lass man. Tage später kommt plötzlich ein Sohn dieses Pfarrers angelaufen und sagt: »Wir haben Ihren Bruder gerade zur Hintertür rausgeschickt; die Gestapo war da und wollte ihn abholen.« Da bin ich dann mit dem ganzen Material zur Gestapo hin.

Sie fragten: »Wo sind Sie geblieben? Sie hatten nur zehn Tag Zeit!« Ich sagte: »Mir war mitgeteilt worden, es sei alles niedergeschlagen, er sei aus der Klinik entlassen.« – »In der Klinik brauchte man das Bett. Aber niedergeschlagen? So etwas kann nicht niedergeschlagen werden!« Ich habe ihnen alles vorgelegt, das ärztliche Zeugnis, dann die Briefe – Klaus hatte eine fürchterliche Klaue! Sie haben sie mühsam entziffert und meinten: »Das klingt ja wirklich komisch.« Es endete damit, dass Klaus hier in Marburg in der Nervenklinik untersucht werden müsste. Da war nun auch ein Kollege meines Vaters tätig.

Ich hab dann meinen Vater herbeigeschafft. Telefonieren konnte man nicht mehr, deshalb gab ich jemand einen Brief nach Köln mit. Mein Vater kam und hat seinen Kollegen besucht. Der hat meinen Bruder dann eingesperrt – hinter Gittern, wie man das früher in der Psychiatrie so machte. Klaus wollte nicht, aber ich sagte ihm: »Du bleibst schön hier, sonst kommst du nämlich hinter ganz andere Gitter! Sei froh, dass du hier bist. Spiel ab und an ein bisschen verrückt. Schmeiß mal einen Teller mit Essen an die Wand oder wirf dich mal auf den Boden. Ein bisschen verrückt musst du spielen, aber nicht zuviel!« Ich wollte ja nicht, dass er in die Euthanasie geriet.

Vaters Kollege hat sich herbeigelassen, ein Gutachten – wiegel-wagel-weich; vorne-rum, hinten-rum, mit viel Latein – zu schreiben, mit dem wir dann zur Gestapo gegangen sind. Mein Vater – mit Riesenhut und langem Bart – sah so jüdisch aus; aber den Beamten, die nicht wussten, dass wir jüdische Vorfahren hatten, fiel nichts auf. Es endete damit, dass sie sagten: diesen schwerwiegenden Fall könnten sie nicht entscheiden, sie gäben ihn an die Kasseler Gestapo weiter. Da kriegte ich Angst, weil die in Kassel folterten – das wusste man. Mein Vater, der das zum Glück nicht wusste, fuhr wieder ab. Bevor die Gestapo noch auf irgendetwas gekommen war, befand sich mein Bruder bereits an der Front – mit 15-16 Jahren wurden die Jungens ja eingezogen. Als Klaus nach dem Krieg wiederkam, habe ich zu ihm gesagt: »Du kannst Dich jetzt als Verfolgter des Naziregimes um einen Bürgermeisterposten bewerben!«

Im Krieg kommt man in Situationen, wo man plötzlich sehr rasch, sehr selbstständig – und eiskalt – entscheiden muss. Ich hätte der Gestapo sonst noch was vorgelogen, um meinen Bruder herauszukriegen. Als ich später bei Bonhoeffer las »Wer sich weigert, um seines Freundes willen kräftig zu lügen, um die Verfolger auf eine falsche Fährte zu setzen, der begeht eine schwere Sünde«, habe ich gedacht: das kenne ich.

3.

Kriegsende und Dissertation bei Rudolf Bultmann

»Kriegsende war für mich nicht am 8. Mai 1945, sondern am 28. März, als die Amerikaner in Marburg einrückten. ... Vormittags gab es Fliegeralarm. Im Keller des Wohnhauses an der Universitätsstraße, wo ich mein Studentenzimmer hatte, saß die Hausgemeinschaft beisammen, als wir plötzlich ein Geräusch vernahmen, das ich nicht kannte, eine Art trockenes Knallen dicht über den Häusern (Das Geräusch fallender Bomben kannte ich ja gut genug aus meiner Heimatstadt Köln.). ein Soldat, der von der Straße in den Keller gekommen war, sagte: »Das ist die Ari!« (Artillerie). Dann müssen sie nahe sein, ob es einen Kampf gibt?, dachte ich und wagte kaum zu atmen. Und dann kam noch ein anderes Geräusch, ein tiefes, sonores Summen; das müssen Panzer sein, dachte ich und rannte aus dem Keller in den ersten Stock, wo wir wohnten. Und da kamen sie, langsam, schussbereite Soldaten oben auf den Panzern, die jedes Fenster beobachteten. Ich rührte mich nicht von meiner Gardine, merkte aber plötzlich, wie mir die Tränen übers Gesicht liefen: Gott sei dank, der Spuk ist vorbei! Nach und nach kamen die anderen Hausbewohner aus dem Keller; sie weinten auch, aber weil der Krieg verloren und der Feind im Land war. Ich konnte mit niemandem reden. Für mich war es eine ungeheure Befreiung.«[2]

Im Interview mit Annebelle Pithan erzählte Marie Veit, wie sie zu ihrer Dissertation kam: »Ich hätte nicht promoviert, ich dachte, das könnte ich gar nicht.

---

2 M. Veit, Mein Kriegsende in Marburg (Schriftenverzeichnis Nr. 102). Trotz umfangreicher Recherche ist es mir nicht gelungen, den entsprechenden Buchtitel sowie die genauen Erscheinungsdaten dieses Textes, die ich vom DGB Marburg-Biedenkopf erbeten habe, in Erfahrung zu bringen.

Aber ich hatte 1943 eine Seminararbeit geschrieben, die dem Dekan – wir waren ja nur ganz wenig Studenten in der Kriegszeit und fast nur Mädchen – sehr gut gefiel. … Und nun wurde jedes Jahr eine Preisarbeit ausgeschrieben. Es hatte ewig kein Theologe mehr ein Preisthema bearbeitet. Der Dekan ließ mich kommen und sagte: ›Ihre Seminararbeit hat mir so gut gefallen, ich hätte Lust, dass wir daraus eine Preisarbeit machen. Oder sie könnten – er vertrat Systematik – auch zu Bultmann gehen und sich im Neuen Testament ein Thema geben lassen, denn wir machen das immer so, dass zwei Fächer dran sind. Wir möchten gerne in der Öffentlichkeit wieder mit einer Preisarbeit erscheinen.‹ Ich dachte, du lieber Himmel, 700.- Mark sollte man kriegen, wenn man den Preis bekam. Wir waren sehr arm, seit mein Vater entlassen war. Ich dachte, das mach'ste mal. Ich zu Bultmann hin, und dann habe ich die Arbeit geschrieben. Und dann hing daran noch, wenn man mit demselben Thema promovierte, kriegte man den Druck bezahlt. Da habe ich den Preis gekriegt und dann hab ich eine Doktorarbeit draus gemacht. Es war so eine Zubringerarbeit für Bultmann, wie früher die Professoren sie vielfach vergaben, schon mal die vorhandenen neutestamentlichen Wissenschaftler, die zum Selbstbewusstsein Jesu geforscht haben, abzuklopfen, die Stellen zu sammeln, die etwas belegen, sodass sie danach nur zu greifen brauchten und nicht selber suchen. Eigentlich eine Fleißarbeit. Man musste natürlich grundsätzlich was wissen, aber viele eigene Ideen konnte man da nicht einbringen. Insofern war es für mich so eine Art Steineklopfen. Ich hab es halt gemacht, es hat dann geklappt. War auch ganz nützlich so, muss ich mal sagen. Wenn man als Frau schon mit einem Doktortitel kommt, ist man schon ein bisschen besser dran. … Bei Behörden und überall. Das ist wirklich wahr.«[3]

Während der Arbeit an der Dissertationsschrift hält Marie Veit am »25. II. 1946« ein Referat zum Thema »Luthers Antwort auf die Frage: Gibt es eine politische Verantwortung der christlichen Kirche?« (Schriftenverzeichnis Nr. 2 A.) Marie Veit bejaht diese Frage in Übereinstimmung mit den »leitenden Männern unserer Kirche« und »der Schulderklärung in Stuttgart«, sie verneint eine neutrale Position der Kirchen dem Staat gegenüber und sie stellt fest, dass das Denken der Nachkriegskirche das Betreten eines Weges ist, »den

3 Interview mit Marie Veit am 20. 7. 1992 in Marburg geführt von Annebelle Pithan. Hektographiertes Manuskript. S. 29 f.

sie seit Jahrzehnten und Jahrhunderten nicht gegangen ist«. Im Übergang zu der Darstellung der Zwei-Reiche-Lehre Luthers bricht der Text leider ab. Man sieht freilich schon hier, dass Marie Veits Erfahrungen in der Bekennenden Kirche bereits in der unmittelbaren Nachkriegszeit für sie einen ›Politisierungseffekt‹ hatten.

1946 erscheint in Marburg ihre »Inaugural-Dissertation« in der Druckerei Hermann Bauer: »Die Auffassung von der Person Jesu im Urchristentum nach den neuesten Forschungen«. Im Oktober des gleichen Jahres war sie, von Prof. Bultmann betreut und mit Prof. Benz als Korreferenten, von der Fakultät angenommen worden. Veit untersuchte die Jesusbilder von Ernst Lohmeyer, Julius Schniewind, Rudolf Otto, Walter Grundmann und Rudolf Meyer. 1906 war die Geschichte der Leben-Jesu-Forschung erschienen, die Marie Veit schon in der fünften Auflage (1933) vorlag. Die Wissenschaft vom Neuen Testament hatte Marie Veit bei Rudolf Bultmann studiert und nun ging es darum, die Jesus-Forschungen der genannten Neutestamentler auf ihre Konsistenz und Plausibilität hin zu überprüfen. Sie ›fallen alle durch‹[4]. Spannend freilich ist, wie Veit zu diesem Ergebnis kommt: durch akribische Textexegese. Den gezeichneten Bildern, wissenschaftlichen Konstruktionen und Vermutungen stellt sie die Texte der synoptischen Tradition selbst gegenüber. Schreibt sie in einem autobiographischen Text, dass die Kirche ihr das Neue Testament geschenkt habe[5], so zeigt sie hier, wie sie es zu lesen versteht: Sie liest, was in der Leben-Jesu-Forschung vor und nach Albert Schweitzer nicht selbstverständlich war, das, was dasteht, und gibt dem den eindeutigen Vortritt vor allen nachträglichen von wem auch immer vorgetragenen Interpretationen. Bultmann hat die Arbeit 1947 an Günter Bornkamm geschickt, der sich in einem Brief vom 9. März 1948 für die Zusendung der Arbeit bedankt, die er freilich »erst angeblättert« habe; gleichwohl »freue ich mich, dass sie das schwierige und wichtige Thema so scharfsinnig und tapfer angegriffen hat«[6]. Die abschließende Würdigung einer durchwegs zustimmenden Rezension der Dissertation durch Günter Bornkamm lautet: »Dass sich auf Grund der Evangelien keine Biographie schrei-

---

4 Ebd.

5 Vgl. M. Veit, Vom Charme Gottes reden. AaO. S. 10 sowie Schriftenverzeichnis Nr. 113.

6 Rudolf Bultmann, Günther Bornkamm, Briefwechsel 1926 bis 1976. Hrsg. v. Werner Zager. Tübingen 2014. S. 186-188.

ben lässt, wird nach A. Schweitzers berühmter Darstellung der Geschichte der Leben-Jesu-Forschung heute nur noch von wenigen bestritten. Die Aufgabe, aus dem in den Evangelien gegebenen Glaubensbild der Gemeinde das Bild des geschichtlichen Jesus zu erheben, ist damit freilich der Forschung nicht abgenommen. Wie sie in der modernen Forschung in Angriff genommen und gelöst ist, zeigt Marie Veit in der vorliegenden, durch Knappheit, Klarheit und kritischen Sinn ausgezeichneten Arbeit. Das Ergebnis ist von einer beunruhigenden Vielfalt. Dabei ist die Reihe der Auffassungen von der Person Jesu, über welche die Verfasserin kritisch referiert, noch in keiner Weise vollständig. Sie beschränkt sich auf E. Lohmeyer, J. Schniewind, R. Otto, W. Grundmann und R. Meyer. Die Leistung der Untersuchung M. Veits ist ohne Frage die sorgfältige Kritik der von ihr behandelten Darstellungen. Das ist bei dem gegenwärtigen Stand der Arbeit und der Unbekümmertheit, mit der auf diesem Felde der Forschung so leicht ungesicherte Hypothesen und Entwürfe gewagt werden, nicht gering anzuschlagen. ... Dagegen kommt die Auffassung R. Bultmanns und damit vor allem auch die W. Wredes, der Bultmann treu geblieben ist, indirekt zur Geltung; sie liefert zu dem Dargestellten in jedem Falle das von der Verfasserin selbst vertretene Gegenbild.«[7]

An die mündliche Doktorprüfung erinnerte sich Marie Veit 50 Jahre später in der Vorlesung zu ihrer goldenen Promotion in der Philipps-Universität Marburg: »Vor 50 Jahren habe ich in diesem ehrwürdigen Hause meine Doktorprüfung bestanden. Eiskalt war es, 1946, – die Doktorandin im Konfirmationskleid, das glücklicherweise noch passte dank der Hungerjahre des Krieges, die klammen Finger in einem alten schwarzen Muff; die Beleuchtung war schlecht, so dass alle Beteiligten die Nase dicht auf dem Papier haben mussten, wenn es etwas zu übersetzen gab; zwischendurch fiel der Strom ganz aus, wir mussten uns mit einem Hindenburglicht behelfen. Am Schluss der Prüfung gratulierte der Vorsitzende, Prof. Benz, dem »Fräulein Dr. Veit«. Tempi passati, in mehr als einer Hinsicht...«[8]

---

7 G. Bornkamm, Rez. Veit, Marie: Die Auffassung von der Person Jesu im Urchristentum nach den neuesten Forschungen. Inaugural-Dissertation zur Erlangung des Doktorgrades der Theol. Fakultät der Philipps-Universität Marburg. Marburg: Druckerei Hermann Bauer 1946. VII, 114 S. In: ThLZ 76/1951. Sp. 293 f, Zitat Sp.294.

8 M. Veit, Noch einmal von vorn anfangen...? Von Bultmann zur Didaktik des RU – ein persönlicher Weg. Schriftenverzeichnis Nr. 113.

4.

Religionslehrerin in Köln

Marie Veit in Olc, Hildegard von Bingen-Schule in Köln 1960

»Viele von Veits Schülerinnen erinnern sich noch gut an sie, etwa in Köln-Klettenberg, wo Marie Veit 1947 bis 1972 am Hildegardis-Lyzeum für Mädchen (damals in der Lotharstraße, heute Hildegard-von-Bingen-Gymnasium in der Leybergstraße) Religionsunterricht und jeden zweiten Donnerstag Schulgottesdienst im Tersteegenhaus der Evangelischen Kirchengemeinde Klettenberg gehalten hat: »Sie war ein Schwarm von uns jungen Mädchen« berichtet eine ihrer Schülerinnen aus der Gemeinde Sülz-Klettenberg, »sie war sanft, konnte gut zuhören und bot uns sogar an, persönliche Probleme bei ihr zu Hause zu besprechen. Das war in der damaligen Zeit etwas ganz Besonderes.«[9]

Eine der Schülerinnen, Dorothee Sölle, erinnert sich an ihren Unterricht bei Marie Veit in den Jahren 1947 bis 1949: »Bereits in den letzten Schuljahren war ich sehr fasziniert von einem nicht kirchlichen, aber radikalen Christentum.

---

9 Nachruf des Evangelischen Kirchenverbandes Köln und Region vom 5. März 2004. www.kirche-koeln.de/marie-veit-eine-der-wichtigsten-lehrerinnen-nicht-nur-von-dorothee-soelle-ist-tot/

Ich hatte eine Religionslehrerin, die einen phantastischen, begeisternden Religionsunterricht gab und mir in dieser Frage viel geholfen hat: Marie Veit. … Auf dem Weg nach Athen merkte ich plötzlich, dass ich eigentlich nach Jerusalem wollte. Von Anfang an.

Marie Veit gehört zu den besten Theologinnen deutscher Sprache; das bedeutet in ihrer (und meiner) Generation, dass sie in der Bundesrepublik nicht die Karriere, die ihr zukäme, gemacht hat. Frauenspezifisch ist die Verzögerung: Erst relativ spät erreichte sie den Übergang von der Schule zur Hochschule, und noch zurückhaltender war sie mit Veröffentlichungen.

Marie Veit ist – und war schon, ehe das Wort aufkam – eine Theologin der Befreiung. Nicht im Sinne eines lateinamerikanischen Imports, sondern im Sinne der Notwendigkeit eines anderen Christentums nach der Erfahrung des deutschen Faschismus. In dieser historischen Situation habe ich sie erlebt, als sie 1947 in die Unterprima unseres Mädchengymnasiums in Köln trat, wenige Jahre älter als wir, bei Rudolf Bultmann promoviert, eine äußerst unbestechliche, exakte, Denkanstrengung und Redlichkeit fordernde und vorlebende Lehrerin. … Heute denke ich, sie hat meinen Zorn respektiert und meine Arroganz belächelt, sie hat unsere Intelligenz herausgefordert, weil sie Menschen einfach zutraute, dass sie der Erkenntnis und des Gewissens fähig sind.

So lasen wir damals, frierend und für Schulspeisung dankbar, Heidegger und Sartre, Bonhoeffer und Paulus und später nach der Schule Herbert Marcuse und Freud. Jahre später begründeten wir den Ökumenischen Arbeitskreis in Köln, aus dem sich dann das Politische Nachtgebet entwickelte. Marie Veit war eine der »Säulen« dieser Gruppe, in Rat und Tat, Sachkenntnis und theologischem Wissen, Organisation und Aktion. Ich erinnere mich auch an ihre unnachahmliche Fähigkeit, älteren Gemeindemitgliedern den Unterschied zwischen christlichem Glauben und bürgerlicher Wohlanständigkeit nahe zu bringen.

Marie Veits Stellungnahme zu den großen Auseinandersetzungen zwischen den Armen und den Reichen, den Waffenlosen und den Rüstungsprofiteuren, dem biblischen Glauben und der an der Macht teilhabenden Kirche ist seit Jahrzehnten gewachsen und erprobt. Sie denkt parteilich. ›Bürgerlich‹ ist an ihr nur die Genauigkeit, die Präzision, die wissenschaftliche Zuverlässigkeit und eine sozusagen frühbürgerliche Bescheidenheit der Ausdrucksweise.

In den letzten Jahren ist mir meine alte Schullehrerin, ohne die ich nie zur Theologie gekommen wäre, immer mehr Vorbild als eine Lehrerin der Hoffnung geworden.«[10] Dieser Aspekt der Hoffnung findet sich auch in Dorothee Sölles Vorwort zu Marie Veits Buch »Theologie muss von unten kommen. Ratschlag für Linke« in einem ihrer Gedichte:

»Das tägliche Brot der Ermutigung
Meine alte lehrerin erfindet den hoffnungsschrank
mit den guten nachrichten
die wir sammeln sollen
für die zeit des hungers
So lege ich die aktionäre der dresdner bank
unter hoffnung ab
weil sie immer nervöser werden
über ihr geld in südafrika
Und mein Enkelkind das nach dem tod fragt
und sterben no me gusta erklärt
und den morgenstern
den ich vorgestern früh wieder sah
der mich an christus erinnert
Und die halbe million junger männer
in der Sowjetunion die jetzt arbeiter werden
statt potentiell das morden zu lernen
Heute füll ich meinen Schrank
gestern war ich ohne brot
mehr als das tägliche
wäre zuviel verlangt«[11]

10 Dorothee Sölle. Gegenwind. Erinnerungen. Zitiert nach: D. Sölle, Gesammelte Werke Bd. 12. Hrsg. v. U. Baltz-Otto und F. Steffensky. Freiburg 2010. S. 35-37 (urspr. Erscheinungsdatum 1995). Eine andere frühere Schülerin, Else Grell, hat 2002 eine Textsammlung im Selbstverlag herausgegeben »Marie Veit, Vom Charme Gottes reden. Biberach 2002« verbunden mit der Hoffnung: »Den Leser/innen wünsche ich möglichst viel Freude – und persönlichen Gewinn – bei der Lektüre der Broschüre. Entdecken Sie Marie Veit!«

11 D. Sölle, Marie Veit. Ein Vorwort. In: M. Veit, Theologie muss von unten kommen. Wuppertal 1991. S. 7-10. Zitat S. 8 f.

Marie Veit im Kreis von Schülerinnen 1962

Doch nochmals zurück zu Marie Veit als Lehrerin. Sie war viele Jahre Vertrauenslehrerin und in dieser Funktion zuständig für die Schülerinnenmitverwaltung. Zur Neueinweihung der »Staatlichen Hildegard-von-Bingen-Schule« erschien am 15. November 1961 eine »Festschrift zur Einweihung des neuen Gebäudes«, in der Marie Veit einen kleinen Artikel schrieb zum »Aufbau der Schülermitverwaltung an unserer Schule« (Schriftenverzeichnis Nr. 2 B.[12]) – ein frühes Dokument für demokratische Partizipation und Mitsprache. Ich zitiere Auszüge aus diesem Text[13]: »Mitverantwortung des Schülers für das Leben in seiner Schule ist wohl selbstverständlicher Grundsatz aller modernen Schulerziehung. Will man junge Staatsbürger heranbilden, die einmal fähig

12 AaO. S. 88-90. Zitate S. 88 f. Im Anschluss an den Artikel finden sich Berichte von zwei Aktivitäten der Schülermitverwaltung: Elisabeth Dierich (Oberprima), Unsere Lepra-Aktion. AaO. S. 90 f; Susanne v. Imhoff, Und drei Wochen später stand die Mauer. AaO. S. 90. Der letztere der beiden Artikel berichtet vom Besuch des Deutschen Evangelischen Kirchentages 1961 in Berlin.

13 Der Gesamttext ist einsehbar in meiner Sammlung sämtlicher Texte Marie Veits, die mir zugänglich wurden und die ich dem Stadtarchiv Marburg zum öffentlichen Gebrauch übergeben habe.

sein sollen, die Dinge des öffentlichen Lebens verantwortlich mitzubedenken, so ist es gut, sie schon in der Schule damit beginnen zu lassen; das ist der eine Beweggrund. Der andere, ebenso wichtige aber ist: Es liegt im jungen Menschen selbst begründet, dass er danach verlangt, die Atmosphäre in seiner Schule mitgestalten zu dürfen. Er möchte keineswegs nur hinnehmen, nur fertig vorfinden, sondern er möchte Gesichtspunkte, die ihm selbst gekommen sind, auch zur Geltung bringen und, wenn möglich, verwirklichen dürfen; und solche Eigentätigkeit ist gut für ihn. ... Dabei darf nicht übersehen werden, dass sich Mitverantwortung der Schüler auch abgesehen von der eigentlichen SMV ereignen kann und vielfach ereignet. ... Mit der Arbeit der SMV wurde an unserer Schule vor viereinhalb Jahren begonnen. Alle ein bis zwei Monate tritt der ›Schülerrat‹ zusammen, d.h. die Versammlung der Sprecherinnen aller Klassen mit der Schulsprecherin (die jährlich vom Schülerrat gewählt wird) und der Vertrauenslehrerin. Gleich die beiden ersten ›Sitzungen‹ brachten eine Fülle von Anregungen, die den Sprecherinnen von ihren Klassen aufgetragen worden waren. Sie bezogen sich z.T. auf die eigentliche Arbeit in der Schule, von dem Wunsch nach mehr Gegenwartskunde, der aus der Oberstufe kam, bis zu dem nach einem Schulgärtchen und Gartenbauunterricht, den eine Sextanerin brachte, oder dem Antrag einiger Gymnasialklassen, eine Arbeitsgemeinschaft für Nadelarbeit einzurichten. Manches von diesen Wünschen konnte inzwischen verwirklicht werden. Was die Gegenwartskunde betrifft, so war mit der Einrichtung der SMV ein Adressat geschaffen worden für die zahlreichen Einladungen zu überschulischen Lehrgängen, die von der Unesco, dem Europahaus Marienburg, der Stätte der Begegnung in Vlotho u.a. an die Schulen versandt werden; eine ganze Reihe von Primanerinnen haben inzwischen an solchen Lehrgängen teilgenommen. Auch wurden zweimal Kurse über den Marxismus für unsere Primen organisiert, die ihm Schullandheim in Waldbröl stattfanden; eine von der SMV vorbereitete Studienfahrt führte 50 Schülerinnen nach Berlin. ... Andere Anregungen betrafen nicht die Schularbeit, sondern die Freizeit der Schülerinnen: Gründung einer Laienspielschar, einer Gruppe für Krankenhaushilfsdienst, einer Jugendbücherei etc. ... Die Schülerzeitung »boutique« ist wohl dasjenige Arbeitsgebiet der SMV, das den beteiligten Schülerinnen bei weitem am meisten Zeit und Mühe kostet. ... Es ist für alle zur Gewohnheit geworden, dass es den Schülerrat gibt, in dem

Frage, Vorschläge und kritische Meinungen vorgebracht werden können und von allen gemeinsam erwogen werden. Ein gewisses Ventil für schulische Unzufriedenheiten ... ist damit vorhanden, zugleich aber auch eine Stelle, an der bloße unfruchtbare Kritik ersetzt wird durch ein sachliches Gespräch mit den Mitschülerinnen (die Schulsprecherin leitet die Sitzungen), aber auch mit der Vertrauenslehrerin. ... Es gilt die ›Kunst des Möglichen‹ im Kleinen einzuüben. Der Bildung einer Tradition dient dabei auch die Niederschrift über Besprechungen, die eine Schülerin vornimmt.«

5.

»Genossin Professorin«

Marie Veit, jetzt an der Justus-Liebig-Universität zu Gießen (1973)

Zehn Zeilen widmet Marie Veit in ihrer Autobiographie ihrer Tätigkeit an der Universität Gießen, an die sie »im dritten Anlauf – man missbilligt im Berufungsgremium ihren ›Linkseinfluss‹ – auf den Lehrstuhl für Didaktik des Evangelischen Religionsunterrichtes berufen wird«[14]: »Angesichts des starken fundamentalistisch-evangelikalen Einflusses auf unsere Studierenden muss ich z.T. wieder Aufgaben anfassen, wie ich sie in meinen ersten Lehrerinnenjah-

14 E. Grell, Marie Veit. Ein Fenster zur Zukunft öffnen. AaO. S. 308.

ren vor mir sah. Hinzu tritt die Arbeit an der ›Befreiung der Bibel‹[15]. Meine Forschungsarbeit bezieht sich vor allem auf die Situation der Jugend in Bezug auf den Glauben. Neue Anregungen brachte ein Zwischensemester in Sao Leopoldo/Brasilien, wo ich 1979 fünf Wochen leben und lehren konnte (Thema: »Gesellschaftliche Konsequenzen von Religion und Theologie).«[16] Aus den beiden ausführlichen Interviews mit Marie Veit von Else Grell am Jahreswechsel 1994/95 und Annebelle Pithan 1992 erfährt man etwas mehr:

- Wichtig war Marie Veit soweit möglich der persönliche Kontakt zu den Studierenden. Dabei bemerkt sie: »Die heutigen Studenten (Anfang der 1990 Jahre, v.m.) sind zum größten Teil nicht mehr drin im Spiel der Religion. Eine Religion ist ja auch so etwas wie ein großes Spiel: mal aus einer Urerfahrung entstanden und dann ausgefaltet in Überlieferungen und Dichtungen und Liedern und Reden und Regeln und Institutionen. Und wenn man da nicht drin ist, versteht man davon ebenso wenig wie ich vom Fußball. ... Sie erwarten einen kurzen ideologischen Extrakt, an dem man sich vielleicht orientieren kann, und dann moralische Impulse. Dass das was anders und viel mehr ist, wissen sie gar nicht. Ich bin erschüttert, dass in der sogenannten multikulturellen Gesellschaft unsere eigene Kultur großenteils weg ist. ... Heute ist Religion wieder ein Anstellungsfach. Die Kinder der Marktgesellschaft haben eine Marktlücke gefunden, mit Religion kommt man evtl. noch mal rein. Und das ist ja ihr gutes Recht in der verzweifelten Arbeitssituation der jungen Generation – finde ich. Ich muss sie also nur mit Theologie unterwandern. Und das ist das, was ich versuche.«[17]
- Diesem ›Unterwanderungsversuch‹ dienen vor allem Projektarbeit und Seminare, was Anfang der 1980er Jahre auf nicht unerheblichen Widerstand bei den Kollegen stieß, der so weit ging, dass diese »hinter meinem

15 Dazu s.u. S. 115 ff, 154 ff und 256 ff.

16 M. Veit, Auf dem Weg der Befreiung. In: R. Lachmann, H. Rupp (Hrsg.), Lebensweg und religiöse Erziehung. AaO. S. 354.

17 A. Pithan, Interview mit Marie Veit am 20. 7. 1992 in Marburg. Unveröffentlichtes Manuskript. S. 4-6 i.A.

Rücken in der Universitätsdruckerei erklärten, dass da Einführungsvorlesung zu stehen hätte und nicht Orientierungsprojekt«[18].

- Ihren eigenen Arbeitsstil charakterisiert M. Veit als »eher künstlerisch, mit Assoziationen und Intuitionen arbeitend…. es will sich etwas formulieren, weil es in mir steckt, wobei auch ›geklaute‹ Ideen auftauchen können.«[19]

---

18 AaO S. 28.

19 E. Grell, Interview mit M. Veit am Jahreswechsel 1994/1995. Unveröffentlichtes Manuskript S. 23 f.

6.

Christ*innen für den Sozialismus

1973 gründeten Marie Veit, Mitglieder des Politischen Nachtgebetes in Köln »und holländische Freunde« in Arnhem die deutsche und holländische Sektion der »Christen für den Sozialismus« (CfS). Für Marie Veits Mitarbeit bei den »Christen für den Sozialismus« gilt mehr noch als für andere ihrer vielen Aktivitäten, was sie am Jahreswechsel 1994/95 so formulierte: »Gedanken, die gut oder anregend sind, sollen Gestalt gewinnen im Menschen und nicht nur auf dem Papier. Ist ja ganz nett, wenn es ein Opusculum gibt von mir – nichts dagegen, aber schöner ist, wenn das Leben sich gegenseitig anregt, mich, und ich dann wieder andere. Ich sehe einen großen Gesprächs-, Erzähl- und Lebenszusammenhang, in dem ich so meine Stimme singen will.«[20]

So bat ich zu diesem Thema Barbara Imholz, Hartmut Futterlieb und Peter Reuß, drei Mitglieder der »Christ*innen für den Sozialismus«, als Zeitzeug*innen um Erinnerungen zu diesem Arbeitsfeld.

Barbara Imholz
*(Münster, Christ*innen für den Sozialismus)*
Erinnerungen an eine große Dame, Marie Veit

Marie Veit lernte ich über die Christen für den Sozialismus kennen. Seit 1978 hatte ich mich dieser bundesweiten Bewegung angenähert und Kontakt zur Gruppe in Münster gesucht, ausgelöst durch den Wirbel um die Kampagne von

---

20 E. Grell, ebd. Vgl. auch: E. Grell, Marie Veit. Ein Fenster zur Zukunft öffnen. AaO. Bes. S. 307 ff. Vgl. folgende Texte zu den Christen für den Sozialismus im Schriftenverzeichnis: Nr. 48, 50, 101 und 110.

Adveniat gegen die Befreiungstheologie. Als junge Theologiestudentin war ich tief beeindruckt von der kompromisslosen Unterstützung der CfS für die Revolution in Nicaragua und die wichtige Rolle, die Christinnen und Christen darin spielten. Dass mir ältere und erfahrene Genossinnen und Genossen auf den regelmäßig stattfindenden Delegiertentreffen in den verschiedenen Städten der Bundesrepublik oder auf unserem sogenannten Intensivseminar einmal im Jahr begegneten, gehörte für mich damals zur Faszination dazu. Marie Veit, die in der Marburger Ortsgruppe, wie wir sagten, aktiv war, war für uns eine Persönlichkeit, an der man nicht vorbei kam, ja, ich würde sagen, dass sie für uns eine Respektsperson darstellte, und die regelmäßig auf unseren Bundestreffen, bei Kirchen- und Katholikentagen aktiv dabei war. Bis dahin kannte ich ja nur »ältere« Menschen, die meinen Eltern glichen, und denen jeder linke Aktivismus ein Gräuel war. Und nun begegnete mir eine vornehm daher kommende Dame, schlank, in Kostüm und Bluse, gut frisiert. Und das, was sie sagte, z.B.: »der Teufel scheißt immer auf den größten Haufen«, passte so gar nicht zu ihrem bürgerlichen Erscheinungsbild. Eigentlich würde ich sagen wollen, dass wir an ihren Lippen hingen, wenn sie von ihren Auseinandersetzungen mit Bundeswehrangehörigen, Professorenkollegen an der Universität oder Frauengruppen in der Evangelischen Kirche berichtete. Spätestens ab 1981 ging es sehr viel um das Engagement in der Friedensbewegung gegen den NATO - Doppelbeschluss, der Mittelstreckenraketen Pershing II und Cruise Missile in Westdeutschland zu stationieren vorsah. Marie Veit ging keiner Auseinandersetzung aus dem Weg. Das Besondere an ihr war, dass sie stets die Contenance behielt und das nicht nur als Fassade, immer freundlich, ja fröhlich blieb und

Marie Veit spricht am Antikriegstag 1994 in Hildesheim

eben trotzdem klar und deutlich formulierte. Es war ihr quasi eingeschrieben, sie war beherrscht, und legte mit scharfem Geist ihren Standpunkt dar und zwang ihre politischen Gegenüber in die Argumentation. Diese Frau war entgegen ihrem eher feinen und bürgerlichen Erscheinungsbild der Sprache gewaltig mächtig, und wusste auch immer witzige Anekdoten zu erzählen, wenn es ihr wieder einmal gelungen war, ein Wortgefecht zu gewinnen. Wir haben auf den Treffen und Veranstaltungen, an den Ständen auf dem Markt der Möglichkeiten viel gelacht und Freude gehabt. Marie Veit hat uns Mut gemacht, Auseinandersetzungen nicht auszuweichen, sich gegenseitig Mut zu machen und zu bestärken.

Die »Genossin Professorin« auf einer Demonstration der IG Metall: »wie immer: in Kostüm und mit Handtasche«

Wir lernten von ihr, dass revolutionäres Gehabe nicht notwendig ist, um revolutionäre Politik zu machen. Sie hat uns darin bestärkt, den ideologischen Klassenkampf ernst zu nehmen und nicht zu gering zu veranschlagen, weil sie um die Kraft der Worte wusste. Ihre Mitarbeit im Arbeitskreis Religionslehrer bei CfS oder im Arbeitskreis »Die Religion der Bildzeitung«, aus denen Publikationen für den Unterricht hervorgingen, sind dafür symptomatisch.

Hartmut Futterlieb

Theologie mit revolutionärer Geduld. Ein Gedankenstrauß für Marie Veit

»Regen kommt von oben.
Aber Theologie
muss von unten kommen,
sagt die Marie.
So wie die Würmer, doch nicht stumm,
grabt den Boden tüchtig um -
woll'n wir was verändern!
(Komm'n wir nicht drum rum.)«

Das ist der Refrain eines Liedes, das wir auf einer Tagung der »CfS – Christ*nnen für den Sozialismus« für Marie Veit zu ihrem 75. Geburtstag gesungen haben.

Marie Veit war eine behutsame, sich einfühlende Lehrerin, die es zugleich verstand, ihre Position unmissverständlich zu verdeutlichen. Sie war eine Professorin, die bei Demonstrationen in der vordersten Reihe ging, unsere »Genossin Professorin« nannten wir sie gerne. Sie lebte die Theologie »von unten«. Nicht die Studierstube war ihr Metier, das Schreiben theologischer Fachbücher, sondern der Kontakt mit den Menschen, wie er in ihren Vorträgen hörbar wurde: »Den Boden tüchtig umgraben«. Zuhören und gemeinsame Antworten finden, damit konnte sie dogmatische Positionen sanft, aber konsequent unterwandern. Ich sehe ihre zerbrechliche Gestalt bei einem Kirchentag. Sie sitzt in einem eher unscheinbarem konventionellem Kostüm am Stand der CfS, verkauft Postkarten als Spenden, die sie aus alten Nicaraguakalendern herausgeschnitten hat, und diskutiert mit jungen Leuten, warum es notwendig ist, sich auch nach der Wende 1989 mit dem Sozialismus zu beschäftigen.

Von Marie lernten wir das genaue Hinhören und Hinsehen, auch was die biblischen Texte betrifft. Die historisch-kritische Methode der Exegese hat sie bei ihrem Doktorvater Rudolf Bultmann gelernt. Aber im Umgang mit ihren Schülerinnen in der Gegenwart und mit der Widerstandsgeschichte während der Nazizeit spürte sie, dass diese Form der Analyse im akademischen Raum eingezäunt war und weder in die Gemeinden Fuß fasste (Sie erzählte, wie »fromm«

selbst Bultmann als Predigerauftrat) noch die Wirklichkeit der Schülerinnen und Schüler betraf. So entwickelte sie Fragen aus Soziologie und Psychologie als Prüfsteine zur »Befreiung der Theologie«, wie sie es ausdrückte.

In einem internen CfS-Papier schreibt sie: »Von der ideologischen Überfremdung des genuin Christlichen haben wir uns zu lösen begonnen... Wir sollten uns die Erkenntnisse, die wir durch die Begegnung mit dem marxistischen Denkansatz gewonnen haben, nicht für uns behalten...Wir sehen. Dass Jesus (und große Teile der Bibel überhaupt) unseren neu gewonnenen Erkenntnissen näherstehen als das bürgerliche Christentum.«[21] Das erläuterte sie gerne an einem paradigmatischen Beispiel, nämlich an der Bitte im Vaterunser »Dein Wille geschehe«. Schon die Tonlage im kirchlich-rituellen Sprechen, mit dem Ton auf »geschehe« stellt eine Demutsgebärde dar (so wie die gefalteten Hände und der gesenkte Kopf einmal die Unterwerfungsgebärde des Lehnsmanns gegenüber dem Lehnsherrn, oder noch schärfer des Leibeigenen gegenüber seinem Herrn) waren. So wird das Wort zum Schicksalsdogma: Es ist so, wie es ist. Man kann nichts machen. Gottes Wille hat nicht mit dieser demütigen Ergebenheitsgebärde zu tun, schärfte Marie uns ein. Betont werden muss das erste Wort: »DEIN Wille geschehe!« – und nicht der Wille eines Königs, Kaisers oder eines Menschen, der Macht über uns beanspruchen will. Eine angemessene Haltung dafür wäre eine aufrechte Haltung mit geradem Rücken, die linke Faust erhoben und geballt. »DEIN Wille geschehe«, das ist die Weisung (Tora) für uns, die uns treibt, uns für Arme und Benachteiligte einzusetzen, mit aller Kraft und mit allen Menschen, die mit uns diesen Weg gehen wollen, ob sie nun Christen, Atheisten oder Menschen aus anderen Religionen sind. Christliches Handeln ist keine individuelle Haltung, sondern ein gemeinschaftlicher Weg, ein politischer Weg. Hier zeigt sich, dass Marie Befreiungstheologin war, noch ehe dieser Begriff bei uns bekannt war. Mit ihrer Schülerin Dorothee Sölle war sie dann auch im politischen Nachtgebet in Köln unterwegs und gründete 1973 zusammen mit ihr bei einer Tagung in Arnheim in Holland die Gruppe » CfS-Christ*nnen für den Sozialismus«. Der 11. September 1973 war der Tag des Militärputsches in Chile. Mitglieder der Gruppe »Christianos por el Socia-

21 Unveröffentlichtes Manuskript (Konzeptpapier für eine Delegiertenkonferenz). CfS-Archiv (Hartmut Futterlieb).

lismo«[22] in Chile wurden in dieser Zeit gefoltert, ermordet, in die Emigration getrieben oder mussten in den Untergrund gehen. Die Teilnehmerinnen und Teilnehmer am Politischen Nachtgebet in Köln suchten einen Namen für eine christliche Gruppe, die sich stärker politisch einmischen wollte. Aus dem Eindruck der Ereignisse in Chile entstand der Namen »CfS-Christ*innen für den Sozialismus« So verstand sich auch Marie, als Christin und als Sozialistin.

Wenn Marie erzählte, wenn sie Vorträge hielt, dann lebten diese von Schlüsselerzählungen, in denen aus ihren subjektiven Erfahrungen das aufleuchtete, was allgemeingültig ist, eine unmittelbare Situation, die einen Lernprozess in Gang setzt. So wird die Wirklichkeit in den theologischen Gedankengang hereingeholt. Die autoritären dogmatischen Strukturen lösen sich auf. Paul Gerhard Schönborn, ehemals Studentenpfarrer in Wuppertal, schreibt in seiner Rede zum 75. Geburtstag, (den wir von CfS mit einem Intensivseminar zum Thema »...die im Dunkeln sieht man nicht...« gefeiert haben) von einem Professor für praktische Theologie, der nur kritische Fragen zur Durchdringung von biblischer Analyse und politischer Strategie hatte: »Der gleiche Mann hörte Mitte der siebziger Jahre nachdenklich im Keller der Wuppertaler evangelischen Studentengemeinde zu, als Du uns die Gedanken Deines – dann in dem Buch ›Vernunft ist weiblicher Natur‹ veröffentlichten – Aufsatzes über die ›vermauerte Gnade‹ vortrugst. Du machtest uns klar, dass das biblische Wort für ›Gnade‹ so viel wie ›Anmut, Charme, Liebe‹ bedeutet. Du zeigtest uns aber auch das Phänomen, wie seit Jahrhunderten in der Christenheit über die Gnade Gottes gepredigt, aber gleichzeitig damit verbunden ein anthropologischer Pessimismus verkündet wird. Daraus entsteht häufig ein double-bind- Syndrom mit Schuldgefühlen und Depressionen. Der Professor sagte mir hinterher, Du habest ihn durch Dein Auftreten davon überzeugt, Charme sei wirklich ein Kennzeichen Gottes.« Ein Musikstudent sei ebenso von Maries einfacher und verständlicher Argumentation überzeugt worden. Er war einfach mal vorbeigekommen und kannte weder Thema noch Namen der Referentin, er habe

---

22 Zur Bewegung der »Cristionos por el socialismo« in Chile in den Jahren vor dem Militärputsch haben CfSler recherchiert und ein sehr lesenswertes Buch geschrieben, dass die Ereignisse dieser Zeit beleuchtet: Michael Ramminger, »Wir waren Kirche inmitten der Armen« – Das Vermächtnis der Christen für den Sozialismus in Chile von 1971 – 1973, Münster 2019, Edition ITP-Kompass Bd. 29.

sich eingehört und erstaunt Antworten auf diejenigen Fragen erhalten, die ihn als Pfarrersohn dazu gebracht hatten, sich von der Theologie abzuwenden.[23]

Wer enger mit Marie Veit zusammenarbeitete, kennt sicherlich auch die Erzählung vom heimlichen Lesen des Mädchens Marie, Tochter eines Professors, unter der Bettdecke. Es ist nicht nur eine Schlüsselgeschichte für die persönliche Biographie, sondern zugleich ein Beispiel für erlebte Zeitgeschichte. In dieser Zeit und in diesem bürgerlichen Milieu in den zwanziger Jahren des vorigen Jahrhunderts musste vieles »heimlich« erlebt und erfahren werden. Ingmar Bergmann hat in dem Film »Fanny und Alexander« diesen Blickwinkel der »Heimlichkeit« zum Ausgangspunkt genommen, um am Beispiel einer Familie um die Wende vom 19. zum 20. Jahrhundert die zerstörerischen, aber auch die neugierigen, lebendig machenden Kräfte zu schildern, die so angespornt wurden. Marie kannte das autoritäre Erziehungsideal, dem sie ihre Vorstellung von solidarischer widerständiger Autonomie entgegenstellte.

Auch aus ihrer Zeit als Lehrerin stammen Schlüsselerzählungen. Marie hatte in ihrer Klasse einen »Kummerkasten« eingeführt, in dem alle diejenigen Fragen gesammelt wurden, die ihre Schülerinnen bedrückten, und die sie beantwortet haben wollten. Irgendwann verebbte die Flut der Fragen, und eine Schülerin sagte als Begründung: »Ach, Gott, warum reden wir darüber, ob es einen Gott gibt. Im Westen glauben wir doch nun mal an Gott.« Antworten wurden nicht mehr benötigt, weil die Fragen abhandengekommen waren. »An Gott glauben« ist nicht mehr ein Ringen um Wahrhaftigkeit, die Frage nach dem, was »uns unbedingt angeht«, sondern eine bloße Haltung, »hier im Westen«, eine Attitüde. Diese kann natürlich jederzeit durch eine andere ersetzt werden. »Man« glaubt nicht mehr an Gott, »man« glaubt aber sonst an alles Mögliche: An UFOs, an die Kraft der sieben Chakras, an die Macht des Geldes, die Weisheit des Markts. Bevor wir in den CfS-Gruppen über die »Religion des Kapitalismus« nach den Thesen eines Fragments von Walter Benjamin diskutierten, war dies in den Vorträgen Marie Veits ein Thema, wobei sie gerne auf eine Definition von Erich Fromm zurückgriff: »Religion ist jedes System des Denkens und Tuns, das von einer Gruppe geteilt wird und dem Individuum einen Orientierungsmaß-

23 Unveröffentlichtes Manuskript (Rede von Paul-Gerhard Schoenborn zum 75. Geburtstag von Marie Veit) CfS-Archiv (Hartmut Futterlieb).

stab und einen Gegenstand zur Hingabe bietet.« Und Erich Fromm erläutert: »Diese Definition von ›Religion‹ sagt nichts über ihre spezifischen Inhalte aus. Objekte der Hingabe können Tiere oder Bäume sein, Idole aus Gold oder Holz, ein unsichtbarer Gott, ein Heiliger oder ein diabolischer Führer, die Vorfahren, die Nation, Klasse oder die Partei, Geld oder Erfolg. Die jeweilige Religion kann den Hang zur Destruktivität fördern oder die Bereitschaft zur Liebe...«[24]

Was bedeutet dieser Glaube an die »unsichtbare Hand« (Fr. v. Hayek), die sich in den Kräften des Marktes ausdrückt? Wie verändert dieser Glaube den Menschen, macht ihn zu einem abhängigen, versklavten Objekt, einem außengeleiteten Wesen, das dem Willen kapitalistischer Ideologie folgt und die Orientierung an der Weisung Gottes, der Tora verloren hat? Die Menschen werden dem Markt hörig.

Um diese Gedanken für den Religionsunterricht fruchtbar zu machen, arbeitete sie im CfS-Arbeitskreis Religionslehrerinnen und Religionslehrer mit, in dem wir die Orientierungsmuster der Bild-Zeitung untersuchten, um Unterrichtseinheiten für die Berufsschulen zu erarbeiten. In einem Aufsatz »Die Religion der Bild-Zeitung« kam sie zu dem Schluss: »daß die Lebensorientierung der BILD-Zeitung dem biblischen Christentum direkt zuwiderläuft. Sie hat eine ganz andere Zielsetzung: nämlich das auf Konkurrenz und geschäftlichen Erfolg gebaute Wirtschaftssystem des Westens tief im Leser zu verankern.«[25]

Wenn das Warenangebot an Gütern und Kommunikation jeden Einzelnen unter sich begräbt, ist es schwer, nach den Ursachen, nach den Bedingungen, nach den Interessen zu fragen, die aus der Geschichte, z.B. auch aus dem »kalten Krieg« erwachsen sind.

Dämonen können nur vertrieben werden, wenn man sie beim Namen nennt. Insofern verstand sich Marie Veit auch als Exorzistin. Was sie als Kapitalismus identifizierte, benannte sie auch als »Kapitalismus«, selbst in einer Zeit, als dieses Wort mit einem positiven Anstrich versehen war. Und wenn sie von der konkreten Utopie des Sozialismus sprach, die keineswegs mit dem real existierenden Sozialismus des vergangenen Jahrhunderts verwechselt werden darf, dann benannte sie das ebenfalls, auch als es unter Linken schicklich schien, das

---

24 Erich Fromm, Psychoanalyse und Religion. Zürich 1966. S. 12.

25 Marie Veit, »...die sind glücklich in der Welt und werden reich« – Die Religion der BILDzeitung, in: forum religion 3/92, S. 15.

Wort nur hinter vorgehaltener Hand zu äußern. Dabei griff sie auf konkrete Erfahrungen zurück, etwa auf die positiven Erfahrungen von gemeinschaftlicher Ökonomie in Kooperativen, die in Nicaragua nach der Revolution entstanden, oder auf ein seit vielen Jahren funktionierendes Genossenschaftsmodell einer Fabrik in Spanien, die nach einem Konkurs von den Arbeitern übernommen worden war. Es waren nicht die theorieüberlasteten ideologischen Systeme, die sie interessierten, sondern die konkreten Erfahrungsbeispiele, die zum Handeln auffordern.

Widerständige Persönlichkeiten werden nicht von jeder Wende neu überrascht und stellen sich dann flink darauf ein. Die Erzählungen von Marie Veit waren Orientierungsbojen, die auf die neu zu erfahrenen Küstenlinien hinwiesen. »Maries Hoffnungsschrank« ist unter uns sprichwörtlich geworden. Wir würden durch Zeitungen und Fernsehen mit Katastrophenmeldungen beladen, die uns fast den Atem zu nehmen scheinen. Deshalb habe sie sich eine Hoffnungsmappe angelegt, sagte Marie, in der sie sammle, wenn wieder etwas gelungen, wenn eine Aktion erfolgreich gewesen sei. »Neben der Klage brauchen wir auch das Halleluja.« Das bedeutet nicht, die Augen vor den Katastrophen zu verschließen, die sich ankündigen, oder deren Analysen aufzugeben. Aber es bedeutet, die Schritte nicht aus den Augen zu verlieren, mit denen wir vorankommen. Es wurde z.B. erfolgreich verhindert, dass in Whyl bei Freiburg ein Kernkraftwerk gebaut wurde. Kommunale Lebensformen wie Longo Mai in Frankreich waren für sie Beispiele, um die Möglichkeiten der Zukunft zu illustrieren. In unserem CfS-Circular haben wir diese Tradition fortgesetzt, indem wir z.B. auf das positive Vorbild von Pepe Mujica hinweisen, des ehemaligen Tupamaro-Kämpfers in Uruguay , der lange im Gefängnis saß und später zum Präsidenten Uruguays gewählt wurde. Er zog aber nicht in den Präsidentenpalast ein, sondern blieb in seiner bäuerlichen Finca wohnen, spendete einen Teil seines Gehaltes dafür, dass sich Arme ihre Häuser selber bauen konnten.[26] Hoffnung baut auf konkreten Erfahrungen auf. In einem Gedicht mit dem Titel »Das tägliche brot der ermutigung« hat das Dorothee Sölle ausgedrückt. Es beginnt mit den Worten:

---

26 Es gibt eine eindrucksvolle DVD dazu: Pepe Mujica – Der Präsident. Ein Film von Heidi Speconja.

»Meine alte lehrerin erfindet den hoffnungsschrank
mit den guten nachrichten
die wir sammeln sollen
für die zeit des hungers
…
Heute füll ich meinen schrank
gestern war ich ohne brot
mehr als das tägliche
wäre zu viel verlangt.«

Peter Reuss

Persönliche Erinnerungen an Marie Veit in der Marburg/Gießener Gruppe der Christ*innen für den Sozialismus

Als erstes sehe ich immer ihr Lächeln vor meinem geistigen Auge. Marie Veit war eine Person mit einer intensiven freundlichen Ausstrahlung, in deren Gegenwart ich mich wohl fühlte. Sie verkörperte für mich Optimismus: eine gerechte Welt ist möglich, am besten bereiten wir sie jetzt vor.

In ihren letzten anderthalb Marburger Jahrzehnten erlebte ich sie, die Mitbegründerin der deutschen Bewegung der Christinnen für den Sozialismus, in der Marburg/Gießener Regionalgruppe. Wir kamen teils wöchentlich, teils vierzehntägig für einen Abend zusammen, um gemeinsam zu essen, zu singen, Gesellschaftsanalyse zu treiben und politische Aktionen zu planen.
Marie Veit war eine Generation älter als wir, war Hochschullehrerin und politische Aktivistin mit erheblicher öffentlicher Reichweite; sie berichtete unentwegt spannend von Projekten und Veranstaltungen, an denen sie teilgenommen oder die sie angestoßen hatte. Und sie war in der Gruppe gleichzeitig eine Gesprächspartnerin auf Augenhöhe: undogmatisch, souverän und völlig unprätentiös. Als Person trat sie hinter ihre inhaltlichen Argumente zurück; nie kürzte sie unter Verweis auf Renommee, akademischen Status oder Lebenserfahrung Diskussionen ab.

Die Verbindung von persönlicher Bescheidenheit und Offenheit in der Begegnung mit Menschen habe ich bei Marie Veit oft miterleben können. Sie hat-

Marie Veit erzählt (1979)

te die Fähigkeit, Kontakt herzustellen ohne jovial zu wirken; sie lauschte mit Aufmerksamkeit und Respekt den Schilderungen von Erfahrungen, Einschätzungen, Sehnsüchten, von wem und in welcher Unmittelbarkeit oder welchem Abstraktionsgrad sie auch formuliert waren. Darin erkannte ich eine Haltung der Menschlichkeit, die keine aus kirchlicher oder politischer Dogmatik abgeleitete Äußerlichkeit ist, sondern eine gelebte Praxis.

Sie pflegte einen bescheidenen Lebensstil, lebte im sechsten Stock eines Hochhauses auf dem Richtsberg in Marburg, einer durchaus gemischten Wohngegend, in die sie mit ihrem kleinen alten DAF-Pkw (mit Keilriemen-Automatik) gelangte, der wie aus der Zeit gefallen wirkte und so gar nichts limousinenhaftes an sich hatte. Marie Veit lebte und arbeitete in der Ära vor der Verbreitung digitaler Medien; ihre Wohnung beherbergte mehr Bücher, als die Regale zu fassen bereit waren. Neben den in der Nähe von Sitzgelegenheiten bisweilen entstandenen Stapeln fand sich auf ihrer hölzernen »Hoffnungsbank« besonders Literatur, die auf emanzipatorische Projekte und Konzepte verwies, die im Gesellschaftlichen und Politischen den Optimismus nährte, den ich an Marie Veit immer wahrnahm.

Wertvoll waren auch gelegentliche Mitteilungen aus ihrer ganz privaten morgendlichen Lektüre, die sie - bevor sie sich jeweils beruflichen und politischen Verpflichtungen widmete - in der Viertelstunde zwischen Aufwachen und Aufstehen vornahm.

Unseren Kindern schenkte sie zu entsprechenden Gelegenheiten Bücher aus dem Peter Hammer-Verlag, den sie gezielt unterstützte. Der Maulwurf, der wissen wollte, wer ihm auf den Kopf gemacht hat und die fürchterlichen Fünf sind ebenso in unseren familiären Erzähl- und Zitatenschatz eingegangen wie Frau Meier, die Amsel, die ihre Angst um die Welt und vor der Welt überwindet; überhaupt drehen sich die Geschichten meist um Anerkennung unterschiedlicher Lebensverhältnisse und um Bedürfnisse und Erfahrungen von Solidarität und transportieren damit genau die Themen, für die sich Marie Veit einsetzte.

Doch auch ohne das Medium Literatur konnte sie zu Kindern einen intensiven Kontakt herstellen. Mein Sohn im Grundschulalter setzte sich zum Essen gerne neben sie, da er sich von ihr wahrgenommen fühlte und sie ihm im Gespräch ernsthaft und interessiert begegnete; seine jüngere Schwester stellte lieber nach dem Essen ihre frisch erworbenen Lesekenntnisse vor und las beispielsweise Texte über E. Mandels Theorie der langen Wellen vor, wenn auch nur bedingt sinnerfassend; doch die Sechsjährige gehörte in dem Moment damit eben auch zu den ernsthaften Großen und das war eine besondere Erfahrung für sie.

Mit Essen, Singen, Lektüre und politischen Aktionen hatten die Treffen der CfS- Gruppe immer auch ein bisschen was von Vorwegnahme einer künftigen gerechten Welt, fast wie in Ernesto Cardenals Vision: Wir sind noch nicht im Festsaal angelangt, aber wir sind eingeladen. Marie Veit sagte bisweilen (provokativ für Konservative), ihre Lebenssituation als Professorin sei eine quasi sozialistische, was die Entbindung von materieller Sorge angeht und die Freiheit, sich mit gesellschaftlich wichtigen Fragen zu beschäftigen. Entgegen allen Vorwürfen, die sie sich auch im Kontext ihres Engagements für die Friedensbewegung anhören musste, war ihr Verständnis von Sozialismus undogmatisch jenseits aller Logik geopolitischer Blöcke. Dagegen unterstützte sie Initiativen, die mit dem Aufbau gerechter Wirtschaftsstrukturen einfach begonnen haben, wie etwa Longo Mai.

Wirklich bewundert habe ich Marie Veit für ihre - auch bei Intellektuellen spärlich verbreitete - Fähigkeit, unterschiedlichen Gesprächspartner*innen politische und andere Zusammenhänge ohne Komplexitätsverlust zum Verständnis anzubieten. Ob im Lebensmittelmarkt, am Infostand in der Fußgängerzone, im Politischen Nachtgebet (das wir in Marburg und Gießen in kleinem Rahmen aufgriffen) oder auf einem Podium: sie konnte Dinge verständlich machen, ohne sie unangemessen zu vereinfachen oder Aspekte zu unterschlagen. Wie diese hohe Kunst der Vermittlung funktioniert, habe ich allenfalls zum Teil verstanden. Ich glaube, bei Marie Veit hatte es damit zu tun, dass sie eine sozusagen harmonische Sozialistin war, d.h. als Persönlichkeit uneitel (auch intellektuell) und kongruent mit dem, was sie vertrat: freundlich und sanftmütig, aber in ihrem Eintreten für Gerechtigkeit von außerordentlicher Entschiedenheit.

7.

Reisen und Auslandsaufenthalte

Das zweite Jahrzehnt ihrer Professur – biographisch greife ich jetzt vor – war auch das Jahrzehnt der politischen Reisen Marie Veits. Allein die Ziele und die Gruppen, mit denen sie reiste, sind bemerkenswert:

1978 nach Paris zu einem Forschungssemester: Forschungsschwerpunkt war die Mission Populaire *(Kapitel 7.1)*
1979 nach Sao Leopoldo in Brasilien als Gastdozentin *(Kapitel 7.2)*
1980 in die Sowjetunion mit Kollegen der Universität zum Studium der orthodoxen Kirche *(Kapitel 7.3)*
1985 nach China mit einer Delegation der westdeutschen Friedensbewegung *(Kapitel 7.4)*
1987 nach Polen mit dem Verein »Zeichen der Hoffnung« *(Kapitel 7.5)*
1992 nach Israel mit Barbara Just-Dahlmann und Helmut Just *(Kapitel 7.6)*

7.1 Forschungssemester in Paris bei der Mission Populaire

1978 verbrachte ich ein Forschungssemester in Paris und studierte vor allen Dingen die Mission Populaire. Das ist eine kleine Bewegung, die in der Industrie arbeitet, ähnlich der deutschen Gossner-Mission, ursprünglich ins Leben gerufen, um die Arbeiter, die sich links organisierten, wieder nach rechts – also auch zur Kirche – zurückzubringen. Als die Mitarbeiter dieser Mission aber die Lebensbedingungen der Proletarier entdeckt hatten, solidarisierten sie sich mit ihnen. Die Niederlassungen der Mission Populaire liegen heute meist in den Industriegebieten der Großstädte, so in Belleville in Paris. Ich erlebte mit, wie die Mitarbeiter der Mission den Menschen halfen, die um den Erhalt ihrer Wohnquartiere kämpften. Die Gebäude sollten saniert werden, zu diesem Zweck wurden die Leute ausgesiedelt – irgendwo in die Banlieue –, aber auf diese Art auch auseinandergerissen. Ich hatte lange ein Plakat der Mission Populaire bei mir hängen: »La Lutte ou La Valise«.

Ich habe mir besonders die Methoden angesehen, mit denen sie arbeiteten. Zur Finanzierung von Fortbildungsveranstaltungen hatten sie viel weniger Geld zur Verfügung als wir in Deutschland. Sie teilten Zettel aus und baten jeden aufzuschreiben, was das Schönste und was das Schlechteste in seinem Betrieb sei. Diese Zettel wurden einfach mit Stecknadeln an eine Wand gepinnt und die Anwesenden aufgefordert, darüber zu sprechen. Es dauerte nicht lange, bis einer äußerte: »Ja, eigentlich liegt es ja am System der Konkurrenz«. Schon wandte sich einer um und sagte zu dem Leiter: »Georges, tu manipule«. »Oh«, sagte dieser, »ich kann nicht sehen, dass ich manipuliere. Ich habe doch gar nichts gesagt, ihr habt allein herausgefunden, woran es liegt.«

Sonntags hielt die Mission Populaire in der Regel hoch im Norden, in einer Arbeitergegend, Gottesdienst. Eines Sonntags konnte kein Gottesdienst stattfinden, weil man den Raum Menschen zur Verfügung gestellt hatte, die von Ausweisung bedroht waren. Im Gottesdienstraum wohnten jetzt Familien – ein frühes Beispiel von Kirchenasyl.

Das deutsche Wort »Gast-Arbeiter« regte die Franzosen richtig auf. Ich bekam zu hören: »Hôte, hôte«, einen Gast ehrt man doch! Aber ihr denkt gar nicht daran, Arbeiter zu ehren, die aus anderen Kulturen zu euch kommen.«

Im Studentenheim, in dem ich unterkam – es ist einige Zeit später Ziel eines Anschlags geworden –, wohnten viele ausländische Studenten, vor allem aus dem frankophonen Afrika. Alle Studenten konnten sich auf Französisch verständigen. Ich entsinne mich, dass mir beim Frühstück auffiel, wie verschieden das »Schwarz« der Hautfarbe sein kann. Der Heimleiter arbeitete zugleich als Studentenpfarrer. Studentengemeinden werden nicht von einer Amtskirche eingerichtet, dafür fehlt der kleinen evangelischen Kirche, die vereinsmäßig organisiert ist, das Geld. Der aus Malta stammende Studentenpfarrer war von der Association des Étudiants Protestantes, der das Studentenheim gehörte, angestellt; er hatte eine sehr humorvolle Art, die französische Situation zu beurteilen.

Die Mission Populaire stellte ihren Kirchenraum in Belleville auch für Wahlversammlungen der kommunistischen Partei und der sozialistischen Partei zur Verfügung. Eine der Wahlversammlungen erlebte ich mit: Ein »hohes Tier« der kommunistischen Partei und deren Jugendsekretärin stellten sich vor. Danach erwartete ich Wahlreden. Aber es redete kein Politiker, sondern die Leute stellten Fragen. Eine Frau fragte: »Wir haben hier ein Problem mit unseren Häusern. Wir sollen raus, die Häuser sollen und müssen saniert werden. Aber wir kommen nicht wieder hinein, sie werden teurer, wir können sie nicht mehr bezahlen. Werden Sie die Häuser für uns renovieren?« Daraufhin sagten die da vorne natürlich: »Ja«. – »Woher werden Sie das Geld dafür nehmen?« wollte die Frau wissen. Das »hohe Tier« von Paris setzte zu einer Rede an, die darauf hinauslief, dass sie die Banken verstaatlichen würden, dann hätten sie ja Geld. Eine andere Frau fragte: »Wir haben hier viel zu wenig Ärzte, weil die nicht in unsere armen Viertel ziehen wollen. Werden Sie dafür sorgen, dass die Kinder in der Schule wenigstens zweimal im Jahr untersucht werden?« Daraufhin sagten die Herren natürlich wieder: »Ja.« Schließlich erkundigte sich eine sehr schöne – offenbar aus Nord-Afrika stammende – hellhäutige Frau, die ich zuvor auf dem Markt hatte verkaufen sehen: wie man denn, wenn sie, die Kommunisten, an die Regierung kämen, diese Regierung kontrollieren könne – bei dem demokratischen Zentralismus, der im Kommunismus überall herrsche. Daraufhin gab es vorne wieder einen Redeschwall, der damit endete, dass der Angesprochene sagte: »Diese Regierung braucht man nicht zu kontrollieren, das sei ja dann eine Regierung des Volkes.« Darauf sagte die Frau ganz einfach: »Merci, ça suffit.« Ich fand das köstlich.

Es gab auch »Christen für den Sozialismus« – besonders im studentischen Milieu – und zwar vier unterschiedliche Gruppierungen, darunter die »Chretiens marxistes« und die »Chretiens pour socialisme«. Ich erinnere mich an eine Versammlung, die abends beim Studentenpfarrer stattfand. Ich meldete mich zu Wort und fing – gegen die Regel – einfach an zu reden. Der maltesische Studentenpfarrer sagte: »Das konnten Sie nicht wissen, dass man bei uns zuerst etwas schreiben muss.« Es wurde jeweils das Thema für die nächste Sitzung vorbesprochen, und dazu durfte sich dann nur äußern, wer etwas

»verschriftlicht« hatte. Diese sinnvolle Methode verhinderte ein Obenhin-Geplauder – man sollte sich vorher Gedanken machen und wissen, worüber man redet. Ich übertrug diese Methode später in mancher Weise ins Studium.

7.2 Als Gastdozentin in Sao Leopoldo, Brasilien

Eine Folge meiner Vortragstätigkeit war die Reise 1979 nach Brasilien. Eines Tages besuchte mich ein Theologe aus Marburg – Dr. Ulrich Schoenborn – und erzählte mir von der lutherischen kirchlichen Hochschule in Sao Leopoldo, an der er als Dozent für Neues Testament arbeitete. Er selbst lebte dort für sechs Jahre mit seiner Familie. Er hatte erwirkt, dass für die übliche sechswöchige Gastdozentur aus Deutschland diesmal jemand eingeladen werden sollte, der keines der theologischen Hauptfächer vertrat, sondern ein anderes Fach – etwa Religionspädagogik. Außerdem sollte diesmal eine Theologin Vorlesungen halten, und er schlug mich dafür vor. Das Thema »Soziale Folgen von Religion und Theologie«, das ich wählte, wurde akzeptiert. Ich lernte vorher noch ein bisschen brasilianisches Portugiesisch, so dass ich mir im Städtchen helfen konnte, das reichte aber nicht für eine Vorlesung. In den Lehrveranstaltungen übersetzte ein freundlicher Kollege Satz für Satz meine Vorträge, die dann später – auf Portugiesisch – in der Zeitschrift der Fakultät veröffentlicht worden sind.

Einmal besuchten wir in Caxias do Sul franziskanische Befreiungstheologen und ihre Bildungseinrichtung für Basisgemeinden. Diese Einrichtung war in sehr schlichten Holzhüttchen untergebracht, die im Viereck auf Stelzen standen – wahrscheinlich ein Schutz vor Ratten. Wir mussten einen Umgang hinaufgehen. Die Franziskaner zeigten uns ihre große Sammlung von Büchern der Befreiungstheologie. Mir fiel auf, dass es von vielen Zeitschriften nur wenige Nummern gab. Dazu sagten sie: »Wer sich bei uns auskennt, blickt da schon durch: Das Blatt wird immer mal wieder verboten. Wir machen trotzdem dieselbe Zeitschrift weiter, mit anderem Namen und anderem Format; deshalb haben wir immer wieder Hefte mit der Nummer 1.« Eine Szene aus einem Schulbuch, das ich mir genauer ansah, fällt mir ein: Es war die Rede davon, dass Methusalem laut Altem Testament sehr alt geworden ist. Dann folgten zwei

Fragen für die Schüler mit Kästchen zum Eintragen der Antwort. 1. »Wenn du wählen könntest: Wie alt möchtest du gerne werden?« 2. »Und wenn du bedenkst, aus welchem Land und aus welcher Schicht du stammst: Wie schätzt du dann deine Chancen ein?« Abraham und Sarah waren abgebildet, wie sie mit einem Sack auf dem Rücken durch das Heilige Land ziehen – alles sehr naiv dargestellt. Aber die Aussage war klar, genauso ziehen Millionen von Brasilianern heimatlos im eigenen Land umher.

Bei Padre Orestes in Caxias do Sul habe ich zwei Plakate erworben, die jetzt noch in meiner Küche hängen. Sie versinnbildlichen, was die Befreiungstheologie will: Auf dem einen steht: »Wann wird Jesus geboren? – Darunter sieht man drei Statistiken zur Verteilung des Volksvermögens. Die Massen besitzen sehr wenig, einige wenige Leute fast alles. Das wird dargestellt mit einem Brot, von dem Stücke abgeschnitten sind: Vor einem Riesenstück stehen ganz wenige Menschen, vor den kleinen Stücken dagegen sehr viele. Auf dem zweiten Plakat ist zu lesen: »Wenn wir das Brot teilen – gerecht und gleich, so dass alle etwas bekommen –, dann ist Jesus auf dieser Welt geboren.« Da sieht man das Brot ganz gleichmäßig geschnitten und ringsum Menschen, die sich an der Hand halten. Plakate mit ähnlichen Aussagen hatte ich schon bei Mission Populaire in Paris gesehen.

Studenten, die bei mir hörten, konnten durchweg etwas Deutsch. Ich wohnte im gleichen Internat wie die Studenten. Im Apartment für Gastdozenten hinter einer Palme hielt ich Sprechstunden. Eines Tages besuchte mich ein Student, warf die drei Bände »Systematische Theologie« von Paul Tillich auf den Tisch und fragte aufgeregt: »Wissen Sie, was da drin steht? Das Weltall dehnt sich noch aus! Wussten Sie das?« Das also war das Ergebnis seiner Studien von Tillichs Theologie. Ähnliches erlebte ich in meinem Seminar. Zum Thema »das Gewissen« – ein Thema zwischen Psychologie und Theologie – hatte ich Texte ausgesucht, darunter einen von Bonhoeffer, dessen Schriften ich in Spanisch finden konnte. Spanische Texte konnten die meisten Studenten verstehen, aber nach der Bonhoeffer-Lektüre schüttelten sie den Kopf: die Wörter verstünden sie, nicht aber die »Idee« darin. Das war zu hoch für sie.

Jeden Tag gab es im Vorlesungsbetreib eine Unterbrechung, den »cafezinho«. Zuerst hielt ein Student oder ein Lehrer – abwechselnd – eine »meditaçao«, natürlich auf Portugiesisch, und danach brachten zwei Leute eine große

Blechschüssel voll klitzekleiner, dicker Tassen, die nicht so leicht kaputt gehen und mehrere Kannen Kaffee. Während wir unseren cafezinho tranken, konnte der Direktor mit den Studenten ins Gespräch kommen, auch über anfallende Probleme.

Zur Lutherischen Kirche in Brasilien bekannte sich eine knappe Million von den mehr als hundert Millionen Brasilianern. Erstaunlicherweise gehörte der damalige Präsident, General Geisel, dazu, der früher zu bestimmten Festen zur Hochschule zu kommen pflegte, etwa zum Reformationsfest. Aber die kleine Fakultät war in Ungnade gefallen, sie hatte nämlich eine Denkschrift gegen die Folter veröffentlicht, die damals in Brasilien durchaus üblich war – vielleicht auch noch ist –, speziell gegen die sogenannte »Papageienschaukel« und ähnliche Folterinstrumente. Das nahm der Präsident sehr übel. Wie man sich denken kann, bewirkte diese Kritik der Lutheraner leider nichts. Man hatte Angst, dass die Fakultät vielleicht geschlossen oder verboten würde, aber es geschah weiter nichts.

Die Studenten, überwiegend junge Männer, waren reichlich abergläubisch. Über Ostern fuhren die meisten nach Hause. Für die, welche blieben und für die Gemeinde wurde ein Ostergottesdienst in der Fakultät gehalten. Die Studenten setzten sich im Kirchenraum weit entfernt vom Altar, an dem das Abendmahl gefeiert wurde. Später erfuhr ich, warum: Sie verbanden mit dem Abendmahl eine magische Kraft. Einer sagte: »Wenn man Krebs hat, muss man zuerst zum Pfarrer gehen, der hat ja das Abendmahl. Wenn das nichts nützt, muss man zur Umbanda gehen, die haben auch Kraft. Wenn das nichts bewirkt, muss man lange sparen und nach Bahia fahren, vielleicht hilft einem dann das Candomblé«. Mir wurde klar, dass ihnen das Abendmahl unheimlich war. Zugleich fiel mir auf: bei der Aufzählung, wer einem bei einer schweren Krankheit helfen könnte, kam kein Arzt vor. Die meisten der Theologiestudenten stammten aus Familien, die kein Geld für einen Arzt aufbringen konnten; da blieb nur die Hoffnung auf magische Heiler, angefangen beim Pfarrer.

Beim Mittagessen zusammen mit den Studenten – setzte ich mich jeden Tag woanders hin, um möglichst viele näher kennen zu lernen. Eines Tages klopfte einer an seine Tasse, es wurde still: »Morgen ist in Deutschland ein großes Fest.« Ich dachte: was ist denn morgen für ein Datum? Der 20. April! Der wird doch wohl nicht?! – Tatsächlich, er nannte als Grund den Geburtstag des Führers! Ich erklärte daraufhin: »Ich halte euch keine Vorlesungen mehr, das hat bei euch ja keinen Zweck!« Sie rechtfertigten sich; es sei ja nicht so ernst gemeint, die meisten wüssten, dass Hitler nicht mehr lebte.

Es ging in jeder Hinsicht sehr »demokratisch« zu. So fand ich eines Tages mein Sommerkleid, das ich bei besonderen Gelegenheiten anziehen wollte, total durchgeschwitzt vor. Das hatte sich jemand zum Tanzabend ausgeliehen.

Freitagabends lagen – mitten auf bestimmten Kreuzungen in Fakultätsnähe Gaben für die afro-brasilianischen Götter: Früchte, Reis, Zigarren. Die Autos fuhren einige Tage vorsichtig darum herum, bis ein »unachtsamer Lastwagen« nachts das Ganze zerstörte. Danach überquerte man die Kreuzung wieder wie gewohnt. Einmal befand sich eine Flasche Rum unter den Opfergaben. Als ein Student sie an sich nehmen wollte, warnte man ihn: »Dir wird die Hand abfallen!«

Mit Dr. Schoenborn zusammen besuchte ich einige Umbanda-Gottesdienste. Eine mae de santo oder ein pai de santo (Mutter/Vater des Heiligtums) leitete die Zeremonie. Die Medien tanzten, bis sie in Trance fielen. Dabei bekamen sie einen seltsamen Blick. Ich erlebte, wie eine Frau von dem pai de santo beiseite gewinkt wurde. »Nao-deus!« (kein Gott!) meinte er; also kein wirksames Medium. Zu denen die auf dem Tanzplatz in Trance waren, konnte man hingehen und ihnen von seinen Sorgen erzählen. Kranke wurden bestrichen, um die Krankheit herauszustreichen. Zum Heilen verwendet man außerdem Kräuter – die Medizin der Armen; auf dem Markt im größeren Porto Alegre wurden über 400 verschiedene Sorten angeboten.

So nüchtern, wie sich das anhört, war mir übrigens nicht zumute. Die eintönige Musik, die gleichmäßigen Rhythmen weckten vielmehr das Gefühl: Pass gut auf, sonst fängst du gleich selber an zu tanzen.

Früher, als die katholische Kirche noch das Sagen hatte, waren diese Kulte durch staatliche Gesetze verboten. Man durfte keine heidnischen Dinge im Haus haben. Manche Leute verbargen ihre heidnischen Götter hinter einem kleinen Vorhang – etwa eine afrikanische Göttin, die Maria entsprechen soll – und stellten den Heiligen Georg oder eine andere christliche Heiligenfigur davor!

Zum Abschied von meiner Zeit als Gastdozentin lud man mich zu einem offiziellen Essen ein. Zur Begrüßung bot man Caipirinha an, ein erfrischendes Getränk mit Zuckerrohrschnaps und Zitrone. Der Hausherr bereitete ein Churrasco zu, briet Fleischstücke am Spieß. Sobald sie fertig gegart waren, ließ er jeden Gast ein Stück auswählen und schnitt ihm davon eine Portion ab. Dazu brachte seine Frau Salate.

Alltags aß ich häufig Maniok und morgens von dem Brotaufstrich, der aus überreifen, kleingerührten Bananen hergestellt wird und sehr gut schmeckt. Viele verschiedene Sorten von Bananen und Zitronen lernte ich kennen.

Zur unvergesslichen Erinnerung gehört der Anblick des Sternenhimmels aus dem Flugzeug: das Kreuz des Südens, der Mond in anderer Stellung als gewohnt und unten die »grüne Hölle« des brasilianischen Urwalds – stundenlang.

7.3 Reise in die Sowjetunion – zu orthodoxen Kirchen

1980 reiste ich mit Kollegen unseres Fachbereichs in die damalige Sowjetunion; wir wollten die Orthodoxe Kirche näher kennen lernen. Wir haben Moskau, Kiew, Tiflis, Eriwan, Baku und das Kloster Sagorsk besucht. Die Leitung hatte ein reisefreudiger katholischer Kollege, ein ehemaliger Priester, der schon häufiger in Russland gewesen war, die russische Sprache beherrschte und die dortigen Gepflogenheiten kannte.

Dank seines Verhandlungsgeschicks wurden auch offiziell nicht erlaubte Unternehmungen ermöglicht. Dazu gehörte der Besuch des Jungfrauen-Klosters bei Moskau. Dort fand gerade eine Beerdigung statt; wir erlebten eine eindrucksvolle Totenmesse: der alte Priester mit wallendem weißen Bart, assistiert von einem jungen Priester; der offene Sarg, in dem eine kleine alte Frau lag, orthodoxe Gebete und Bekreuzigungen. – In dem Park, der das Kloster umgibt, sahen wir musizierende und malende Leute. Mir fiel Bonhoeffer ein: die Kunst sucht Zuflucht bei der Religion.

Eine Kirche, die wir in Kiew besuchten, war offensichtlich von Leuten ohne Beziehung zum Inhalt der Malerei renoviert worden; die Ergänzungen wirkten seelenlos. Ich freute mich über einige Teile im ursprünglichen Zustand. Man zeigte uns dort auch eine Art Mumien, einbalsamierte Äbte oder andere berühmte Kloster-Persönlichkeiten, die – laut Volksglauben – »überlebt« hatten. Es heißt, die Angehörigen dieses Ordens würden nie verwesen.

In Baku erfuhren wir während der Stadtführung, die Moscheen der Stadt seien geöffnet, die Koran-Schulen aber geschlossen; denn die dürfe es im Kommunismus nicht mehr geben.

Im Kaukasus besuchten wir eine armenische Gemeinde. In unmittelbarer Umgebung eines Klosters befanden sich fünf Kirchen – häufig stehen in der Sowjetunion mehrere Kirchen in der Umgebung eines Heiligtums. Ein Priester, der aus Frankreich eingewandert war, führte uns und zeigte das in den Fels gegrabene Kloster. Da zu diesem Ort kein Bus fuhr – die Straße sollte erst für die Olympiade ausgebaut werden – , waren wir unerlaubterweise mit dem Taxi gekommen. Mich beunruhigte das. Tatsächlich fragte unser junger Stadtführer: »Ach, sind Sie doch hierhergekommen, wie haben Sie das gemacht, mit dem Taxi?« Mein Kollege blieb ganz ruhig. Er unterhielt sich ein wenig mit ihm und erklärte uns anschließend: »Entweder wird er jetzt bei der Stadt vorgeladen und berichtet. Dann kriegt er einen Punkt, der für sein Studium günstig ist. Oder es passiert gar nichts. Wir geben den Taxifahrern reichlich West-Zigaretten.« – Wir hörten nichts weiter von der Sache.

Der Kaukasus ist mir in wunderbarer Erinnerung. Die Berge sind zwar viel kahler, als ich es von unseren »zivilisierten« Alpen kenne, nicht bewaldet, sondern von Gras überwachsen. Aber im Abendlicht sahen sie sehr schön aus. Ich erkannte sogar den Riesenberg Ararat, zu dem wir aber nicht hinfahren konnten, weil die Grenze zur Türkei dazwischen liegt.

Von Baku aus reisten wir nach Eriwan in Armenien und kamen nach Edschmiazin, zum Hauptheiligtum der Armenier. Die armenische Kirche ist die älteste Staatskirche, schon vor Konstantin etabliert, älter als die römisch-katholische Kirche. Seit der Entstalinisierung 1956 auf dem 20. Parteitag der KPdSU durfte in der Kirche wieder gearbeitet werden; einige Seminaristen studierten wieder armenische Theologie. In der Kirche sang ein kleiner Chor – ich glaubte verzaubert zu sein von der Schönheit dieser Musik. Während der ganzen Zeit hielt ein Priester majestätisch ein Evangelium – als ob er einen Reichsapfel hütete – und rührte sich nicht. Draußen im Park gingen viele Leue spazieren, die offenbar nicht in die Kirchen gehen, aber die berühmte Musik hören wollten. Der Stadtführer erzählte uns die Legende von der Gründerin der Kirche: Eine Königstochter ließ sich trotz Verfolgung nicht abhalten, ihrem Glauben zu folgen, und wurde schließlich zur Märtyrerin. Ein Priester, der neben uns stand und zuhörte, schimpfte: »Wenn das eine Legende ist, dann ist das ganze armenische Volk eine Legende!«

Eine heitere Episode am Rande: Da es sehr warm war, gingen wir in ein öffentliches Schwimmbad – für Frauen dort noch nicht üblich. Von ferne beobachteten uns ein paar armenische Männer, besonders natürlich das weibliche Wesen. Sie kamen näher, um zu erfahren, woher wir seien. Da sie kein Deutsch konnten, war die Verständigung schwierig. Ein Mann im Rollstuhl, der in Deutschland gearbeitet hatte, kam dazu und brachte seinen Leuten bei, wir seien aus Deutschland. Da fragten sie uns: aus welchem Deutschland, es gäbe doch zwei, ein »christianisches« und ein »muselmanisches«. Ich habe gedacht: sehr weit ist die Propaganda nicht durchgedrungen; von Zeitgeschichte hat man hier wenig Ahnung. Aber ist es nicht lustig, sich die DDR als »muselmanisches Deutschland« vorzustellen?

In Telawi leiteten uns die Stadtführerinnen in eine nicht benutzte Kirche. Diesmal waren wir es, die sangen, nämlich den Kanon »Dona nobis pacem«. Die jungen Mädchen guckten sich an: das war ihnen noch nie vorgekommen, dass in der Kirche jemand sang. Nun, wir waren ja auch vom Fachbereich Theologie!

Zum krönenden Abschluss unserer Reise besuchten wir das Kloster Sagorsk. Mit Blick auf die von der Regierung erhoffte Olympiade war auch dieses Kloster sehr aufgeputzt und hatte echt goldene Türen bekommen. Der Mönch, der uns führte und etwas Deutsch sprach, lobte die Regierung; sie habe viel für die große Anlage dieses Klosters getan. Dazu bemerkte unser Russlandkenner: »Die Verantwortlichen des Klosters stellen sich gut mit der Macht. Ihnen ist egal, wer dran ist, sie wollen, dass die Kirche überlebt.«

Zwei hübsche Erlebnisse gehören noch zu dieser Reise: Mein Geburtstag in der Karawanserei und eine nächtliche Zugfahrt durch den Kaukasus mit uralten Wagen aus der Zarenzeit.

Unser russisch sprechender Kollege hatte sich ausgedacht, die Nacht meines Geburtstages während unseres Aufenthalts im Süden in einer Karawanserei zuzubringen. Diese hatte, wie üblich, dicke sichere Mauern ohne Fenster, mit einer einzigen Tür, die früher sicherlich bewacht war. Hier pflegten die Kaufleute mit ihren wertvollen Lasttieren zu übernachten, sicher vor Überfall und Raub. Deshalb gehört ein Hof dazu mit viel Platz und mit Wasser aus einer Quelle. Es war Vollmond. Wir haben im Hof sogar getanzt, Kreistänze aufgeführt zu ganz verschiedener Musik, die irgendjemand mitgenommen hatte. Das fand ich ganz reizend. Auch Tanja, unsere ständige russische Begleiterin, genoss das sehr: das war etwas, das ihrer Jugend und ihrem Temperament besser entsprach als ernsthafte Besichtigungen. Das war ein denkwürdiger Geburtstag!

Gemäß Reiseplan mussten wir eine Nacht mit dem Zug durch den Kaukasus fahren. Der Zug kämpfte sich – ohne Zahnräder – Stückchen für Stückchen den Berg hinauf. Man hätte nebenher laufen und Blumen pflücken können. Die Betten waren mit dickem, kostbarem Rindsleder bezogen, das noch aus der Zarenzeit stammte. Es war August und sehr warm. Man sah Leute in selbstgewebten Teppichen auf den Dächern schlafen. Diese Teppiche gab's überall, sie sind das Mobiliar. Wir schliefen nur ein paar Stunden. Frühmorgens um fünf schaute ich hinaus: eine herrliche Landschaft. Später gab es für alle wunderbaren grusinischen, also georgischen Tee. Eine alte Frau brachte ein Tablett mit Gläsern, murmelte und schimpfte dabei vor sich hin, als wäre sie furchtbar ärgerlich, dass sie uns bedienen musste. Aber ihr Tee tat uns sehr gut. Während der Nachtstunden – langsam bergauf – hatte der Zug nur 200 km zurückgelegt – einen Herzinfarkt konnte man dabei nicht kriegen!

7.4 Mit einer Delegation der Friedensbewegung in China

1985 erhielt ich eines Tages einen Anruf: ich sei doch in der Friedensbewegung aktiv; für eine Delegation nach China suche man noch eine weibliche Person, möglichst mit christlicher Orientierung. Ich dachte, da will mich jemand »auf den Arm nehmen«. Aber es war kein Scherz. An die Gesellschaft für deutsch-chinesische Freundschaft – sie wurde erst nach dem Massaker auf dem Tiananmen-Platz aufgelöst – hatte sich Peking gewandt, um eine Delegation von sieben Personen aus der westdeutschen Friedensbewegung zusammen zu stellen. Die Mitglieder der Delegation sollten Gäste der Regierung in Peking sein. Nur den Flug und die Unkosten der Begleiter musste man selbst bezahlen.

Der Flug über den Himalaya ist unvergesslich; unten erblickte ich Wüste, kaum Ortschaften, nur wenige Straßen oder ähnliches, vielleicht Karawanenwege und ganz in der Ferne die Chinesische Mauer.

Wir wohnten in einem Gästehaus der Regierung, etwas außerhalb von Peking. Am Flughafen holten uns zwei Männer ab, ein Begleiter und der Dolmetscher, Herr Ding Ching. Die beiden trugen europäisch korrekte Kleidung, um die Besucher zu empfangen, nicht die damals fast noch überall üblichen blauen Mao-Anzüge. Herr Ding Ching war mir, der Ältesten, offenbar zur besonderen Begleitung zugeteilt, er trug immer meinen Koffer. Nach einiger Zeit vertraute er mir an: »Sie sehen immer höflich angezogen aus, ...aber die jungen Leute!?« Es war ihm nicht fassbar, wie man als Gast so schlampig herumlaufen konnte. Im Gefolge unserer Studentenbewegung war das aber vielfach noch üblich. Ich sagte ihm, wir hätten in diesem Jahrhundert schon zum zweiten Mal alle Höflichkeit über Bord geworfen, weil sie leicht dazu führe, dass man unkritisch alles hinnähme, was die ältere Generation triebe oder getrieben habe. Das sei eben eine Art Aufstand dagegen. Er antwortetet: »Es ist wichtig, dass man seine eigene Meinung vertritt. Und die, von denen Sie sprechen, sind die Grünen.«

Im Vorfeld hatte man jedem von uns drei Wünsche freigestellt, was wir – außer den wichtigen Sehenswürdigkeiten – sehen wollten. Die Gastgeber gaben sich also auch mit der Zusammenstellung des Programms sehr viel Mühe. Ich hatte gebeten, eine christliche Kirche oder eine Schule oder eine Universität zu besuchen; es wurde ein Universitätsbesuch. Unsere Arbeit bestand darin, an Gesprächsrunden teilzunehmen. Dazu gab's natürlich Tee, der gehört in China immer dazu; bei Zugfahrten stand in jedem Abteil eine Thermoskanne mit heißem Wasser, damit man sich Tee zubereiten konnte.

Die erste Frage an uns lautete: »Wie steht die westdeutsche Friedensbewegung zur DKP?« Damals war für China die Feindschaft zu Moskau noch akut; unsere Gesprächspartner wollten wissen, ob wir im Westen eine Art Fünfte Kolonne von Moskau wären. Vor uns waren bereits die Friedensbewegungen von Japan und der DDR eingeladen worden und nun wir. Die Grünen legten sofort los: »Ja, das ist eine sehr große Gefahr, man muss sehr aufpassen.« Ich erklärte: »Die DKP will nicht, dass die Sowjetunion von westdeutschem Boden aus angegriffen wird. Das wollen wir auch nicht und darum können wir an diesem Punkt mit ihnen gut zusammenarbeiten, ohne dass wir uns ihr ganzes Programm zu eigen machen.« Zwei Leute schrieben mit, was gesagt wurde. Kein Wort ging verloren. Diese beiden Protokollanten beherrschten die deutsche Sprache so gut, dass sie unserem Dolmetscher helfen konnten, wenn er mal mit seinem Latein am Ende war.

Wir hatten Gespräche mit der chinesischen Gesellschaft für Völkerverständigung, die uns eingeladen hatte und mit einer Reihe anderer Gesellschaften. Ich halte diese Gesellschaften für sehr nachahmenswerte Einrichtungen. Die chinesische Regierung bildet zu jedem Sachgebiet einen Kreis von kompetenten Fachleuten; eindrucksvolle Gelehrtenköpfe waren da zu sehen. Mitglied in einer solchen Gesellschaft zu sein ist ein bezahlter Beruf. Die Mitglieder der Gesellschaft für Westeuropa-Fragen mussten einige Jahre in einem europäischen Land verbracht haben, dessen Sprache beherrschen und über dessen Wirtschaft, Kunst und Geschichte genau informiert sein. Als Milan Horaçek, der beim »Prager Frühling« geflüchtet war und als Bundestagsabgeordneter zu unserer Gruppe gehörte, sich eines Tages in fließendem Tschechisch angeredet hörte, fiel er beinahe vom Stuhl vor Staunen.

Eine Gesellschaft für Umweltfragen – mit Biologen, Wetterkundlern und anderen Spezialisten – war erst vor kurzem gegründet worden. Zur Zeit unseres Besuchs beschäftigten sie sich mit dem Problem der Aufforstung ihres weithin kahlen Landes.

Es gab auch ein Treffen mit einigen Schriftstellern der sogenannten »Narben-Literatur«, in der Wunden beschrieben oder aufgearbeitet wurden, welche die Kulturrevolution dem Land geschlagen hatte. Wir lernten dabei auch einen Schriftsteller kennen, der lange im Gefängnis gesessen hatte, weil seine Werke dem »Chef« nicht passten. Ich erinnere mich an seine so strahlenden Augen.

Natürlich zeigte man uns auch die allgemeinen Sehenswürdigkeiten. Wir bewunderten den Kaiserpalast, in dem man – als es noch Kaiser gab – auf den Knien rutschen musste und nur Minister und andere Würdenträger in den Palast hinein durften. Auf dem Großen Platz sahen wir Väter und Großväter mit Kindern stehen, die ihre Drachen steigen ließen, alle im blauen Mao-Anzug, dicht gedrängt – ein hübsches Bild, das deutlich für Demokratisierung sprach. Wir besichtigten auch die berühmte Chinesische Mauer, über die, wie man uns sagte, nie ein Feind gelangt sei. Allerdings überwanden Fremde die Mauer friedlich, als sie hübsche Frauen mitbrachten. Die Soldaten des Kaisers, die länger als ein Jahr nicht mehr zu Hause gewesen waren, zeigten sich sehr bereit, diese Frauen zu empfangen, und öffneten die Türen in der Mauer. Natürlich habe ich die Mauer geknipst, denselben Film aber – wie schon häufiger – später nochmals eingespannt. So habe ich jetzt ein Bild von Jeannette, meinem damals jüngsten Patentöchterchen, wie sie auf der Chinesischen Mauer sitzt!

Als wir über Land fuhren, um einen berühmten alten Tempel zu besuchen, mussten wir das letzte Wegstück zu Fuß den Berg hinauf laufen. Überall lagen Steine auf den Bäumen und Büschen. Die Leute glauben – so erfuhr ich –: wer einen Stein auf Busch oder Baum legt, bekommt einen Sohn. Anscheinend ist das ein Opfer für den Berggeist, der Eltern einen Sohn bescheren soll. Ein Sohn, das ist der Wunschtraum, zumal in China das Ein-Kind-System gilt. Wenn allerdings das erste Kind ein Mädchen ist, darf man es noch einmal versuchen!

Bei diesem Ausflug mussten wir im Hinterland übernachten. Die Unterkunft war noch nicht ganz fertig, so dass nicht jeder ein eigenes Zimmer haben konnte. Darüber empörten sich unsere jungen Leute. Ich dachte: »Wie kann das bloß sein? Wir werden hier vollkommen frei gehalten und bekommen so viel gezeigt, und dann stellen die jungen Leute noch Ansprüche.« Es wurde ein Gespräch mit unserm Leiter vereinbart, an dem ich aber nicht teilnahm, weil ich mich geniert hätte. Nachher fragte mich Ding Ching: »Warum sind Sie nicht gekommen?« Ich sagte: »Ich wollte mein Gesicht nicht verlieren. Wir sind hier Gäste und sind so freundlich behandelt und aufgenommen worden.« Wie ich später hörte, verstand unser Leiter plötzlich kein Deutsch mehr, womit er deutlich zeigte, dass er nicht verstehen wollte. Ding Ching musste seine Erklärung übersetzen: »Wir haben uns die größte Mühe gegeben, aber wir haben nicht so viele Hotels mit Einzelzimmern.«

Bei einem anderen Ausflug wurden uns drei alte Kiefern gezeigt – ohne Nadeln. Sie wirkten wie Baumruinen, nichts Besonderes war zu sehen, sie wurden aber geradezu verehrt. – Ding Ching, der Deutsch studierte, erzählte mir, dass er selbst viele Orte gar nicht kenne, in die er jetzt als unser Begleiter komme. Das Land sei zu groß. Er hätte bei Reisen in den Semesterferien extra Bummelzüge genommen, sei öfter unterwegs ausgestiegen, um sich Städte anzusehen, hätte von Brot und Wasser gelebt. Als wir nach Tsching Tau kamen, der ehemaligen deutschen Kolonie, stand er plötzlich mit ausgebreiteten Armen vor mir und sagte ganz exaltiert. »Oh große Empfindung, ich sehe das Meer.« In Schanghai lernten wir eine Art Volkshochschule kennen, die sich oben in einem Hochhaus befand. Wir sahen eine Ausstellung von Gegenständen, die in

Chinareise: Gruppenbild mit Vertretern der deutschen Friedensbewegung (1985)

den Kursen hergestellt waren. Vielerlei Kurse wurden angeboten. Man konnte z.B. in bestimmten Fächern den Schulabschluss nachholen – während der Kulturrevolution waren viele Schulen geschlossen –, Musikstunden nehmen oder Nähkurse besuchen, alles umsonst. Wir wurden von einem Chor mit dem Lied »Alle Vögel sind schon da« begrüßt. Unsere jungen Leute konnten nicht mitsingen, das konnten nur ein Älterer und ich. Es wurde erzählt: Als Willy Brandt diese Volkshochschule besuchte, habe er beim Begrüßungslied dem Dirigenten den Stab weggenommen und »Alle Vögel sind schon da« selbst dirigiert! Auch Sudanesen – in ihren heimatlichen Kutten – wurden empfangen. Auch für sie sang man ein Lied, das sie aber wohl nicht verstanden; denn plötzlich sprangen sie auf und fingen an zu tanzen.

7.5 Reise mit dem Verein »Zeichen der Hoffnung« nach Polen

Das kommunistische Polen lernte ich 1987 – noch vor der »Wende« – kennen. Ich reiste mit dem Verein »Zeichen der Hoffnung«, der alt gewordene Konzentrationslager-Opfer unterstützt. Ich bin Mitglied dieses Vereins, der seinen

Sitz in Frankfurt hat. Kirchliche Verwaltungsbeamte hatten bei einem Besuch Hilfsgüter überbracht und dabei festgestellt, wie schlecht es den Leuten ging. Daraufhin gründeten sie diesen Verein – parallel zum viel größeren katholischen Maximilian Kolbe-Werk. Für die Ökumenische Apotheke der acht nichtkatholischen polnischen Kirchen, die in einer kleinen Ökumene zusammen geschlossen sind, brachten wir Medikamente mit.

Der Marktplatz in Warschau sah aus, als ob nie etwas zerstört gewesen wäre. Die Polen – international führend im Restaurieren – hatten die Gebäude in alter Weise wiederhergestellt, samt Patina. Man hätte schwören können, dass hier nie Krieg war. Wir besuchten einen eindrucksvoll gestalteten Gottesdienst mit Kommunion. Der Geistliche, der ihn leitete, hatte in der Hitlerzeit zwei jüdische Frauen gerettet. Das war unvergessen. Später erlebte ich in Jerusalem mit, wie genau dieser Mann eine Gedenktafel in Yad Vashem erhielt und ihm zu Ehren gesungen wurde. Ein anderer Pfarrer fragte zu unserem Erstaunen, warum wir denn so viele Sachen mitgebracht hätten, die er gar nicht bräuchte, wir hätten lieber Abendmahlswein mitnehmen sollen. Die Anzüge und anderen Dinge, die wir mitführten, waren jedoch für seine Gemeindemitglieder bestimmt!

In Teschen besuchten wir den Ortspfarrer. Es war Erntedankfest. Wir gingen in die große tempelartige Kirche, etwa 3.000 Gottesdienstbesucher waren gekommen – insgesamt leben dort 8.000 evangelische Christen. Der Pfarrer war erstaunt, dass wir 3.000 Besucher viel fanden. Die kleinen Mädchen saßen – in ihren Volkstrachten und mit Körbchen für das Erntedankfest – drei Stunden lang ganz still und rührten sich nicht. Über den Türen sah ich Inschriften – zum Gedenken an zwei Pfarrer, die in der Hitler-Zeit umgebracht worden waren. In meiner Begrüßungsrede schloss ich sie ein, spürte aber, dass ich irgendwie nicht »ankam«. Nachher hörte ich, dass die Gemeinden zum größten Teil auf der Nazi-Seite gewesen wären, deshalb ihr Unverständnis für meine Anteilnahme am Schicksal der beiden Pfarrer.

Kirchen bauen war in der kommunistischen Zeit verboten und Baumaterial knapp. Der Pfarrer erklärte uns, er ginge deshalb von Haus zu Haus und frage die Leute, was sie an Arbeit oder an Materialien beitragen wollten. Ein neues Haus war auf diese Weise fertig gestellt, durfte aber nicht »Kirche« heißen, sondern Volkshochschule oder so ähnlich – die Gemeinden wussten Bescheid.

Inzwischen hing sogar ein kleines Schild »Johanneskirche« daran, wenn ich mich recht erinnere. Das störte offenbar niemanden.

Wir lernten auch die Kirche kennen, in welcher Papst Johannes Paul II. wirkte, als er noch in Polen lebte. Ein sehr interessanter Bau. Fassade und Mauerwerk sind voll besetzt mit kleinen Kieselsteinen, die – einem Aufruf folgend – aus ganz Polen geschickt worden waren, so viele, dass noch eine Menge übrig blieb. Man wollte dadurch seine Gegenwart zeigen. Der Christus-Corpus in dieser Kirche beeindruckte mich. Er schien sich zu dehnen und fast von der Wand abzustoßen, als ob er bedeuten wollte: wir brauchen Freiheit.

In Tschenstochau besichtigten wir die Schwarze Madonna und nahmen an einer Messe teil. In der Kirche hingen kostbare Perlen- und Korallenketten und andere Kostbarkeiten – so hoch, dass man nicht an sie herankam. Das Muttergottes-Bild war bekleidet mit einem sehr kostbaren Gewand. Man sagte uns, es würde – je nach Kirchenjahreszeit oder besonderem Anlass – immer mal wieder neu angezogen. Rentner knieten vor dem Bildnis und rangen die Hände. Sie sahen elend aus – vermutlich bekamen sie nur eine ganz kleine Rente. Dafür war der Priester umso fetter. Dieser Gegensatz war wirklich schlimm anzusehen. Der reiche Priester, der zur Solidarnocz gehört haben soll, und die armen Leute.

Auschwitz in Ostpolen ist für mich eine ganz schreckliche Erinnerung. Wir kamen mit einem humorvollen ehemaligen Häftling ins Gespräch. Er hätte, nachdem er von der Straße weg von irgendjemand eingefangen und nach Auschwitz gebracht worden war, in der Schlosserei arbeiten müssen, die an einem Bach lag. Andere Häftlinge waren – bachaufwärts – in der Metzgerei damit beschäftigt, wunderbare Wurst für die SS-Besatzung herzustellen. Wenn ein bestimmtes Zeichen ertönte, wussten die Eingeweihten, jetzt werfen sie Wurst in den Bach. Sie passten auf und fingen die Wurst auf. Das war natürlich strengstens verboten, kam aber nicht raus.

Dagegen wurde eine hilfsbereite junge Frau verpfiffen, die Häftlingen, die in der Nähe des Hauses ihrer Mutter arbeiten mussten, Butterbrote und Suppe brachte. Sie wurde verhaftet, ins Lager gebracht und so schrecklich verprügelt, dass sie wochenlang nicht sitzen konnte. Noch während ihre Geschichte erzählt wurde, kam eine alte Frau auf uns zu, lächelte und sagte: »Aber meine Tochter ist gesund«.

Wir sahen die Sammlungen von Schuhen, das Schrecklichste aber war ein ganzer Raum voller Haare und – Koffer, die mitgebracht worden waren, in der Meinung, man käme wieder zurück. Wir sahen auch eine Gaskammer, die einzige, die man hat stehen lassen und bemerkten die Knochenasche, die auf die Wege und in die Teiche gestreut worden war. Laubfrösche quakten – die störten sich nicht daran, dass in den Gewässern die Asche der Ermordeten lag. Man berichtete, einmal hätten Deutsche eine Handvoll dieser Asche in die Tasche gesteckt und gesagt: »Das lass ich zuhause untersuchen, das ist doch alles gar nicht wahr.« Im Lager-Archiv gab es riesengroße Verzeichnisse mit Namen und Adressen von Menschen, die dort gearbeitet hatten, sie sind aber nicht vollständig, weil die SS vieles vernichtet hatte.

Unsere Gruppe suchte auch Palmiry auf; eine der Hinrichtungsstätten der Nazis bei Warschau, sie ist zu einem Ehrenfriedhof umgestaltet. Dort hielt ich eine Meditation.[27]

Der eigenartige Ordnungssinn der SS-Schergen fand in verschiedenen technischen Verbesserungen bei der Ausführung der Hinrichtungen seinen Ausdruck. So wurden zum Beispiel die Verurteilten entlang der Grube aufgestellt und hinter ihrem Rücken eine lange Stange oder Leiter angebracht. Nachdem die Salve verklungen war, ließen die Deutschen diese Stütze los, und die Leichen fielen schön ordentlich in das Grab.

Die Eiseskälte, mit der sie die Erkenntnis, dass es sich um Menschen handelt, von sich fernhalten, die ist es, die uns fassungslos macht. Sie scheinen unfähig zu jedem menschlichen Empfinden; sie funktionieren wie Maschinen, reibungslos. Wir hatten wohl im christlichen Bürgertum, in dem wir einigermaßen abgesichert leben konnten, nicht wirklich erfasst, wie böse das Böse sein kann. Wir haben das Böse unterschätzt. Wir hatten nicht verstanden, in welchem Ausmaß eine menschliche Seele zerstört werden kann, so dass sie zum Bösesten fähig wird und zugleich unfähig, es noch als Böses zu erkennen. Die Bibel weiß davon.

Wir lesen bei Hesekiel in Kapitel 36: »So spricht der Herr: Ich will das steinerne Herz aus euch wegnehmen und euch ein fleischernes – das heißt ein empfindendes Herz geben; ich will meinen Geist in euch geben und solche

---

27 S. u. S. 132.

Leute aus euch machen, die in meinen Geboten wandeln, dass sie danach tun.« Das steinerne Herz – das ist ein gutes Bild für das, was uns erschreckt an diesen Schergen.

Aber: Warum gab es nicht einen Wall von Christen, die sich vor die Opfer stellten und nicht zuließen, dass man sich an ihnen vergriff? Es gab eine ganze Nation, die wegsah. Auch Wegsehen ist eine Äußerungsform des »steinernen Herzens«.

7.6 Reise nach Israel

1992 beteiligte ich mich kurz entschlossen an einer Reise nach Israel, der letzten unter Leitung des Ehepaares Just-Dahlmann. In der evangelischen Kirche gab es kaum bessere Israel-Kenner als sie. Nach dem Flug fuhren wir von Tel Aviv nach Jerusalem. »Sehet, wir gehen hinauf nach Jerusalem«, heißt es bei Markus 10, 33. Die Stadt liegt wirklich hoch und leuchtet schon von ferne. Nur mit einem bestimmten Stein, der in der Gegend »wächst«, darf in Jerusalem gebaut werden; nirgends grauer Beton, nur dieser helle Stein. »Jerusalem, du hochgebaute Stadt« ging mir durch den Kopf.

Wir wohnten am Stadtrand in einem Kibbuz, in dem Obst angebaut wurde. Dieser Kibbuz lag früher an der Grenze, jetzt – nach dem Sechstage-Krieg ist Ost-Jerusalem von Israel annektiert worden – auf der Grenze, so dass man direkt zur Altstadt gelangen konnte. Dort gibt es eine Straße der orthodoxen Juden, wo die Männer lange Schläfenlocken und große schwarze Hüte, die Frauen hochgeschlossene Kleidung tragen – auch bei Hitze –, eine Mode wie aus dem 19. Jahrhundert. Wir wurden gewarnt, dort am Sabbat durchzugehen; man könne sonst leicht einen Steinwurf abkriegen. Am Sabbat hat man nicht so viel rumzulaufen! Wir erlebten die Gedenkstätte für die vielen Verstorbenen und Ermordeten, Yad Vashem – das bedeutet »Hand und Namen«. »Eine Hand und einen Namen will ich dir übrig lassen«, heißt es in einem Propheten-Wort. Wir gingen durch eine Galerie von Fotos aus dem Warschauer Ghetto und von anderen Orten der Verfolgung.

Wir nahmen an einer eindrucksvollen Feier teil, in welcher dem Pfarrer, den wir aus Warschau kannten, eine Yad Vashem-Tafel verehrt wurde. Ein Kantor

Yad Vashem , Enthüllung der Gedenktafel für Erika Töplitz 1992

sang die Hymne, die dazu gehört. Früher bekam jeder »Gerechte aus den Völkern«, wie sie genannt werden, einen Baum in einer Allee, die aber inzwischen belegt ist. Stattdessen werden jetzt Tafeln angebracht – in dem neuen »Gedenkgebiet für die jüdischen Gemeinden, die es nicht mehr gibt«. Da liest man viele deutsche Orts- und Landesnamen, und auf einer Mauer erscheinen die Namen der »Gerechten aus den Völkern«. Viele Polen sind dabei, viele Holländer und einige wenige Deutsche. Oben in Yad Vashem befindet sich noch die Halle der Namen; in den vorhandenen Namenslisten kann man nachblättern.

Schon in Auschwitz hatte ich nach den Namen ehemaliger Mitschülerinnen gesucht – vergeblich. An zehn Klassenkameradinnen aus den verschiedenen Schuljahren konnte ich mich genau erinnern. Und hier (!) fand ich einen (!) Namen: »Verschollen in Theresienstadt«. Das ging mir durch und durch, mir fiel ein, wie jung wir damals waren. »Verschollen in Theresienstadt«. Ich glaube meine Erschütterung war schuld, dass mir eine Muskelfaser am Bein riss, als ich hinausging.

Am See Genezareth, dem galiläischen Meer, ging mir Jesus durch den Sinn, der hier vor 2000 Jahren gegangen ist – ein seltsames Gefühl. Im See liegen

Leitungen, die Frischwasser zuführen, wenn im Jordan zu wenig ist. Wasser ist sehr knapp; die Angst der Palästinenser, vom Wasser abgeschnitten zu werden, ist nicht ganz unberechtigt.

Wir besichtigten die Höhlen von Qumran, in denen Schriftrollen vom Toten Meere gefunden worden sind. Ein Hirtenjunge entdeckte sie, als er einen Stein in eine Höhle warf. Er suchte seine Ziege und fand die Tonkrüge. Zu seiner Enttäuschung war kein Gold darin, sondern alte Schriften. Er kam auf die Idee, sie in Jerusalem anzubieten. Dort traf er Leute, die begeistert waren; weil sie ahnten, was das war. Die Aufzeichnungen sind inzwischen entziffert – offenbar eine Bibliothek der Essener, die ihre kostbaren handgeschriebenen Bücher in den Höhlen untergebracht hatten. Es ist gut möglich, dass – nach Lebensweise und Auffassung – Johannes der Täufer zu den Essenern gehörte.

In unserem Schlaf-Kibbuz in Jerusalem habe ich das Passah-Fest – eine Art Kinderfest – miterlebt. Das jüngste Kind muss den Leiter – das ist meistens der Vater – fragen: »Warum feiern wir dieses Fest?« Und der muss dann erzählen, was die Bibel über die Einsetzung des Passah-Festes berichtet. Auf dem Tisch stehen die bitteren Kräuter und alles, was dazu gehört, die Matzen und das Lamm. Es war eine heitere Stimmung: ich habe selten so viel gelacht wie an diesem Passah-Abend.

II.

Schriften aus der Zeit als Religionslehrerin (1966 – 1972)

1.

Biblische Theologin, Systematische Theologin, Religionslehrerin und -pädagogin

Die klassische Einteilung theologischer Arbeiten in die Teildisziplinen der Theologie[1] war Marie Veit genauso fremd wie etwa Helmut Gollwitzer[2]. Ein alle Teildisziplinen der Theologie integrierendes Verständnis theologischer Arbeit jenseits übertriebener Spezialisierungen theologischen Forschens und Wissens eignet ihre wissenschaftliche und publizistische Tätigkeit. Mit einem solchen Ansatz lag es auf der Hand, eben nicht »einem szientistischen Selbstmissverständnis« zu erliegen, ›indem die theologischen Disziplinen sich an der Seite der objektivierenden Wissenschaften vom selbstreferenziellen Bezug eines Beitrags zur rationalen Welt- und Selbstverständigung verabschieden‹, sondern eben theologisch zu arbeiten, d.h. darum zu wissen, dass ›von Gott reden heißt, vom Ganzen zu reden‹[3], was »im Fortgang der Spezialisierung unter die Räder zu geraten droht« – nicht nur im Blick auf die Philosophie, wie Habermas zeigen kann[4], sondern m. E. eben auch im Blick auf die Theologie.

---

1 Diese fünf Teildisziplinen, die jeweils wieder in viele Unterdisziplinen unterteilt werden, sind: die Wissenschaften vom Alten Testament und vom Neuen Testament, die Kirchengeschichte, die Systematische Theologie und die Praktische Theologie resp. Religionspädagogik

2 Vgl. dazu G. Orth, Befreiung zur Solidarität. Helmut Gollwitzer. Mainz 1995.

3 Vgl. G. Orth, Von Gott reden heißt vom Ganzen reden. Eine Veröffentlichung des Ernst Lange-Instituts. Rothenburg 2000.

4 J. Habermas, Auch eine Geschichte der Philosophie. Band 1. Berlin 2019. S. 13. Was Habermas hier für die Philosophie formuliert, wenn er fordert, dass diese »zur rationalen Klärung unseres Selbst und Weltverständnisses beizutragen (hat)«, gilt m. E. geradewegs auch für die Theologie, was Habermas in dem genannten Titel wenigstens andeutet, wenn er festhält, dass »semantische Gehalte biblischen Ursprungs in die Grundbegriffe des nachmetaphysischen Denkens überführt worden sind« (ebd. S. 15), ein Gedanke, den Habermas in der Diskussion mit Johann Baptist Metz entwickelt hat.

2.

Fragen des Studiums weiter bedenken und neue Themen entdecken

Die vierzehn hier darzustellenden Aufsätze[5] führen ein in Themen, die Marie Veit teils aus dem Studium ›mitgebracht hatte‹, teils sich aus neuen Erlebnissen und Erfahrungen ihr gestellt haben.

2.1 »Zwei verschiedene Hermeneutiken lagen miteinander im Streit«

Aus dem Studium brachte sie die Erfahrung zweier Hermeneutiken mit und damit verbunden die selbst gestellte Aufgabe, wie das Verhältnis beider zueinander zu klären ist. In der Vorlesung zu ihrer goldenen Promotion erzählt sie davon:

»Das Studium brachte freilich bedrängende Probleme. Als ich im ersten Semester neben eifrigem Sprachstudium Bultmanns Jesusbuch las und im Vorwort die Bemerkung entdeckt, es sei nicht sicher, dass sich Jesus selbst für den Messias gehalten habe, war mir, als hätte der Blitz eingeschlagen. Hier sprach ja nicht ein Gegner des Christentums, der den Glauben widerlegen wollte, sondern ein Mann der Kirche, der aufgrund seiner Forschungen zu diesem Ergebnis gekommen war. Da half nichts, dem war weiter nachzuspüren, die Gründe zu prüfen; ich arbeitete fast Tag und Nacht, eine Zeit lang ungewiss, ob ich je wieder Boden unter die Füße bekommen würde. Im vierten Semester hörte

5 Es handelt sich um die Texte 3-18 des Schriftenverzeichnisses.

ich auf, Kindergottesdienst in einer Marburger Siedlung zu halten, wo ich bis dahin acht oder zehn Kinder in einer Mansarde gesammelt und biblische Geschichten erzählt hatte. Ich wusste nicht mehr oder noch nicht, wie ich beides zusammenbringen könnte: das, was historische Forschung mir über Entstehung und ursprünglichen Sinn der Texte zur Kenntnis gebracht hatte, und das, was dieselben Texte in der kirchlichen Tradition Generationen von Christen gesagt hatten. Zwei verschiedene Hermeneutiken lagen miteinander im Streit – wie sollte ich mich entscheiden? … Deutlich empfand ich damals, in der Mitte meiner Studienjahre, die Aufgabe, die vor mir stand: das Verhältnis der beiden Hermeneutiken zueinander zu klären, einen Weg zu finden, auf dem weder die ›intellektuelle Redlichkeit‹ noch die Schätze der Tradition und des ›Drinnenseins‹ verloren gingen. Noch musste ich die Frage offen lassen, vermochte an der Lösung der Aufgabe nicht direkt zu arbeiten, zumal die Systematische Theologie, die wir studierten, mir dazu wenig Hilfen bot. Erst in der Praxis des Unterrichtens fand ich, schrittweise, die Lösung für mich.«[6]

Der Lösungsweg begann mit zwei Aufsätzen: »Der Prediger zwischen Universitätstheologie und Gemeinde« (1966, Schriftenverzeichnis 3) und »Schülersprache – Kirchensprache« (1968, Schriftenverzeichnis 4). In beiden Aufsätzen ging es um unterschiedliche Hermeneutiken, das Gegenüber von Universitätstheologie und Gemeinde auf der einen und Kirchensprache und Schülersprache auf der anderen Seite. Wie lässt sich zwischen dem, was Pfarrer und Pfarrerinnen auf der Universität lernen, und dem, wie ›die‹ Gemeinde ihren Glauben formuliert, und wie lässt sich zwischen den beiden einander fremden Sprachen der Schüler und der Kirche vermitteln? Wie lassen sie sich wechselseitig einander aufklären?

Das Gegenüber von Universitätstheologie und Gemeinde und dazwischen der Prediger. Im Blick auf das Gegenüber von Universitätstheologie und Gemeinde beobachtet Veit Differenzen hinsichtlich des Verständnisses der Begriffe von Wahrheit, Existenz, Gott und Glauben.

---

6 M. Veit, Noch einmal von vorn anfangen…? Von Bultmann zur Didaktik des RU – eine Testamentsvollstreckung. (Schriftenverzeichnis Nr. 113).

Im Blick auf den Wahrheitsbegriff besteht die Aufgabe des Predigers darin, der Gemeinde herauszuhelfen aus dem positivistisch bestimmten Wahrheitsbegriff, dass nur Fakten oder Berichte, denen Fakten zugrunde liegen, wahr sind, und ihr zu einem Verständnis zu helfen, dass es den frühen Christen um die Bedeutsamkeit Jesu ging, die an den Fakten gerade nicht ablesbar ist, sondern sich dem Glauben erschließt.

Der Existenzbegriff ist der Gemeinde meist fremd. Er verdeutlicht aber die Geschichtlichkeit des Menschen, d.h.: »Was wahr ist, ist jeweils jetzt wahr; es ›erhellt‹ die Situation. Ob es morgen noch ebenso gilt, muss fraglich bleiben. ... Die Gemeinde zeigt sich dagegen überzeugt, dass das Evangelium als zeitlose Wahrheit auch zeitlose Maßstäbe setze.« Diese Zeitlosigkeit wird auch vom Menschen angenommen: »Der zeitlos gleiche Mensch aber, der der Geschichtlichkeit entnommen, gleicht den übrigen Wesen der Natur.« Er ist mit seinen Naturanlagen gegeben. »Man muss sich klarmachen, dass dies eine latent faschistische Ansicht vom Menschen ist, natürlich ohne dass die Gemeinde das weiß, aber der Nationalsozialismus fand Denkstrukturen dieser Art gerade auch bei Christen vor. ... Hier steht wirklich alles auf dem Spiel. Theologisch: Ein als zeitlose Wahrheit verstandenes Evangelium wird zum Gesetz; es fordert die Erfüllung eines Glaubenssolls. Seelsorgerlich: Aus solchen ›Gläubigen‹ werden, unabwendbar, Pharisäer, mitsamt der Heuchelei, die zum Pharisäer-Klischee gehört. Politisch: Hier wird totalitär gedacht; wer anders ›denkt‹, hat grundsätzlich unrecht. ... Der Prediger wird sich also bemühen müssen, seiner Gemeinde die radikale Geschichtlichkeit des Christenmenschen anschaulich zu machen. ›Radikale Geschichtlichkeit‹ besagt ja zugleich: Angewiesenheit auf Gott. Wer eine zeitlose Wahrheit besitzt, braucht Gott selbst im Grunde nicht mehr; das Wissen um Gott ersetzt ihn.«[7]

Für die Gemeinde ist der Glaube an die Existenz Gottes die Minimalforderung; Atheismus gilt als schlimme Verfehlung und ist der Bibel fremd. Dieser Gottesbegriff, den die Gemeinde festhält und die Atheisten bekämpfen, entspricht nicht dem Gott, von dem die Bibel erzählt und der weder aus der Geschichte noch aus der Natur direkt zugänglich ist. Der Gott der Bibel begeg-

7 25 Jahre später, 1991, formuliert Marie Veit jene »radikale Geschichtlichkeit« frecher, was sie in diesem Text ausgeführt hat: »Na, sowas, da bliebe also tatsächlich auch die Kirche angewiesen auf Gott«. Vgl. Schriftenverzeichnis Nr. 82.

net nur in seinem Wort, das in der Geschichte der Mehrdeutigkeit ausgesetzt bleibt. Der sich im Wort offenbarende Gott bleibt verborgen. »Wer recht hat, ist nicht zu beweisen; der Mensch muss sich entscheiden. … Es geht um Nachfolge, um das Betreten eines Weges, um Hineinkommen in die Existenzbewegung, die mit Jesus begann. Wer Gott ist, wird auf diesem Weg sich zeigen.«

Die Gemeinde versteht Glaube als Fürwahrhalten, als überlieferte christliche Weltanschauung, ja als »eine, die christliche Ideologie«. Biblisch freilich meint Glaube anderes, nämlich sich festmachen daran, dass Jesus die entscheidende Offenbarung Gottes war, dass es darauf ankommt, in seine Nachfolge einzutreten und seine Zukunft zu erwarten: »Glaube ist eine Existenzbewegung, nicht Ideologie.«

Theologiegeschichtlich macht dieser Text Lernkontexte und philosophisch-theologische Traditionen deutlich, in die sich Marie Veit stellt und die ich in der Philosophie und Theologie Sören Kierkegaards und Rudolf Bultmanns (Existenz), in den Theologien Karl Barths (Gott begegnet nur in seinem Wort), Dietrich Bonhoeffers (Kritik einer theistischen Gottesvorstellung und radikale Geschichtlichkeit), Emil Fuchs‹ und Dorothee Sölles (Wenn es um Glauben geht, geht es um Hineinkommen in eine Existenzbewegung, geht es um Nachfolge) sehe. Nicht zuletzt verbindet sie mit Karl Barth und seiner Rede von dem ›alten Mütterlein‹, das die Bibel auslegt für die Gemeinde, die hohe Bedeutung einer seelsorgerlich und pastoraltheologisch orientierten, wechselseitigen Lernbewegung von Gemeinde und Prediger im Mit- und Gegeneinander unterschiedlicher und gleich gewichtiger Hermeneutiken angesichts dessen, dass »das Pathos kämpferischer Stellungnahmen in Deutschland beliebter ist als die sachliche Argumentation«.

Das Gegenüber von Schülersprache und Kirchensprache. Dem Schüler begegnet Kirchensprache als die Sprache des Gesangbuchs und der Liturgie, als das Lutherdeutsch der Bibel sowie als die Sprache von Predigt und Unterricht. Die ersten beiden Sprachen »vermag der heutige Schüler kaum zu hören, gewiss nicht sich mit ihnen zu identifizieren« und da Predigt und Unterricht mit den Texten des Gesangbuches und der Lutherbibel umgehen, »haben sie es nicht leicht, die Abneigung gegen jene zu überwinden«. Die entscheidende Schwierigkeit freilich liegt für Veit darin, dass alle drei Sprachformen dem Schüler durch ein bestimmtes Vorverständnis von Christsein begegnen: »der Christ ist der ›anständige Mensch‹, der vieles nicht darf (Sex, Geschäft, Selbstdurchsetzung, Kritik)[8]; der Christ ist der grundsätzlich harmlose, weil immer ›nette‹ Mensch; der Christ hat, zum Ersatz für vieles andere, eine tiefe Innerlichkeit, vielleicht eine besondere religiöse Veranlagung«. Dieses Vorverständnis ist von der Bibel aus gesehen »falsch«, wurde aber »lange genug tatsächlich von der Kirche vertreten«. Veit erläutert nun Kirchensprache aufgrund dieses Vorverständnisses zunächst an zwei Kirchenliedern:

- »Wer nur den lieben Gott lässt walten«, das gehört und gesungen wird als Lied des Fatalismus und der Resignation, was den eigentlichen Sinn dieses Gesangbuchliedes erstickt und den Weg zu Bibel und Glauben verstellt. Zugleich verstärkt es den Fatalismus und die Resignation, mit denen es gesungen wird. Diese aber »widersprechen dem Glauben; sie bilden zugleich eine immense politische Gefahr. Ein Kirchenlied, das diese Gefahr verstärken kann, bedarf eines guten Kommentars durch einen theologisch sorgfältig verfahrenden Lehrer.«
- Das Lied »Lobe den Herrn, den mächtigen König der Ehren, der alles so herrlich regieret« wird der Schüler aufgrund seines Vorverständnisses so hören, dass »Christen eben wegsehen von der Welt, in der es entsetzlich zugeht, dass sie in ihre Innerlichkeit retirieren und Auschwitz, Vietnam und Biafra nicht zur Kenntnis nehmen. ...Der Lehrer wird den Schüler lehren müssen, ›mit Abstand‹ zu singen. Hörend und prüfend zu singen, sich zu fragen, wann und für wen die Aussagen des Liedes eigentlich gelten, wer sie als seine Aussagen übernehmen ›darf‹ – und wer nicht.«

Ähnlich exegetisch und anfänglich ideologiekritisch werden sodann zwei Beispiele aus dem Neuen (die Seligpreisungen der Bergpredigt und die dritte Bit-

---

8 Vgl. dazu, möglicherweise auch als weitere theologisch-literarische Beziehung (Hinweise auf eine persönliche Bekanntschaft habe ich nicht gefunden): Ernst Lange, Die zehn großen Freiheiten. Gelnhausen und Berlin-Dahlem 5. Aufl. 1968. Im Vorwort zu seiner Neufassung des Dekalogs schreibt Lange: »Auf die Frage, was das Christentum sei, antwortete ein Junge: ›Christentum ist das, was man nicht darf.‹ So denken viele.« Ernst Lange argumentiert hier ähnlich historisch-kritisch und (!) ideologiekritisch wie Marie Veit. (Anmerkung von mir in das Zitat Marie Veits eingefügt)

te des Vater Unsers) sowie ein Beispiel aus dem Alten Testament (das Elterngebot) analysiert. Marie Veit formuliert als Fazit: »Aus allen Beispielen, die sich reichlich vermehren lassen, ergibt sich: »Kirchensprache lässt den Schüler kaum mehr vernehmen, was Kirche eigentlich zu sagen hat.« Es muss »Übersetzung« erfolgen – weit über den ersten Schritt der freilich unentbehrlichen Entmythologisierung hinaus. Dieser Forderung entsprechen folgende fünf Konkretionen:

- Der Schüler muss lernen, »Aussagen der Bibel und des Gesangbuches als ›lebendige‹ zu sehen. Es handelt sich nicht um zeitlos gültige Sätze metaphysischer oder ideologischer Art; vielmehr kommt es sehr darauf an, wer da spricht, zu wem, in welcher Situation und warum.« Die Geschichtlichkeit des Menschen und seiner Glaubensäußerungen ist zu lernen.
- Die Differenz zwischen Weltanschauung und Glauben ist hoch bedeutsam und deshalb vom Lehrer zu erläutern.
- Die Zeit der »Selbstverständlichkeit Gottes ist vorbei, und das ist gut so. Denn: Selbstverständlich ist der Gott der Bibel nie gewesen. ... Nur wo Gott selbst redet, weiß man von ihm; und er ist nicht gezwungen, zu reden (vgl. Amos 8, 11f).
- »Gott ist der Gott des Menschen geworden, vielmehr immer gewesen, wo er wirklich geglaubt wird. ... Sartres Wort, es sei ›sehr störend, dass Gott nicht existiert‹, findet immer wieder spontane Zustimmung. Nicht zur Welterklärung und -bewältigung, sondern zum Lebenkönnen, zum Menschsein-Können, braucht der moderne Mensch Gott. Und natürlich hilft ihm dazu kein ›an sich‹ gedachter, der kirchlichen Tradition entnommener Gott. Gott muss ihm begegnen, als der Chancen Gebende und Rückhalt Bietende, und zwar, wie in der Bibel selbst, durch andere Menschen.«
- »Es ist eine legitime Aufgabe der Kirche wie der Schule, klar denken und sachhaltig reden zu lehren und dadurch ›klug‹, d.h. aber selbständig zu machen. ... Dieses Ziel zu erreichen, ist keine Mühe des Lehrers zu groß; denn es geht um die Chance des Menschseins.«

Bereits in diesen beiden ersten wissenschaftlichen Aufsätzen Marie Veits aus der Mitte der 1960er Jahre, also vor der Studentenbewegung und vor dem Politischen Nachtgebet, zeigen sich drei Themen, die in ihrer gesamten weiteren Arbeit begegnen und durch die Mitarbeit im politischen Nachtgebet an Intensität und Klarheit gewinnen werden. Es sind dies:

- der Zusammenhang theologischer und politischer Aussagen – insbesondere hinsichtlich der latent faschistischen Strukturen erlernter kirchlicher Sprache und ihrer Bezüge zum Nationalsozialismus,
- das Stichwort »Nachfolge«, außerhalb derer es keine Gotteserkenntnis geben kann – das Kriterium »Praxis« für alle theologischen Aussagen,
- das Pochen auf die Selbständigkeit, die Autonomie des Menschen, zu der Kirche wie Schule beizutragen haben. Wenig später, 1972, hält sie kategorisch fest: »Wo das eigene Denken des heutigen Menschen beiseitegeschoben wird, wird Gott beiseitegeschoben – und mit ihm der Glaube.«

2.2 Das Politische Nachtgebet und Texte in seinem thematischen Umfeld

Mitte der 1960er Jahre machte Marie Veit die Beobachtung, dass ihre Schülerinnen anders wurden. In ihrer Autobiographie schreibt sie: »Die Wahrheitsfrage, die mich und meine ersten Schülerjahrgänge so sehr umgetrieben hatte, war dieser Generation vergangen. An ihre Stelle trat – die Konvention. Ich glaubte, am Ende zu sein. ... Die Rettung kam von einer meiner Schülerinnen der ersten Stunde, Dorothee Sölle, mit der mich seit ihren Primanerinnentagen eine persönliche Freundschaft verband. Sie schlug vor, in einer Freundesgruppe Freud, Wilhelm Reich, Herbert Marcuse u.a. zu lesen; es wurde der Anfang einer ›Bekehrung zur Gegenwart‹. Fasziniert wie zur Studienzeit entdeckte ich eine ganz neue Welt. ... Theologisch bedeutete der Neuaufbruch für mich: jetzt erst schlug Bonhoeffer in meinem Denken wirklich durch. ... Seine Frage danach, wer Christus für uns heute wirklich sei, erwies sich als zentral. Es galt, die Menschen, auch meine Schülerinnen, so zu nehmen, wie sie gegenwärtig waren, ... um zu entdecken, was der Glaube für sie bedeuten könnte, in ihrer heutigen Situation.«[9] Neben die historische Kritik an den biblischen Texten trat die Ideologiekritik am kirchlichen und theologischen Denken.

Und weiter: »Befreiung der Bibel, Befreiung der Theologie tut not! In den Jahren 1968 bis 1973 ging ich durch eine einzigartige Schule, die mir hierin weiterhalf: die des ›Ökumenischen Arbeitskreises Politisches Nachtgebet‹ in Köln. Katholische Theologen und Laien, vom Zweiten Vatikanischen Konzil inspiriert, hatten 1967 einen ökumenischen Gesprächskreis ins Leben gerufen, zu dem Dorothee Sölle und ich eingeladen wurden. Vom Herbst 1968 bis zum Sommer 1973 … haben wir mit dem auf ca. 180 Mitglieder gewachsenen Arbeitskreis erst jeden, dann jeden zweiten Monat Gottesdienst gehalten. Und gelernt, gelernt, gelernt. … Das andere Klima bei kritischen Katholiken, die emotional meist so viel besser genährt sind als wir; die Bearbeitung von Gruppenproblemen, die natürlich nicht ausblieben und der Umgang mit Flügelkämpfen; überhaupt mitarbeitendes Gruppenmitglied zu sein, statt wie bisher fast nur auf sich allein angewiesen zu sein – das waren wichtige Lernerfahrungen. Vor allem aber: Hinter allen politischen Problemen, die wir aufgriffen, tauchten ökonomische Ursachen auf. Jetzt musste Marx gelesen werden, dessen Analysen mir, die ich gewohnt war, falsche ›Gesinnung‹ des einzelnen als Grund allen Übels anzusehen, zuerst sehr schwer fielen. Welche große Rolle das Privateigentum, besonders an Produktionsmitteln, in der ganzen Kirchengeschichte gespielt hat, das fiel mir erst jetzt auf.«[10]

In einem Entwurf für ein Buch zur Theologie Dorothee Sölles (Schriftenverzeichnis Nr. 114), entstanden ca. 1998, beschreibt Marie Veit Erfahrungen des Politischen Nachtgebetes und der Christen für den Sozialismus. Ich zitiere eine Passage aus diesem nahezu unbekannten Text: »Im Ökumenischen Arbeitskreis ›Politisches Nachtgebet‹ war es vor allem die intensive Begegnung mit

---

9 M. Veit, Auf dem Weg der Befreiung. AaO. S. 350.

10 M. Veit, aaO. S. 352 f i.A.. Zum Politischen Nachtgebet vgl. D. Sölle, F. Steffensky im Auftrag des Ökumenischen Arbeitskreises »Politisches Nachtgebet« (Hrsg.), Politisches Nachtgebet in Köln. Stuttgart und Mainz 1969; dies. (Hrsg.) Politisches Nachtgebet in Köln, Texte – Analysen – Kritik, Band 2. Stuttgart / Mainz. O. J.; U. Seidel, D. Zils: Aktion Politisches Nachtgebet. Analysen, Arbeitsweisen, Texte und Politische Gottesdienste aus Augsburg, Berlin, Bonn-Bad Godesberg, Dinslaken, Düsseldorf, Köln, Osnabrück, Rheinhausen, Stuttgart, Trier und Utrecht. Wuppertal 1971. Vgl. auch: A. Weyer u.a., Liturgie von links. Dorothee Sölle und das Politische Nachtgebet in der Antoniterkirche. Köln 2016.

katholischen Christen, die ›Kirche‹ für uns alle zum Thema werden ließ. Es waren ja durchweg kritische Katholiken, mit denen wir zusammenarbeiteten, – die aber gleichwohl an der Kirche hingen und sie liebten. Eine katholische Soziologin formulierte es einmal so: ›Wir können so viel Kritik an der Kirche haben, wie wir wollen, wir gehen doch immer zur Kirche hinein wie zur Mutter.‹ Wir Protestanten gehen wohl eher zur Kirche hinein wie zur Schule – was emotional etwas ganz anderes ist. Der Unterschied zeigte sich schon daran, dass die protestantischen Mitglieder des Arbeitskreises durchwegs ›Profis‹ waren, Pfarrer, Religionslehrer, mindestens PresbyterInnen, während auf katholischer Seite sehr verschiedene Berufe vorkamen, Kaufmann, Architekt, Musiker, Verwaltungsangestellte. Der kritische Protestant zieht sich normalerweise von der Kirche zurück, auch wenn er vielleicht nicht gleich austritt; er engagiert sich kaum dafür, die Kirche zu verändern. Eben das aber will der kritische Katholik, wofür ja auch die in jener Zeit entstandene Zeitschrift ›Publik Forum‹, die nach wie vor boomt, ein Zeichen ist.

Überdies fingen wir Protestanten an, die ›gestische Armut‹ des Protestantismus und die Wichtigkeit liturgischer Formen zu entdecken. Der Ausdruck stammt vom Benediktinerpater Fulbert Steffensky, der – damals noch im Ordenshabit – mit einigen Brüdern aus Maria Laach nach Köln herüberzukommen pflegte. Und wir lernten etwas, was Intelligenzler sonst bei uns nur schwer lernen, die Zusammenarbeit in der Gruppe (in der DDR-Kirche ist sie weit stärker gelernt worden). Zerreißende Diskussionen im Arbeitskreis gehörten zum Stil, Flügelkämpfe bewirkten, dass manche nach rechts weggingen – wir gingen ihnen ›zu weit‹ –, andere nach links – wir gingen ihnen noch längst ›nicht weit genug‹. Es waren starke Persönlichkeiten im Spiel, keineswegs war der Arbeitskreis eine Art Fan-Club von Dorothee Sölle, wie es heute oft gesehen wird, sie war ›mitten drin‹, ihre besondere Gabe, mit einem einzigen schneidenden Satz eine verworrene Gesprächslage kurzerhand zu klären, bewährte sich ebenso wie die Vermittlungs- und Ausgleichsfähigkeit anderer. Es war eine unglaubliche Schule in demokratischer Kultur. Übrigens waren die ›Schwächeren‹, die treulich zum Arbeitsreis kamen, weil die Atmosphäre von Freiheit, Streit und Menschlichkeit ihnen gut tat, die oft die halbe Nacht dabei saßen, ohne etwas zu sagen, in Krisenzeiten manchmal die wichtigsten: sie wollten unbedingt, dass es weiterging, boten ihre Mithilfe an bei all den kleinen Dingen, die auch zu erledigen waren, und der Wärmestrom ihrer Erwartung an die Gruppe war so stark, dass eine große Krise überwunden wurde. Immerhin haben wir fünf Jahre lang gearbeitet, was bei einer informellen Gruppe von lauter hochbeschäftigten Menschen etwas heißen will.

Unsere Themen waren manchmal ›von morgen‹; Anerkennung der Oder-Neiße-Grenze, Apartheid in Südafrika, ›Massenmord im Paradies‹ (Suhartos Umsturz in Indonesien, bei dem mehr als eine Million Kommunisten umgebracht wurden – erst heute wird breiter bekannt, was für eine Diktatur dort herrscht); aber auch: Obdachlosigkeit in Köln (damals waren schon 19.000 Menschen davon betroffen), Heimerziehung in Köln, Situation der Frauen.

Wir haben alle unglaublich viel gelernt in dieser Zeit. Niemals hätte ein Einzelner, neben all seiner beruflichen Tätigkeit, sich auf so vielen Gebieten kundig machen können. Wir verfuhren so – auch das haben wir erst mit der Zeit gelernt –, dass jeweils eine kleine Gruppe, vier oder sechs Leute, den Informationsteil des Nachtgebets und die anschließende Meditation erarbeitete, und von der Gesamtgruppe, die zwischen den monatlichen Gottesdiensten tagte oder vielmehr ›nächtete‹, Anregungen, Kritik, manchmal auch Aktionsvorschläge erhielt, aber nicht unbedingt umsetzen musste. Es gab keine Diktatur des Plenums, wohl aber – als vierten und letzten Bestandteil des Politischen Nachtgebets – eine Diskussion mit allen, die zu uns in die Kirche kamen.

Dieser Arbeitsstil hat uns wohl vor dem vorzeitigen Zerfall bewahrt, den so manche Gruppen in diesen Jahren erlebten. 1973, nachdem wir zum ersten Mal im offiziellen Programm des Kirchentags mit einem Politischen Nachtgebet vertreten waren (Thema: ›Der Glaube links, die Ordnung rechts, die Kirche in der Mitten‹), beendeten wir diese Arbeit – stark auf Dorothee Sölles Initiative hin. Ein Ziel war erreicht, die neue Gottesdienstform, die von aktuellen Problemen aus zurückfragt an Bibel und Glauben, hatte sich durchgesetzt; sie bestimmt ja bis heute Gottesdienste des Kirchentages.

Übrigens hatten wir inzwischen viele Nachahmer gefunden. Politische Nachtgebete wurden gehalten zuerst in Rheinhausen (›Lohnrunde Metall‹ – auf ein solches Thema wären wir Intelligenzler in Köln kaum verfallen!), dann an vielen Orten Westdeutschlands, Hollands und der Schweiz. Mit den Holländern zusammen haben wir dann 1973, Allende war gerade ermordet, in Arnhem die deutsche und holländische Sektion der ›Christen für den Sozialismus‹

(CIS) gegründet; wir waren soweit. Allerdings sind nicht alle aus dem großen Arbeitskreis – bis zu 180 Mitglieder waren auf der Adressenliste des Politischen Nachtgebets – mitgezogen, das Wort ›Sozialismus‹ schreckte sie noch – aber es kam aus Chile, nicht aus einem stalinistischen Land. Der zentrale Satz des ersten Manifests der 80 Priester, die dort die Weltbewegung »Christen für den Sozialismus« gegründet hatten, lautete: ›Christ sein heißt solidarisch sein‹, das war unsere Sache.

Außerdem hatten viele von uns im Laufe der Nachtgebetsarbeit Karl Marx entdeckt; hinter fast jedem Übelstand, den wir dokumentierten, tauchten zum Erstaunen vieler – das galt zum Beispiel auch für mich – nicht einfach böse Gesinnungen als Ursache auf, sondern handfeste ökonomische Interessen. Dorothee Sölle, die längst Ernst Bloch gelesen hatte und auch auf Theologen-Tagungen darauf gedrängt hatte, sich endlich mit Marx zu befassen, war auch hier eine der Führenden. Und so fanden wir den Zugang zu den südamerikanischen Priestern, und von da zur Befreiungstheologie.

Auch die Aktionserfahrungen haben uns weitergebracht. Nachdem wir manche ›Demo‹ hinter uns hatten, darunter einen Kreuzweg durch die Innenstadt und einen Autokorso ›Kölner für die Ostverträge‹, bei dem alte Damen wütend mit ihren Regenschirmen aufs Blech hieben, waren wir uns sicher genug, aktiv in den Bundestagswahlkampf 1972 einzugreifen, es ging um Willy Brandt und seine Ostpolitik. – Andere Aktionen waren z.B. Frauen-Gesprächskreise, zu denen Männer keinen Zutritt hatten, damit die Frauen wagen sollten, zu reden, das war damals noch neu. – Und gefeiert haben wir zusammen, Weihnachten, Karneval!«

Noch 1968 hat eine kleine Gruppe des Ökumenischen Arbeitskreises Politisches Nachtgebet das Modell »Politisches Nachtgebet« in den Blättern für deutsche und internationale Politik vorgestellt (Schriftenverzeichnis Nr. 6). Marie Veit, die innerhalb des deutschen Protestantismus einen besonders großen Nachholbedarf an politischer Theologie diagnostizierte, steuerte dazu kirchengeschichtliche und systematisch-theologische Überlegungen zur Liturgie bei, deren Ausgangspunkt sie in der Agendenreform Friedrich Wilhelm III. wählte: »Ihre Absicht war, durch Kirchenmusik und einheitliches altkirchliches Glaubensbekenntnis die Gemeindeglieder an den Gottesdienst zu fesseln, den Zusammenhang mit der Kirche zu stärken und so allen revolutionären und gefährlichen Gedanken von vorneherein das Wasser abzugraben« (so der König in einem Schreiben betr. seiner ersten Entwürfe aus dem Jahre 1804). Die Liturgie, so heißt es wörtlich, »sei für die Gemeinde dasselbe wie die Parade für das Heer.« Die Ablehnung der Revolution, die für Luther in der Auseinandersetzung mit den sog. ›Schwärmern‹ und dem Bauernkrieg selbstverständlich geworden war, bestimmte die landesfürstlich-kirchliche Volkserziehung. Die systematisch-theologischen Begründungszusammenhänge erläuterte Veit im Kontext der lutherischen Lehre von den beiden Reichen, der pietistischen Weltabkehr, die Politik als »schmutziges Geschäft« erscheinen lässt, und der neulutherischen Lehre von den Schöpfungsordnungen. Fazit der Überlegungen: »Angesichts dieser theologischen Vorgeschichte des deutschen Protestantismus kann es nicht wundernehmen, dass die protestantisch geprägten Teile Deutschlands für Hitler besonders anfällig waren. Noch bei den Landtagswahlen 1966 in Hessen und Bayern wurden die NPD-Erfolge überwiegend in evangelisch bestimmten Landkreisen gewonnen. Der oben erwähnte Nachholbedarf ist also evident.«

1969 erscheint wieder mit Marie Veit als Mitarbeiterin das 6. Politische Nachtgebet vom 4. März desselben Jahres in der Antoniterkirche in Köln unter dem Titel »Glaube und Politik. Politisch Lied – ein kirchlich Lied…« (Schriftenverzeichnis Nr. 7). Ausgangspunkt des Beitrages von Marie Veit sind die Seligpreisungen (Mt 5) und die Betonung der »Einheit von Gottesliebe und Nächstenliebe, die der 1. Johannesbrief (1. Joh 4,20) als christliches Gebot ausspricht« und die sowohl für den einzelnen wie für die Kirche als Gemeinde der Gläubigen gilt. … Die Einheit von Gottes- und Nächstenliebe fordert ein politisches Verständnis des Glaubens. … Der Sozialismus in seinen Formen hat in vielen Teilen der Welt die Sache der Armen ernster genommen als die Kirche. Seine Nähe zum Evangelium Christi bedrängt uns, das zentrale Gebot der Liebe auch in der dynamischen Gestaltung einer irdischen Zukunft zu verwirklichen. … Mit der Synthese von Gottes- und Nächstenliebe, von Glaube und Politik ist unüberhörbar ausgesagt, dass die Zukunft dieser Welt Gott uns aufgegeben hat. Das ist unsere Sache.« Dieses Nachtgebet schloss mit einem Gedicht Dorothee Sölles: »antwort auf die frage der linken freunde, warum wir beten«.

Am 6. und 7. Mai 1969 fand das Politische Nachtgebet »Alarmzeichen Griechenland« statt. Im auf das Nachtgebet folgenden Gemeindebrief vom Juli/

August 1969 äußerte sich Marie Veit ausführlich zu Stichwort und Praxis des Gebets in den Politischen Nachtgebeten. Es ging ihr darum, der Gemeinde diesen wichtigen Bestandteil der Politischen Nachtgebete zu erläutern: »Schon mehrfach ist der Ökumenische Arbeitskreis daraufhin angesprochen worden, weshalb in einem unserer Nachtgebete ›Gebet‹ ausdrücklich gar nicht vorgekommen sei. Ich möchte zunächst betonen, dass im Arbeitskreis selbst keine Einheitstheologie vertreten wird; die ganze Vielfalt und Gegensätzlichkeit der Universitätstheologie (besonders im evangelischen Raum) begegnet natürlich bei den Pfarrern und Religionslehrern, die dort gebildet wurden, wieder. Dennoch sind diejenigen, die im Nachtgebet mitarbeiten, in einigen Punkten wohl einig. Erstens: Nicht alles, was der Form nach ein ›Gebet‹ ist, kann im Sinne Jesu wirklich ein Gebet genannt werden. Ein Beispiel dafür ist das Gebet des Pharisäers, Lk 18, 10-12. Hier redet ein Mensch scheinbar mit Gott; in Wahrheit hält er einen Monolog, in dem er sich selbst seinen Wert bestätigt. Wirkliches Gebet ist nur da, wo mit dem Reden das Hören verbunden ist, wo der Betende bereit ist, sich wandeln zu lassen, sich trösten, korrigieren, annehmen zu lassen. Er wird nicht als derselbe vom Gebet weggehen, als der er hinging; andernfalls handelt es sich um einen Missbrauch des ›Gebets‹, um eine bloße Zur-Schau-Stellung des eigenen frommen Selbst. Zweitens: Gerade im Bereich des politischen Gebets ist in der Kirchengeschichte sehr viel Missbrauch getrieben worden. Christliche Gemeinden schoben im ›Gebet‹ die Verantwortung auf Gott ab; er sollte Krieg verhüten, für die Armen sorgen usw.; die Christenheit hatte das Ihre getan, indem sie ›betete‹. Das heißt: Gott wurde die Rolle des ›starken Mannes‹ zugeschoben, der seinen Christen eigenes kritisches Prüfen abzunehmen hatte. (Ist das ein Wunder, dass so viele Christen auch in der Politik noch immer allen Segen von einem ›starken Mann‹ erwarten, der einem alles eigene politische Urteil erspart? Und das trotz schrecklichster Erfahrungen mit einem solchen ›starken Mann‹? Wie man mit Gott umgeht, so geht man baldigst auch mit Menschen um!) Kurz: Es gibt Gebete, die eine Beleidigung Gottes sind, ein ›frommer‹ Deckmantel eigener Resignation oder Denkfaulheit. Gott wird hier in die Rolle des ›Schicksals‹ gedrängt, in das man sich zu ergeben bereit ist. Der Gott der Bibel aber liebt ein anderes Verhalten: 1. Mose 18, 20-23 oder Am 7, 1-6 sind besonders deutliche Beispiele dafür, dass er ›den Widerspruch des Lebendigen‹ will (D. Sölle im 1. Politischen Nachtgebet), den Widerspruch, der aus Liebe kommt und auf Veränderung einfach drängen muss. Wer so betet, der tut auch etwas; nachgedacht und sich leidenschaftlich entschieden hat er ja schon (Mt 15, 21-28 zeigt die gleiche Art zu beten im unpolitischen Zusammenhang; den drängenden Widerspruch, aus Liebe geboren, nennt Jesus dort ›großen Glauben‹). Dies ist die einzige Art politischen Gebets, die man Gott bieten darf: Es darf nichts Gott zuschieben, was wir selbst tun können, es darf vom Handeln nicht getrennt werden, es muss uns fähig machen, aus der politischen Abstinenz herauszukommen, nachzudenken, umzulernen. Einige von uns meinen, das besonders deutlich machen zu können, indem sie die Form des Gebets ganz weglassen und stattdessen unmittelbar vom Handeln reden, aber auch klarmachen, dass sie dieses Handeln als Beten verstehen (so die Gruppe, die das 7. Politische Nachtgebet erarbeitete). Andere, wohl die größere Zahl, wollen sich um die Formung eines ausdrücklichen Gebets für das Nachtgebet bemühen! Denn es ist nicht so einfach, den oben geschilderten Missbrauch zu vermeiden. Lange Traditionen haben ihr Gewicht. Die sieben Thesen zum Bittgebet (Fulbert Steffensky im 1. Politischen Nachtgebet) sollten der Gemeinde dies Bemühen verdeutlichen.«[11]

Ebenfalls 1969 schrieb Marie Veit einen Leserbrief in den »Antoniter-Nachrichten«, eben dem Gemeindebrief der Antoniterkirche, in der die Politischen Nachtgebete stattfanden. Der Anlass waren Kritiken des »Politischen Nachtgebetes vor den Wahlen« am 2. und 3. September 1969, das den kommenden Bundestagswahlen gewidmet war, und den Verantwortlichen Zensur vorgeworfen hatte. Marie Veit schrieb: »Zum September-Nachtgebet ›vor den Wahlen‹ waren z.B. Vertreter aller Parteien von rechts bis links eingeladen (NPD, CDU, FDP,SPD, ADF), und zwar rechtzeitig, höflich und schriftlich, damit sie in der Diskussion, die ja immer Bestandteil des Nachtgebetes ist, ihren Standpunkt vertreten könnten. ... Alle hatten auch zugesagt, teils brieflich, teils telefonisch. Als eine der großen Parteien uns kurzfristig telegrafisch absagte, weil sie einem Zeitungsinterview entnahm, dass wir uns gegen sie stellen würden, haben wir das Telegramm wörtlich kommentarlos im Gottesdienst vorgelesen, obwohl es eine für uns beleidigende Formulierung enthielt. Wir wollten den offiziell Abwesenden auf diese Art eine Stimme im Nachtgebet geben. ... Eins

11 Zit. nach: A. Weyer u.a.; Liturgie von links. AaO. S. 68-70.

allerdings wird man uns zubilligen müssen: dass wir nämlich nicht nur Raum lassen für die Meinung anderer, sondern auch für unsere eigene. D.h. für die der Arbeitsgruppe, die das jeweilige Nachtgebet erarbeitete. Christen müssen deutlich reden, nicht beleidigend, aber ohne jede Verschleierung in der Sache, ein Ja, das ein Ja ist, ein Nein, das ein Nein ist (Mt 5, 37). Der Apostel Paulus betont einmal ausdrücklich, dass die Fanfare einen deutlich unterscheidbaren Ton geben müsse (1. Kor 14, 7-9). Zu fordern ist natürlich, dass die Arbeitsgruppe ihre Meinung gut begründen kann, dass sie sorgfältig gearbeitet hat. Wir haben zweieinhalb Monate lang Material gesichtet, Zeitungen verglichen, Bücher und Funkmanuskripte durchgearbeitet und das Ergebnis, das uns selbst erschreckte, dann vorgelegt und ›Zur Diskussion gestellt‹ (S. 12 des Nachtgebet-Textes). Übrigens sind die Standpunkte der beiden von uns abgelehnten Parteien sehr wohl in der Kirche vertreten worden, ebenso wie die der drei von uns empfohlenen Parteien (S. 12); es waren teils offizielle, teils inoffizielle Vertreter am Mikrofon. Das Nachtgebet – offen für alle, aber nicht ohne eigene Sicht! Oder sind sie anderer Meinung?«[12]

Beide Stellungnahmen verdeutlichen, was Marie Veit zeitlebens wichtig war: der Dialog und die Auseinandersetzungen zwischen christlichen Gruppen und Initiativen einerseits und der Amts- und Volkskirche andererseits. Hier war sie nicht das, was Dorothee Sölle gerne in ihr sah: die Vertreterin eines »nicht kirchlichen aber radikalen Christentums«, sondern vielmehr vertrat sie m.E. die Position eines radikalen Christentums innerhalb und (!) außerhalb volkskirchlicher Strukturen: Sie wusste um Chancen und Schwierigkeiten beider Gestalten von Kirche und suchte beide immer wieder miteinander ins Gespräch zu bringen.[13]

Sämtliche folgenden Schriften Marie Veits sowie ihre klare sozialistische Option, die sie in wechselnden Organisationen ihr Leben lang durchgehalten hat,

---

12 AaO. S. 47 f.

13 S. dazu auch u. S. 210 ff und S. 228 ff. Dies wird auch deutlich im Statement von M. Veit in der Arbeitsgruppe II »Kirchenreform« des Deutschen Evangelischen Kirchentages in Köln 1965 im Zusammenhang der Diskussionsveranstaltung »Verwaltete Christen – verantwortliche Gemeinde«, wo sie zu der ›neuen Arbeitsweise‹ der »Gemeinde in der Region« befragt wurde und einen knappen Bericht zum Stadtkirchenverband Köln gab. Vgl.: Deutscher Evangelischer Kirchentag. Köln 1965, hrsg. im Auftrag des Präsidiums des Deutschen Evangelischen Kirchentages. Stuttgart 1965. S. 379. Vgl. weiter: Deutscher Evangelischer Kirchentag

sind von diesem theologischen und politischen, ihre Frömmigkeit wie ihre Pädagogik prägenden Aufbruch und den Erfahrungen, die Marie Veit in diesem Kontext gemacht hat, geprägt. Verweise darauf finden sich in ihrem gesamten folgenden wissenschaftlichen Werk und ich werde an einigen Stellen darauf zurückkommen.

Drei Aufsätzen und einer Predigt, die auch in inhaltlichem wie zeitlichem Zusammenhang mit den 6. Politischen Nachtgebeten stehen, will ich nun nachgehen: »Glaubensbekenntnisse – Texte und Interpretationen« (Schriftenverzeichnis Nr. 11), »Gebet und Engagement« (Schriftenverzeichnis Nr. 13) und »Über die Auslegung von Bergpredigttexten« (Schriftenverzeichnis Nr. 16) sowie einer Predigt zu Matthäus 5,5 (Schriftenverzeichnis Nr. 17). Sie sind alle 1972 – im Jahr ihrer Berufung an die Universität Gießen erschienen.

Mit der in der Reihe »Das Gespräch« des Jugenddienstverlages erscheinenden Schrift zu den Glaubensbekenntnissen greift Marie Veit ein in den kirchlichen und theologischen Streit um ›moderne‹ Glaubensbekenntnisse, der sich nicht zuletzt an dem Credo entzündet hat, das Dorothee Sölle im Rahmen des Politischen Nachtgebetes formuliert hat, und sie tut dies ausgehend von einem klar umrissenen theologischen Standort: »Zugegeben ist von vorneherein, dass neues Aussprechen des Glaubens Risiken enthält. Risiken des Irrtums, des Übersehens wesentlicher Bezüge, der Vorläufigkeit. Verglichen aber mit dem Risiko des bloßen Festhaltens am Alten sind die Risiken des Neuen gering. Denn wo das eigene Denken des heutigen Menschen beiseitegeschoben wird, da wird Gott selbst beiseite geschoben – und mit ihm der Glaube.« Kirchen- und theologiegeschichtlich erläutert Veit nun Entstehung und Gebrauch vor allem des apostolischen Glaubensbekenntnisses. Der Durchgang durch die Kirchengeschichte ergibt für Veit folgendes Bild: »Bekenntnis und Bekennen gehören zusammen. Wie es Bekennen nicht zeit- und ortlos gibt, sondern nur konkret in Übereinstimmung und Widerspruch zur eigenen Epoche, in welcher Christus Gestalt gewinnen will, so gibt es auch formuliertes Bekenntnis nicht ein für allemal. Auslegung des alten und Formulierung jeweils neuer Credotexte sind Mittel, deren der Glaube sich bedient, um lebendig einzugreifen

Stuttgart 1969, hrsg. im Auftrag des Präsidiums des Deutschen Evangelischen Kirchentages. Stuttgart 1970. S. 317 f, eine »Resolution: Interkommunion«, die sie in einer »Gruppe Kölner Christen« einbrachte.

in je seine Zeit.« Es folgen theologische und ideologiekritische Überlegungen zu vier damals aktuellen Glaubensbekenntnissen[14], wobei zweierlei für Marie Veit deutlich wird:

- »Wo Jesus ist, wo Glaube ist, wird Leidenden geholfen, aber denen, die Leiden machen, der Kampf angesagt. Wo dieser Ton ganz fehlt (wie in dem analysierten Credo von Jörg Zink), kann keine heute sich lebende Gemeinde ausgesprochen fühlen.«
- »Die Glaubenden können das, was sie glauben und wollen, niemals decken mit dem, was sie sind. Jesus ist ihnen voraus; in der Ermutigung, die von ihm ausgeht (wie in dem analysierten Credo von Dorothee Sölle), liegt Befreiung und Vergebung. Sie wird wirksam, wenn sie unsere Initiative erweckt, so dass wir ›seine Revolution weitertreiben auf sein Reich hin‹.«

»Gebet und Engagement« ist ein Aufsatz überschrieben, der im »Evangelischen Erzieher«, einer der führenden religionspädagogischen Zeitschriften jener Zeit erschienen ist. Ausgangspunkt des Textes ist die Feststellung, Gebet und Engagement gehöre zusammen: »Das zeigt jedenfalls ein Blick in die Geschichte des Glaubens. Diejenigen, die am meisten vom Gebet gehalten, am intensivsten darüber nachgedacht und am inhaltsreichsten darüber geschrieben haben, haben gleichzeitig engagiert gelebt. Bekannte Beispiele dafür sind Luther, Bonhoeffer, Gandhi. Gebet ist hier die Wurzel des Engagements und zwar in dem Sinne, dass es das Engagement trägt und bestimmt (verändert, korrigiert). Alles wird darauf ankommen, diesen Zusammenhang genauer zu verstehen, um das Gemeinte wiederzugewinnen. Denn beide, Gebet wie Engagement, sind durch eine depravierte Praxis – das depravierte Gebet flieht die Wirklichkeit, das blinde Engagement rennt sinnlos gegen sie an – in Verruf gekommen – vielleicht gerade weil ihr Zusammenhang verloren ging. Das ist jedenfalls die These dieser Arbeit.« Und die dieser These zugrundliegende Erfahrung ist das Politische Nachtgebet, das genau diesen Zusammenhang erprobte und liturgisch gestaltete. Wie Gebet und Engagement von Marie Veit positiv beschrie-

---

14 Es handelt sich um folgende vier Bekenntnisse: Glaubensbekenntnis von Martin Ohly (Ottweiler, Saar) und einer »Jugendgruppe, die Gottesdienste in moderner Gestalt vorbereitet«, Jörg Zink, ESG Greifswald, Dorothee Sölle (im Politischen Nachtgebet, Köln).

ben werden, liest sich wie ein Kommentar des Politischen Nachtgebetes: »Das Gebet enthält als ersten Schritt eine Art Zurücktreten von allem, was wir leben, ein Zurücktreten aber, das nicht Abwendung ist, sondern ein Distanznehmen, damit (im Bild gesprochen) das Licht Christi darauf fallen kann. Unsere Prinzipien, unser sicheres Bescheidwissen werden in Frage gestellt; Realität, die anders ist, als wir dachten oder bisher bemerkten, fällt auf und meldet sich zu Wort. Zugleich aber gehen wir selbst in dem, was uns mit dieser Welt verbindet, nicht mehr ganz auf, wir sind als Fragende, Hoffende, Betende selbst etwas, ganz abgesehen von unseren Funktionen. ... Beten ist deshalb in sich ein subversiver Akt – ein Akt der ›unverschämten‹ Selbstbehauptung gegenüber dieser Welt. Fehlt er, so droht auch hier Totalisierung: Die Totalisierung von Ideen, Prinzipien, ›Führern‹.« Beten, so Marie Veit schafft die Sicherheit des eigenen Ichs, das in der Industriegesellschaft in Gefahr steht, in ein Bündel von Funktionen verwandelt zu werden. Deshalb erweist sich der Verlust des Zusammenhanges von Gebet und Engagement als Verlust einer menschlichen Dimension, die für privates und gesellschaftliches Leben wiedergewonnen werden muss, was beginnt mit dem »Bemühen um Information, um genaue Analyse solcher Zusammenhänge, von denen wir schon ahnen oder zu spüren bekommen, dass hier Gefahren liegen, die unser Menschsein bedrohen. Dieses Bemühen sollte geschehen: 1. gemeinsam, und zwar zusammen mit solchen, die an den gleichen Zusammenhängen Unbehagen spüren, 2. engagiert, d.h. mit der Absicht, nach Erkennen der Ursachen zu handeln. Bloße Analyse ist eine Luxusbeschäftigung, die hier nicht gemeint ist.« Dieses »ora et labora« braucht die gemeinsam betende und engagierte Gruppe. Zusammenfassend zitiert Marie Veit Fulbert Steffensky: »Entscheidend für das Gebet ist, dass die Inhalte unseres Lebens formuliert werden, sie werden eingebracht durch die vorhergehenden Informationen und Analysen. Darum erlauben wir uns nicht zu beten, ohne dass wir durch die vorhergehenden Elemente die Inhalte unseres eigenen Lebens kennengelernt haben.«[15] Dabei zeigt sich in diesem Text wie in den Aufsätzen zuvor, dass Marie Veit die Ökumenische Bewegung, den Ökumenischen Rat der Kirche und seine Konferenzen und Texte ausge-

---

15 F. Steffensky. In: D. Sölle, F. Steffensky (Hrsg.), Politisches Nachtgebet in Köln. Bd. 2. Texte, Analysen, Kritik. Stuttgart 1971. S. 232.

sprochen aufmerksam wahrnimmt – auch das für sie eine Horizonterweiterung par excellence.

Wesentliche Elemente des Lernprozesses von Marie Veit im Politischen Nachtgebet haben wir jetzt kennengelernt: Glaubensbekenntnis, Gebet und Engagement aufgrund von Information und Analyse, fehlt noch die Bibel und der Umgang mit ihr. Dazu publiziert Veit einen Aufsatz und eine Predigt zu den Seligpreisungen, dem Eingangstext des 6. Politischen Nachtgebetes[16]. Und hier wird sogleich deutlich, wie fruchtbar neben der historischen Kritik ein theologie- und ideologiekritischer Umgang mit der Bergpredigt sich erweist. Veit beschreibt zunächst den üblichen protestantischen (Bergpredigt als Sündenspiegel), den katholischen (Bergpredigt gilt nur dem »Stand der Vollkommenheit«) und sodann den idealistischen (Bergpredigt formuliert unerreichbare Ideale, ergo zählt der gute Wille) Ausweichversuch vor dem Anspruch und Zuspruch der Bergpredigt Jesu. Es folgt ein Blick in die Auslegung der Bergpredigt durch Martin Luther, der »die Realisierung des Glaubens und der Liebe in die Privatsphäre abdrängt. ... Luthers Kapitulation vor der Wirklichkeit, seine Entscheidung, die Bergpredigt grundsätzlich aus der Gestaltung des öffentlichen Lebens auszuschalten, hatte Folgen, die er selbst niemals gutgeheißen hätte«, denn aus der Notordnung des Staates wurde seine angebliche Eigengesetzlichkeit. Ganz anders Mahatma Gandhi und Martin Luther King, die mit Mitteln Politik machten, »die sie direkt aus den Worten des Matthäus ableiteten, und zwar beide genau in der Situation, für die Luther ein christliches Handeln nicht zu entwerfen vermochte: im Widerstand gegen böse Gewalt ›von oben‹.«

Jetzt, in diesem Aufsatz zu biblischen Texten und ihrer Rezeptionsgeschichte begegnet zum ersten Mal bei Marie Veit eine gesellschaftliche Beschreibung mit den Kategorien »von oben« und »von unten«. Und ebenfalls zum ersten Mal begegnet hier die Kategorie der »Massen«, ein Begriff, den sie fortan häufig benutzt, um gesellschaftliche Unterdrückung zu benennen: »‹Von unten‹, von den Leidenden, Diskriminierten her lassen sich Gandhi und King ihre Ziele setzen. ... Die Idee des gewaltlosen Widerstandes benutzt die Leidensfähigkeit der unterdrückten Massen und verwandelt sie in Kraft zum Druck ›von unten‹; sie gibt damit zugleich den Entmutigten Mut, den Abgestumpften Sen-

16 Schriftenverzeichnis Nr. 7.

sibilität, den Gleichgültigen Hoffnung zurück, lässt Menschen wieder Menschen sein. Ist die Bergpredigt so richtig verstanden? Eins ist sicher: Wo mit der Bergpredigt Politik gemacht wird, wird jedes ihrer Worte konkret: Die Sanftmütigen kommen tatsächlich in den Besitz ihres Landes, die nach Gerechtigkeit Hungernden erfahren Sättigung, die ihre Sorgen, ja ihr Leben gering achten in diesem Kampf, erleben Erfüllung. Die ›wilde Exegese‹, d.h. die nicht-wissenschaftliche Textauslegung Mahatma Gandhis, der jene lapidaren Sätze vernahm und in die Tat umsetzte, hat Geschichte gemacht und zwar befreiende Geschichte.« Kriterium der Wahrheit biblischer Texte, das erweist sich für Marie Veit hier wie in zukünftigen Textauslegungen, ist die befreiende Praxis des Volkes (Gottes); hier findet angemessene Bibellektüre statt. Dies erweist sich auch daran, dass Matthäus gerade nicht für die Einzelnen, die Individuen schreibt, sondern für die Gemeinde, ihr gelten die Seligpreisungen: »Gemeinde in diesem Sinn ist eine Art Vorwegnahme des Lebens im Reich Gottes«. Hier in der Gemeinde, im »Gemeinsamen Leben« (D. Bonhoeffer) wird »Nachfolge« (D. Bonhoeffer) konkret: »So meint es Matthäus, so Bonhoeffer, so Martin Luther King, angestoßen von dem Hindu Gandhi, der in der Bergpredigt die Handlungsanweisung für sein Leben fand und vielen weitergab. Aber ist nicht auch im Neuen Testament ein Samariter Vorbild für die Christen? Uns ging die Bergpredigt (fast) verloren. Wiedergewonnen werden kann sie nur: gemeinsam und konkret.«

Die beigefügte Predigt zu Matthäus 5, 5 – »Selig sind die Sanftmütigen, denn sie werden das Erdreich besitzen« – erläutert zuerst, dass Sanftmut keine Charaktereigenschaft meint, sondern Tun dessen, was andere brauchen (vgl. Matthäus 11, 29) – zuvörderst: »keine Gewalt« (vgl. Matthäus 11, 29 in der Übersetzung der »Bibel in gerechter Sprache«): »Sanftmut ist Erscheinungsform der Liebe in ihrer Unbeirrbarkeit. Sanftmut ist Gabe des Heiligen Geistes (Galater 5, 22 f). Sie wird also niemals unser Besitz, über den wir verfügen, so dass wir das Sanftmütigsein dann ›könnten‹. Wir können nur immer wieder glaubend davon nehmen, indem wir uns an Jesus orientieren. Und: Wir wissen nicht im Voraus, wie die Sanftmut Jesu aussieht. Ob sie als Nachgeben und Verzichten gelebt werden will oder aber als hilfreicher Widerstand. Sie ist ja nicht erkennbar an einer bestimmten äußeren Form des Handelns, sondern tut, was jeweils nötig ist. Man kann schon sagen, dass sie unsichtbar ist, so wie Glaube und

Liebe unsichtbar sind. … Sache der Kirche ist, nicht einzustimmen in den Chor der Resignierten, sondern das Wort ihres Herrn zu verkündigen: ›Selig sind die Sanftmütigen; denn sie werden das Erdreich besitzen!‹ In unserer Sprache lautet es so: ›Heil denen, die sich in der Liebe nicht beirren lassen, denn ihnen gehört die Zukunft‹.«

Natürlich stehen auch die weiteren Texte Marie Veits im Kontext der Engagements- und Lerngeschichten des Politischen Nachtgebetes und seines Arbeitskreises und doch greifen sie auch weitergehende theologische und religionspädagogische Fragen auf – freilich nahezu immer im interdisziplinären Kontext und nicht lediglich mit historisch-kritischer, sondern eben auch mit ideologiekritischer Perspektive.

2.3 Der »Charme, die zauberhafte Kraft der herzlichen Zuwendung Gottes«

1971 gibt der katholische Theologe Hasenhüttl ein Buch heraus mit der Titelfrage »Staub der Jahrhunderte oder: Wie kann man Dogmen glaubhaft verkündigen?«. Jeweils ein evangelischer und ein katholischer Theologe behandeln darin ein dogmatisches Thema und zwei Theologinnen hat Hasenhüttl für das Thema »Des Menschen Heil und Zukunft« (Schriftenverzeichnis Nr. 12) gewonnen: Marie Veit beschreibt dazu »die evangelische Sicht«. Im Gespräch mit tiefenpsychologischen Überlegungen zu Ich und Über-Ich thematisiert Veit ausgehend von der reformatorischen Lehre der Gerechtigkeit aus dem Glauben gegenüber dem paulinisch-lutherischen Verständnis des Gesetzes die alles und jede wie jeden umfassende Liebe Gottes: »Gott umfasst den ganzen Menschen, nicht nur seine ›Werke‹, sondern auch sein ›Herz‹, seine Grundhaltung, seine Angst, seine Scheingerechtigkeit, seine Verzweiflung; alles, ob dem Augenschein nach gut oder böse, ist von der Gnade Gottes umfasst.« Es lässt sich sagen, dass Gott an den Menschen glaubt, ihm neue Zukunftsmöglichkeiten schenkt. »Die ›Gerechtigkeit aus dem Glauben‹ ist nichts Vorfindliches, keine neue Eigenschaft des Menschen, sondern eine neue, verwandelte Beziehung – zu Gott, zum anderen Menschen. … Alle Gedanken sind frei dafür, sich den Aufgaben der Welt zuzuwenden, die reichlich vorhanden sind; Luther sagt, der

Glaube sei ›immer ein Tun‹.« In der Theologie des 20. Jahrhunderts wird – einmal mehr – Bonhoeffer – neben K. Barth, J. Moltmann, R. Shaull und D. Sölle – für Marie Veit wichtig; ausführlich zitiert sie aus einem Brief Bonhoeffers aus dem Jahr 1944: »... und ich erfahre es bis zur Stunde, dass man erst in der vollen Diesseitigkeit des Lebens glauben lernt.« Diesseitigkeit bestimmt Bonhoeffer so: »in der Fülle der Aufgaben, Fragen, Erfolge und Misserfolge, Erfahrungen und Ratlosigkeiten leben – dann wirft man sich Gott ganz in die Arme, dann nimmt man nicht mehr die eigenen Leiden, sondern das Leiden Gottes in der Welt ernst, dann wacht man mit Christus in Gethsemane, und ich denke, das ist Glaube ... so wird man ein Mensch, ein Christ.« Dazu, und das ist für Bonhoeffer wie für die anderen Genannten selbstverständlich, braucht es die christliche Gemeinde[17], deren Besonderheit gegenüber anderen Gruppen, die an der Humanisierung der Welt arbeiten, das Wissen bildet, »dass der Mensch nicht allein zu beginnen braucht mit einem Werk, das seine Kräfte übersteigt. Zuerst empfängt er, der einzelne; dann fasst er Mut zum Handeln. ... Der Mensch der westlichen Industriegesellschaften sieht sein ›Heil‹ vor allem im Erfolg. ... Wer vom Erfolg lebt, lebt von seiner Leistung, und das heißt, heute wie zu Luthers und Paulus Zeiten, er lebt in Angst und Hass – Angst vor Versagen und Hass und Neid gegen Konkurrenten, Hass gegen das ›Schicksal‹, das ihn benachteiligte. So aber lebt er nicht von dem, was er empfängt. Vielleicht muss man sogar sagen, dass er unfähig wird zum Empfangen, weil es Zeit braucht, ein eige-

17 Im gleichen Zeitraum veröffentlicht Veit im »evangelischen erzieher« einen Aufsatz mit dem Titel »Messias« (Schriftenverzeichnis Nr. 9). Nach ausführlichen religionsgeschichtlichen, exegetischen und systematischen Überlegungen zum Messiasbegriff im Hinblick auf Glaube und Existenz heute folgen eine didaktische Analyse und ein Unterrichtsentwurf zu Markus 8, 27-30 (Petrusbekenntnis). In diesem Text bestimmt Veit auf klare und für ihre weiteren Publikationen gültige Weise das Verhältnis des Einzelnen zur Gemeinde und zu gesellschaftlichen Strukturen, weshalb der Text an dieser Stelle zitiert wird: »Königsherrschaft Jesu (Karl Barth) ist die Herrschaft über seine Gemeinde, in der seine Atmosphäre entsteht und durch die sein befreiender Geist in die Welt ausstrahlen soll. Die Geschichte wird durch diesen Messias qualifiziert als die Geschichte der von Gott geliebten, zur Befreiung bestimmten Menschheit, und die Auswirkungen sind diesseits und konkret. ... Dabei ist, im Unterschied zu manchem ›linken‹ Engagement, auch der einzelne Mensch so wichtig, dass er auch für die größten Zukunftsziele nicht einfach verheizt werden darf – während andererseits kirchlich und christlich noch immer gelernt werden muss, dass es außer dem einzelnen auch ›Verhältnisse‹ gibt, Strukturen, die Befreiung hindern können und darum zu ändern sind. Der Messias ist kein Privatkönig (trotz manchen Gesangbuchliedes!); zu ihm gehört ein ›Reich des Friedens und der Gerechtigkeit« und ein ›Volk‹, das etwas davon hat.«

nes Bedürfen zu empfinden, und er hat keine Zeit; weil es Mut braucht, etwas anzunehmen, Bedürftigkeit zuzugeben, und er kann sich diesen Mut nicht leisten. Dem Erfolgsorientierten erscheint es ja schon als Versagen, wenn er nicht selbst ›mit allem fertig wird‹. Weil aber, wer nicht nehmen kann, auch unfähig wird zu geben, tut sich hier ein unheimlicher Zirkel auf. ... Die Tödlichkeit dieser Gefahr ist gerade von Luther her deutlich – und wiederum durch psychologische Erkenntnisse unseres Jahrhunderts voll bestätigt.« Die Aufgabe, die der Verkündigung durch solche theologischen Überlegungen zukommt, sieht Veit in einer doppelten Perspektive: »Freizumachen zu einem Leben für (!) die Welt, das seine Maßstäbe gerade nicht aus unserer (leistungsorientierten) Welt bezieht. Anders ausgedrückt: Freizumachen von Angst und Hass, ohne doch zu beruhigter Selbstgenügsamkeit zu führen.« Dabei wird deutlich, »dass Christen in einer solchen Welt nur im Widerstand leben können – wie ›Licht‹ eben immer gegen Dunkelheit kämpft (Matthäus 5, 14-16).

Dazu, dass Christen in einer solchen Welt nur im Widerstand leben können, bedarf es einer Befreiung zur Welt und einer Befreiung der Bibel. Dies erläutert Veit an einem weiteren, vielleicht dem Zentralbegriff ihrer Theologie: Gnade. Der Titel des 1972 erschienenen Aufsatzes lautet »Die vermauerte Gnade« (Schriftenverzeichnis Nr. 18). Ausgangspunkt der Überlegungen ist die Erfahrung von Schülerinnen und Schülern, die Lyrik Bert Brechts oder auch die Überlegungen von Alexander Mitscherlich zur Schuldkultur im Nachkriegsdeutschland und seiner »Unfähigkeit zu trauern«. Der Kern des Christentums ist unbekannt. »Die Gnade ist vermauert.« Und »die Quelle des Christentums, die Bibel, ist ja von der Vermauerung schon mitbetroffen: Irrtümer und Vorurteile von Jahrhunderten haben sich zwischen sie und uns geschoben.« So stehen zunächst verblüffende Entdeckungen an: 1. »Das Wort, das wir mit ›Gnade‹ übersetzen, heißt ursprünglich soviel wie ›Anmut‹, ›Grazie‹, ›Charme‹. Vom ›Charme Gottes‹ war die Rede, und dieser Ton klang mit in jedem Satz, in dem wir ›Gnade‹ lesen. 2. Die Menschen zu verklagen ist in der Bibel das Werk des Satans (Hiob 1). »Manchmal kommt man auf den entsetzlichen Gedanken, die abendländische Überzeugung von der hoffnungslosen Bosheit des Menschen sei nichts anderes als die Machtergreifung des Satans – mitten in (!) der Kirche. ... ›Wer will uns beschuldigen? Gott ist hier, der gerecht macht‹, schreibt der Apostel Paulus. Das ist die fremde Religion, das vergessene Christentum, die vermauerte Gnade. ... Wie konnte gerade das Kernstück verloren gehen, das Gottesbild entstellt, der Mensch diffamiert, die Gnade an den Rand gedrängt werden?« Junge Menschen, mit denen Marie Veit arbeitet, antworten darauf: »Die Kirche gibt einem nur die Idee davon, aber nicht die Sache selbst.« Nichts in der Wirklichkeit entspricht dem, was die Kirchen sagen. Ist das alles also frommer Betrug? Die vom Christentum mitgeprägte Welt ist gnadenlos, lässt keine Fehler zu und wer sie macht, muss sie vertuschen. Und die Kirche ist nicht anders als die sie umgebende »Welt«.

In der frühen christlichen Gemeinde war das anders: Hier hat die Gnade einen Leib bekommen und Gestalt angenommen in den Beziehungen der Menschen, in einer »Art von Gegengesellschaft, die den Charme ihres Gottes zu leben beginnt«. Was ist geschehen? »Prediger und Gemeinde sind heute selbst in die Leistungsgesellschaft integriert; die Gnadenlosigkeit der Konkurrenz um Aufstieg und Erfolg, die Pflicht zur Bewährung, zur Sicherung von Einfluss und Besitz ist so verinnerlicht, dass sie meist überhaupt nicht mehr bewusst wird. Jeder weiß, dass das Evangelium in Wahrheit nicht gilt, spricht aber nicht darüber, denkt kaum je darüber nach. In der Psychoanalyse bezeichnet man eine solche Situation als ›double bind‹. ... Zur Heilung gibt es nur einen Weg, das Verdrängte muss bewusst werden. Wenden wir das auf die Situation der Kirche an, so heißt es: Soll die vermauerte Gnade befreit werden, so müssen wir, die Kirchenleute, das Ausmaß unserer Korruption begreifen. Wir glauben das nicht wirklich, was wir sagen; das sieht man daran, dass wir unserer Welt nicht widersprechen, keine Gegengesellschaft bilden, vielmehr die menschenfeindliche Leistungsgesellschaft auch noch stützen.« Marie Veit zeigt, wie unsere Gesellschaft den Starken Recht gibt und die Schwachen missachtet. Dabei geht der biblische Appell an die, die in einer starken Position sind. Charmant – wie Gott – sollen sie zu den Schwächeren sein. »Die mitlaufende Gegeninformation neutralisiert die Predigt von der Gnade nicht nur, sie verfälscht sogar ihre Texte, stellt ihren Sinn auf den Kopf. ... Das falsche Selbstverständnis resignierter, gesetzlicher Christen verdirbt den klarsten Text, ohne dass es bemerkt wird. Zur Selbstaufklärung der Christen genügen die biblischen Texte deshalb nicht, weil wir sie missverstehen. Wir müssen zugleich auf der anderen Seite beginnen, nämlich bei der Aufarbeitung der Verhältnisse in unserer Zeit.« Und wie als ekklesiologisch-theologisches Programm formuliert Marie Veit:

»Die Befreiung der Christen vom Gesetz unserer Welt erfordert also Arbeit. Sie verlangt die Aufarbeitung von politischen wie psychologischen Informationen – und wir haben doch ohnedies schon keine Zeit! Wie soll das Notwendige möglich werden? Mir scheint, es geht nur auf eine (!) Art: Die Aufarbeitung muss gemeinsam (!) geschehen, in Gruppen, die eigens zu diesem Zweck zusammenfinden, und mit dem Ziel aktiven Eingreifens an einer Stelle. ›Gemeinde‹ muss wieder Gegengesellschaft werden, wie sie es ursprünglich und in ihren lebendigen Zeiten immer gewesen ist, ... dass die Verkündigung wieder glaubhaft wird – weil sie den Menschen der ungebrochenen Herrschaft der Leistungsgesellschaft entzieht und ihn stattdessen vor den (!) Gott stellt, der ihm sein Ich und seine Erde schenkt, damit er leben (!) kann[18], als Mensch.«

2.4 Zum biblischen Unterricht

Neben der Mitarbeit an unterschiedlichen Entwicklungsprojekten der gymnasialen Oberstufe und der Kollegstufe in Nordrhein-Westfalen (vgl. Schriftenverzeichnis Nr. 5, 14 und 15) und ihrem regulären Religionsunterricht in Köln publiziert Marie Veit weiter – nun auch wieder dezidiert im religionspädagogischen und religionsdidaktischen Bereich. 1969 schreibt sie den Aufsatz »Hermeneutische Arbeit an nichtmythologischen Texten der Bibel. Ein Bericht aus der Schulpraxis« (Schriftenverzeichnis Nr. 8) – ohne Hochschullehrerin zu sein, ist sie im akademischen Betrieb angekommen und beteiligt sich mit diesem Text an einer Festschrift für Hans Stock zum 65. Geburtstag.

Entmythologisierung ist eine Selbstverständlichkeit für die Bultmann-Schülerin. Doch worin besteht die Aufgabe an nichtmythologischen Texten, wenn die Religionslehrerin wahrnimmt, dass der Schüler »schon zu wissen meint, ›wie ein Christ sein muss‹, und er in diesem Vorverständnis, dem ›christlichen Menschenbild‹, folgenschwere Irrtümer vergangener theologischer Generationen ahnungslos mitschleppt? Sie zu erkennen und abzubauen ist eine vielleicht noch wichtigere Aufgabe des Religionslehrers als die (freilich unentbehrliche)

---

18 Vgl. die Parallele zu diesem Text in Schriftenverzeichnis Nr. 116. Anmerkung wurde von mir eingeführt in den Text von Marie Veit.

Entmythologisierung. … Die Aufgabe lautet also nicht nur, alte Texte zu ›übersetzen‹ in den Verstehenshorizont unserer Zeit, sondern vielmehr, indem wir sie übersetzen, das Christentumsverständnis unserer Welt und unserer Kirche (und damit unserer selbst!) an ihnen zu prüfen. Hermeneutische Arbeit wird so zur theologischen Ideologiekritik. … Dass dabei zugleich ein gefährlicher Götze entthront wird, der seiner politischen Auswirkungen wegen schon Entsetzliches angerichtet hat, wird dem Lehrer vielleicht erst im Lauf seiner Bemühungen wirklich klar.« An drei Beispielen exemplifiziert Marie Veit nun materialiter, was dies heißt:

- an der dritten Bitte des Vater unsers, die als Fatalismus, Resignation und »mit dem zur Ideologie gewordenen Bild des in ›Gottes Willen‹ ergebenen Christenmenschen und gerade nicht als eschatologische Hoffnungs- und Veränderungsbitte verstanden wird;
- am Elterngebot, das zur Unterdrückung von Kindern und zum Lob kindlichen Gehorsams und von Anpassungsleistungen missbraucht wurde und gerade nicht so gelesen wurde, wie es gemeint war, als Appell an den sozialen Ausgleich zwischen Kindern und Eltern in einer Zeit, in der es eben noch keinerlei Altersversorgung gegeben hat;
- an den Seligpreisungen der Bergpredigt, die gelesen werden als Eigenschaften der von Jesus gesammelten Eliten: »Jesus tut also, was alle tun, er preist die Bevorzugten selig: ›Beati possidentes‹!« Doch es sind gerade keine Eigenschaften, es sind Relationen zwischen Gott und Mensch und zwischen Menschen, die mit den Seligpreisungen gemeint sind; »der Mensch ›ist ein Verhältnis‹ zitiert Marie Veit Sören Kierkegaard und um des Menschen Verhältnisse und ihre Gestaltungen geht es in den Seligpreisungen. Es geht für Jesus um Ermöglichung des Lebens, des Ich-seinkönnens; es geht nicht um Konstatierung des Wertes oder Unwertes, und Jesus sammelt nicht Elite, sondern Ekklesia: der ›Ruf heraus‹ ist wichtig, nicht der ›Charakter‹.

»Es gilt also Front zu machen gegen eine starke Tradition, die fast so alt ist wie der Protestantismus selbst«, wobei Veit darauf hinweist, dass sie sich auf die evangelische Theologiegeschichte beschränkt und die Vorgeschichte des Themas bis vor 100 n. Chr. zurückreicht. »Es gilt, die eigene Sache der Bibel gegen diese Tradition zu vertreten: den Glauben an den Gott, der zum Menschen hält und seine Freude will; die Weigerung, den Menschen für Prinzipien aufopfern zu lassen; den Mut zur Mitarbeit an allen nächsten Schritten zur Befreiung, zum Festhalten an der eschatologischen Hoffnung auf die Verwandlung der (menschlichen) Welt. Der biblische Unterricht kann dazu Entscheidendes beitragen, indem er nicht nur das Neue Testament entmythologisiert, sondern das Verständnis des Alten und Neuen Testamentes entideologisiert.«

Dazu gehört mit gleichem Gewicht die Frage nach der Wahrheit der Bibel und des Glaubens als »Kardinalfrage des evangelischen Religionsunterrichtes«, wie Veit es in dem Aufsatz zur »Wahrheitsfrage im biblischen Unterricht des 5. und 8. Schuljahres« darlegt (Schriftenverzeichnis Nr. 10). Ausgehend von den beiden unterschiedlichen Altersgruppen entfaltet Veit die pädagogischen und theologischen Probleme der Frage nach der Wahrheit und stellt sie in entwicklungspsychologische und politische Kontexte: »Kinder, deren Realitätssinn verkam, Jugendliche, deren Mut zu sich selber verkam, finden weder zu vollem persönlichen Glück noch zu sachgemäßem Urteil in politischen Fragen.« Theologische Hilfen dazu gibt es, denn »die Frage nach der Wahrheit der biblischen Botschaft hat die theologische Forschung der letzten 200 Jahre beschäftigt wie kein anderes Problem; geklärt aber ist sie nur in ihrem historisch-exegetischen Teilaspekt, nicht in der Frage nach dem Maßstab des Glaubens. … Im Ganzen ist die historische Frage unter Fachleuten entschieden, der Lehrer braucht hier nur zu übernehmen. Ist ihm damit geholfen? Ich meine: ja, weitgehend, aber nur soweit es um den Unterricht für Kinder geht. Die historisch-kritische Fragestellung entspricht genau der Wahrheitsfrage, die das Kind der Latenzphase (1970!, v.m.) stellt. ›Was ist wirklich passiert?‹ … Der kerygmatische Charakter biblischer Texte kann also klar gemacht werden.«

Bei der Frage aber, »wer Christus für uns heute eigentlich ist«, der entscheidenden theologischen Frage befindet sich der Lehrer zwischen verschiedenen Stühlen: Rudolf Bultmann, Ernst Käsemann, Ernst Fuchs, Herbert Braun, Dorothee Sölle, Jürgen Moltmann. »Wer sagt ihm, welcher Interpretationsschlüssel der richtige ist für seinen biblischen Unterricht? … Es bleibt ihm nichts anderes übrig, als die Entscheidung selbst nicht nur zu fällen, sondern auch sachlich vorzubereiten, welche Theologie die relativ beste sei.« Dabei freilich helfen ihm die Schülerinnen und Schüler und er »lernt den Feind kennen, diejenige geistige Macht, die den Menschen heute gefährdet und zerstört und ihm Glauben unmöglich macht: nämlich jenen banalen Positivismus. Der biblische Unterricht im Pubertätsalter, ich wähle als Beispiel das achte Schuljahr, muss sich diesem Feind stellen; Wahrheitssuche heißt hier: Verhinderung positivistischer Identifikation. … Was der Jugendliche braucht, ist die Ermutigung, trotz Rollenkonfusion und relativistischer Umwelt die Identitätssuche durchzuhalten.« Als Unterrichtsthema wählt Marie Veit in Gymnasium und Hauptschule dazu die Geschichte von der Versuchung Jesu (Lukas 4, 1-13) als eine Erzählung, in der es darum geht, »in welche Richtung der Wagen des Lebens fahren soll, nicht um kleinere oder größere (moralische) Defekte am Wagen selbst. … Das Ereignis einer Versuchung in diesem biblisch-theologischen Sinne ist unsichtbar und missdeutbar. Die Versuchungsgeschichte Jesu macht es sichtbar, erzählbar, indem sie den Teufel als Person erscheinen lässt. … Unsichtbar wie Versuchung sind Glaube und Liebe, positivistisch nicht fassbar, weil sie nicht Gefühle, sondern Relationen sind.« In durchdachter und reflektierter Begegnung mit den jugendlichen Schülerinnen und Schülern hat Marie Veit »aushilfsweise« die Klarheit erreicht, die ihr die unterschiedlichen fachtheologischen Diskurse nicht haben bieten können: »Sie lässt uns sehen, welche Theologie die richtigste ist; es ist die, die den Menschen menschlicher macht, dem Kind die Frage erlaubt, dem Jugendlichen Chancen des Ich-Seins erschließt und den alten Fehler des Christentums hinter sich lässt: den Menschen durch Doktrinen beherrschen zu wollen, statt ihn vor den Gott zu stellen, der ihm sein Ich und seine Erde schenkt.«

2.5 »Gott ist ›immer‹ gerade ›heute‹ Gott«[19] – Lebensthemen sind deutlich geworden

Bereits in den frühen Texten von Marie Veit werden wir der Themen ansichtig, die ein Gerüst bilden für ihre publizistische Tätigkeit in den Jahren der Universität und danach. Ich sehe folgende fünf prägende Zusammenhänge:

Marie Veit macht in ihrem Religionsunterricht die Erfahrung, dass das, was unten geglaubt wird, wirklich geglaubt wird und so für die Menschen lebensleitend ist. Und hier entdeckt sie eher Lebensverhinderung als Lebensfreude und Lebensförderung. So wird die Anthropologie ihr zentrales Thema: Was bedeutet es, Mensch zu sein und zu werden, wenn Christ*innen und Theolog*innen vom Menschen reden? Sie entdeckt und beschreibt die Bedürftigkeit des Menschen und weiß um den Mut, dessen es bedarf, in der bundesdeutschen Leistungsgesellschaft etwas zu bedürfen. Dagegen steht das biblische Menschenbild, das davon ausgeht, dass Gott dem Menschen zu allererst Leben und immer wieder neue Zukunftsmöglichkeiten schenkt. Für Marie Veit bedeutet dies, dass »wir« – die Kirchen – die Menschen der Herrschaft der Leistungsgesellschaft entziehen müssen, damit »wir« wieder glaubwürdig werden – ohne sie freilich eigener Herrschaft unterstellen zu wollen. Erfahrung der Menschen und Nachdenken über die biblische Rede vom Menschen führen für die Religionslehrerin und Mitbegründerin des Politischen Nachtgebetes zum Widerstand.

Das zweite große Thema Marie Veits ist die Frage, was es in diesem Kontext bedeutet, von Gott zu reden. Und sie entdeckt in der Nachfolge Bonhoeffers, der nach Rudolf Bultmann einer ihrer großen theologischen Lehrer wird, »dass man erst in der vollen Diesseitigkeit des Lebens glauben lernt«, dass die Rede von Gott nicht die Rede von einem Jenseits meint, sondern sich in der konkreten Nachfolge Jesu Christi, an dem wir ablesen können, wer Gott ist, entscheidet. An dieser Stelle kommt Marie Veit ihr Studium bei Rudolf Bultmann zugute, wenn es um die Kritik des mythischen Weltbildes der Bibel und die Entdeckung Gottes in der Welt geht.

---

19 D. Bonhoeffer, Vortrag in Ciernohorské Kúpele: Zur theologischen Begründung der Weltbundarbeit. In: DBW. Bd. 11. Gütersloh 2015. S. 327-344. Zitat S. 332.

So wird Bonhoeffers Frage, wer Christus für uns heute sei, zur theologischen Lebensfrage Marie Veits. Hier spricht sie zunächst von einem Bekehrungserlebnis: einer »Bekehrung zur Gegenwart«, indem sie nun intensiv sozialwissenschaftliche und (sozial-)psychologische Studien in einer von Dorothee Sölle ins Leben gerufenen Gruppe betreibt, was dann auch zu der Erkenntnis führte: »Jetzt musste Marx gelesen werden«. So traten Theologie und Politik, nicht zuletzt durch die Erfahrungen des Politischen Nachtgebetes in einen unauflösbaren Zusammenhang, den Marie Veit als vielfache Befreiung erlebte: als Befreiung der Bibel, Befreiung der Theologie, Befreiung zur Welt – was nicht zuletzt auch eine Folge historisch-kritischer Arbeit an biblischen Texten und ideologiekritischer Arbeit an deren Auslegungsgeschichte war, die sie nun verstärkt fortsetzte. Sie wurde – auch durch die Begegnung mit der ökumenischen Bewegung – frei zu einem Leben ›in und für die Welt‹ und fand durch einen anderen Lernprozess als Bonhoeffer zur »vollen Diesseitigkeit«. Für Marie Veit bedeutete dies zum einen der Beginn eines widerständigen, eines sozialistischen Lebens in deutschen Landen; zum anderen führte diese politische Klarheit zu einer neuen seelsorgerlichen Zuwendung wenn auch besonders, so doch nicht ausschließlich zu ›denen unten‹, sondern ebenso zu ›denen oben‹.

In dieses widerständige Leben suchte sie auch ihre Kirche, deren gottesdienstliches und praktisch-gesellschaftliches und politisches Leben einzubeziehen. So ist sie zeit ihres Lebens Mitglied in Gremien der Landeskirche und Mitarbeiterin in Gruppen; Marie Veit lebt als Verbindungsglied und Motor das, was in der ökumenischen Tradition die unterschiedlichen Gestalten von Kirche genannt wird, die sich gegenseitig herausfordern und so das reformatorische Prinzip der ecclesia semper reformanda, der immer zu reformierenden Kirche, in Gottesdienst wie in politischem Engagement als Christ*innen leben. Dazu gehören zum einen die thematisch zugespitzten Aufsätze zu dem im Politischen Nachtgebet erfahrenen und gestalteten Zusammenhang von Gebet und Engagement sowie zur Frage zeitgemäßer Bekenntnisformulierungen und deren Verhältnis zum Apostolischen Glaubensbekenntnis. Hier ist freilich weiteres zu nennen: zuerst die Betonung der frühen christlichen Gemeinden als Gegengesellschaft, die »Gnade« gelebt hat oder in der Sprache Marie Veits: die nicht lediglich die Idee der Gnade verkündet hat, sondern die Sache der Gnade hat erfahrbar werden lassen in der Gestaltung menschlicher Beziehungen.

Als Teil dieser erneuerten Beziehungen erkennt Marie Veit, dass »wir Kirchenleute« das Ausmaß unserer Korruption erkennen müssen und in diesem Umkehrprozess neu lernen können, dass Glaube ein Tun-Wort ist und eben keine Eigenschaft des Menschen im Sinne eines ›gläubigen‹ Christen. Im Glauben geht es um neue Beziehungen, um erneuerte Relationen zwischen Gott und Mensch, die dem Kriterium einer lebensverändernden Praxis unterliegen.

Und schließlich wird deutlich in Marie Veits beruflichen Arbeitsfeld der Schule, wie wichtig ihr biblischer Unterricht ist, wenn sie auf ganz unterschiedlichen Wegen immer wieder den Schatz biblischer Erzählungen, die weiter erzählt werden wollen, ins Spiel bringt und dazu auffordert, die alten Texte nicht lediglich in den Verstehenshorizont der Schüler*innen zu »übersetzen«, also Entmythologisierung zu betreiben, sondern ebenso das Christentumsverständnis der Schüler*innen wie der »Welt« und der »Kirche« an den Texten zu überprüfen, also »theologische Ideologiekritik« mit den Schülerinnen einzuüben. Von zentraler Bedeutung dabei ist für Marie Veit die Frage nach der Wahrheit biblischer Texte und nach einem nicht-positivistischen Wahrheitsverständnis, dessen kritisches Potenzial sie für das Leben der Schüler*innen fruchtbar machen will. Als hilfreich erfährt sie in ihrer Arbeit und ihrem Nachdenken die Kinder und Jugendlichen selbst und entdeckt etwas, was in der Religionspädagogik gut zwanzig Jahre später als Kinder- und Jugendtheologie konzeptionell entwickelt wird, wenn sie schreibt, dass Kinder und Jugendliche ›uns‹ erwachsene Religionslehrer*innen sehen lassen, wer Christus für uns heute ist und ›welche Theologie die richtigste ist‹, d.h. die für das Leben der Kinder und Jugendlichen hilfreichste dazu ist, Ich zu werden und als Menschen – und eben nicht als funktionierende Leistungserbringer und funktionierende Konsumenten – leben zu können.

III.

Schriften aus der Zeit als Professorin und über die Emeritierung hinaus (1972-2003)

Vorab

Auch hier gilt, was ich oben bereits betont habe, dass Marie Veit disziplinübergreifend theologisch arbeitet, was zum einen ihrem theologischen Selbstverständnis entspricht, aber nun auch im Fach ihrer Professur begründet liegt: »Theologie ist Didaktik« – so zitiert Marie Veit zustimmend und immer wieder gern ihre Gießener Kollegin Friedel Kriechbaum und fährt fort: »Theologie kann gar nicht unter Absehung von den Menschen, für die sie entwickelt worden ist, gedacht werden. Dann ist es schon verkehrt.«[1] Gleichwohl finden sich nun auch mehr der Denomination ihrer Professur entsprechend dezidiert religionsdidaktische und religionspädagogische Beiträge. Ich beginne die Darstellung ihrer Texte mit den eher biblisch-theologischen (3.1), es folgen die religionsdidaktischen und religionspädagogischen (3.2) und ich schließe mit den eher systematisch-theologischen Texten (3.3), wobei das Wörtchen »eher« signalisiert, dass auch hier nahezu immer ein intradisziplinärer Ansatz bei Marie Veit zu beobachten ist. Predigten und Kasualansprachen ordne ich den biblisch-theologischen Beiträgen zu. Die Dokumentation der Texte wird jeweils eingeleitet durch zusammenfassende Hinweise. Diese wenigen Hinweise deuten Gedankengänge Marie Veits an, die sich für mich wie ein Mosaik mit immer wieder neuen Kombinationsmöglichkeiten lesen lassen. Doch entdecken Sie in der Chronologie der Schriften selbst, welche Schätze sie bereithalten – erst recht, wenn es gelingt, dass die Zusammenfassungen und deren Originalzitate Sie verlocken, nach den Originaltexten zu greifen.

1 Interview mit Marie Veit am 20. Juli 1972 in Marburg, geführt von Annebelle Pithan. Hektographiertes Manuskript S. 22.

1.

Eher biblisch-theologische Texte

Plädoyers für die Befreiung der Bibel – eine Einführung

Die eher biblisch-theologischen Texte Marie Veits neben den religionspädagogischen Texten zum biblischen Unterricht sind bis auf zwei Ausnahmen Meditationen und Predigten[2]. Im Unterschied zu den essayistischen und wissenschaftlichen Aufsätzen gebe ich bei den Meditationen und Predigten nicht den jeweiligen Argumentationsgang wieder, sondern meist lediglich die mir im Blick auf die wissenschaftliche Arbeit von Marie Veit wichtigen biblisch-theologischen Gedanken, insbesondere Zeitansagen und darauf folgende Hoffnungsperspektiven der ›größeren Möglichkeiten Gottes‹ und das heißt bei ihr immer auch ›die größeren Möglichkeiten der Menschen‹. Sie werden uns als durchgängiges Motiv auch bei den eher religionsdidaktischen und religionspädagogischen sowie den eher systematisch-theologischen Texten wieder begegnen.

1.1 Predigten und Meditationen

Marie Veit hat nicht – wie beispielsweise Helmut Gollwitzer – regelmäßig in der Kirchengemeinde ihres Wohnortes gepredigt. Erhalten sind Meditationen und Predigten, die bei besonderen Anlässen von ihr vorgetragen wurden. Die

2 Oftmals sind diese Texte unveröffentlicht. Ich liste Sie dennoch im Schriftenverzeichnis auf.

mir vorliegenden Predigten zeichnen sich durch eine große inhaltliche Übereinstimmung aus, die auf zwei zentrale theologische Anliegen Marie Veits hinweisen:

- die Frage nach dem biblischen Gott und seinen größeren Möglichkeiten
- und die Nachfolge der Christ*innen, die konkret zunächst Umkehr bedeutet.

Durchweg betonen die Predigten den Bonhoeffer'schen Gedanken der Schwachheit Gottes, die stärker ist als die Macht der Menschen, weil sich Herzen eben nicht mit Macht, sondern lediglich mit Liebe öffnen lassen: »Nur die Liebe schafft das freie Herz«; dieses aber ist das Herz der erwachsenen Kinder Gottes, die nichts von einem himmlischen Superhelden erwarten und sich zugleich von der erwartungsvollen Liebe Gottes zu eigenem Sein und Handeln, zur Liebe ihrerseits bewegen lassen. Dieses Bild der Schwachheit eines nicht theistisch gedachten Gottes führt letztlich auch dazu, dass die erwachsenen Söhne und Töchter Gottes sich darin einüben können, von den Schwachen zu lernen: So nehmen Christinnen und Christen teil an Gottes Sorgen, ja mit Bonhoeffer: »Christen stehen bei Gott in seinem Leiden.«

Solche Nachfolge bedeutet zunächst Umkehr. Marie Veit fordert dazu auf, den Zuschauerstandpunkt zu verlassen und dem Evangelium und damit der Glaubenserfahrung mehr als der Lebenserfahrung zu vertrauen. Dabei beginnt die Veränderung »unten« – und sie reicht im Jonabuch bis hinauf zum König; dies wurde meist übersehen, weil als das Wunder des Jonabuches Kapitel 2 »Jonas Rettung aus dem Bauch des Fisches« galt, doch das eigentliche Wunder – so Marie Veit – wird in Kapitel 3 erzählt: Ninives Umkehr »von unten«: »Umkehr ist möglich. Und Gott – spielt mit:« Bedeutet Nachfolge Handeln wie Gott, dann geschieht dabei – quasi hinter dem Rücken der Nachfolgenden – die Verwandlung der steinernen in fleischerne Herzen. Nachfolgende werden zu neuen Menschen, die die Liebe, die am Leben und auf dieses hin orientiert ist, weitergeben – nicht zuletzt weil sie darum wissen und erfahren haben, dass sie selbst der Liebe bedürftig sind. Ein zentraler Gesichtspunkt des auch in den Predigten thematisierten Menschenbildes Marie Veits: der Mensch in seiner Bedürftigkeit ist wichtig!

Die Gefahr der Fremd- oder Selbstüberforderung angesichts dieser beiden zentralen theologischen Aussagen vieler Predigten liegt auf der Hand. Ihr begegnet Marie Veit durch den seelsorgerlichen Charakter vieler ihrer Predigten, insbesondere in der ersten mir vorliegenden Meditation zu Elia wird dies sehr eindrücklich. Das erste sind Zuspruch und Trost und daraus ergibt sich ein Anspruch, der freilich nicht als fremde Forderung einherkommt, sondern der sich aus dem Zuspruch als Lebensmöglichkeit eröffnet.

Neben dem seelsorgerlichen Charakter der Predigten möchte ich ein weiteres durchgehendes Moment betonen: Biblische Texte wenden sich in erster Linie an die Gemeinde, die Kirche oder im Alten Testament an das Volk. Und erst in diesem Kontext einer Gruppe oder Gemeinschaft ist der Einzelne angesprochen. So widersprechen biblische Traditionen der bürgerlichen Vereinzelung oder Individualisierung und betonen, dass Menschwerdung innerhalb von sozialen Zusammenhängen nur gelingen kann – in wechselseitiger Zuwendung, in der es niemandem daran mangelt, was er oder sie braucht.

Und schließlich erscheint mir der narrative Charakter vieler Predigten Marie Veits in besonderer Weise erwähnenswert: Wie die Bibel zuallererst ein Buch großer und kleiner Erzählungen ist, so fordert Marie Veit dazu auf, diese nicht lediglich nachzuerzählen, sondern sie vielmehr fortzusetzen, weiterzuschreiben zur wechselseitigen Ermutigung. Das, was sie hier als Teil ihrer Predigten formuliert und für dringend erforderlich hält, zeigt sich auch in anderen Textzusammenhängen als eine ihrer generellen Forderungen, plädiert sie doch insgesamt für eine neue (linke) Erzählkultur, in der wahrgenommen und weitergegeben werden soll, was bereits gelungen ist.[3]

1982, in einem zentralen Jahr der bundesdeutschen Friedensbewegung gegen die Nachrüstung, verfasst Marie Veit eine »Meditation über Elia« (Schriftenverzeichnis Nr. 33) anhand des Textes 1. Könige 19, 1-18. Elia gilt im Alten und Neuen Testament als Vorbild des Glaubens, als einer der sich mit dem König anlegte und das Recht gegen die Macht durchzusetzen suchte. »Aber Elia ist ein Mensch, und ein Mensch kann an die Grenzen seiner Kräfte kommen. ... Er ist am Ende. Elia geht in die Wüste, um dort zu sterben. ... Lassen Sie uns

---

3 Vgl. dazu Marie Veits Idee und Praxis des »Hoffnungsschrankes«: Schriftenverzeichnis Nr. 85.

gut zusehen, wie Gott mit seinem müde gewordenen Propheten umgeht.« Und dann erzählt Marie Veit diese Geschichte nach, wie Gott Elia nicht kritisiert, ihm keinen Kleinglauben vorwirft, nicht enttäuscht ist, sondern ihm Essen und Trinken bietet. »Erst als die körperlichen Kräfte wiedergekehrt sind, sendet ihn der Engel auf einen neuen Weg. Unserer Gesellschaft entspricht das nicht. Wer schlapp macht, das erfordert das zerstörerische Gesetz der Konkurrenz, der ist aus dem Rennen. Vielleicht ist dies einer der Punkte, an denen der Gott der Bibel dem Geist dieser unserer Gesellschaft am deutlichsten widerspricht.«

Doch selbst wieder zu Kräften gekommen ›hat Elia zum Herrn geschrien‹: »So wird in der Bibel gebetet. Da wird nichts beschönigt, nichts beschwichtigt, nichts verschwiegen an Leid und Verzweiflung. ... Es ist, als neigten wir, im Wechsel, zur Selbstüberforderung und zur Selbstbeschwichtigung. Lassen Sie uns dicht bei Elia bleiben und von ihm lernen, welche Antwort der offen und mit Grund Verzweifelte erfuhr. Gott zeigt sich ihm. Nicht zum Anschauen, aber zum Verstehen. ... Und Gottes Wesen bildet sich im ›stillen sanften Sausen‹ ab.« Kein Power-Gott, sondern Gott wirbt um den Menschen; er will nicht, dass der Mensch sich unterwirft, er will, »dass ein Mensch im Vertrauen sich öffnet, umdenkt, neu wird. ... Es folgt ein neuer Auftrag. ... Gottes Werk geht weiter, du sollst selbst dafür sorgen, dass es auch nach dir weitergeht. ... Überfordere und überschätze dich nicht: du bist ein Mensch, du bist wichtig, dein Dienst jetzt unentbehrlich; nach dir werden andere da sein, zu ihrer Zeit wichtig und unentbehrlich. Dem Menschen gehört, um der Zukunft willen, die Gegenwart; die Zukunft ist Gottes Sache. Zum Schluss aber, wie mit einem Lächeln, sagt ihm Gott: Du bist, auch jetzt, gar nicht allein.«

Eine Konklusion zu Elia und »uns« heutigen beschließt diese Meditation: »Mir scheint, der Elia dieses Kapitels ist, bei allem Größenunterschied, dicht bei uns. Müdigkeit und Resignation sind auch unsere Gefahr. Lassen Sie uns mit ihm lernen: wir sind Menschen, unsere Kraft ist sehr endlich, aber Gott, der Gott der Bibel, tritt für uns ein: für die Resignierten, aber gegen die Resignation.«

Im Friedensgottesdienst der Abrüstungsinitiative der Bremer und niederländischen Kirchengemeinden und der Christlichen Friedenskonferenz am 10. Juni 1983 hält Marie Veit die Predigt über Hesekiel 36, insbesondere Hesekiel 36, 26 f (Schriftenverzeichnis Nr. 38). Marie Veit fragt, ob nicht die steinerne Herzen haben, die den Overkill vorbereiten trotz aller Proteste der Völker, und nicht zu erweichen, nicht zu rühren sind, wie es scheint. Da ist das Herz aus Stein. Nekrophilie nennen es die Psychoanalytiker: die Unfähigkeit mit dem Lebendigen mitzuempfinden. Herz aus Stein ist dafür ein biblisches Bild. Verstocktheit ein anderes. Marie Veit fragt dann, wie es geschieht, wenn Gott Herzen aus Stein in fleischerne verwandelt. »Der Gott der Bibel verzaubert uns nicht.« Die Verwandlung geschieht dadurch, »dass wir erste zögernde und dann vielleicht immer festere Schritte tun auf dem Weg der Nachfolge ... langsam änderten wir uns selbst ... im Vorwärtsgehen verwandeln wir uns. ... Der Gott der Bibel verwandelt uns gewissermaßen hinter unserem eigenen Rücken, aus Versehen und nebenbei, während wir die Aufgaben anfassen, die wir endlich erkennen.« Das ist ein langsamer, langer Prozess, möglicherweise auch immer wieder unterbrochen durch Resignation, »dann bauen wir uns gewissermaßen einen neuen steinernen Panzer um unser Herz herum«. Anfeindungen und Leiden erfahren Menschen auf diesem Weg der Nachfolge, die sie verbinden mit dem Leiden Jesu. »Der Gott der Bibel setzt sich bei Menschen nur auf diese Weise durch. ... Wenn wir die Seinen sein wollen, dann müssen wir handeln wie er. Es wird uns schwer fallen, aber Gott verspricht auch uns: Ich gebe euch meinen Geist und ein fleischernes Herz. Ich richte euch aus der neuen Versuchung, euch in Resignation zu verpanzern, immer wieder auf. Es geht ja um uns selbst. ... Es geht um uns und unsere Welt und um die Zukunft dieser Welt. Durch uns will er sie uns und anderen schenken.«

Beim Kongress der »Christen für die Abrüstung« am 5. Oktober 1984 in Hamburg trägt Marie Veit eine weitere Meditation vor: »Angst und Gottesfurcht« (Schriftenverzeichnis Nr. 44) ist ihr Thema. Die Fragestellung dieser Meditation lautet: »Wie kommt es, dass das Christentum in den weißen Industriegesellschaften keine kräftige Gegenmacht gegen die inhumane Entwicklung dieser Gesellschaften ist? ... Was ist eigentlich los, was lähmt uns?« Und Marie Veit gibt vielfältige Antworten: Entgegen der Bibel, in der Angst nicht verdrängt wird, kommen wir aus einer Tradition, in der Angsthaben als unmoralisch galt. Das »Fürchtet euch nicht!« in der Bibel ist missverstanden, wenn wir es zum heroischen Verdrängen benutzen; es ist vielmehr Trost, zugesprochen von Gott. Dazu gehört die Warnung, Gott zu verlieren, uns von Gott durch unsere Angst zu trennen. »Wenn ich frage, was mit uns los ist, scheint mir als erstes: Die Kirche, aus der wir kommen, hat uns infantil gehalten, jahrhundertelang. … Wir haben nicht genügend gelernt, die erwachsenen Kinder Gottes zu werden, … Wir wissen so viel. Und, so der Psychoanalytiker Erich Fromm: ›Wir versäumten, uns selbst zu Menschen zu machen, die aller solcher Kenntnisse wert wären und mit ihnen umgehen könnten.‹ … Wir versäumten, uns selbst weiterzuentwickeln, gerade auch im Glauben«, teilzunehmen an den Sorgen Gottes. »Gott will den Gesprächspartner, nicht das Baby in der Wiege, das er einsingen muss. Er will den erwachsenen Sohn, die erwachsene Tochter, die seine Dinge wahrnehmen in der Welt, die als sein Gegenüber zu ihm sprechen. … So will uns Gott. Wir sind aufgerufen, die Sorgen und die Trauer Gottes mitzutragen.« Veit zitiert Bonhoeffers Gedichtzeile »Christen stehen bei Gott in seinem Leiden.« Und sie erinnert daran, dass Bonhoeffer überzeugt davon war, dass der ohnmächtige Gott es sei, der als einziger uns helfen könne. »Heute ist für uns dran: Wenn Gott um seine Menschen trauert und sich sorgt, ist für uns nicht die Zeit, sorglos leben zu wollen. Aus der Trauer und dem Ernst Gottes wächst uns der Mut zur unbeirrbaren, immer intensiveren Arbeit für den Frieden. Indem wir mit anderen zusammen in der Arbeit stehen, erfahren wir vielleicht überhaupt erst, was Trost Gottes bedeutet. … Meine Übersetzung für Gottesfurcht: Sich die Sorgen Gottes nicht ausreden lassen, sie teilen und mit Gott gegen die Gefahren wirken.«

Marie Veit predigt in Pforzheim-Hohenwart auf der Jahrestagung 1986 des deutschen Versöhnungsbundes, dessen Mitglied sie bis zum Jahresende 2001 war, als sie aus gesundheitlichen Gründen ihre Mitgliedschaft niederlegte. Thema der Predigt ist »Umkehr« (Schriftenverzeichnis Nr. 55). Das Beispiel ist Jona und der Predigttext stammt aus Jona 3. Die Weltmacht hört auf den Propheten. Die Veränderung beginnt »unten« und reicht bis zum König. Die Erzählung lehrt, an den Menschen glauben zu lernen – so wie Gott an ihn glaubt. Zu lernen, wie die Glaubenserfahrung gegen Lebenserfahrungen steht: die Stationierung der US-amerikanischen Mittelstreckenraketen in Europa ist in vollem Gange… – das lehrt Jona. Und Jona konnte die Wahrheit, das, was ist, klar und einfach sagen. So konnte er Werkzeug der Rettung sein. »Einfache Sprache lernen: das wird eine unserer Aufgaben sein. Mit allen (!) Menschen reden, nicht nur mit denen, die schon unserer Meinung sind. … Klare Sprache, das ist es, was wir von Jona lernen können.« Und ein weiteres lehrt das Jonabuch:

»Lernen wir von der narrativen Theologie der Bibel: sie erzählt, wo Jahwe gesiegt hat, und seit dem Auszug aus Ägypten stärkt sich der Glaube daran. Resignation an der Basis ist der gefährlichste Feind, in uns und um uns herum; Mut und Entschlossenheit unten, das lehrt uns das Jonabuch, kann nach oben ansteckend wirken – bis zum König von Ninive. Umkehr ist möglich. Und Gott – spielt dann mit.«

In der Paul-Gerhardt-Gemeinde in Marburg, ›ihrer‹ Universitätsstadt, hält Marie Veit ebenfalls 1986 eine Predigt zum Thema »Die Schwachheit Gottes« (Schriftenverzeichnis Nr. 57) und der Text stammt aus dem 1. Kapitel des 1. Korintherbriefes: Die Schwachheit Gottes ist stärker als die Kraft der Menschen. »Die einfache Gleichung: Gott gleich Macht, ist gar nicht typisch christlich. So reden alle Religionen. ... In der Bibel finden wir eine solche Rede von Gott freilich auch. ... Was haben wir missverstanden in der Bibel, wenn wir diesen Gott in unserer Zeit übertragen möchten? Ich denke, wir haben zuallererst einmal missverstanden, wer wir Menschen Gott gegenüber sind. Wäre er jener allmächtige Zauberer unserer Wunschträume, so wären wir die Marionetten oder vielleicht die kleinen Kinder, die ein rechtes Durcheinander angerichtet haben: und dann kommt der starke und kluge Vater nach Hause und bringt mit Leichtigkeit alles wieder in Ordnung. ... Die Bibel meint, wenn sie von uns als Kinder Gottes spricht, uns als die erwachsenen Söhne und Töchter Gottes, gewissermaßen die Juniorpartner in seinem Betrieb, die in seinem Sinn diesen Betrieb führen sollen und voll verantwortlich dafür sind, dass es da so zugeht, wie der Senior es will. ... Eine zweite Weise, wie die Bibel von Gott redet. ... Dieser Gott bittet, sein Volk möge doch hören und sich auf den Weg des Lebens begeben, er klagt, er wirbt. ... Offenbar ist der Mensch Gottes Partner, angeredet von Gott. ... Das ist unsere Würde als Menschen. Wir können angesprochen werden und wir können mit Ja und Nein antworten. Wir haben die Freiheit zu antworten. Und da stoßen wir auf das Thema ›Schwachheit Gottes‹. ... Das heißt nicht, dass er kraftlos wäre. ... Die Schwachheit Gottes ist nichts anderes als die Ohnmacht seiner Liebe.« Hier, so Marie Veit, kommen wir zur biblischen Rede von Gott. »Was macht denn den schwachen, leidenden, werbenden Gott so stark? Er kann etwas, was mit Macht nicht zu erreichen ist: Herzen aufschließen. Sie öffnen sich der Macht nicht. Sie verschließen sich und tarnen sich, wenn sie unter dem Druck der

Macht stehen. Sie öffnen sich, Menschen werden zu Menschen, lernen selbst Vertrauen, Lieben, Hoffen, Erwarten, mutig Handeln, wenn Liebe zu ihnen spricht.« So handelt auch Jesus. »Nur die Liebe schafft das freie Herz, den Menschen, den Gott eigentlich will, und darum ist die Schwachheit Gottes stärker als die Kraft der Menschen. Sie bringt gewissermaßen – und da gibt es ja biblische Bilder dafür – die Wüste menschlicher Herzen zum Blühen. ... Zutrauen macht Menschen neu. ... Wenn ich schwach bin, dann bin ich stark, hat Paulus erfahren. Wenn ich leide, werbe, anspreche, rede, vertraue, hoffe, Niederlagen ertrage, mich aufrichte und von neuem beginne, wie es die Liebe Gottes tut. Setzen wir auf diesen Gott, dessen eigentliche Kraft sich in der Ohnmacht seiner Liebe, die doch die eigentliche Schöpferkraft der Menschen ist, offenbart. Setzen wir auf diesen Gott und beschreiten seinen Weg, damit wir aus der Erfahrung sagen können: Die Schwachheit Gottes ist stärker als die Kraft der Menschen.«

Während einer Polen-Reise[4] 1987 hält Marie Veit eine Meditation an der Gedenkstätte Palmiry bei Warschau und nimmt das Motiv aus dem Hesekielbuch wieder auf: »Herzen aus Stein« (Schriftenverzeichnis Nr. 69). Sie spricht von der Verpflichtung, die aus dem Grauen erwächst: »Wir hatten wohl im christlichen Bürgertum, in dem wir einigermaßen abgesichert leben konnten, nicht wirklich erfasst, wie böse das Böse sein kann. Wir haben das Böse unterschätzt. Wir hatten nicht verstanden, in welchem Ausmaß eine menschliche Seele zerstört werden kann, sodass sie zum Bösesein fähig wird und zugleich unfähig, es noch als Böses zu erkennen.« Marie Veit macht deutlich, wie die Bibel davon redet in dem Bild von dem steinernen Herzen. Liebe dagegen »ist an etwas anderem interessiert, am Lebenkönnen des anderen Menschen, an seiner Freude, seiner Zukunft, vor allem: an seiner Würde. Menschenwürde hochzuhalten, die eigene zuerst, dadurch dann die der anderen – darin haben wir Nachholbedarf. Ein Mensch ist niemals dazu da, einfach Pflichten abzuhaken; er ist selbst von unendlichem Wert.« Marie Veit zeigt dann, dass es das Wort Pflicht in dem uns gebräuchlichen Sinn in der ganzen Bibel nicht gibt. »Die Toten, die hier liegen, können wir nur ehren, indem wir selbst zu neuen Menschen werden, die heute (!) wirken.«

---

4 S. o. S. 81 ff

Marie Veit hielt zwei Predigten beim Berliner Kirchentag 1989. Im Eröffnungsgottesdienst in der Auenkirche in Berlin-Wilmersdorf predigt sie über Markus 1, 14-15 (Schriftenverzeichnis Nr. 74[5]). Thema ist Umkehr: »Tut Buße! Ändert die Richtung! ... Jesus lädt uns ein, den Zuschauerstandpunkt zu verlassen« und nicht auf das zu starren, was ist, sondern vielmehr auf das zu sehen, was kommt. So beginnt eine Bewegung, die eine neue Lebensrichtung einschlagen lässt. Viele Christen haben vorgelebt, wie man Zukunftsmensch sein kann (Hildegard von Bingen, Elisabeth von Thüringen, Martin Luther King u.a.): »Es war die Liebe, die sie nicht ruhen ließ, die Liebe zur Schöpfung, die Liebe zu leidenden und unterdrückten Menschen. ... Wir sind umgeben von einer Wolke von Zeugen in der Geschichte der Christenheit. ... Von diesen Anfängen müssen wir erzählen (!), von dem, was schon gelingt, was schon verändert wurde. Die ganze Bibel macht es uns vor, sie ist ein Erzählbuch: die großen Taten Gottes, die Worte und Taten Jesu, sein Leiden und sein Sieg werden darin erzählt. ... Die Richtung ändern, darauf kommt es an. Dem Evangelium glauben, nicht der ›Lebenserfahrung‹. Lebenserfahrung und Glaubenserfahrung sind nicht dasselbe. Es ist viel mehr zu machen, als wir denken, wenn wir uns von der Liebe erleuchten lassen, die das Evangelium mit sich bringt.«

Die zweite Predigt zu Matthäus 6, 12a (Schriftenverzeichnis Nr. 75) hielt Marie Veit im ökumenischen Gottesdienst in der Gemeinde am Lietzensee im Themenzentrum »Verständigung mit den Völkern der Sowjetunion«. Zunächst erläutert Veit, dass biblisches Beten wirkliches (!) Bitten, ernst gemeintes Bitten ist: »Man will (!) da wirklich etwas. Und was ist es, was wir mit dieser Bitte ›und vergib uns unsere Schuld‹ wollen, von Gott?« Diese Frage beantwortet Marie Veit in vier Schritten: 1. Was bedeutet es, mit vergebener Schuld zu leben? Nicht nur dazu wissen wir zu wenig, auch zu der anderen Frage wissen wir zu wenig: Was bedeutet es, überhaupt mit Schuld zu leben? »Wir leben mit der Idee von Sünde und mit der Idee von Gnade. Was beides in Wirklichkeit ist, davon wissen wir nicht genug. So ist es wohl gekommen, dass wir das Böse unterschätzt haben. 2. Was wir auch unterschätzt haben: die Tat verändert den Täter. Es ist nicht so, wie wir es verharmlosend manchmal ausge-

5 Diese Predigt veröffentlichte Marie Veit 1994 in der Festschrift für Martin Baldermann zum 65. Geburtstag: A. Greve u.a. (Hrsg.), »... dann werden wir sein wie die Träumenden«. Siegen 1994. S. 400-404.

drückt hatten, als wäre die böse Tat nur so etwas wie ein Flecken auf der Weste, der doch nicht zu unserem Wesen gehört. Die Tat verändert uns selbst, und das Unterlassen oder Wegsehen verändert uns auch. Wir sind nicht mehr, was wir vorher waren, und können es auch auf keine Weise mehr werden. Unser Tun und Unterlassen wird Teil von uns selbst. ... an den Kindern bis ins dritte und vierte Glied rächt sich das böse Tun. ... Was geschehen ist, das haben wir in (!) uns.« 3. Was wäre denn ein Leben nicht mit verdrängter, sondern mit vergebener Schuld? Veit berichtet von dem Beispiel des Paulus: Die vergangene Realität – »seine terroristische Vergangenheit« – ist für Paulus voll da. Paulus »kann sich frei dazu verhalten« (vgl. 1. Korintherbrief). »Das also ist das erste, was ein Leben mit vergebener Schuld ausmacht: dass wir mit unserer Realität leben können. Wir müssen nicht einen Teil unseres Seins angstvoll von uns fernhalten. Wir bekommen unsere Identität zurück. ... Lebenkönnen mit der eigenen Realität, das hat uns Paulus gezeigt, das ist das erste, was ein Leben mit vergangener Schuld ausmacht.« 4. Das hat Folgen: »Es befreit im vollen Sinn des Wortes: die Kräfte, die gebunden waren durch verzweifeltes Verdrängenmüssen werden frei. ... Die vergebene Schuld ist nicht nur nicht mehr belastend; sie ist die Quelle einer Befreiungserfahrung, die über alles hinausgeht, was man sich vorher denken konnte. Meine Freunde, könnte es sein, dass wir eines Tages in die Christenheit der Welt ein Geschenk einbringen könnten, das allen gilt, das aber keinem Volk so aufgegangen wäre wie uns, weil wohl keines der christlichen Völker so abgestürzt war wie wir? Lasst uns danach greifen, für alle; lasst uns lernen, zu bitten (!): ›Vergib uns unsere Schuld, und lasst uns lernen (!), mit vergebener Schuld zu leben‹.«

Drei Gedanken aus einer Predigt zum Hohelied Salomos 4, 9-12 anlässlich einer Trauung 1993 (Schriftenverzeichnis Nr. 96) sind mir wichtig, zu benennen: 1. »Für die Bibel ist am Menschen zu allererst wichtig, was er braucht. ... Unser Text geht von der Bedürftigkeit des Menschen aus. Menschen werden nur voll Menschen, wenn sie in Beziehung mit anderen leben. Wir sind ›Beziehungswesen‹, so sieht es die Bibel.« 2. Der biblische Gott ist störbar, er ist kein in sich ruhendes Sein: »Gott ist Liebe, und Liebe ist störbar.« 3. »Selbstverwirklichung heißt vor allem: Lieben lernen. Sich einlassen auf das Leben mit dem anderen und(!) auf die Aufgaben, die beide für ihr Leben sehen. Sie ist nichts Abstraktes, nichts vom isolierten Menschen zu Gewinnendes, sondern wie es im Text heißt: ›Lohn für Mühe‹. Indem wir an unserer Aufgabe stehen, verwirklichen wir uns, werden (!) wir verwirklicht – gewissermaßen ›versehentlich und nebenbei‹.«[6]

Eine letzte, leider undatiert mir vorliegende Predigt über 1. Mose 2, 4 ff (Schriftenverzeichnis Nr. 117) enthält eine ganze Reihe von Impulsen aus ganz unterschiedlichen Lebensepochen Marie Veits, weshalb ich sie für vergleichsweise spät halte. Mit dieser Predigt schließe ich die Darstellung der Predigten und Meditationen Marie Veits ab. Ihre Ausgangswahrnehmung lautet: Die Paradiesgeschichte ist eine schöne Geschichte: ›Sie hat ganz dicht mit dem Menschen, der Erde, der Welt, der Geschichte zu tun‹ und in ihr ›weht Zukunft herein‹. Gott will Leben schaffen und er fängt – ausgerechnet mit dem Menschen, der weiter für das Lebendige sorgen soll, an. »Schmausen und Trinken, Arbeit und Spiel und das Glück der erotischen Liebe – alles ist da, er lebt (!), der Mensch.« Heute machen wir eine ganz andere Erfahrung: der Mensch wird »für das Ganze nicht gebraucht. In unserer Geschichte ist es gerade umgekehrt.« Doch Gott will die Lebendigkeit des Menschen, was die Erzählung besonders betont. »Für uns, mit unserem Ideal des reibungslosen Funktionierens, wird der lebendige Mensch zur größten Störung.« Der biblische Gott aber lässt sich stören – »er hat das Leben gern«. Und Marie Veit erzählt die Geschichten von Abraham (1. Mose 18) und von der kanaanäischen Frau (Matthäus 15, 21-28) oder das Gleichnis von der bittenden Witwe (Lukas 18, 1-8), die allesamt Aufforderungen sind – Gott zu stören, keine Ruhe zu geben. »Das Gebet hat Verheißung. ... Wir werden lernen müssen, das glatte Funktionieren auf den Teil unseres Lebens zu beschränken, wo es hingehört (Maschinen). Im Übrigen müssen wir dem Götzen dieses Funktionierens Widerstand entgegen setzen, uns zum Leben bekehren, störbar werden. ... Gott lässt es sich nicht bieten, dass wir den lebendigen Menschen beiseiteschieben, in uns und bei anderen. Er entzieht sich uns dann. Er wartet – auf unsere Liebe zum Leben.« Da ist sie wieder, die ›Haltung‹ der »Erwartung«, die für Marie Veit, je länger je mehr, zu einer bedeutsamen theologischen Kategorie geworden ist und zwar sowohl

6 S. dazu M. Veit, Gedankenspiele zum Thema Selbstverwirklichung – oder auch: Von Latschenkiefern und Regenwürmern. AaO. und M. Buber, Wie kann Gemeinschaft werden? In: M. Buber, Werkausgabe. Bd. 8. Schriften zu Jugend, Erziehung und Bildung. Herausgegeben, eingeleitet und kommentiert von J. Jacobi. Gütersloh 2005. S. 185-199.

Gottes Erwartung gegenüber den Menschen als auch der Menschen Erwartung gegenüber Gott.

»Erwartung« wird uns in der Folge sowohl in den eher religionsdidaktischen und religionspädagogischen als auch in den eher systematisch-theologischen Texten als theologische und (!) pädagogische Haltung begegnen.

1.2 Biblisch-theologische Aufsätze

Die beiden biblisch-theologischen Aufsätze verweisen auf einen Zusammenhang, der für Marie Veits Theologie wie für ihr Leben zentral ist: der Zusammenhang zwischen einem kritischen gesellschaftlich-politischen Engagement, das hier bei der gesellschaftlich-ökonomischen Kategorie der Arbeit ansetzt, und einer tiefen, biblisch inspirierten Frömmigkeit. Getrennt voneinander werden die beiden Themen – Arbeit und Frömmigkeit – von ihr behandelt.

Der 1986 veröffentlichte biblisch-theologische Aufsatz »Arbeit aus biblischer Perspektive« (Schriftenverzeichnis Nr. 53) stellt als erstes fest, dass naturnahe und wenig entfremdete Arbeit zur Diesseitigkeit alttestamentlichen Glaubens selbstverständlich dazugehört, ohne dass dies ähnlich zentral wäre wie »Verheißung« und »Glaube« oder »Gerechtigkeit«. Arbeit gehört zum Leben dazu, ohne geboten zu sein, eher als geschenkte Möglichkeit. Geboten aber ist apodiktisch der Sabbat: die Ruhe von der Arbeit: »das ›Aufhören‹ mit der Arbeit zu bestimmter Zeit, in bestimmtem Rhythmus war religiös weit wichtiger als die Arbeit selbst«. Der alttestamentliche Mensch definiert sich eben nicht über seine Arbeit oder seine Leistung, sondern von den »großen Taten Jahwes«, von Exodus und Schöpfung her. Die vom Heilshandeln Jahwes her begründete Sozialkritik der Propheten und die dieser zugrundliegenden Regeln im Blick auf die Arbeitswelt richten sich durchgehend an die jeweils »Starken« in unterschiedlichen Konstellationen. Die weisheitlichen Traditionen Israels bieten auch keine Theorie der Arbeit, sondern »nüchtern registrierte alltägliche Zusammenhänge. Unter ihnen spielt die Mühsal der Arbeit eine wichtige Rolle. ... Auffällig ist, wie wenig moralisierend geredet wird. Es geht beispielsweise (Sprüche 6, 6-11; 24, 30) nicht darum, den Faulen von ›höheren Werten‹ zu überzeugen, ein in sich wichtiges Arbeitsethos oder einen Pflichtbegriff bei ihm durchzusetzen; es geht schlicht darum, dass er ein ›Tor‹ ist, nicht vorsorgt und eines Tages nichts zu essen haben wird. . . Der Ackerboden trägt nur, wenn man ihn bebaut; das soll er bedenken, mehr nicht. ... Diesseitigkeit des Glaubens auch hier.«

Im Neuen Testament wird die Alltags- und Erwerbsarbeit ebenso wenig problematisiert wie im Alten Testament. »Die Unaufdringlichkeit des Themas sollte in einer Zeit wie der unsrigen, in der Arbeit in vieler Hinsicht vorrangiges Problem ist, festgehalten werden. Gerade weil sie selbstverständlich ist, kann die menschliche Arbeit den Stoff für die Bildseite vieler Gleichnisse und Bildreden liefern.« Für die Auffassung vom Menschen, die beispielsweise hinter dem Gleichnis vom Weinbergbesitzer (Matthäus 20, 1-16) steht, ist kennzeichnend, dass »jedem gegeben wird, was er braucht«: Der Mensch mit dem, was er braucht, erscheint als viel wichtiger als das, was er leistet. »Niemals ist er bloße Arbeitskraft, deren persönliches Ergehen nicht interessiert.« Andere Texte (Lukas 12, 37; Matthäus 10, 35 ff par; Mt 23, 8-10 u.ö.) zeigen, wie eine »eschatologische Kritik an der bestehenden Gesellschaft, von dem Neuen her, das kommt« in den Blick gerät: »Dieses Neue aber will bei den Jüngern bereits gelebt werden. Sie bilden, wenn der Vergleich erlaubt ist, die ersten Brückenköpfe des Reiches Gottes auf Erden. Die Utopie einer Gesellschaft, in der herrschaftsfrei gearbeitet wird, darf vom neutestamentlichen Ansatz her nicht bloße Idee bleiben.« Sie drängt auf Realisierung. Für die meisten Gemeinden, die Paulus als »Leib Christi« sieht (Galater 4, 19 u.ö.), ist die Arbeit wohl selbstverständlich geblieben. Dazu kommen neue Ämter und Dienste. Worauf es aber ankommt, »ist nicht, dass der einzelne eine Leistung vorzuweisen habe, sondern dass der ganze Leib Christi auf Erden wachse und vorankomme. Da gilt Kooperation, nicht Konkurrenz.« Und für Paulus selbst ist seine eigentliche Arbeit das Apostolat. »Die Erwerbsarbeit ist, gut alttestamentlich, schlicht lebensnotwendig«, wenn er seinen Dienst ökonomisch unabhängig tun möchte. »Selbst in den Haustafeln, die bürgerliches Wohlverhalten zum Inhalt haben, ist Charakterliches, ist der Mensch selbst mit seinem wohlgeordneten Wesen weit wichtiger als berufliche Leistung; sie ist als solche gar nicht im Blick.« Und was schließlich die Vögel und die Lilien (Matthäus 6, 26-30) lehren können, »das ist nicht ein Rezept, sich zu verhalten; es ist der Wert (!) des Menschen abgesehen von allem, was er ›leistet‹ und ›besorgt‹. ›Seid ihr denn nicht viel mehr als sie?‹ Immer wieder ist uns dieser Ton aus der Bibel entgegengeklungen, subversiv gegenüber der Gesellschaft, die wir bisher kennen. Ist es ein Wunder, dass der ›Sabbat‹ bei uns verkam? Dass die Urlaubstage vielen ›auf den Kopf fallen‹, so dass sie froh sind, wenn die Arbeit wieder beginnt? Müssen wir nicht die biblische Perspektive erst wiedergewinnen, wonach der Mensch ›Mensch Gottes‹ ist, bevor er ›Arbeitskraft‹ ist, und ganz abgesehen davon, ob (!) er es ist?«

1987 erläutert Marie Veit in ihrem Aufsatz »Biblische Frömmigkeit im Lichte unserer Erfahrung« (Schriftenverzeichnis Nr. 63) Ausgangspunkte (1.) und Grundelemente (2.) biblischer Frömmigkeit, unterscheidet diese von Frömmigkeitstraditionen (3.) und fragt zum Zusammenhang mit unseren Erfahrungen (4.). 1. Im Nomadentum konstituierte sich die Frömmigkeit um den Gott, der die Sippe führt in ein immer wieder unbekanntes Land; mit der Landnahme lautet der Name der nun begegnenden Frömmigkeit Gottesfurcht, »ein Ausdruck, der nicht Angst bedeutet, sondern ehrfurchtsvolle Scheu vor dem Gott, dem man alles verdankt; die Hoffnung auf den Messias in Israel, der Frieden und Gerechtigkeit bringen wird, macht die verheißene Zukunft zur wichtigsten Dimension des Lebens. Das gilt auch für die Gemeinde Jesu, die freilich wusste, dass mit dem Kommen Jesu diese Zukunft bereits begonnen hatte.« Die mit den Missionsreisen des Paulus entstehenden Gemeinden grenzten sich von der Vielfalt der Kultgemeinschaften ab – nicht um im Ghetto zu leben, sondern um ihre Identität als »Leib Christi auf Erden«, was »Glauben und Lieben heißt«, zu bewahren. 2. Gemeinsam ist diesen unterschiedlichen Frömmigkeitstraditionen nur eines: »Sie glauben an denselben Gott«. Dieser Gott ist »ein lebendiges Gegenüber der Menschen; sie sind ihm das Wichtigste im weiten Rund der Schöpfung«. So ist er, Jahwe im Alten Testament und der Vater Jesu Christi im Neuen Testament ein »Gott der Geschichte« und das Symbol für Glauben ist der Weg: »Es weht ein Atem von Zukunft durch die Bibel, die Erwartung der großen Taten Gottes, die noch ausstehen. ... Aufbruch in Vertrauen und Gehorsam ist die Urbewegung des Glaubens. ... Biblische Frömmigkeit ist voll von Zeichen dafür, dass nicht ›Haben‹ und ›Sichern‹, sondern ›Bekommen und Erwarten‹, also Angewiesensein auf Gott das Entscheidende sind. ... Die Frage, ob überlieferte Gebote zu halten sind, kann nur beantwortet werden, wenn der Ruf der Liebe gehört wird und dann in großer Freiheit und Eigenverantwortung entschieden wird: ›Alles ist erlaubt, aber es erbaut nicht alles‹ (1. Korinther 10, 23).« Solche Freiheit gilt auch für Gestalt, Intensität und Art des Betens. Schließlich »gehört zur biblischen Frömmigkeit keine (!) Schicksalsergebenheit«. 3. Wenn die Bibel die »Hauptnorm« und die Tradition »dagegen abgeleitete Norm ist, lernen wir in der Gegenüberstellung von biblischer Frömmigkeit und ganz unterschiedlichen in der Geschichte der Kirchen entstandenen Frömmigkeitstraditionen: »Die Tradition der frommen Schicksalsergebenheit ist falsch. Die Bibel lehrt, Glauben und Lieben zu lernen, mit den größeren und schöneren Möglichkeiten Gottes zu rechnen, lebendig mitzudenken und mitzufühlen und sich rufen zu lassen – zum Tun.« 4. Es besteht eine scheinbare Nähe biblischer Frömmigkeit zu unseren modernen Idealen. »Aufbruch, Weiterschreiten, neue Wege betreten – was wir als Kennzeichen echter biblischer Frömmigkeit herausgearbeitet haben, das tritt uns heute in der säkularen Welt als Haupterfordernis am Arbeitsplatz entgegen. … Ich denke, es kommt darauf an, den entscheidenden Unterschied zu verstehen und in der Praxis unseres Lebens immer wieder zu durchdenken: Aufbruch in der Bibel ist nicht Aufbruch irgendwohin; Bereitschaft für Neues heißt nicht Bereitschaft für beliebig Neues, für irgendetwas, nur weil es neu und anders ist. … In der Bibel ruft Gott auf neue Wege, weil es ein neues Ziel gibt. Wirklich neu gegenüber der gesamten vorfindlichen Welt ist nur eines: Das kommende Reich Gottes (und seine ›Brückenköpfe‹ in der heutigen Welt). Was dazu dient, es anzusagen, deutlich zu machen, was das bedeutet – was dazu dient, die ›Brückenköpfe‹ zu vergrößern, das dient dem ›Neuen‹.« Marie Veit erläutert dies abschließend an den Beispielen der Friedensarbeit christlicher Gruppen und Kirchen und an den »zaghaften Anfängen« einer »Neuorientierung der Christen in Bezug auf die Schöpfungsgabe der erotischen Liebe. »Worauf es ankommt, ist, dass wir (!) den Aufbruch wagen, zu dem die biblische Frömmigkeit uns ruft.«

2.

Eher religionsdidaktische und religionspädagogische Texte

Die theologischen Schätze der Kirche Menschen erfahrbar machen – eine Einführung

Ausgangspunkt des religionspädagogischen Nachdenkens von Marie Veit als Professorin sind einerseits die gesellschaftlichen Bedingungen, in denen Schüler*innen leben. Von besonderer Bedeutung ist dabei ihre durch Erich Fromm geschärfte Beobachtung, wie die wirtschaftliche Struktur in die Seelen der Schüler*innen einwandert. Solche Beobachtungen werden sodann von ihr theologisch reflektiert. Sie beobachtet beispielsweise die Leugnung der Menschen als autonome wie beziehungsorientierte Personen und sieht darin die zentrale Herausforderung christlichen Glaubens. Der andere Ausgangspunkt ihres Nachdenkens ist das, was ›unten‹ geglaubt wird, was beispielsweise die Schüler*innen glauben. Einige Jahre vor kindertheologischen Forschungen entdeckt sie, dass »Schüler kleine Theologen sind, sie wissen es nur selbst noch nicht«. Und sie fragt nach der Religion ihrer Schüler*innen und danach, was ihre eigene Theologie dazu zu sagen hat.

Von daher interpretiert sie Alltagserfahrungen von Jugendlichen und sucht nach Anschlussmöglichkeiten, die theologischen Schätze der Kirche Schüler*innen erfahrbar zu machen, oder sie thematisiert das Proprium evangelischer Theologie: das sola gratia, und leitet daraus schulpolitische Folgerungen ab, die weit über den Religionsunterricht hinausgehen, und stellt fest, dass ein Unterricht, der sich an dem orientiert, was die Schüler*innen wirklich brauchen (Förderung statt Selektion!) dem sola gratia deutlich näher wäre als die gegenwärtige Leistungsschule. Sie thematisiert den Beitrag des Religionsunterrichtes zum Dienst des Friedens, entdeckt in der verhängnisvollen Geschichte von evangelischer Theologie und Kirche eine ganze Reihe »traditionsbedingter Hindernisse der Friedensfähigkeit« und fordert in der Konsequenz dessen ein radikales Umdenken zu den »unausgeschöpften Quellen aktiver Friedenspolitik im Evangelium«, wie sie beispielsweise auch im konziliaren Prozess für Frieden, Gerechtigkeit und Bewahrung der Schöpfung oder bei Gandhi aufleuchten und theologisch wie religionspädagogisch auszubauen sind. Und immer wieder macht sie in diesen Kontexten darauf aufmerksam, dass dies nicht nur Unterrichtsgegenstände oder -themen sind, sondern dass sich dies auch im gelebten Umgang der Lehrer*innen mit den Schüler*innen zeigen muss, beispielsweise in der Ernsthaftigkeit der Unterrichtsvorbereitung, im Ernstnehmen der Schüler, im Respekt den Schüler*innen gegenüber, in der Frage danach, was diese wirklich brauchen. Stilfragen sind für Marie Veit immer auch inhaltlich bestimmt. Der zentrale Begriff P. Freires »conscientizacao«[7], dessen Schriften sie studiert hat, bedeutet eben nicht lediglich Bewusstseinsbildung, sondern in eins damit Gewissensbildung.

Methodisch rekurriert Marie Veit dabei auf das Erzählen, nicht zuletzt in einem kirchengeschichtlichen Unterricht, weil von der christlichen Religion nur dann etwas verstanden werden kann, wenn nicht lediglich argumentiert, sondern eben erzählt wird. So können innere Bilder der »gefährlichen Erinnerung« (J. B. Metz) entstehen, die die christlichen Gemeinden in ihrer Geschichte weitererzählen und von den Leidenden her immer wieder auch fortschreiben. Gerade kirchengeschichtlicher Unterricht als Unterricht über die Gemeinde in ihrer Geschichte kann so auch die Kontingenz historischer Entscheidungen verdeutlichen und im Gespräch mit den Schüler*innen bedenken. Dabei kann erfahrbar werden, dass solcherart Unterricht immer auch eine identitätsstiftende und eine politische Funktion hat – gerade dann, wenn er ganz bei seiner eigenen theologischen und/oder kirchlichen »Sache« ist.

Und diese seine Sache ist die Bibel als Erzählbuch. Ausgehend von Chancen und Gefahren des problemorientierten Religionsunterrichtes votiert Veit für einen problem- und schülerorientierten Bibelunterricht, in dem »Chris-

7 Vgl. dazu unten S. 169 f (Schriftenverzeichnis Nr. 59).

tus heute Gestalt gewinnen kann (Galater 4, 19)«, d.h. in dem die christliche Botschaft als stärkende und befreiende, Solidarität fördernde und Gegenmodelle gemeinschaftlichen Lebens ermöglichende Botschaft erfahren werden kann. Dabei betont sie durchaus den apologetischen Charakter eines solchen Unterrichtes.

Dieser apologetische Charakter ihrer religionspädagogischen Theorie und Praxis wird auch deutlich in einem Text, in dem sie anleitet, Religion als das Spiel der Befreiung zu sehen. In Übereinstimmung mit Gedanken Fulbert Steffenskys kann Veit dazu einladen, die Religion, in der die früheren Generationen wohnten, zu spielen, sich ihr spielerisch zu nähern, mitspielend sie zu erproben. Sie schlägt dazu drei »Spiele« vor und erläutert, was beim Mitspielen sich für Erfahrungs- und Lernmöglichkeiten ergeben; diese drei »Spiele« sind: Beten lernen und dabei erfahren, dass da ein Fenster offen ist in eine andere Welt; biblische Geschichten erzählen und mit eigenen Erfahrungen weiterschreiben und das Feiern der alten und neuen Feste des Glaubens – und dabei von den Schätzen des Glaubens und der Kirche das mitnehmen, was heutige Menschen brauchen.

2.1 Lebens- und Glaubenserfahrungen derer »unten«

Im ersten, 1985 erschienenen Band des »Jahrbuches für Religionspädagogik« ist einer der beiden »Grundsatzbeiträge« ein Text von Marie Veit mit dem Titel »Alltagserfahrungen von Jugendlichen, theologisch interpretiert« (Schriftenverzeichnis Nr. 45). Waren es in Marie Veits Arbeiten vor der Begegnung und Mitarbeit im »Politischen Nachtgebet« zwei Hermeneutiken, um deren Vermittlung sie bemüht war, so geht es nun darum, Lebens- und Glaubenserfahrungen derer »unten«, zu denen die Verfasserin die Jugend zählt, human- und gesellschaftswissenschaftlich, vor allem aber auch theologisch zu bedenken und zu interpretieren. Ausgangspunkt des Textes ist die These: »Was ›unten‹ geglaubt wird, das wird wirklich geglaubt und macht die Wirkung des Christentums in der Welt aus. Nur ›neue‹ Erfahrungen, die ›unten‹ gemacht werden, erneuern das Christentum wirklich. Jugend gehört zu denen ›unten‹. Wir haben Anlass, uns mit der Theologie zu beschäftigen, die ihre alltäglichen Erfahrungen sie lehren.« Grundlage der Überlegungen sind Erfahrungen, die die Verfasserin für symptomatisch hält. Die einzelnen Themen der Überlegungen Veits nenne ich im Folgenden ebenso wie die theologischen Stichworte, die sie diesen zuordnet:

- Jugendliche erleben die Leistungsgesellschaft und dass man keine Fehler machen darf, »sonst ist man gleich out.« Dagegen steht die Gnade als »anmutvolle Zuwendung, die erfreut«.
- Jugendliche erleben die Konsumgesellschaft. Dagegen steht der unersetzliche Wert jedes einzelnen Menschen (»Geschöpf« und »Auferstehung«) vor Gott.
- Jugendliche erfahren Schuld. Dagegen stehen die Erfahrungen von Vergebung, die es im Umfeld der Jugendlichen nicht gibt, und der Zusammenhang von Vergebung und Selbstwertgefühl.
- Jugendliche leben mit »No future«. Dagegen stehen »Beten und Tun des Gerechten« und die Verlässlichkeit als Außenseite des Glaubens.
- Jugendliche erfahren, dass Macht vor Recht geht. Dagegen stehen der Gedanke des Rechts zum Schutz des Lebens und die Machtkritik der Propheten.
- Jugendliche und Liebe. Dagegen steht der Ton kirchlicher Rede von Liebe. Hier zitiert Veit Max Frisch: »Gott hat das alles viel schöner gemeint« und fährt fort: »Der theologische Topos, der beim Thema ›Die Jugendlichen und die Liebe‹ zu bedenken ist, scheint mir schlicht zu sein: Buße und Bekehrung – der Kirche, der älteren Christen!« Wenn hier grundsätzliche Umkehr erfolgt ist, kann Kirche lernen, einen Raum des Gesprächs zur Verfügung zu stellen, in dem deutlich werden kann, dass sie nicht mehr Herr über das Gewissen, sondern Mithelfer zur Freude sein möchte.
- Schule und Lernen. Hier liegt die Sünde in den Strukturen, die Menschsein in einem qualifizierten theologischen Sinne in Lernen und Lehren verhindern: »Leugnung des Menschen, Verhinderung seines Menschseins an einer der wichtigsten Stellen des Lebens, im Lernen und Lehren: Das ist zugleich Leugnung Gottes. Ein Religionsunterricht, der sich dem herrschenden Lernsystem einfach anpasst, hat seinen Gegenstand bereits verloren, genauer: Er widerspricht ihm in sich selbst.«

- Ideologieanfälligkeit und mangelnde Frustrationstoleranz. Hier wäre hilfreich Luthers Unterscheidung von certitudo und securitas[8], die deutlich machen kann, wie Glaubensfähigkeit das Gegenteil von Ideologiebereitschaft ist.
- Und schließlich: Die jugendliche Frau. Hier ist zunächst nichts anderes als eigenes Lernen der Kirche gefordert.

Auch wenn diese Liste natürlich zeitbedingt ist und wir heute teilweise andere Erfahrungen und Problemkonstellationen Jugendlicher benennen würden als in den 1970er und 1980er Jahren, die Schlussfolgerung, die Marie Veit aus ihren Beobachtungen und Überlegungen zieht, hat m. E. nach wie vor herausragende Bedeutung – nicht nur im Bereich von Schule und Religionspädagogik, sondern weit darüber hinaus im kirchlichen Leben insgesamt: »Die theologischen ›Schätze‹ der Kirche sind wie unter Verschluss, den ›Besitzenden‹ (theologisch ›Gebildeten‹) vorbehalten; ›unten‹, wo sie dringend benötigt würden, sind sie weitgehend nicht einmal mehr geahnt. Der Schlüssel zur Schatzkammer liegt in den Erfahrungen derer ›unten‹. Würden sie von Kirche und Theologie zugelassen, aufmerksam bedacht, statt von scheinbar festen Positionen her theologisch abqualifiziert zu werden, so würde ›aufgeschlossen‹: Die Schätze kämen unters Volk, die Gnade könnte sich erneut inkarnieren, statt rein, aber steril unter Verschluss gehalten zu werden. Anfänge dieses Geschehens sind da…«

An den Anfängen dieses Nachdenkens beteiligt sie sich 1995 mit dem weiteren Aufsatz »Ihre Religion – meine Theologie« (Schriftenverzeichnis Nr. 105). Hier nimmt sie eine Frage auf, die ihr in ihrer Zeit als Religionslehrerin wichtig wurde, in ihrer akademischen Tätigkeit bedeutsam blieb und anschließt an den Aufsatz von 1985: Wie erfahren wir, was »unten« geglaubt wird? »Wie erkennen wir die ›Religion‹ unserer Schüler?«. Sie erzählt von Erfahrungen aus der Praxis ihres Religionsunterrichtes und dem »auffälligsten Zeichen, dass sich etwas geändert habe«: Dies war das »Schwächerwerden bis Absterben der Wahrheitsfrage« bei den älteren Schüler*innen, Konzentrationsschwierigkeiten und zunehmende Sprachunfähigkeit bei jüngeren Schüler*innen. Letzteres machte ihr deutlich, dass die Kinder Opfer einer Entwicklung sind, die

8 Dazu s. u. S. 197 f (Schriftenverzeichnis Nr. 56)

sie als Menschen verarmen lässt. Und sie fragt: »Was beschäftigt die Jugendlichen, welche Sorgen haben sie, was erhoffen sie? Mir scheint, sie wollen vor allem eins: ›Drin‹-Sein, nicht ›out‹; dazugehören, nur nicht herausfallen aus der Gruppe der Altersgenossen, im Trend liegen. ... Es ist eine Welt der ›Winner‹ und ›.Looser‹.« Diese Orientierung, die die Jugendlichen erhalten, »ist antibiblisch, das ist überdeutlich. Und: sie ist ökonomisch bedingt. Das Wirtschaftssystem schafft sich den Menschen, den es braucht. ... Meine Schülerinnen haben mich gelehrt, sie als Opfer einer falschen Religion zu sehen.« Diesen Blick auf das, was Menschen erleiden und weniger auf das, was sie tun, hatte Marie Veit von Dietrich Bonhoeffer gelernt.

Und sie fragt sich: »Was konnte, was kann ich für die jungen Menschen tun? Finde ich in ›meiner Theologie‹ die Mittel, die ihnen helfen könnten, die vergessenen Seiten des Menschseins wieder zu entdecken: die Liebe als Eintreten füreinander, die Kraft des Vertrauens, die ›Gnade‹ als Zuwendung gerade zum Schwachen, gerade zum angeblichen Versager (der manchmal nur nicht brutal genug oder raffiniert genug war, um sich zu den ›Winnern‹ durchzuboxen), ja das biblische Geheimnis von der Kraft der Schwachen, deren Hoffnung und Erwartung die Welt oft mehr voranbringt als die ›Leistung‹ der Starken? Finde ich in ›meiner Theologie‹ die Mittel, die eben dieser Jugend Wege öffnen könnten – zu Gott?« Und dann benennt Veit solche »Wege«, die allesamt für sie nicht neu, hier aber wunderbar zusammengefasst sind:

- Was die Bibel wichtig findet, ist nie in erster Linie das, was ich denke, auch nicht das, was ich tue, sondern das, was ich brauche und bekomme.
- Lebensfreude und Menschenwürde. Gebraucht wird eine »Gnadenkultur«.
- Überwindung des spezifisch lutherisch-deutsch-protestantischen Misanthropismus: Der Gott der Bibel traut dem Menschen sehr viel zu.
- Wiederentdeckung der eschatologischen Perspektive der Bibel und des Glaubens – in der Theologie der deutschen Universitäten weithin unterschlagen.
- Ein Verständnis von Kirchengeschichte als Geschichte der Erfinder und Entdecker!, von der Schaffung des Diakonenamtes in der allerersten Gemeinde bis zu Martin Luther King, Nelson Mandela, zum Konziliaren Prozess. »Wie ein Brett vor dem Kopf versperrt hier lutherische Orthodoxie

– und ihre Sorge, es könne ›Werkgerechtigkeit‹ einen Verlust des sola gratia bedeuten – den Blick auf die Welt.
- Hoffnungsmappen anlegen.
- Die Wiedergewinnung eines genuin biblischen Gottesbildes: »Gott stößt an eine Grenze, die er offensichtlich selbst gewollt hat: Glaube des Menschen lässt sich nicht erzwingen, auch durch Allmacht nicht. Nicht erst auf Golgatha beginnt das Leiden Gottes! Es ist die Ohnmacht der Liebe, die nicht zwingen kann. Dass sie stärker ist als alle Power, ist das Geheimnis dieser Liebe: sie schafft den Menschen neu, den sie gewinnt. Wohl ist der Glaube, biblisch verstanden, Geschenk; in eins damit aber ist er freie Tat des Menschen. In einer Zeit, in der alles auf Power setzt, auf Konkurrenz, auf Überwältigung des Gegners, ist die Erschließung dieses Kerns unseres Glaubens so nötig wie nie. Hier ist die falsche Religion, von der ich oben sprach, am Ende. ›Nur der leidende Gott kann helfen‹, schreibt Bonhoeffer. 1. Korinther 1,25 einzuüben, ist gerade subversiv.«

2.2 Zur Praxistheorie des Religionsunterrichtes

Ging es zunächst um die Fragen, was die Kinder und Jugendlichen ›mit in die Schule bringen‹ und darum, wie Marie Veit darauf gesellschaftswissenschaftlich und theologisch reflektiert eingehen kann, so geht es nun um allgemeine Fragen des Religionsunterrichtes im Spannungsfeld von Gesellschaft, Kirche, Schule, Schüler*innen und Lehrer*innen. Die Perspektive, in der sie die nun folgenden Problemstellungen angeht ist das »Lernen von den Unterlegenen«, »von denen unten« oder mit Bonhoeffer »von den Leidenden her«.

So gibt sie 1978 ein Buch heraus mit dem Titel »Stumme können selber reden« (Schriftenverzeichnis Nr. 24). Es enthält Praxisberichte aus dem Religionsunterricht an Haupt- und den damals noch so genannten Sonderschulen. Ausgangspunkt sind zwei Bibelverse. Sprüche 31, 8: »Tu deinen Mund auf für die Stummen und für die Sache aller, die verlassen sind« und Lukas 11, 14: »... Da redete der Stumme, und die Menge verwunderte sich«. Und als Konsequenz formuliert Marie Veit:: »Erst wenn die Helfenden von den Leidenden lernen, ihnen Raum zur selbstbestimmten Rede schaffen, dient Caritas der Befreiung des Menschen zu sich selbst.« Den Inhalt des Buches – drei Erfahrungsberichte aus den genannten Schulformen – charakterisiert Veit als ein kleines Stück narrative Theologie: »Es wird erzählt, welche Wunder möglich sind. … Wunder dieser Art … entspringen einer Grundeinstellung zum Menschen: der Achtung vor seiner je eigenen Würde, vor seinem Bedürfnis, sich selbst darzustellen und auszudrücken, um als er selbst mit anderen in Kontakt zu treten. ›Ausdrucksbedürfnis ist Glücksbedürfnis‹, so formulieren es zwei der Autoren.«

Im gleichen Jahr hält Marie Veit in der Evangelischen Akademie Arnoldshain den später veröffentlichten Vortrag mit dem Titel »Zur Situation des evangelischen Religionsunterrichtes in der Bundesrepublik Deutschland« (Schriftenverzeichnis Nr. 25), in dem sie die konzeptionelle Entwicklung dieses Faches bis zum problemorientierten Religionsunterricht skizziert und auf dessen besondere Chancen (Interdisziplinarität) und Gefahren (Problemverflachung und Dilettantismus der Unterrichtenden sowie vor allem »Gefahr des Verlustes jener Perspektiven, die in der überlieferten Theologie besonders ausgearbeitet und sonst nirgends zu haben sind«) sie hinweist. Als Lösung schlägt Marie Veit hier erstmals das Konzept eines »problemorientierten Bibelunterrichtes« vor, das sie für die (!) Lösung hält. Was sie hier vor- und zur Diskussion stellt, erscheint mir auch als Lernergebnis ihrer Mitarbeit beim Politischen Nachtgebet. Drei Perspektiven dieses Unterrichtskonzeptes macht Marie Veit stark: 1. »Gelingt es durch Rückfrage von heutigen Problemen her, durch Konfrontation heutiger Fragen und Lösungsansätze mit den Texten der Bibel und mit übersehenen Strängen theologischer Tradition, die Überfremdung der Bibel und des Glaubens mehr und mehr zu entdecken und zu überwinden, gelingt also die Erneuerung der Theologie selbst hinsichtlich ihres Menschen- und Gottesbildes, dann kann Bibelunterricht das Interessanteste sein, was im Religionsunterricht überhaupt geschehen kann.« 2. Außerschulische kirchliche Aktivitäten hält Veit für einen solchen religionspädagogischen Neuansatz für unerlässlich: »Ich meine damit die Einübung von Gruppen erwachsener Christen in die neue Fragebewegung: von heutigen Leiden, Ängsten und Problemen her Rückfrage an die Bibel. Dieses Fragen wird nur dann gelingen, wenn es dem Handeln dienen soll und deshalb von gutem Informationsstand und gutem, gemeinsamem Durchdenken dieses heutigen Leidens und seiner Ursachen herkommt. Das Klischee vom ›sündigen‹ Menschen, der ›nichts‹ tun kann, wird dabei unwirksam; man will (!) ja gerade handeln! Und so entsteht die Chance, ganz neu zu entdecken, was ›Sünde‹ heute ist (z.B. Nichthandeln!)« und wieviel Menschen, wenn sie den Aufbruch wagen, bewirken können. Es kommt darauf an, »die zentralen Erkenntnisse des Glaubens, zu denen wegen ihrer Überfremdung Millionen keinen Zugang mehr haben, gerade nicht aufzugeben, sondern ganz neu zu gewinnen.«[9] 3. »Zugleich wird nicht nur die Überfremdung der Bibel abgebaut; die Bibel wird gewissermaßen weitergeschrieben. Indem die handelnde und fragende Gemeinde ihre Erfahrungen macht und indem sie diese weitergibt, setzt sie die Bibel fort.«

Die Schlussgedanken ihres Arnoldshainer Vortrages nimmt 1982 der Aufsatz »Perspektiven eines emanzipatorischen Religionsunterrichtes« (Schriftenverzeichnis Nr. 35) theologisch, gesellschaftspolitisch und pädagogisch auf, indem Marie Veit aufzeigt, dass es darauf ankommt, die christliche Botschaft als stärkende und befreiende Botschaft Gestalt werden zu lassen, und dass das Kriterium dazu die Praxis ist. Es bedarf dazu:

- der »Freude durch Steigerung des Selbstwertgefühls« der Kinder und Jugendlichen (»Ernährung« vor Forderung),
- des »Lernziels Solidarität« als gesellschaftliches und nicht lediglich individuelles Lernziel,
- des Entwurfes von Gegenmodellen gegenüber vorherrschenden Formen gesellschaftlichen Lebens zur Identifikation: »Das kritische Element, das im Begriff der Emanzipation liegt, ist freilich unaufgebbar; aber wer sinnvoll Kritik an Zwängen üben soll, der muss etwas Besseres haben. Die bloße Destruktion überkommener Lehren (seien sie dogmatischer oder moralischer Art) führt als solche noch nicht zur Befreiung, ebenso wenig wie deren Konservierung. Vielmehr gilt: Christus will heute ›eine Gestalt gewinnen‹ in der Welt (Galater 4,19); was dem im Wege steht, das muss beseitigt werden, und zwar in gemeinsamer Arbeit. Emanzipation entsteht dabei dann auch – weitgehend unbemerkt und wie von selbst, wie die ›von selbst wachsende Saat‹ (Markus 4).«

---

9 Vgl. dazu o. S. 142. (Schriftenverzeichnis Nr. 45)

Dieser Aufsatz lässt sich m.E. auch zusammenfassen mit einem Hoffnungssatz von F. Ferrer, den Hans Roth seinem Bericht »Die ›besseren Blöden‹ sprechen für sich. Erkenntnisse und Erfahrungen mit Schülern im Hauptschulunterricht« voranstellt. Der Text findet sich in dem genannten, von Marie Veit herausgegebenen Band »Stumme können selber reden«: »Die Schule lehre die Kinder, Menschen zu sein. Und wenn sie Menschen geworden sind, dann werden sie sich zu gegebener Stunde selbst zu Rebellen erklären.«[10].

Ausgangspunkt des 1983 erschienen Aufsatzes »Das ›Proprium evangelischer Theologie als didaktisch-methodisches Problem (Schriftenverzeichnis Nr. 39) sind Erfahrung und Gedanke des sola gratia. Dabei geht es zentral um den Religionsunterricht, doch der Aufsatz reicht deutlich weiter als sein Titel: Es geht um grundsätzliche Fragen evangelischer Theologie und deren nicht lediglich schulpolitische, sondern ebenso gesellschaftspolitische Konsequenzen, verdeutlicht an didaktischen und methodischen Fragen schulischen Unterrichts. Ursprünglich war das »sola gratia« eine grundlegende Erfahrung des Paulus oder Luthers und eine Einladung, sich auf die Deutung einzulassen, dass nicht mehr die Leistung des Menschen, sondern er selbst gelten sollte, »geliebt« und für wichtig befunden »ohn all Verdienst und Würdigkeit« – »eine Auffassung vom Menschen, die der Leistungsgesellschaft, in der wir leben, zentral widerspricht«. Daraus wurde etwas der Tendenz nach ganz Entgegengesetztes: eine »zeitlos gültige Doktrin, die als ›reine Lehre‹ zu übernehmen der Christ und Untertan verpflichtet war. Gesetzlicher, gnadenloser ging es nicht mehr. ... Ein Unterricht, der sich daran orientieren würde, was die Schüler zu ihrer geistig-menschlichen Entwicklung wirklich brauchen – der also Förderung statt Selektion zu seiner selbstverständlichen ersten Priorität machte, wäre offensichtlich dem ›sola gratia‹ sehr viel näher als die Leistungsschule.« Im Gespräch dazu »lernte« Marie Veit mit einer zwölften Klasse: »In der Kirche des ›sola gratia‹ wird die Gnade zwar noch gelehrt; aber die Gesamtwirkung dieser Kirche ist so sehr von Schuldgefühlweckung und -betonung bestimmt, dass hörenden Ohres nichts anderes mehr gehört wird. Double-bind-Situation: die non-verbale Ausstrahlung ist stärker als die verbale Rede, wie immer.« Soll

---

10 Zitat aus: F. Ferrer, Die Schule. Betrachtungen über den Aufbau einer neuen Gesellschaft. Berlin 1975. S. 28. Zitiert in: M. Veit, Stumme können selber reden. AaO. S. 93 – wie weit sind wir heute, 40 Jahre später, von solchen Gedanken entfernt...

dies im Unterricht aufgebrochen werden, bedarf es zunächst psychologischer Kenntnisse der Gewissensentwicklung[11] und sodann einer Entscheidung, ob das Thema Gnade eher mit einem systematisch-theologischen Text oder anders erarbeitet werden soll. Marie Veit entscheidet sich fürs Erzählen, weil die christliche Religion nicht mit einer Lehre beginnt, sondern mit einer Befreiungserfahrung, die erzählend weitergegeben wurde »und dieses Erzählen hatte seinen ›Sitz im Leben‹: das Passahfest in Israel, die Eucharistie im jungen Christentum: In diesem Erzählen, diesem liturgischen Nachvollzug eignete das ›Volk Gottes‹ diese Befreiungserfahrung sich an, und daraus entsprangen auch seine Handlungs- und Gestaltungsansätze für das gemeinsame und das individuelle Leben. … Von daher ergibt sich ein didaktischer Ansatz, der das Christliche eher erläutert aus dem, was es erzählt und liturgisch-spielend sich aneignet, als von dem her, was es ›lehrt‹. Dieses folgt freilich auch, nicht ohne die Benennung der Adressaten, der geschichtlichen Situation, die ›Lehre‹ erforderte und hervortrieb.« So kann gelernt und hoffentlich auch erfahren werden, was das »sola gratia« heute bedeuten kann: »Nicht, was ein Mensch verdient, sondern, was er braucht, ist entscheidend. … Grundsätzlich Vorrang hat, wenn das sola gratia gilt, das, was der Mensch bekommt, vor dem, was er tut. … Das ›Proprium will nicht, quasi als Überich, unser eigenes Nachdenken ersetzen, sondern uns aufrufen zu dem Mut, es heute neu (und ganz anders) zu denken und zu leben.« Dies freilich und das ist entscheidend für die Überlegungen Marie Veits, darf nicht lediglich verbal vermittelt werden, sondern muss im »Klima« in der Klasse erfahrbar sein – »durch die verlässliche Zuwendung des Lehrers (nicht nur im RU)«, der eben sieht, was die Schüler*innen brauchen und sich genau dafür einsetzt: Solche Zuwendung »ist mehr als ›Nett-Sein‹, sie erfordert u.U. eine Parteinahme für Schüler, durch die sich der Lehrer selbst Ärger zuzieht! Aber gerade solche Situationen sind für Schüler der entscheidende Prüfstein für die Gültigkeit dessen, was der Lehrer sagt.«

---

11 Faszinierend wie Marie Veit hier weiterführende Überlegungen zum Verhältnis von Psychologie, Psychoanalyse und Theologie formuliert, die vorausweisen auf Manfred Josuttis Diktum »Wo Rituale waren wurden Therapien« (M. Josuttis, Segenskräfte, Potentiale einer energetischen Seelsorge. Gütersloh 2002) und dessen Weiterführung bei Miriam Löhr, Rituale von Zwang bis Segen. Zwangsstörungen in seelsorglicher Perspektive. Berlin 2020.

In dem 1986 erschienen Aufsatz »Widerstand, Selbstfindung und die Rolle der Religion in der Erziehung« (Schriftenverzeichnis Nr. 54) fragt Marie Veit generell nach »Erziehung«, innerhalb derer dann auch Schule und Religionsunterricht ihren Ort haben: »Wie muss eine Erziehung beschaffen sein, die den Menschen zur Selbständigkeit heranreifen lässt, dass er bösen und gefährlichen Entwicklungen entgegenzutreten vermag? Und welche Rolle könnte und sollte die Religion in einer solchen Erziehung spielen?« Zunächst zieht Marie Veit psychoanalytische Erkenntnisse heran: Eriksons acht Entwicklungsphasen eines Menschen, als deren Fazit sie formuliert: »Selbstfindung macht fähig zum Widerstand – die Erfahrung von Widerstand in der Erziehung (vor allem Widerstand von Sachgegebenheiten) im Verein mit der Erfahrung von Zutrauen und eigenem Wert hilft zur Selbstfindung.« Erschwert, wenn nicht unmöglich gemacht wird dies durch die Rolle, die Religion im lutherischen Deutschland samt ihren verhängnisvollen politischen Auswirkungen im Bereich von Gesellschaft und Politik gespielt hat: Da war zunächst für 400 Jahre die Personalunion von politischer und kirchlicher Obrigkeit, während derer viel des reformatorischen Aufbruchgeistes verloren gegangen ist. »Das dabei entstandene politisch passiv machende, Initiative hemmende Frömmigkeitsverständnis hat, ohne dass man sich dessen bewusst geworden wäre, sogar die Bibel überdeckt und verfälscht«, was Marie Veit einmal mehr an der fatalistisch und nicht eschatologisch verstandenen dritten Vater-Unser-Bitte aufzeigt sowie an den verschütteten Traditionen von Apostelgeschichte 2 und 4 oder den historischen Friedenskirchen. »Man sieht: Soll christliche Erziehung die Kinder lehren, zu wachen, erwachsenen Menschen zu werden, dann muss umgelernt werden. Eine ›Befreiung der Bibel‹ tut not, damit sie, in ihrem ureigenen Sinn, auch Menschen befreien kann. ... Der biblische Gott setzt auf den Menschen«, was Marie Veit zum wiederholten Male betont und erläutert gegen eine negative Anthropologie und den Misanthropismus des deutschen lutherischen Christentums. Dabei wird deutlich, dass das, was die Entwicklungspsychologie hervorhebt, dass Menschen in ihrer Entwicklung Chancen brauchen, den »Wärmestrom von Zuneigung und Partnerschaftlichkeit«, biblischer Anthropologie entspricht: »Vor allem sollen die Kinder den ›Charme Gottes‹ erfahren, ihn als den Spendergott (Joachim Scharfenberg), der Leben will und schafft, nahegebracht bekommen – nicht als den himmlischen Aufpasser, der sie ängstigt und ihr Schuldgefühl verstärkt. Jeder, der mit Kindern und jungen Menschen zu tun hat, muss hier auf Entdeckung ausgehen. ›Menschen ohne Rückgrat hab'n wir schon zuviel‹ (Bettina Wegener). Religiöse Erziehung kann (!) das Rückgrat stärken, zur Selbstfindung beitragen – und so für eine Zukunft arbeiten, in der auch das deutsche Volk nicht mehr so widerstandsarm wie gehabt politische Schicksale hinnimmt, sondern fähig zu Kritik und Widerstand dem Leben zu dienen vermag.«

Mit ihrem 1994 erschienenen Aufsatz »Religionsunterricht und Gemeindebezug. Von Chancen, Lasten und Gefahren« (Schriftenverzeichnis Nr. 100) mischt sich Marie Veit, die seit 1989 solidarisch mit den Menschen der ehemaligen DDR mitdenkt und -fühlt, in den Streit um Religionsunterricht und/ oder Christenlehre zwischen dem Westen und dem Osten Deutschlands, der ehemaligen BRD und der ehemaligen DDR ein. Und einmal mehr verweist sie vehement auf die Erfahrungen der Menschen in Ostdeutschland und auf die Notwendigkeit, diese zu berücksichtigen. Religionsunterricht verortet Veit in der »Bürgergemeinde«. »Geht es gut, so kann hier ein spezieller Bezug hergestellt werden zu den christlichen Basisinitiativen, den Gruppen, die im konziliaren Prozess tätig sind und dies manchmal, aber keineswegs immer auf der Ebene der Ortsgemeinde«. Gegenüber der Christenlehre ist der Gemeindebezug des Religionsunterrichts sicher geringer, doch erreicht er sehr viel mehr Kinder und Jugendliche. ›Der Lehrer hat schon in gewisser Weise missionarische Aufgaben.‹ Marie Veit steht beiden Formen der Arbeit mit Kindern und Jugendlichen nahe, hat sie selbst eine ihrer Aufgaben doch immer darin gesehen, »Schülerinnen und Schülern ›Kirche‹ näher zu bringen«. Doch der entscheidende Punkt ist für sie nicht das Gegenüber von Religionsunterricht und Christenlehre und damit verbundene ekklesiologische oder praktisch-theologische Fragen, sondern eine gesellschaftspolitische Gefahr und Chance: »Es ist dringendste Aufgabe der Kirche, den Jugendlichen breiter Schichten eine andere Orientierung überhaupt sichtbar zu machen. Dass es zugleich für die Zukunft der Gesellschaft entscheidend ist, ob dies gelingt, ist deutlich. Vielleicht waren Massen noch niemals in solcher Gefahr, ihre Menschlichkeit einzubüßen, wie heute. ›Sammlung‹ in der Christenlehre, ›Sendung‹ im schulischen Religionsunterricht sind zwei Seiten der christlichen Aufgabe, die nicht gegeneinander ausgespielt werden sollten.«

In der Festschrift für Friedel Kriechbaum erscheint 1995 der Beitrag »Mitspielen lernen im Spiel der Religion« (Schriftenverzeichnis Nr. 107). Der Text eröffnet ein weiteres Sprachspiel, Menschen, insbesondere Kindern und Jugendlichen, Religion nahezubringen. Möglicherweise sind Gedanken des Textes angeregt durch Dietrich Bonhoeffers Begriff »Spielraum der Freiheit«[12], durch Ernst Langes[13] stark von dem Gedanken und der Praxis des Spiels angeregte kirchenreformerische Praxis und Theologie oder von Martin Bubers[14] dialogischer Philosophie, ohne dass Marie Veit darauf explizit Bezug nimmt. Ihren nachgewiesenen Ausgangspunkt nimmt sie bei Erich Fromms allgemeiner Definition von Religion: »Vor langer Zeit entsprungen aus einer Urerfahrung, Urbegegnung, dann entfaltet in Überlieferungen und Dichtungen, Liedern und Festen, Riten und Regeln, Institutionen und ausgearbeiteten Lehren, von einer Gruppe geteilt ... und dem Individuum einen Orientierungsmaßstab und einen Gegenstand der Hingebung bietend.«[15] Dabei ist die Besonderheit des Judentums und des Christentums, »dass ihr Spiel geschichtlichen Erfahrungen entspringt: der Rettung am Roten Meer bzw. der Begegnung mit dem Leben, Sterben und Sieg Jesu.« Die Einbruchstelle des Göttlichen sieht Veit in der Freiheit des persönlichen Gewissens, »denn die Personalität des Einzelnen ist ›nicht in den Griff‹ zu kriegen. Jede ›Ideologie‹, auch eine sich selbst als solche missverstehende kirchliche Lehre, scheitert irgendwann vor dieser Freiheit. Gott hat sie sich als Gegenüber ins Leben gerufen. ... Begegnung, deren Ergebnis offen ist, gehört zur Personalität. Der Mensch entspringt der Relation, der Beziehung, er wird nur, wo Gespräch ist.« Marie Veit ist überzeugt, dass Religion helfen kann, sich als Person zu entfalten: »Religion als Spiel von der Befreiung, kann Kindern – die ›mitspielen‹ lernen – beistehen gegen Verdinglichung in der technisch-kapitalistischen Welt und gegen Sprachlosigkeit in einer verzweifelt verstummten Gesellschaft, und kann ihnen so helfen, sich

12 Vgl. D. Bonhoeffer, Brief vom 23. Januar 1944 an Renate und Eberhard Bethge. In: ders., Widerstand und Ergebung. DBW 8. Gütersloh 2015. S. 287-295. Zitat S. 291.

13 Zu E. Lange und der Bedeutung, die er dem Spiel beigemessen hat, vgl. zusammenfassend: Klaus Hofmann (Hrsg.), Spielraum des Lebens – Spielraum des Glaubens. Entdeckungen zur Spielkultur bei Ernst Lange und Spiel und Theater in der Kirche heute. Hamburg 2001.

14 Vgl. M. Buber, Ich und Du. Stuttgart 1995.

15 Vgl. E. Fromm, Haben oder Sein. Die seelischen Grundlagen einer neuen Gesellschaft. In: Erich-Fromm-Gesamtausgabe (GA) Band II. München 1999. S. 365f.

als Person zu entfalten. Hierin sehe ich heute eine der wichtigsten Aufgaben der religiösen Bildung.«

Wie das aussehen kann, zeigt Marie Veit am Beten-lernen, am Erzählen biblischer Geschichten und am Feiern der alten wie der neuen Feste des Glaubens. Ich wähle das Beispiel des Beten-Lernens: Beim Beten-Lernen erfährt ein Kind, »dass da ein Fenster offen ist in eine andere Welt, über die wir nicht frei verfügen, der wir uns nur empfangend öffnen und aus der wir Luft zum Atmen schöpfen können. ... Am Anfang sollte das Urvertrauen als Wurzel allen Wachsen-könnens stehen; das muss die seelische Grundlage des Beten-Lernens sein. In der Emotionalität der vertrauenden Zuwendung wurzelt auch alle Moralität des späteren Erwachsenen, wenn sie verlässlich sein soll. Die Zuwendung des Gegenübers bleibt unverfügbar, bleibt ›offen‹. In dieser Offenheit atmet der Mensch.«

Das Ziel eines solchen Unterrichtes formuliert Marie Veit wiederum in Aufnahme von Gedanken Dietrich Bonhoeffers und Fulbert Steffenskys, wenn sie festhält: Das Unterrichtsziel »kann nicht sein, das feste Haus der Religion und der durch sie bestimmten geschlossenen Kultur wieder aufzubauen, in dem Generationen unserer Vorfahren gewohnt haben, wir sind heute aufs Neue Wüstenwanderer, unterwegs zum Gelobten Land, das nie jenes alte feste Haus gewesen ist. Ab und an finden wir eine Oase, in der wir miteinander essen, ruhen, feiern – eben jene Religion ›spielen‹, in der Frühere ›wohnten‹. Das unterscheidet den Glauben von der Religion, die er sich als ein Haus auf Zeit geschaffen hatte: Er kann ausziehen und von den Schätzen aus seinem Haus das mitnehmen, was heutige Menschen brauchen.« So kann die Bibel weitergeschrieben werden, was der Glaube, der lebendig ist, seit jeher wusste.

2.3 »Bibelunterricht kann das Interessanteste sein«

1980 wendet sich publizistisch Marie Veit wieder dezidiert dem Umgang mit biblischen Themen im Religionsunterricht zu: »Die Psalmen und wir« (Schriftenverzeichnis Nr. 29) sowie »Psalm 139 im Unterricht. Ein Beitrag zur Befreiung der Bibel.« (Schriftenverzeichnis Nr. 30). Hochspannend der Ansatz des Aufsatzes »Die Psalmen und wir«: Marie Veit fragt nicht zuerst nach den Schüler*innen oder nach didaktisch-methodischen Möglichkeiten der Arbeit mit den Psalmen im Religionsunterricht, sondern, was »wir Religionslehrer von der Religion, die wir lehren, selber eigentlich haben, ob sie uns (noch) etwas zu geben hat.«[16] Dabei sieht sie auch die Notwendigkeit einer Befreiung der Psalmen aus dem Gefängnis missverstehender Leseerwartungen. »Der Kampf um das richtige hermeneutische Prinzip (und damit um grundlegende Entscheidungen im Verhältnis von Bibel, Mensch und Welt) hat aber wenigstens begonnen, angeregt u.a. durch den Eintritt lateinamerikanischer Theologen ins Gespräch; historische Kritik wird durch Ideologiekritik ergänzt.« Der Beitrag thematisiert zunächst Psalmen, die auf einer Tagung von Lehrerinnen und Lehrern entstanden sind: Es waren vornehmlich Klagepsalmen, die »wie von selbst« im Kontext der Andachten zu Bittrufen weiterführten.

Im zweiten Teil geht es um biblische Psalmen und zunächst um Psalm 23, ein Psalm mit »Kindheitsidentifikationen«, die tief sitzen: »wir haben das Gute schon einmal geschmeckt«. Und exegetisch lässt sich die Entdeckung machen: »Der Psalm setzt, wie alle biblischen Psalmen, Gemeinde voraus. Er meint ursprünglich nicht so etwas wie ein inneres Selbstgespräch des einsam leidenden Individuums. ... So gesehen ›tröstet‹ uns Psalm 23 auf neue, sehr biblische Weise: er bringt uns auf den Weg. Vielleicht auch in unseren spezifischen Lehrernöten! Er sagt etwa: Du bist erwachsen, und du glaubst etwas, und deine Kollegen mit dir. Nun denn, wenn alles so schlimm ist: ›Wo seid ihr als Gemeinde, um etwas dagegen zu tun? Habt ihr denn den Glauben so verkommen lassen, dass es nur mehr isolierte einzelne gibt, aber keine Gemeinde, die für einen Ort sorgt, von dem Hilfe ausgeht?‹ ... Jahwe ist nicht eine Gottesidee, er hat ein ›Haus‹ auf Erden (V. 6) und er hat ein Volk Die Geborgenheit, die der Glaubende dort erfährt, ist nicht die des kleinen Kindes, sondern die des Erwachsenen, der sein Recht sucht und gefunden hat.« Auf Psalm 23 folgt Psalm 139: Marie Veit erzählt, wie sie gelernt hat, den Psalm als Bußpsalm zu lesen. Exegetisch dagegen lässt sich lernen, dass neuere Exegese von den Versen 19-

16 Dabei formuliert sie in einer Anmerkung: »Didaktik im weiteren Sinne bedenkt, weil es ihr um Zielsetzung und Konzeption des Unterrichts geht, natürlich die ›Situation‹ des heutigen Menschen mit – allerdings meist nur die des Schülers, zu selten die des Lehrers. Warum übrigens fehlt dieser bei den Curriculumelementen (Schüler, Fachwissenschaft, Gesellschaft)? Ist er nur als Instrument gesehen?«

24 ausgeht, die angeben, warum das Lied entstand: Da ist ein von Feinden Verfolgter, der Zuflucht bei Jahwe und dem Gottesurteil, dem Ordal, sucht. Der von Verleumdungen überschüttete Mann bittet Jahwe, ihn zu erforschen. Und »die Rede von der Allwissenheit Jahwes ab V 1 ist nicht mahnende, fast drohende Einstimmung zur Buße, sondern ein Preislied auf den, der dem Verdächtigen hilft, indem er Klarheit schafft.« Und schließlich Psalm 1: Der Psalm hat keinen mahnenden Charakter, sondern er lobt das Ereignis wahrhaft glücklichen Lebens im Raum der Thora.

Der dritte Teil des Aufsatzes ist vorbehalten der Begegnung: »Was springt für uns selbst dabei heraus, wenn wir uns der ›Verfremdung‹, der ›Befreiung‹ stellen, die die Psalmenexegese gebracht hat?« Marie Veit nennt drei Punkte: 1. Der Glaube ist weder individuelle Weltanschauung noch individuelle Haltung, sondern versetzt uns in die Gemeinde. In ihr hat er sich verleiblicht und in ihr findet der einzelne Halt. 2. Wenn die Klage ihren Sitz im Leben im Gottesdienst bekommt, werden Schmerzen bewusst, erwacht Leben und Veränderungsmöglichkeiten tun sich auf. 3. »Die Konkreta der Psalmen werden Gleichnisse, sprechende Bilder für unsere eigenen Erfahrungen, wenn wir das gleiche wollen wie sie: Zeugen sein für den Willen Gottes, auf dieser Erde Fuß zu fassen. Wir müssen Gemeinde finden, werden, die sich als Brückenkopf des Reiches Gottes versteht.« An die gerade kurz vorgestellte Auslegung des Psalms 139 schließt sich der Text des zweiten Aufsatzes zu Psalm 139 im Unterricht mit seinen didaktischen Überlegungen an und fragt danach, wie sich die zwei Hermeneutiken, die historische Kritik und die theologische Ideologiekritik, die beide auf eine Befreiung der Bibel zielen, in der Auslegung dieses Psalms mit Kindern und Jugendlichen auswirken: Kinder kennen Situationen, in denen sie sich zu Unrecht angegriffen, missverstanden, unschuldig verurteilt fühlen – und dem oft hilflos ausgesetzt sind. Und Marie Veit fragt: »Wird ›Gott‹ in dieser Lage zu seinem inneren Helfer?« Die Psalmbeter verlangen nach gerechtem Verständnis für sich – und sie bekommen recht! Am Beispiel von 1. Kön 21 erarbeitet Marie Veit mit Kindern den ursprünglichen Sinn des Psalms: »Auf diese Weise tritt der Gott ins Bild, der im christlich-bürgerlichen Bewusstsein nur allzu sehr fehlt: der Anwalt des Unschuldigen, der ihm seine Ehre und sein Recht zurückgibt.« Dieser das Recht des Menschen betonende Ansatz ist, so Veit, festzuhalten und auch durch den Religionsunterricht bekannt zu machen, wofür sie theologische, pädagogische und politische Gründe benennt. »Theologisch: Es ist unerträglich, dass wir in einer ›Schuldkultur‹ (Mitscherlich) leben und uns dabei auf die Bibel berufen. Wir haben die Akzente falsch gesetzt, die bürgerlich-christliche Menschenverachtung steht dicht bei jenem Satan von Hiob 1! Pädagogisch: Wer sich nicht selbst als wertvoll empfindet und erlebt, der kann sich nicht gesund entwickeln. Depressivität und Destruktivität werden die Folgen sein und sind es. Politisch: Demokratie ohne Menschen, die ihres eigenen Wertes sicher sind, d.h. ohne Demokraten, ist nicht möglich. … Befreiung der Bibel und des Glaubens von der christlich-bürgerlichen Misanthropie – das scheint mir eine der vordringlichsten Aufgaben unseres Berufs.«

Auf der Tagung zum »Braunschweiger Ratschlag« 1991 hält Marie Veit am 8. Februar den Vortrag »Das Bild der Bibel ist eigentlich der Weg…« (Schriftenverzeichnis Nr. 82). Einmal mehr nimmt sie den Ausgangspunkt ihres Nachdenkens bei den Arbeiten Erich Fromms zu den wirtschaftlichen Gegebenheiten, die in die Psyche einwandern und einen Charaktertypus hervorbringen, »bei dem der Mensch vor allem ›mithalten‹ muss«. Entscheidend ist, was »In« ist. »Dieser neue Sozialcharakter bringt Menschen hervor, die so etwas wie ein allzu leidenschaftliches ›Sich einsetzen für Ziele‹, auch ethischer, auch politischer Art nicht mehr vertragen. Das gilt als Fanatismus.« Schon das Insistieren auf Wahrheitsfragen wird so qualifiziert. »Dinge müssen für diese Generation auch immer irgendwo Unterhaltungswert haben. … Natürlich kann man sagen, die denken ja nur an ihr eigenes Wohlsein. … Doch eine Jugend, die das Leben liebt und will, dass es schön ist, und dass es gesund ist, berechtigt eigentlich zu ganz großen Hoffnungen. Damit sind wir jetzt bei uns selbst, ich denke, wir müssen theologisch eine ganze Menge umlernen und das dann wieder in die Kirche hineintragen. Was wir vor allen Dingen verlernen müssen, ist ein gewisser misanthropischer, resignativer Grundstandpunkt dem Menschen gegenüber. … Sünde bedeutet nicht, dass wir nichts Vernünftiges in der Welt tun können, sondern Sünde bedeutet eher, dass wir zu wenig Mut haben, das zu tun, was wir können. Glaube und Mut kommen aus derselben Wortwurzel im griechischen Neuen Testament, und es haben ja auch die in der Kirche, die Hand angelegt und jeweils ein Stück Welt verbessert haben, dazu eine ganze Menge Mut gebraucht«, und sie haben Kooperation begonnen und eingeübt. Davon gilt es, zu erzählen, und so sieht Marie Veit die zentrale Herausforderung für Kirche und Theologie darin, dass auch in der Kirche eine linke Erzählkultur entsteht, in der weitergegeben wird, »was schon gelingt, und es ist eine ganze Menge gelungen.« Hier rekurriert sie auf die Idee ihrer Hoffnungsmappe: »Konservatives Denken guckt ja immer auf die gute alte Zeit, die es nie gegeben hat, und was davon noch gerettet werden konnte. Nein, in meine Hoffnungsmappe kommen die neuen Dinge. … Das muss nicht nur in die Hoffnungsmappe herein, das muss auch erzählt werden. Mir ist in dem Zusammenhang die Bibel ganz neu vor Augen getreten. In der ganzen Bibel wird erzählt. … Wir lesen im Alten Testament die großen Taten Gottes, wir lesen im Neuen Testament die Taten und die Reden Jesu. … Es geht in der Bibel nicht um die richtigen Ideen. … Was gelungen ist, muss erzählt werden.« Dabei wird die entscheidende Frage sein: Wie lernfähig sind die Kirchen? Und vor allem: Werden sie, werden wir lernen, ›dass das Bild der festen Burg falsch ist‹? »Das Bild der Bibel ist eigentlich der Weg. Das ist die biblische Metapher für Kirche-sein, für Christ-sein. Bei einem Weg weiß ich aber niemals, was an der nächsten Wegbiegung auf mich wartet. … Ich kann nur mit denen beraten, mit denen ich auf dem Weg bin, und bleibe angewiesen auf Schutz. Na, sowas, da bliebe also tatsächlich auch die Kirche angewiesen auf Gott. … Kirche wird auf jeder Station ihres Lebens beraten müssen. Kirche unten, das sind wir, Kirche oben, der müssen wir es nahe bringen. … Kirchen, die auf ihrem Besitzstand, geistig und in jeder denkbaren Hinsicht, beharrt haben, haben den Glauben immer nur zurückgeworfen, sind eigentlich vom Glauben abgefallen. Obwohl sie ihn dabei dann noch ›richtig‹ gelehrt haben mögen. Sie haben ja auf einen anderen Gott gesetzt. Nämlich auf den des Besitzes. Unser Gott ist unsichtbar, er ist der Gott der Zukunft. Kirche befindet sich auf dem Weg, sie hat viel gelernt in unserem Jahrhundert, das macht uns Mut, sie muss noch viel lernen, wir alle gehören zu ihr und wollen uns gerne darauf einlassen.«

Wenn das zentrale Bild der Bibel der Weg ist, dann bedarf es der Orientierung auf diesem Weg und das bedeutet für Marie Veit didaktisch und methodisch nachzudenken über Bibel und Religionsunterricht. So veröffentlicht sie ebenfalls 1991 den Aufsatz mit dem Titel »Zur Planung eines schülerorientierten Bibelunterrichts« (Schriftenverzeichnis Nr. 83) Zunächst skizziert Marie Veit die konzeptionelle Entwicklung des eher von der Exegese als theologischer Bezugswissenschaft bestimmten Religionsunterrichtes seit dem 2. Weltkrieg von der Evangelischen Unterweisung zum Hermeneutischen Religionsunterricht. Veit kommentiert diese Entwicklung so: »Was gegen ein zur Fessel gewordenes Lehrsystem gut war, der Weiterentwicklung christlichen Denkens diente, wendet sich jetzt gegen die heute nötige Weiterentwicklung, tritt auf der Stelle.« Es folgte mit H. B. Kaufmanns Loccumer Vortrag »Muss die Bibel im Mittelpunkt des Religionsunterrichtes stehen?« »ein entscheidender Schritt nach vorn; theologische Bezugswissenschaft wurde weitgehend eher die Sozialethik als die Exegese. Es entstand der thematisch-problemorientierte Religionsunterricht mit weitreichenden Folgen: 1. Der biblische Unterricht nahm an Umfang beträchtlich ab. 2. »Das Bild Jesu änderte sich, weil vor allem die mitmenschlichen und sozialen Komponenten der biblischen Jesusgestalt gebraucht wurden. Dies war zwar einerseits ein Gewinn, andererseits reduzierte sich nunmehr der ›Glaube‹ für die Schülerinnen weitgehend auf Sozialverhalten. 3. Das ›Proprium‹ evangelischer Theologie, die Rechtfertigungslehre, kam kaum mehr vor.«

Ausgangspunkt der nun folgenden konzeptionellen Überlegungen zu einem schüler- oder problemorientierten Bibelunterricht ist ein dreifacher:

- Existentiale Interpretation muss ihre Fortsetzung in einer politischen Hermeneutik finden.
- Da der biblische Gott eindeutig für die ›unten‹ Partei nimmt, erscheint es sinnvoll, den hermeneutischen Ansatz bei einer Option für die Massen zu nehmen.
- Der schülerorientierte Ansatz ist auch bei einem biblischen Unterricht entscheidend, weshalb Veit Unterrichtsziele, Stoffauswahl und Methoden von der heutigen menschlich-gesellschaftlichen Situation der Schüler*innen her zu gewinnen sucht. Bei ihnen nimmt sie gravierende Sozialisationsschäden wahr, sodass sie sich bibeltheologisch der ›Tradition‹ des ›therapeutischen‹ oder ›sozialisationsbegleitenden‹ Unterrichts zuordnet.

Der veränderte Sozialcharakter vom innen- zum außengelenkten Charakter der Schüler*innen erweist sich bibeldidaktisch als zentrales Problem: bestimmt die wirtschaftliche Struktur der Überproduktions- und Konsumgesellschaft nicht nur unser äußeres Ergehen, sondern wandert sie in die Psyche ein, dann gilt es heute wach, trendy und flexibel zu sein, um keinen Trend zu verpassen; wobei die Frage nach gültiger Wahrheit in den Hintergrund tritt. »Letztgültige Wahrheit wird nicht mehr erwartet; … sich mit alten Texten, alten Weltbildern zu befassen kann nur noch Unterhaltungswert haben.« Da die Universitätstheologie, so Veit, diese Änderung des Sozialcharakters ganzer Bevölkerungen nicht zum Thema macht, gilt es, »von der Praxis des Unterrichts danach zu fragen, wo heute die brennenden Aufgaben liegen, denen biblischer Unterricht sich stellen muss«. Ihren Ansatzpunkt wählt Marie Veit deshalb bei »ideologiekritischen Aufgaben des Unterrichts« und formuliert deren drei:

1. Wiedergewinnung der Wahrheitsfrage. Ihr Verlust beginnt bei der Zerstörung der inneren Aufmerksamkeit, die teilweise bewusst betrieben wird[17]. Der erste Schritt der »Rekonstruktion« gestörter kindlicher Seelen sah Maria Montessori in der »Polarisation der Aufmerksamkeit«. Dem stimmt Veit zu und hält dafür das Erzählen, das ›stilistische Kernelement der Bibel‹ für entscheidend. Anhand von Unterrichtsbeispielen zeigt Veit, dass dies dazu führen kann, dass Kinder entdecken, was ein Junge im dritten Schuljahr bei der Behandlung des Buches Ruth so formulierte: »Die wissen immer, dass da Gott noch dahinter ist.« Und Marie Veit kommentiert: »Die Welt ist nicht in sich hermetisch geschlossen; das Fenster ist offen in eine nicht verfügbare Zukunft, aus der uns der Ruf dessen erreicht, den wir Gott nennen – erste Grundlage des Glaubensverstehens.«
2. Der Kampf um die Personalität des Menschen. Im Anschluss an Erich Fromm und seine Forschungen zum »marktorientierten Charakter« formuliert Veit: »Wo nicht der Mensch selbst, sondern seine Verkäuflichkeit entscheidend zu sein scheint (marktorientierter Charakter), da sind wir meilenweit von der Bibel entfernt.« Die Antiquiertheit des Menschen, von der Günter Anders in den 1950er Jahren bereits schrieb, wird von der Theologie nicht zur Kenntnis genommen, dabei wäre dies die Aufdeckung einer »tödlichen Häresie«. Doch gerade da sieht Marie Veit die evangelische Theologie durch ihren resignativen Misanthropismus gehandicapt.

17 Vgl. Schriftenverzeichnis Nr. 68.

3. Befreiung der Bibel. Hier plädiert Marie Veit mit Kierkegaard für eine Wiedereinführung des Christentums in der Christenheit und schreibt: »Soll Biblischer Unterricht dem jungen Menschen heute zur Erfahrung seiner selbst als Person verhelfen, dann muss die Bibel von falschen Traditionen befreit werden, die sich im Laufe der Jahrhunderte, in denen der deutsche Protestantismus zugleich herrschaftsstabilisierende Ideologie war, über sie gelegt haben. Sie wirken in der ›neutralisierten Religion‹ unserer Tage weiter und schaffen ein Vorverständnis, das politisch wie theologisch gleich gefährlich ist. Ich nenne inhaltlich vor allem: die Arbeit am Menschenbild; die Wiedergewinnung der eschatologischen Perspektive, die Wiederentdeckung des genuin biblischen Gottes.« Dazu führt Marie Veit aus, dass die Frage »Wer ist unser Gott?« mit Luthers Erklärung zum 1. Gebot auch in einer nachtheistischen Zeit »unverändert relevant« ist. »‹Nur der leidende Gott kann helfen‹ schreibt D. Bonhoeffer. Als dogmatischer Satz ist dies für Schülerinnen kaum verständlich, zumal in einer Zeit, in der ›Power‹, Überwältigung des Gegners, Sieg in der Konkurrenz das Wichtigste überhaupt zu sein scheint. Beobachtet man aber bei den Propheten, in manchen Geschichten, wie dieser Gott klagt, weil die Menschen sich ihm verschließen, wie er um sie wirbt wie ein Liebender, ohne doch Glauben erzwingen zu können, dann kann geahnt werden: Es gibt eine spezifische Ohnmacht der Liebe, die nichts mit Kraftlosigkeit zu tun hat, sondern mit der innersten Freiheit des anderen, den sie gewinnen will. Öffnet er sich, so schafft die Liebe ihn neu – was keine Power vermag. ... Die Begegnung mit den Schülerinnen drängt zu neuen Fragen an die Bibel als Glaubensquelle und diese wiederum verändern die theologische Theorie. Schon einige Male in der Geschichte der Kirche ist ebendieses geschehen: Die reflektierte Praxis zwang zur Neuorientierung im Denken. Es ist der Weg, auf dem Kirche und Theologie vor dem Erstarren bewahrt werden, vor ›Dumm-Werden‹, um ›Salz der Erde‹ sein zu können.«[18]

---

18 Als Beispiel für einen solchen Unterricht vgl. Schriftenverzeichnis Nr. 29 und 30, 76 u.ö.

2.4 (Sozial-)Ethische Überlegungen zum Religionsunterricht in der Marktgesellschaft

Am Beispiel des ethischen Lernens oder der Frage der Moralität als Lernziel erörtert Marie Veit 1977 prinzipielle Fragen des Religions-, ja auch des gesamten Schulunterrichtes in einer von kapitalistischer Ökonomie bestimmten Gesellschaft unter dem Titel »Kann ›Moralität‹ ein Lernziel sein? Überlegungen zum Religionsunterricht in der Marktgesellschaft« (Schriftenverzeichnis Nr. 21). Ausgehend von Sigmund Freud, Herbert Marcuse und David Riesman und zielend auf die Arbeiten Erich Fromms thematisiert Marie Veit die Auswirkungen des Marktes auf die Charakterbildung und fasst mit den Erkenntnissen aus der Psychologie zusammen, dass die wirtschaftliche Struktur nicht lediglich unser äußeres Ergehen beeinflusst, sondern »sie wandert auch in unsere Psyche ein«: Zustimmend zitiert sie Fromm: »Dass man sich selbst als Ware und seinen Wert als Tauschwert begreift, diese Orientierung bezeichne ich als Markt-Orientierung.« Eine tiefe Verunsicherung der Identität der Schüler*innen ist die Folge. Auf diesem Hintergrund formuliert Marie Veit ihre Ausgangsfrage: »Kann ›Moralität‹ heute, für weitgehend außengelenkte und marktorientierte Schülergenerationen ein Lernziel sein? Und worin würde es eigentlich inhaltlich bestehen?«

Mit Sartre, Heidegger und vor allem Erik Erikson sucht Marie Veit eine erste philosophisch-psychologische Antwort auf ihre Fragestellung und entdeckt, dass die Offenheit und »die Fähigkeit, auf andere Menschen wie auf Sachgegebenheiten einzugehen, ohne sich selbst zu verlieren«, die Grundlage für eine reife produktive Moralität ist. Das »theologische Plus« gegenüber dieser Erkenntnis sieht Veit in einem doppelten: zum einen dass diese Offenheit »Folge einer tiefen und grundlegenden, wenngleich selten formulierten Erfahrung des ›Offenen‹ (Rainer Maria Rilke) ist, des nicht endenden ›Rufes‹ der Transzendenz (Hans Jonas)«, und zum andern dass diese Erfahrung »realisiert wird in dem Versuch des Menschen, den schaffenden und erlösenden Gott ›ins Dasein zu rufen‹ (Dorothee Sölle[19]).[20] Die Konsequenz die-

19 M. Veit zitiert in diesem Zusammenhang auch D. Bonhoeffers Brief vom 21. Juli 1944. Vgl. DBW 8. Gütersloh 2015, S. 541 ff.

20 Dabei, und das erscheint mir entscheidend, »ist es nicht notwendig, dass der handeln-

ser Überlegungen, ohne hier auf die Konkretionen einzugehen, beschreibt Marie Veit so: »Da ein Verständnis des Christlichen ohne Willen zur Moralität nicht möglich ist; die in der Marktgesellschaft vorherrschende Charakterorientierung aber der Moralität widerspricht, so ergibt sich: das Lernziel ›Moralität‹ ist integraler Bestandteil eines Religionsunterrichtes, der das kritische Potential des genuinen Christentums nicht unterschlägt. Es kann in der Schule der Marktgesellschaft nur dann realisiert werden, wenn um Lehrende und Lernende herum zugleich ein Stück Gegengesellschaft entsteht, in der die Entstehung der charakterlichen Marktorientierung bekämpft wird. Auf welche Weise kann schulischer Unterricht so großen Zielen dienen? Ich nenne zwei einfache, dennoch im Schulalltag erfahrungsgemäß nur unter Schwierigkeiten realisierbare Prinzipien (die sich im Übrigen keineswegs auf den Religionsunterricht beschränken sollen):

A) Der Schüler muss seinen eigenen Wert als Mensch erleben.
B) Der Schüler muss an der Gestaltung seiner Welt (der Schule) beteiligt sein können.

Kommen diese Prinzipien zur Geltung, so bieten sich Stoffe und Inhalte genug, gerade im Religionsunterricht, die dem Lernziel ›Moralität‹ dienlich sein können.«

Friedensbildung ist ein weiteres didaktisch-methodisches Problem, dem Marie Veit 1984 nachdenkt. Sie fragt danach, welchen Beitrag der Religionsunterricht im Dienst des Friedens leisten kann (Schriftenverzeichnis Nr. 40). Als Ausgangsthese formuliert sie: »Jedes größere Gemeinwesen braucht Zusammenhalt, der nicht durch den Machtapparat von Verwaltung, Gesetzgebung, Rechtsprechung allein garantiert werden kann; es muss ihm eine kulturelle Identität zugrunde liegen.«[21] Dazu gehört der Zusammenhang zwischen gesellschaftlichen und religiösen Institutionen. Dem geht Marie Veit durch die Ge-

---

de Mensch sich selbst theologisch interpretiert«. Auch dazu vgl. D. Bonhoeffer aaO.

21 Vgl. dazu das sog. Böckenförde-Diktum: »Der freiheitliche, säkularisierte Staat lebt von Voraussetzungen, die er selbst nicht garantieren kann.« Ernst Wolfgang Böckenförde: Die Entstehung des Staates als Vorgang der Säkularisation. In: Recht, Staat, Freiheit. Studien zur Rechtsphilosophie, Staatstheorie und Verfassungsgeschichte. Frankfurt 1991.

schichte bis zu dem »wichtigen Einschnitt« der Zeit der nationalsozialistischen Diktatur und der bekennenden Kirche nach, skizziert sodann den ›Nachkriegsreligionsunterricht‹ mit der Evangelischen Unterweisung und dem Hermeneutischen Religionsunterricht bis zur »Öffnung des Faches Religion für sozialwissenschaftliche Fragestellungen« im Konzept der Problemorientierung. Die große Chance dieser Konzeption sieht Marie Veit in »einer wirklichen Begegnung mit den Human- und Gesellschaftswissenschaften« – nicht zuletzt im Blick auf die Schüler*innen, die so »die in der Theologie bereit liegenden verstaubten Schätze« entdecken können. Die Lösungsperspektive sieht Veit in ihrem Vorschlag eines problemorientierten Bibelunterrichts. Sie fordert eine radikale Selbstaufklärung der Theologie und – einmal mehr – den praktischen Zusammenhang von historisch-kritischer Exegese und theologischer Ideologiekritik hinsichtlich der Friedensaufgabe und hält fest: »Aufräumarbeit tut not«. In diesem Sinne benennt sie sieben »traditionsbedingte Hindernisse der Friedensfähigkeit in der evangelischen Theologie«:

- die Verwechslung eines – biblisch zum Aufbruch ermutigenden – Gottvertrauens mit Schicksalsergebenheit wie sie in einer nicht eschatologisch verstandenen dritten Vater-Unser-Bitte deutlich wird;
- die Herabsetzung des Menschen, die Überzeugung von seiner »Schlechtigkeit« statt des biblischen Zutrauens Gottes zum Menschen;
- ein infantiles Glaubensverständnis, das sich in Denk- und Kritikverboten ausdrückt;
- das Verständnis von Sünde als Übertretung von Tabus und daraus resultierender Mahnung zu ständiger Vorsicht und Zurückhaltung anstelle eines biblischen Sündenverständnisses, das diese als Mangel an Glauben und d.h.: Mangel an Mut ansieht (vgl. D. Bonhoeffer);
- ein Verständnis, das das eigentliche Leben erst nach dem Tod kommen sieht;
- die Ansicht, der Christ sei friedlich und strebe nach einem gesellschaftlichen Harmoniemodell, brauche also das Austragen von Konflikten nicht zu lernen;
- und schließlich ein Gottesverständnis, das Fulbert Steffensky, den Veit hier zitiert, so zur Sprache brachte: »‹Ihr habt uns verschwiegen, dass er Lie-

be ist, und dass Liebe Herrschaft zerbricht, und zuerst die eigene.‹[22] Frieden setzt den Verzicht auf Herrschaft voraus, er verlangt stattdessen Toleranz (von oben!) und Kooperation. Ein verzerrtes Gottesbild, in dem sich der Herrschaftswille einer Kirche widerspiegelt, darf ihm nicht länger im Wege stehen.«

Der Aufsatz schließt mit fünf »unausgeschöpften Quellen aktiver Friedenspolitik im Evangelium:

- der Wert und die Möglichkeiten jedes einzelnen Menschen werden im Neuen Testament sehr hoch eingeschätzt;
- Konflikte werden offen ausgesprochen, nicht verschleiert, und so bearbeitbar;
- die Bereitschaft zu leiden;
- Jesus ist nicht nur das Urbild erbarmender Liebe, sondern auch des unnachgiebigen Kampfes gegen Ungerechtigkeit;
- die Lehre von Heiligen Geist und seinen Gaben, von der »neuen Kreatur«, von den ungeahnten Möglichkeiten des befreiten Menschen ist endlich fruchtbar zu machen.«

Nachdem Marie Veit 1989 einen größeren Beitrag zur Religion der Bildzeitung[23] veröffentlicht hatte, leistet sie 1990 gemeinsam mit anderen mit einem Unterrichtsentwurf politisch-theologische Alphabetisierung für die religionspädagogische Arbeit in der Berufsschule zum Thema »Wer ist ›reich‹? Zwei Beispielerzählungen für die Arbeit in der Berufsschule« (Schriftenverzeichnis Nr. 76). Ausgangspunkt ist ein Artikel in der Bildzeitung mit dem Titel »Die

---

22 Formuliert im Politischen Nachtgebet »Demokratie in der Kirche« 1970; als Manuskript gedruckt, vergriffen.

23 Vgl. »... die sind glücklich in der Welt und werden reich«. Die Religion der Bildzeitung. In: Grotjahn, Friedrich/Gutmann, Hans Martin (Hg.): Parabel. Band 10/11. Münster 1989. S. 23-30. Auch in: Die Religion der BILD-Zeitung. »...die sind glücklich in der Welt und werden reich«. In: ChristInnen für den Sozialismus (Hg.): Geschichte-Theorie-Praxisberichte. Münster 1992. S. 133-142; forum religion o.Jg. (1992), H. 3. S. 12-16. (Schriftenverzeichnis Nr. 72). Vgl. weiter: »Über die Religion der BILDzeitung. Unser Vater Cäsar Springer«. In: reformiert. Bilder und Berichte aus der Evangelisch-reformierten Kirche. Leer 1993. S. 4. (Schriftenverzeichnis Nr. 92).

Aufsteigerinnen«. Es geht darum, wie hier »Karriere« beschrieben wird und welcher geheime Lehrplan hinter diesem Beitrag einer gleichnamigen Artikelserie vermittelt wird. Kontrastierend wird dem die Beispielerzählung vom reichen Kornbauer (Lukas 12, 15-21) gegenübergestellt. Der Entwurf enthält dazu Aufgabenstellungen und Materialien. Problem- und schülerorientierter Bibelunterricht par excellence!

1992 erscheint der Text »Good News im Hoffnungsschrank« (Schriftenverzeichnis Nr. 85). Marie Veit sammelt seit einem Gottesdienstbesuch in New York gute Nachrichten, nachdem sie bei diesem Gottesdienst bemerkte, wie ungeübt sie war und wie wenig Tradition bei uns es hatte, nach dem Ausschau zu halten, was Hoffnung konkret stärkt, nämlich Nachrichten von gelungenen Aktionen, von vorwärtsweisenden Ideen. So begann sie nach guten Nachrichten zu schauen: Gesammelt werden Worte, die Taten sind. Dies Sammeln fordert ständige Entscheidungen. Da kommen Vorzeichen der neuen Gesellschaft ins Spiel. Es muss eine Erzählkultur entstehen, in der die Bibel fortgeschrieben wird. Die Bibel rechnet immer mit den größeren Möglichkeiten Gottes und mit Menschen, die den Weg dafür bereiten.

Von einer dieser guten Neuigkeiten erzählt Marie Veit 1993 unter dem Titel »Die Beichte« (Schriftenverzeichnis Nr. 90). In einer siebten Klasse der Hauptschule hatten sich die Schüler*innen angewöhnt, »sich gegenseitig zwischen die Beine zu treten mit möglichst schweren Stiefeln« bis hin zu gravierenden Verletzungen. Die Lehrerin versuchte alles Erdenkliche – ohne positive Folgen. Dieselben Kinder singen in der Adventszeit gerne Weihnachtslieder. Der Raum wurde hergerichtet. Doch bevor gesungen wurde, sagte die Lehrerin zu den Schüler*innen: »Wir müssen zuerst etwas anderes tun: beichten nämlich.« Die Schüler*innen sollten aufschreiben, »wem er/sie in der letzten Zeit einen Schaden getan oder Schmerzen zugefügt habe; niemand würde die Zettel lesen, sie selbst, die Lehrerin, schriebe auch.« Die Zettel wurden dann im Nachbarraum verbrannt. »‹Ich habe euch mal erzählt‹, so die Lehrerin, ›dass die Menschen früher dachten, Feuer und Rauch brächten ihre Opfergaben zu Gott; so können wir uns jetzt vorstellen, dass das, was auf den Zetteln stand, nicht mehr bei uns ist, sondern bei Gott.‹ Die Klasse ging in ihren Raum zurück, die Lehrerin begann die Kerzen anzuzünden – da sagte der schlimmste Treter nachdenklich in die Klasse: ›Jetzt ist ein neuer Mensch geboren‹.«

Zum Nürnberger Forum 1994 mit dem Tagungsthema »Das Projekt Weltethos in der Erziehung« hält Marie Veit einen Vortrag mit dem Titel »Der Konziliare Prozess[24] in Schule und Gemeinde« (Schriftenverzeichnis Nr. 106), der ein Jahr später im Dokumentationsband der Tagung veröffentlicht wurde. Zunächst erinnert sie daran, dass Moralität in der Emotionalität wurzelt und zwar in der Freude am Leben. »Denken wir an unsere alte Bibel: … Bevor Gesinnung und Verhalten angesprochen werden, wird erzählt, erinnert, schon geschehene Befreiung zurückgeholt« – Lebensfreude wird geweckt. Ganz entsprechend sollte die Methode der Arbeit im konziliaren Prozess »nicht in erster Linie hortativ, sondern narrativ sein. … Wichtig ist dabei, solche Bewegungen vorzustellen, die Erfolg hatten; es entspricht biblischer Tradition, die gelungenen Beispiele vor Augen zu stellen; sie machen Mut, sie zeigen, was geht, sie locken statt nur zu mahnen.« Es gilt, die ›good News aus dem Hoffnungsschrank‹ immer wieder auszupacken und zu erzählen und parallel dazu diese weiter zu sammeln.

Das Ziel des konziliaren Prozesses formuliert Marie Veit in drei Punkten: 1. Die Freude am sinnvollen Engagement wecken. 2. Gelingende Schritte im konziliaren Prozess setzen Gemeinschaft voraus, Gruppen; »sie holen aus der Vereinzelung heraus und schaffen gemeinsame Erfolgserlebnisse, aber auch Erfahrungen mit Flügelkämpfen: was den einen zu weit geht, geht den anderen noch lange nicht weit genug; der Umgang mit der Ungeduld der einen und der Ängstlichkeit der anderen, der Versuch, Methoden zu finden, um die Gruppe dennoch zusammenzuhalten, kann überaus bildend sein.« 3. Theologisch kann der »Vorrang der Praxis« (Befreiungstheologie, aber auch der alte Pietismus mit seinem Wertlegen auf die praxis pietatis) wiederentdeckt und sein Missverständnis als ›Werkgerechtigkeit‹ abgebaut werden. »Zudem müssen Erbübel der deutschen protestantischen Theologie wie die Überzeugung, dass man das ›Schicksal‹ eben hinnehmen müsse oder dass der Mensch viel zu schlecht sei, um in der Welt etwas zum Besseren zu wenden, überwunden werden, was am besten durch reflektierende Praxis gelingt.«

24 Zum Thema vgl. auch: Vortrag zur Vorbereitung der Weltversammlung 1990 in Oldenburg am 13. 2. 1988. Unveröffentlicht. Schriftenverzeichnis Nr. 64.

2.5 Gefährliche Erinnerungen erzählen

Programmatisch formuliert Marie Veit in ihrem ersten religionspädagogischen Aufsatz als Professorin 1974 mit dem Titel »Hermeneutische Aufgaben des kirchengeschichtlichen Unterrichts« (Schriftenverzeichnis Nr. 19), »dass Didaktik des Religionsunterrichts eine theologische Disziplin sei, die (wie alle theologischen Disziplinen) zwar von anderen Wissenschaften lernen, sich aber ihre Entscheidungen nicht von ihnen abnehmen lassen kann – auch nicht von der damals modisch-aktuellen Curriculumtheorie. Theologisch gilt, dass von der christlichen Religion nur dann etwas verstanden werden kann, wenn in einem sie betreffenden Unterricht nicht nur argumentiert, sondern auch ›erzählt‹ wird, wenn die in ihrer Geschichte gemachten Erfahrungen weitergegeben werden, um Anstoß zu neuer Erfahrung zu werden.« Ein Absehen von konkreter Realität würde das Verständnis des Christlichen ›verderben‹, deshalb ist bedeutsam das einzuüben, was J. B. Metz »gefährliche Erinnerung« genannt hat. Geschichtsblindheit und mangelndes Selbstvertrauen, so Marie Veit, habe dazu beigetragen, dass Obrigkeitsgehorsam viel länger sich halten kann als »die Obrigkeiten« selbst: »und eben dies ist die Lebenssituation, die wir vorfinden: eine schlechte Disposition der meisten Erwachsenen für Freiheit, Selbstbestimmung und demokratische Kontrolle der Macht«. Evangelischer Religionsunterricht – das wird hier deutlich – hat im Verständnis Marie Veits immer auch eine Identität und Autonomie stärkende und damit immens politische Funktion und Folge. Somit wendet sie sich auch gegen ein vom Individuum »als Grundkategorie der bürgerlichen Gesellschaft« ausgehendes Verständnis der Geschichte und fordert als erste hermeneutische Aufgabe kirchengeschichtlichen Unterrichts, »vom individualistischen Interpretationsansatz wegzukommen und stattdessen die Geschichte der Gemeinde zu erzählen«. Deren Lernprinzip formuliert Marie Veit in »der zweiten hermeneutischen Aufgabe gerade kirchengeschichtlichen Unterrichts: dem Prinzip des Lernens von den Unterlegenen«. Methodisch schlägt Marie Veit das Erzählen vor, weil »hier neben kognitiven auch affektive Lernziele erreichbar sind: das Gewinnen innerer Bilder beim Hören, die Inanspruchnahme kreativer Phantasie, die Sensibilisierung für menschlich-geschichtliche Möglichkeiten und Schicksale ist kaum irgendwo so möglich.«

Ein letzter eher religionsdidaktischer Aufsatz erscheint 1994 und sucht didaktisch-methodisch die Ideen zum kirchengeschichtlichen Unterricht an einem reformationsgeschichtlichen Thema umzusetzen. Er hat den Titel »Das Marburger Religionsgespräch 1529, didaktisch aufbereitet« (Schriftenverzeichnis Nr. 98). Während auf den ersten Blick das Thema »so ungeeignet wie nur möglich« erscheint, plädiert Veit dafür aus dem pädagogischen Grund, dass das Thema »die Kontingenz geschichtlicher, gerade auch kirchengeschichtlicher Entwicklungen« deutlich werden lässt »und diese im Gespräch mit den Schülern bedacht werden« kann. Veit fährt fort: »Dass man Richtiges wollen und dennoch scheitern kann, ist freilich eine täglich ins Haus gelieferte Erkenntnis, die psychologisch für junge Menschen nicht ungefährlich ist. ... Die Aufarbeitung mit Hilfe erwachsener Gesprächspartner ist dringend; und für die Schule bietet sich gerade dafür der Blick in die Geschichte an. ... Die Jugendlichen sollen sich erzählen lassen und einen Eindruck davon gewinnen, wie es zugeht, wo Entscheidungen gefällt, Weichen gestellt werden, wo auf Ziele hin verhandelt wird.« Der Beitrag entfaltet nach grundlegenden Überlegungen Lernmöglichkeiten für Jugendliche, Ziele des Unterrichts sowie methodische Fragen und macht so deutlich, dass für Marie Veit auch 1994 noch gilt, was ihr 1974 programmatisch wichtig war, dass die Didaktik des Religionsunterrichtes eine theologische Disziplin ist.[25]

Die Texte aus den Jahren 1994 bis 1998 sind dann eher grundsätzlicher religionspädagogischer denn religionsdidaktischer Natur, wenngleich diese Trennung in Marie Veits Denken fast künstlich erscheint.

2.6 Politische Alphabetisierung

1987 reagiert Marie Veit auf einen Artikel des Allgemein- und Entwicklungspädagogen Alfred K. Treml mit dem Titel »Der Freire-Mythos. Zur Entmythologisierung der Freire Pädagogik aus entwicklungspädagogischer Sicht« mit einer Erwiderung unter dem Titel »Freires pädagogische Grundgedanken in Europa« (Schriftenverzeichnis Nr. 59), in dem sie sich vor allem auf ihre Er-

25 S. Schriftenverzeichnis Nr. 19.

fahrungen aus dem Forschungssemester bei der Mission Populaire in Paris aus dem Jahr 1978 bezieht. »Bewusstseinsbildung (das portugiesische Wort »conscientizacao« umschließt zugleich Gewissensbildung) erfolgt dadurch, dass die Arbeiter*innen sich ihren Arbeitsalltag innerlich zu eigen machen und befragen.« Sie überlassen deren Deutung nicht den Boulevardblättern wie in der Bundesrepublik Deutschland etwa der Bild-Zeitung, die Marie Veit auf ihre ›religiösen‹ Inhalte in dieser Zeit mehrfach zum Gegenstand von Arbeiten gemacht hat.[26] »Die équipes ouvrières urteilen selbst, in gemeinsamer Suche nach Verstehen ihrer Lage. … Als ich dem Pfarrer meine Bewunderung für die Gemeinde, die so klar, selbstbewusst und informiert fragen konnte, zum Ausdruck brachte, sah er mich erstaunt an: ›Aber es sind doch die eigenen Probleme der Leute!‹ – ›Allerdings‹, fügte er hinzu, ›wir bemühen uns ja auch, dass sie sich ihres Lebens bewusst werden und es selbst in die Hand nehmen.‹ Politische Alphabetisierung in Europa für ›Lieschen Müller‹ und Monsieur Dupont: nicht Mythos, sondern Möglichkeit.«

Sechs Jahre später bei dem 1993 von der EKD veranstalteten Forum »Evangelische Bildungsarbeit: Standortbestimmung, Diskussion über Ziele« ist Marie Veit eine der Eingangsreferent*innen mit dem Beitrag »Orientierungsmöglichkeiten und Integrationsaufgaben im Spannungsfeld von Leben, Lernen und Arbeiten« (Schriftenverzeichnis Nr. 93). Sie beginnt mit dem Stichwort »Integration«. Während Schulen, Betriebe und Behörden Integration im Sinne von fragloser Anpassung verstehen, wobei gelernt wird, die eigenen Erfahrungen zu übergehen, zu unterdrücken, ja zu vergessen, versteht Marie Veit darunter die »Integration in die Risikogesellschaft, um zu erkennen, welche Risiken eingegangen werden müssen, um andere, tödliche Risiken zu vermindern«. Dabei geht es um »die Kooperation aller, die Fähigkeit der Erwachsenen, ihre eigenen Erfahrungen und Ängste gemeinsam fruchtbar zu machen, um an jeweils einer Stelle mitwirken zu können zur Rettung von Zukunft«. Zwei Hindernisse weltanschaulicher Art stehen freilich einer solchen evangelischen Erwachsenenbildung zunächst entgegen, die Marie Veit immer wieder thematisiert: der resignative Misanthropismus des deutschen lutherischen Protestantismus und der von Erich Fromm und David Riesman beschriebene marktorientierte Charakter.

26 Vgl. dazu Schriftenverzeichnis Nr. 72, 76 und 92.

Worin sieht Marie Veit nun Orientierungsmöglichkeiten? Sie nennt fünf Punkte:

1. »Erwachsene müssen befähigt und ermutigt werden, eigene Vorerfahrungen wahrzunehmen, ernst zu nehmen und zu formulieren.« Leidenschaftlich plädiert sie dafür, dass dies insbesondere für die Menschen in Ostdeutschland gilt: »Es wäre ein großer Verlust, wenn die Menschen Ostdeutschlands sich ihre eigenen Erfahrungen aus den letzten 40 Jahren ausreden ließen, statt sie für die gesamtdeutsche Entwicklung fruchtbar zu machen. Das siegreiche System tendiert ja immer dazu, allein die Bewertungen festzusetzen und das Geschichtsbild zu bestimmen. Vergessen Sie nicht, worunter Sie gelitten haben (und was niemand von uns so nachvollziehen kann), aber vergessen Sie auch nicht, was wertvoll war – und: was Sie bei uns befremdet.«[27]
2. »Alle Erwachsenenbildung muss auch gesellschaftsorientiert sein.«
3. »Der ›Blick nach unten‹ muss wieder eingeübt werden, dieser so genuin biblisch-christliche Blick.«
4. »Freude und Neugier auf Fremdes müssen geweckt und bestärkt werden. ... Toleranz gehört zur Demokratie. ... ›Fremdeln‹ gehört zum kleinen Kind, es hat in einer bestimmten Lebensphase des ersten Lebensjahres seine Funktion; aber, laut Paulus, sollen wir ja nicht Gottes Säuglinge bleiben, sondern seine erwachsenen Kinder werden, Juniorchefs und -chefinnen in seinem großen Betrieb...«
5. »Als Letztes nenne ich die Aufgabe, Erwachsene ›fest‹ zu machen gegen Manipulation. Auch in der Erwachsenenbildung muss die Erfahrung gemacht werden können, dass man nicht Beliebiges behaupten kann, sondern dass man in vielen Fällen sehr genau sagen und erkennen kann, was Sache ist, wenn man genau zusieht und methodisch angeleitet ist. ... Damit demokratische Einmischung von unten stattfinden kann!«

27 Vgl. dazu auch: Marie Veit, Pluspunkte für die PDS? (Schriftenverzeichnis Nr. 93)

2.7 Zwei akademische Resümees

Nach 18jähriger Tätigkeit als Professorin an der Justus Liebig Universität in Gießen hält Marie Veit 1990 ihre Abschiedsvorlesung zu einem Thema, das für sie seit den 1960er Jahren in unterschiedlichen Zusammenhängen besondere Bedeutung erlangt hatte: »Der Religionsunterricht und die Frage nach der Wahrheit« (Schriftenverzeichnis Nr. 89). Der Text wurde in verschiedenen Auszügen und Variationen publiziert. Das Thema war (und ist wohl wieder) aktuell. Es ist eine zugleich – wie könnte es anders sein – theologische und politische Rede einer Didaktikerin.

Marie Veit stellt die Frage nach der Wahrheit nämlich nicht philosophisch, sondern als Didaktikerin auf Grund eigener Beobachtungen, die sie empirisch verallgemeinert. Sie beobachtet bei kleinen Kindern das Verlangen nach Wahrheit und in den letzten Jahrzehnten bei Grundschülern schon eine »Abschwächung des Wahrheitsinteresses« auf Grund von Reizüberflutung, Videokonsum und daraus resultierendem Aufmerksamkeitsverlust. Bei Jugendlichen war die Wahrheitsfrage bis in die 1960er Jahre virulent, danach nahm sie ab: »Mit den jungen Menschen ... ist – so meine ich – etwas geschehen, was sie ihrem Wesen als Mensch entfremdet; sozialgeschichtlich sind wir in eine neue Epoche getreten ... in die Epoche der Überproduktions- und Konsumgesellschaft. ... In ihr tritt die Wahrheitsfrage weitgehend zugunsten ganz anderer Prioritäten zurück. Solche Entwicklung bringt Sorgen mit sich um die Zukunft nicht nur des Glaubens, sondern auch der Demokratie.«

Daraus resultiert für Veit als erste Aufgabe des Religionslehrers, dass dieser sich zuerst der Frage nach der Wahrheit stellen muss. Selbstreflexiv erläutert sie dazu ihre eigene Biographie vom Konfirmandenunterricht, dem Studium, Bultmanns existentialer Interpretation mit ihrer zentralen Frage, wie der Mensch sich selbst verstehen will. So wird deutlich: »Glaubenswahrheit kann man nicht ›haben‹, sondern sich nur zu ihr auf den Weg machen.«

Religionspädagogisch bedeutet dies und darin liegt Marie Veits apologetischer Ansatz, ›den Schüler*innen den Charakter der biblischen Geschichten verständlich zu machen‹. Dazu gehören die Differenz zwischen historischen Dokumenten und Glaubensgeschichten, die Unterscheidung zwischen Glaube und Weltbild und die Entdeckung, dass der Mensch als Mensch in den Ge-

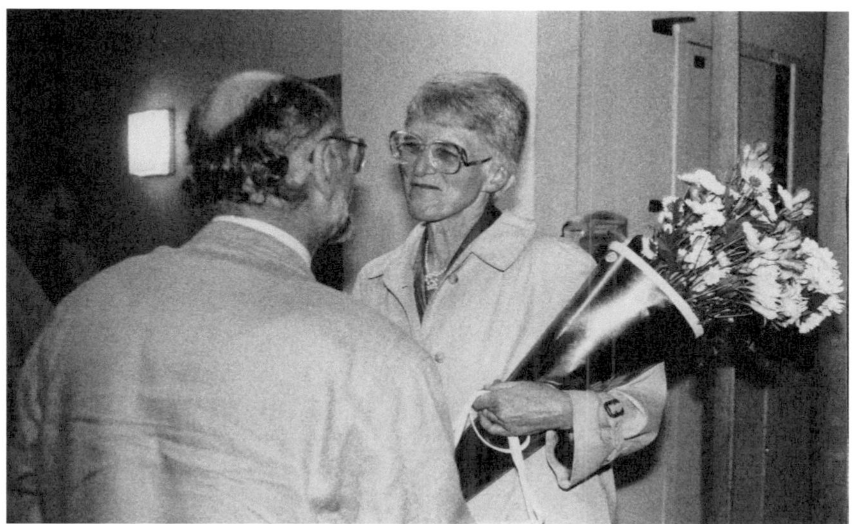

Übergabe einer Schultüte an Marie Veit anlässlich ihrer Abschiedsvorlesung an der Justus-Liebig-Universität Gießen 1990

sichtskreis tritt: »Der Mensch als ein Wesen, das angeredet werden und antworten kann. Für ihn ist die Welt nicht hermetisch abgeschlossen. Ein Fenster ist offen in eine Zukunft, über die der Mensch nicht verfügt, aber woher er angerufen wird.« Ob Gemeinden und Schüler*innen diesen Weg des Glaubens jenseits »einer ein für alle Mal fertigen Lehre« beschreiten, »hängt mit davon ab, ob der Religionslehrer es wagt, die Wahrheitsfrage methodisch anzugehen«. Veits Grundoption für diesen apologetischen Ansatz ist die »Option für die Massen«.

Diese Option führt unmittelbar zu der zweiten von Veit formulierten Hauptaufgabe des Religionslehrers, »die Wahrheitsfrage in den Jugendlichen überhaupt erst zu wecken«. Weshalb sie geweckt werden muss, erläutert sie an den Veränderungen des Sozialcharakters aufgrund ökonomischer Entwicklungen mit den Forschungen von Erich Fromm, dessen Arbeiten sie lebenslang beschäftigten. Wiederum erläutert sie zunächst ihre Herkunft, die biographisch von einem innengelenkten Charakter geprägt ist; und sie nimmt die Veränderungen der Jugendlichen hin zu einem »marktorientierten Charakter« (Erich Fromm) wahr, d.h.: »man erlebt sich selbst als Ware« in der Überfluss und Kon-

Marie Veit bei ihrer Abschiedsvorlesung an der Justus-Liebig-Universität Gießen 1990

sumgesellschaft, da »Erfolg weitgehend davon abhängt, wie man seine eigene Persönlichkeit verkauft« (E. Fromm). Fromm erläutert: »Da der moderne Mensch sich gleichzeitig als Ware und als Verkäufer dieser Ware empfindet, ist sein Selbstbewusstsein von Voraussetzungen abhängig, die sich seiner Kontrolle entziehen.« Und Veit kommentiert: »Apathie und Destruktivität – Sorgen der Lehrer heute – dürften wohl hier ihre Ursache haben.« Theologisch interpretiert Veit diese Situation so: »Wo der Mensch sich selbst vor allem als Ware erlebt, wo nicht er selbst, sondern seine Verkäuflichkeit auf dem Persönlichkeitsmarkt entscheidend zu sein scheint, da ist der christliche Glaube zentral gefordert. Nicht Leugnung Gottes, sondern Leugnung des Menschen als Person scheint mir heute die Position zu sein, gegen die der Glaube sich bewähren muss. ... Christlicher Glaube denkt den Menschen ... als radikale Subjektivität.« Aus diesen Überlegungen resultieren für Marie Veit drei drängende und auch heute noch weithin unbeantwortete bzw. immer wieder neu zu beantwortende Fragen:

- Wie können wir Kindern und Jugendlichen in der Massenschule, in der Hektik der Leistungsorientierung, in Konsumzwang und Trend-beherrschtsein dazu verhelfen, dass jedes Kind und jeder Jugendliche sich selbst als Person wichtig – ernst genommen, angesprochen – erfährt?
- Wie können wir dazu beitragen, dass aus den Tiefen ihres Wesens der Wunsch und die Fähigkeit, selbst zu sein, selbst zu denken und dann auch Interesse für andere als Person aufzubringen, aufsteigt und sich entfalten kann?
- Wie können wir in jungen Menschen Zutrauen zum eigenen Urteilsvermögen entwickeln und damit auch die Fähigkeit, nach Wahrheit zu fragen, statt sich manipulieren zu lassen?

Es ist deutlich: Wenn dies nicht gelingt, droht auch die Gefahr eines neuen Faschismus.«

Für den Religionsunterricht heißt dies, dass der Protestantismus besonders deutscher Prägung eine seiner Traditionslinien, die weit über den kirchlichen Bereich hinaus wirkt, verlernen muss: »die Neigung, dem Menschen nicht allzu viel zuzutrauen, sein Selbstwertgefühl eher zu schwächen als zu stärken. ... Der Gott der Bibel traut dem Menschen sehr viel zu. Der Mensch ist Stellvertreter Gottes, Mitarbeiter Gottes, Freund Gottes; alle diese Bezeichnungen lesen wir da. Wohl braucht der Mensch Gnade; aber auch die setzt ihn gerade nicht herab. Vergessen wir nicht: das neutestamentliche Wort für Gnade, charis, bedeutet zugleich Anmut, Charme Gottes – mit dem er sich dem hochgeliebten Menschen zuwendet, bis dem das Herz warm wird und er sich öffnen kann.« Religionspädagogisch kann dies umgesetzt werden dadurch, dass der Respekt vor dem jungen Menschen in der Praxis des Unterrichts, im Verhalten des Lehrers, in der Sorgfalt seiner Vorbereitung und in der vermittelten Lehre selbst fühlbar ist. »Das ist ein Prinzip für einen Religionsunterricht, der einer Leugnung der Personalität des Menschen entgegenarbeitet.«

Veit benennt kürzer zwei weitere Aufgaben des Religionsunterrichtes. Zum einen nennt sie die Wiederentdeckung der eschatologischen Perspektive der Bibel. »Statt Schicksalsergebung: Tätig sein für die Zukunft.« Sie beschreibt die Bibel als ein Buch der Hoffnung für einzelne Menschen wie für die ganze Erde. Dies im Kontext der Wahrheitsfrage im Religionsunterricht zu thematisieren »bekämpft eine hochgefährliche Irrlehre: die Verwechslung von Glaube und Resignation«. Zum andern nennt sie »die Wiedergewinnung des genuin biblischen Gottesbildes« und folgt darin Denkanstößen von Dietrich Bonhoeffer – in freilich eigener Sprache: Gott wirbt um den Menschen und »wir« schauen in manchen Geschichten der Bibel dem Werben Gottes um den Menschen zu – und dem Leiden Gottes, wenn die Hörer sich verschließen. Nicht erst auf Golgatha beginnt das Leiden Gottes, wir sehen da der Ohnmacht der Liebe zu, die nicht zwingen kann. Das Geheimnis dieser Liebe: sie ist stärker als alle Power; sie schafft den Menschen neu, den sie gewinnt.« Der biblische Gott ist also nicht »der Power-Gott aller Theismen«, sondern er setzt auf den Menschen. Dies kommentierend zitiert Marie Veit die Vorlesung abschließend »einen Realschüler einer zehnten Klasse: ›Junge, Junge, da hat er sich aber etwas aufgeladen mit den Menschen. Und meint er denn, dies ginge gut?‹ Das ist die Wahrheitsfrage, die an uns gestellt ist.«

1946 promovierte Marie Veit bei Rudolf Bultmann, fünfzig Jahre später 1996 feiert sie in Marburg ihre Goldene Promotion und hält den zwei Jahre später publizierten Vortrag »Von Bultmann zur Didaktik des Religionsunterrichtes – eine Testamentsvollstreckung«[28] (Schriftenverzeichnis Nr. 113): Marie Veit erzählt und reflektiert ihren Lern- und auch Lebensweg und viele Passagen lesen sich wie eine kurzgefasste Geschichte von Theologie und Religionspädagogik in der zweiten Hälfte des 20. Jahrhunderts.

Als Jugendliche wehte sie der Atem der Zukunft aus ihrer Lektüre des Neuen Testamentes an. »Viel später hörte ich, wie Rudolf Bultmann gefragt wurde, ob er ganz kurz und einfach sagen könne, was ›Gott‹ sei. ›Oh ja‹, erwiderte er, ›Gott ist meine Zukunft‹. Der Fragesteller war entsetzt; mir war sofort klar: so ist es.« Sie berichtet von den zwei Hermeneutiken – der wissenschaftlichen Hermeneutik Bultmanns und der erfahrungsgesättigten, frommen Hermeneutik von Gemeindegliedern, die miteinander im Streit liegen und ihrer Frage, wie sie sich entscheiden sollte: »Deutlich empfand ich damals, in der Mitte meiner Studienjahre, die Aufgabe, die vor mir stand: das Verhältnis der beiden Hermeneutiken zueinander zu klären, einen Weg zu finden, auf dem

---

28 Auch publiziert unter dem Titel »Noch einmal von vorn anfangen...? Von Bultmann zur Didaktik des RU – ein persönlicher Weg«.

weder die ›intellektuelle Redlichkeit‹ noch die Schätze der Tradition und des ›Drinnenseins‹ verloren gingen. Noch musste ich die Frage offen lassen, vermochte an der Lösung der Aufgabe nicht direkt zu arbeiten, zumal die Systematische Theologie, die wir studierten, mir dazu wenig Hilfen bot. Erst in der Praxis des eigenen Unterrichtens fand ich, schrittweise, die Lösung für mich.« 1947 wurde Marie Veit Religionslehrerin und blieb es bis 1972 an einem Kölner Mädchen-Gymnasium. Zwei Aufgaben sah sie zunächst in Grundschule (gemeinsam mit ihrer Schwester, die »unerlaubterweise« auch Theologie studiert hatte) und Unterstufe des Gymnasiums: die Verdeutlichung der Differenz zwischen Historizität und Wahrheit, um den Schüler*innen »einen reicheren Wahrheitsbegriff zu vermitteln«, und die Vermittlung eines ersten Einblicks in die Entstehungsgeschichte der Evangelien. Dafür bekam sie von drei Pfarrern Irrlehre-Anzeigen, die diese beim Superintendenten einreichten, der aber »aus Kirchenkampfzeiten mit unserer Familie bestens bekannt war« und die Anschuldigungen nicht direkt an die Kirchenleitung weiterleitete. So konnte Marie Veit mit den Kindern weiterarbeiten und entdeckte: »Schüler sind kleine Theologen, sie wissen es nur selbst noch nicht.« Und zugleich war ihr bewusst, dass Bultmanns Erbe nicht einfach konserviert werden konnte, sondern weiterentwickelt werden musste. »Was bei Bultmann fehlt, ist das Verständnis dafür oder der Einblick darein, in welchem Maße die politischen und ökonomischen Verhältnisse den Menschen prägen. ... Wo das Interesse hauptsächlich auf Haben, Erlebnis und Im-Trend-liegen gerichtet ist, da entstehen auch Defizite, gefährliche unter Umständen. Erich Fromm beschreibt sie als die Entstehung einer inneren Leere, da ja alles Wichtige außen zu liegen scheint. Für die Religion bedeutet das, dass die Frage nach ihrer Wahrheit nicht mehr das Wichtigste ist. Sie muss Erlebnis sein, ›Spaß bringen‹. ... Der ›natürliche Mensch‹, von dem Bultmann redet, ist eine Abstraktion. ... Die Überproduktions-Gesellschaft braucht und prägt den außen-gelenkten Menschen.« In dieser Situation hat eine ihrer ehemaligen Schülerinnen, Dorothee Sölle, Marie Veit »gerettet«, indem Sölle in ihrem Buch »Politische Theologie. Auseinandersetzung mit Rudolf Bultmann« den Weg von der existentialen zur politischen Theologie, von historischer Kritik zur Einbeziehung ideologiekritischer Arbeit aufzeigte. Dabei ist sich Marie Veit sicher: »Ohne Entmythologisierung ... wäre der Schritt zur politischen Theologie nicht möglich gewesen. Die existentiale Interpretation war die Voraussetzung der politischen. Bultmanns Erbe gehört ja nicht nur denen, die es anwenden, sondern erst recht denen, die von da aus weiterarbeiten.« Für die religionspädagogische Arbeit Marie Veits bedeutete dies, das Stichwort »Gesellschaft« der drei didaktischen Essentials neben »Schüler« und »Fachwissenschaft« in besonderer Weise ernst zu nehmen und zu thematisieren. »Für mich, so notiert sie, kristallisierte sich immer stärker heraus, welchen Fragen ich in der didaktischen Forschung nachgehen wollte und musste. Da war einmal die Wirkungsgeschichte von Kirche und Religionsunterricht, speziell die Mentalitätsprägung und deren politische Folgen im Bereich des deutschen Luthertums; die Frage danach also, welche Theologie ›unten‹ lebt, die Gemeindefrömmigkeit prägt, und wie diese Theologie sich zu der messianischen Grundstruktur der Bibel verhält, die mich selbst ja in Kirche und Theologie hineingelockt hatte.« Diesen Fragen war sie in den Jahren ihrer Berufstätigkeit nachgegangen in intensivem Austausch mit Lehrern, Pfarrern und Studierenden, in Verbindung mit der schulischen und universitären Praxis also, und innerhalb der Gruppen und Bewegungen, in denen sie mitarbeitete, denn: »Wer abhebt, kann nichts mehr verändern.«

3.

Eher systematisch-theologische Texte

»Gottes Macht liegt wohl nicht in dem, was er über uns verfügt, sondern was er von uns erwartet« – eine Einführung

Theologie ist bei Marie Veit in ihrem Kern Gotteslehre, weil es ihr um die Menschen geht. Kriterium ihrer theo-logischen Aussagen ist ihre Anthropologie, dabei sucht sie die Frage nach Gott in einer nachtheistischen Zeit zu beantworten. Ihre in immer wieder neuen ›Anläufen‹ bedachte und beantwortete Ausgangsfrage lautet: Wie lernen wir es, die Schwachheit Gottes, wenn sie als einziges uns wirklich helfen kann, theologisch zu denken? Als theologiegeschichtlicher Anknüpfungspunkt gilt ihr vornehmlich Dietrich Bonhoeffer und seine theologische Reflexion der Erfahrung der Ohnmacht Gottes. Doch ihre theologischen Lehrer*innen sind zuerst ihre Schüler*innen im Mädchengymnasium von Köln, dann die Student*innen in Gießen und schließlich die »Massen«; von ihnen ausgehend fragt sie, was »unten« geglaubt wird, weil nur dieses wirklich geglaubt und handlungsrelevant wird. Der Blick von unten ist für Marie Veit entscheidend und von daher bedenkt sie theologische Traditionen.

Bei diesem Blick von unten entdeckte sie sechs Kernthemen, deren erste fünf allesamt einem »falschen Christentum« entstammen, das »sicherlich ein größeres Hindernis auf dem Weg zum Reich Gottes ist als ein gar nicht vorhandenes Christentum«: Schicksalsergebenheit, Misanthropie, das eigentliche Leben ist postmortal, der unverletzliche Gott wird's schon richten, Christen sind konfliktscheue, weil friedliche gutmütige Menschen, sowie die tiefe Verankerung des auf Konkurrenz und individuellen Erfolg gebaute Wirtschaftssystem. Alle diese Kernthemen sind mit ihrer religiösen Stabilisierung der Menschen Teil und Ausdruck des ›antibiblischen Zugs der gegenwärtigen Gesellschaft‹; und hier fordert Marie Veit, die Religionspädagogin und -didaktikerin, zur Umkehr und zu Umlernprozessen auf, zur Befreiung der Theologie und zur Befreiung und Wiederentdeckung der biblischen Botschaften.

Und nun erzählt, berichtet und reflektiert sie die Bibel als Erzählbuch: viele ihrer Texte sind narrativ oder haben zumindest narrative Anteile. Als erstes wichtig sind ihr die Anfänge nicht theistischer Gottesvorstellungen in der Bibel selbst: Gott klagt, Gott wirbt um den Menschen mit sehr viel »Charme«, Gott will nicht herrschen über den Menschen, nicht über ihn verfügen, sondern freie Entscheidung ermöglichen. Die Ohnmacht der Liebe Gottes – nicht erst am Kreuz, sondern in vielen alttestamentlichen Textstellen – macht deutlich, dass ›Gottes Macht wohl nicht in dem liegt, was er über uns verfügt, sondern was er von uns erwartet‹. So führt sie als zentrale Kategorie ihrer ›Gotteslehre‹ Erwartung ein: Gott ›erwartet‹ Vertrauen und der Mensch als Entsprechung ›erfülltes Leben‹. In dieser grundsätzlichen Überlegung wäre als Konsequenz Sünde – ganz biblisch gedacht – nicht die böse Tat, sondern Resignation, Aufgabe unseres Vertrauens Gott und den Menschen gegenüber, fehlender Glaube und fehlender Mut.

Das zweite zentrale Thema ist Gnade als biblisches Zentralwort in einer gnadenlosen Ökonomie und Gesellschaft. Marie Veit prägte das wunderbare Bild der »eingemauerten Gnade«: Gnade ist eingemauert in dicke Kirchenmauern, in undurchdringliche starre Lehre, in die oft gnadenlose und deshalb Angst auslösende Aufforderung, den Glauben richtig denken zu müssen. So ist Gnade weder in Kirche noch in Gesellschaft mehr erfahrbar. »Aus der Kirche der Gnade wurde die Kirche der Disziplin« und es wundert nicht, dass viele Katholik*innen das Bild der Mutter mit ihrer Kirche verbinden, Protestant*innen dagegen das Bild der Schule.

Weiter thematisiert Marie Veit häufig die dritte Vater unser-Bitte und betont deren eschatologischen Charakter: das Drängen darauf, dass auf Erden endlich Wirklichkeit wird, was Gottes Wille ist. Und sie verbindet damit die Frage nach unserer messianischen Praxis – was ganz anderes meint als die stoische Ergebenheit in ein Schicksal, das die Götter verhängen. Dieser messianischen Praxis entspricht, was im Neuen Testament ›Beten ohne Unterlass‹ genannt wird, d.h. dass alles, was wir tun, im Dialog mit Christus geschieht, denn wir lernen, wenn wir beten, die Welt mit den Augen Christi zu sehen, der »nach unten« blickt. Unmittelbar damit zusammen hängt wohl – sachlich, nicht literarisch – der Hinweis auf Bonhoeffer, die Menschen nicht nach ihrer Leistung her anzusehen, sondern von ihrem Leiden her anzublicken, also von den Fragen her, was sie brauchen oder wessen sie bedürfen. Dabei kann man dann die Erfahrung machen, die unmittelbar zu messianischer Praxis dazugehört, dass wer für die Diskriminierten eintritt, an der Diskriminierung Anteil hat.

Diesen theologischen und christologischen Überlegungen entspricht eine Anthropologie, die den Menschen so viel zutraut wie der biblisch bezeugte Gott: Sie sollen als Gottes Kinder selbstverantwortlich entscheidende und handelnde erwachsene Männer und Frauen sein, die mit Paulus darum wissen, dass alles erlaubt, doch nicht alles aufbauend ist, nicht alles zum Guten dient (1. Kor 6, 12 f und 10, 23). Immer wieder betont Veit in diesem Zusammenhang die radikale Subjektivität des Menschen, seine Personalität und Individualität, die gerade zu schützen und nicht zu minimieren ist. Dabei geht es nicht zuletzt um die Autonomie des Menschen – jenseits von innen- oder außengelenktem Charakter, von Moralbestimmung oder Marktorientierung. Der philosophische oder rechtliche Terminus dafür ist die Menschenwürde, die Veit in Analogie zu theologischen Bestimmungen des Menschen sehen möchte und mit der sie sich zum einen gegen ein von der Warenästhetik bestimmtes Bild des Menschen wendet und zum andern gegen die Maschinenartigkeit des Menschen.

Zentrale theologische wie ethische Themen sind sodann Frieden und Friedensarbeit im Kontext der Trias des konziliaren Prozesses von Gerechtigkeit, Frieden und Bewahrung der Schöpfung sowie Sozialismus als Lebens- wie Wirtschafts- und Gesellschaftsform. Als den »Heiden aus dem Osten« (Bonhoeffer in seiner Andacht 1934 auf der Insel Fanö) rekurriert Marie Veit in diesem Zusammenhang immer wieder auf Mohandas Karamchand Gandhi, der den Christ*innen die Bergpredigt wieder zurück- und nahegebracht und als praktische Handlungsperspektive eröffnet hat.

Dabei – und das verbindet Marie Veits theologischen Ansatz mit dem von Dorothee Sölle sehr eng – »steckt Theologie in (!) den Ereignissen drin«, sie ist also genauso wie Religion kein Superadditum, das von außen zu den Ereignissen oder zu dem Geschehen hinzutritt, sondern ist in ihnen ›verborgen‹ und will zur Sprache gebracht, explizit meist erzählt, seltener gelehrt werden – zumindest was die biblischen Schriften (mit Ausnahme vielleicht des Römerbriefes) betrifft. Nicht zuletzt lässt sich auch dieser Gedanke mit Bonhoeffers Praxis des Lebens in der vollen Diesseitigkeit in Verbindung bringen; Bonhoeffer schreibt: »Gott ist mitten im Alltag bei den Christen. ... Und ich kann nur bei Gott sein, wenn ich diese Welt, das Leben und die Menschen liebe.« Und Bonhoeffer fährt kritisch fort: »Ob und wieviel ich dabei mit den Lehren der Kirche anfangen kann, das ist eine ganz andere Frage.«

Nicht zuletzt thematisiert Marie Veit die Frage nach der Kirche und nach dem Verständnis von Kirche. Sie schätzt dabei volkskirchliche Strukturen und hofft auf die die Kirchen verändernde Kraft von christlichen Gruppen und Bewegungen entsprechend dem alten pietistischen Gedanken der ecclesiola in ecclesia. Letztere sind ihr hoch bedeutsam als Bewegungen in (!) volkskirchlichen Strukturen. Die Wertschätzung der Volkskirche und volkskirchlicher Mitgliedschaft wird zum einen deutlich, wenn sie über die Mitgliederstudie »Fremde Heimat Kirche« nachdenkt, und zum andern wenn sie in einem Zwischenruf in der »Jungen Kirche« danach fragt, was die Menschen von der Kirche erwarten, die fast nur an Heiligabend in die Kirche kommen, und kritisch nachhakt, ob es den volkskirchlichen Amtsträgern und »uns« Kirchenleuten gelingt, die Schätze, die bereit liegen, ›unters Volk zu bringen‹.

3.1 Glaubenshindernisse in der Marktgesellschaft

Was Marie Veit in ihrer akademischen Abschlussvorlesung religionspädagogisch bedacht hat, thematisiert sie nun auch systematisch-theologisch in der Festschrift für Dieter Schellong. Hier erscheint 1993 der Aufsatz »Glaubenshindernisse in der Marktgesellschaft« (Schriftenverzeichnis Nr. 95). Er beschreibt und analysiert den »marktorientierten Charakter« der »Massen«, den Vorgang also, wie die kapitalistische Gesellschaft in die Seelen der Menschen eindringt: Für viele Menschen ist ihr Verbleiben in der Kirche gebunden an »die Sehnsucht nach schönen Festen, die dem Leben Glanz und Bedeutung verleihen« und die »Anerkennung der sozialen Leistungen«, doch selten, kritisiert Veit, gelingt die »Rückverbindung zum Proprium«. Welche lebensbegleitenden Schriften aber lesen die Massen? Es sind solche, die den »marktorientierten Charakter« (E. Fromm) ausbilden und stützen: »Image und Design sind offensichtlich entscheidend für das Lebensglück«. Das bedeutet, dass Menschen »von den realen Gestaltungskräften ihrer, unserer Welt erfolgreich abgelenkt« werden, dass Solidarität zerstört wird, dass keiner mehr zur Ruhe, also zu sich selbst kommen kann, dass das Streben nach Gerechtigkeit von vorneherein verdächtig erscheint. »Es ist ein gnadenloser ›Gott‹, der da verlangt, immer up to date, immer fit, immer vorzeigbar zu sein. Gnadenlos nicht nur gegenüber dem, der seinem Gesetz nicht mehr nachkommen kann, sondern auch gegenüber den Befolgern. ... Der antibiblische Zug der gegenwärtigen Gesellschaft tritt deutlich hervor. ... Wo der Mensch sich selbst vor allem als Ware erlebt, wo nicht er selbst, sondern seine Verkäuflichkeit auf dem Persönlichkeitsmarkt entscheidend zu sein scheint, da ist der christliche Glaube zentral gefordert. Nicht Leugnung Gottes, sondern Leugnung des Menschen als Person scheint mir heute die Gegenposition zu sein, angesichts deren der Glaube sich bewähren muss. ... Wir verschwenden viel in der Wegwerfgesellschaft, die wegwerfen muss, um den Gegenwert ihrer sinnlosen Überproduktion zu realisieren. ... Was wir am meisten verschwenden, so scheint mir, das sind menschliche Seelen.« Kritisch-wissenschaftliche theologische Arbeit in ihrer bisherigen Form, reicht nach Veit nicht aus, »um der Selbstentwertung des Menschen in der Marktgesellschaft zu begegnen«. Vielmehr bedarf es der Gesellschafts- und Ideologiekritik.

Denn dem Glauben heute stellen sich »große Hindernisse« in den Weg: Zuerst »die Gewöhnung an ständiges Unterhalten- und Abgelenktwerden, das Zufriedensein mit dem schönen Schein lässt das Gespür dafür verkümmern, dass es auf das Herausfinden von ›Wahrheit‹ überhaupt ankäme...

Ein weiteres Hindernis besteht darin, dass die kritische Erarbeitung eines eigenen Standpunktes zuallererst ein Gespür für den Wert, die Bedeutung der eigenen Person voraussetzen würde.« Der selbst denkende Mensch ist nicht erwünscht. »Ein echtes Selbstwertgefühl ist weithin Mangelware, ›Menschenwürde‹ im Deutschen immer noch ein Fremdwort.«

»Die ›neutralisierte Religion‹, ein Leichnam ohne lebendiges Herz, an dem man sich vergiften kann, ist weiterhin ein Faktor heutiger Lebensauffassung. Was da nachwirkt, ist ein Grundmissverständnis des biblischen Begriffs der Sünde.« Sünde meint eben nicht, dass der Mensch in der Welt nichts Vernünftiges zustande bringen kann, sondern Sünde meint »autark sein wollen«, »Gott und Menschen nicht brauchen, Beziehung verweigern, nicht annehmen können, kurz: Vertrauen und Liebe nicht kennen und in dem allem: Hybris – das ist Sünde.« Gegen dieses Autark-sein-wollen ist in der Bibel ganz selbstverständlich, dass es immer das »Volk Gottes« oder die »Gemeinde« ist, innerhalb derer »der Einzelne glauben lernt und ›Person‹ werden kann. Wir brauchen den Schutz, den Trost, den Austausch, die Auseinandersetzung in der Gruppe.« Doch »das Instrument, auf dem der Glaube musizieren könnte, die menschliche Seele, kann zerstört werden. Wir haben diese Möglichkeit wahrscheinlich in den Kirchen unterschätzt.« Angesichts dessen, was Psychoanalytiker in Veröffentlichungen zum 40.Jahrestag der Befreiung 1985 berichteten, dass »die Sünden sich auswirken auf die Kinder bis ins dritte und vierte Glied, ... kann einem Angst und bange werden bei dem Gedanken, was wir, nach dem Holocaust, in unserem Volk ›drin‹ haben. Und die Ablenkung auf Design und Fun, wie sie in der Marktgesellschaft üblich ist, bekommt noch einmal eine neue, erschreckende Dimension. ›Leben mit vergebener Schuld‹, die (!) Daseinsgrundlage neutestamentlicher Christen (1. Kor 15, 9f!), das wäre es wohl, was zu buchstabieren wäre. Und was uns neu zur Anbetung ›des Namens‹ führen könnte.«

3.2 »Was ›unten‹ geglaubt wird, wird wirklich geglaubt«

Dem Aufsatz über »Glaubenshindernisse in der Marktgesellschaft« gingen umfangreiche empirische Forschungen und ideologiekritische Überlegungen voraus zu dem, was die ganz normalen protestantischen Kirchenmitglieder glauben und welche religiösen Botschaften die BILD-ZEITUNG verbreitet – eine Zeitung des Axel Springer Verlages, die in den 1980er Jahren eine verkaufte Auflage von mehr als fünf Millionen Exemplaren hatte und damit meinungsbestimmend für die »Massen« war.

1985 reflektiert Marie Veit »Über religiös bedingte Hindernisse der Widerstandskraft von Christen« in ihrem Aufsatz »Welche Theologie lebt ›unten‹? (Schriftenverzeichnis 51). Sie fragt nach der Theologie »der ganz normalen Kirchenmitglieder protestantischer Herkunft in Deutschland«, die sie einmal mehr für wichtiger erachtet als die universitäre Fachtheologie. »Denn was ›unten‹ geglaubt wird, das wird wirklich geglaubt und macht die Wirkung des Christentums in der Welt aus.« Dabei bedient sie sich auch des Begriffs der »neutralisierten Religion«, den Dieter Stoodt religionspädagogisch geprägt hat; diese neutralisierte Religion hat mit dem Kern des Christentums wenig mehr zu tun, enthält aber einige »politisch äußerst gefährliche ›Dogmen‹, die aus der entfremdeten Tradition des deutschen Protestantismus stammen und unbeachtet, weil ›in Fleisch und Blut übergegangen‹, weiterwirken.« Marie Veit nennt fünf solcher Dogmen und lädt dazu ein, weitere aufzuspüren und zu identifizieren:

»Dogma 1: Das Schicksal nimmt seinen Lauf, man muss sich damit abfinden. Oder auch: Letzten Endes kommt doch alles, wie es kommen soll. ... Es ist ein Missverständnis, das an die Stelle der Eschatologie Jesu die Schicksalsergebung der Stoa setzt.«

»Dogma 2: Der Mensch ist viel zu schlecht, um in der Welt etwas zum Besseren verändern zu können. Die Welt liegt im Argen, und da bleibt sie auch liegen. ... Theologisch handelt es sich hier um ein Missverständnis der Sünde. ... Sünde ist, biblisch gesehen, Mangel an Mut. Nicht Glauben, nicht Vertrauen genug zu besitzen, um die Initiative zu ergreifen und das Notwendige zu tun, gerade das ist Sünde. Dietrich Bonhoeffer sah darin die eigentliche Sünde des Bourgeois.«

»Dogma 3: Das eigentliche Leben kommt erst nach dem Tod. ... Theologisch gesehen, bedeutet es natürlich, dass man Gott seine Schöpfung vor die Füße wirft. ... Eine Zukunft, die den Namen verdient, wird ihr abgesprochen.«

»Dogma 4: Gott wird's schon richten. Ich meine solche Sätze, in denen als selbstverständlich vorausgesetzt wird, dass Gott unverletzlich über der Erde schwebe und ihm nichts geschehen könne. ... Der biblische Gott aber ist gefährdbar; er kann das Spiel verlieren. ... Nur so ist er der Gott der Menschen. Dietrich Bonhoeffers berühmter, aber in der Theologie noch kaum bedachter und aufgenommener Satz, dass nur der ohnmächtige Gott helfen könne, besagt nicht etwa, dass Gott kraftlos sei; sondern er besagt, dass dem Menschen nur auf diese Weise geholfen werden kann, dass er Anrede und Verheißung vernimmt und sich selbst auf den Weg begibt.«

»Dogma 5: Christen sind friedliche Menschen. Deshalb sollte von Konflikten in der Gesellschaft nicht so viel gesprochen werden; wenn sich alle Mühe geben und ein bisschen zu verzichten verstehen, können alle in Harmonie miteinander leben.« Dies Harmoniemodell der Gesellschaft stellt ein äußerst gefährliche Ideologoumenon dar: »Es hindert die Menschen daran, klar zu erkennen, an welchem Punkt gekämpft werden muss, weil eben – der Klassenkampf läuft.«

Zusammenfassend: »Mir kommt es darauf an, dass wir uns für die tatsächliche ›Religion unten‹, ›Theologie unten‹ interessieren. In welcher Weise sie aufzubrechen sein könnte, wäre dann einer weiteren Überlegung wert. Das falsche Christentum ist sicherlich ein größeres Hindernis auf dem Weg zum Reich Gottes als ein gar nicht vorhandenes Christentum.«

Gemeinsam mit Friedrich Grotjahn veröffentlicht Marie Veit 1989 den Artikel »Wenn ich nur dich habe, so frage ich nichts… – Die Geschichte der Gerda M.« (Schriftenverzeichnis Nr. 71). Anhand einer biographischen Erzählung, die Grotjahn berichtet, entfaltet Marie Veit Elemente der Religion derer, die »unten« glauben, sowie solche neutralisierter Religion. Dabei wird deutlich, wie ein so verstandenes Christentum Menschen am eigenen Leben hindert, weil Schicksalsglaube überwiegt, das Jenseits – »ein Begriff, den es in der ganzen Bibel nicht gibt« – das Reich Gottes verdrängt. Dabei hat jene Gerda M. »die caritative Seite des Christentums (die immer nötig bleiben wird), die hat sie gelebt. Was könnte geschehen, wenn die andere Seite des genuinen biblischen Glaubens, die kritisch-kreative politische, befreit würde! Wenn Menschen wie Gerda M. (die vielen) klar sähen, welche Ursachen ihre Leiden in Wirklichkeit haben und worum sie gemeinsam kämpfen müssten! Ein ungeheures Potential liegt ungenutzt bereit. Wer wird es befreien?«

Und noch einmal fragt Marie Veit 1989, was »unten« geglaubt wird, und untersucht die Religion der BILD-Zeitung in dem Aufsatz »…die sind glücklich in der Welt und werden reich« (Schriftenverzeichnis 72). Die Fragestellung lautet, welche Orientierung das meistgelesene Presseerzeugnis der Bundesrepublik Deutschland vermittelt. Als Ausgangspunkt verwendet sie dazu den Religionsbegriff von Erich Fromm: Religion ist »jedes System des Denkens und Tuns, das von einer Gruppe geteilt wird und dem Individuum einen Orientierungsmaßstab und einen Gegenstand der Hingebung bietet«. Die Gruppe sind die Deutschen schlechthin: Dargestellt wird Steffi Graf als »Geschenk für uns alle«: »So sind wir, so wollen wir sein; hier können wir unser Idealbild leibhaftig vor Augen sehen: Erfolg (von Sieg zu Sieg), hört nicht auf, an sich zu arbeiten (›wer immer strebend sich bemüht‹) und, da es ja ein weibliches Wesen ist, hübsch, immer hübscher und sympathischer.« Vorbildfunktion haben vor allem Menschen mit den Motiven: Reichtum, Erfolg und Leistung. »Die wichtigste Lebensperspektive ist Konkurrenz; Hilfe als solche scheint schlecht zu sein.« Leserinnen werden orientiert auf die bürgerliche Ehe. Und die »Schlüpfrigkeiten«? Sie schüren vor allem Aggressivität: »Entweder kann man sich empören über das, was ›die da‹ machen, oder aber man kann die Fesseln eigener Wünsche umso ärgerlicher spüren: So oder so wird man aufgeheizt gegen einen nicht deutlich benannten Gegner.« Doch der Mensch kann nicht allein von Aggression leben, so gibt es auch Trost: »Außer der Familie und der ›wahren Liebe‹ gibt es noch mehr gute Mächte: konservative Regierungen zum Beispiel.« Wunder gibt es immer wieder in BILD; »die mitgeteilten Heilungen werden einerseits sensationell aufgemacht, andererseits durch kleine hämische Bemerkungen über die Zeugen wieder unausdrücklich in Zweifel gezogen – wie fast jede Wertung in BILD. Werden Hellseher oder Geistheiler vorgestellt, so wird nicht selten betont, dass sie ›gläubige Christen‹ seien. ... Erfolg und ›Glaube‹: hier schließt sich der Ring. Für BILD gehören beide zusammen; aber der Erfolg ist es, auf den es ankommt. Der ›Glaube‹, wenn er da ist, hilft dazu. Darüber kann vergessen oder übersehen werden, dass die Lebensorientierung der BILD-Zeitung dem biblischen Christentum direkt zuwiderläuft. Sie hat eine ganz andere Zielsetzung: nämlich das auf Konkurrenz und individuellen geschäftlichen Erfolg gebaute Wirtschaftssystem des Westens tief im Leser zu verankern.«[29]

---

29 Vgl. dazu auch Schriftenverzeichnis Nr. 88: »Über die Religion der BILDzeitung – Unser Vater Caesar Springer«.

3.3 Der »Widerstand der Christen« – Theo- und Anthropologie

Wie antwortet die sozialistische Theologin auf ihre Beobachtungen und ideologiekritischen Analysen, die ihr in Gang gesetzt durch ihre Lernerfahrungen beim Politischen Nachtgebet und mit der Gründung des deutschen und niederländischen Zweiges der Christen für den Sozialismus deutlich wurden? Die Frage nach Gott und dem Menschen in den biblischen Traditionen und daran anschließende systematisch-theologische Überlegungen bestimmen die Arbeiten von Marie Veit.

Die ersten eher systematisch-theologischen Texte ihrer akademischen Publikationen sind dem (!) zentralen Thema ihrer Theologie gewidmet: Marie Veit schreibt über die Gottesfrage und der früheste Text aus dem Jahr 1976 trägt den für ihre Arbeit programmatischen Titel »Die Gottesfrage in einer nachtheistischen Zeit« (Schriftenverzeichnis Nr. 20). Ausgangspunkt sind zwei Thesen. Die erste These formuliert sie ausgehend von ihren Erfahrungen »unten«, »mit dem Nicht-Fachmann, beim Menschen unserer Zeit« und eben nicht im Anschluss an Dietrich Bonhoeffer, John A.T. Robinson, Dorothee Sölle u.a., also dem theologischen Diskurs: »Das Zeitalter des Theismus geht seinem Ende entgegen, und zwar nicht auf Grund militanter Bekämpfung, sondern auf Grund des Verlustes seiner materialen Basis im Weltverhältnis des Menschen.« Und sie benennt die Ursache dessen in der Erfahrung des Menschen der Industriezeit, »dass er durch Wissenschaft und Technik prinzipiell stärker ist als die Natur«; so benötigt er Gott nicht mehr für die Erklärung oder Begründung von Naturereignissen. Entgegen dem hauptsächlichen Verhalten von Kirchen und Theologien, den hergebrachten Theismus zu retten, formuliert Marie Veit ihre zweite These: »Für den christlichen Glauben ist das die Chance, das unterscheidend Christliche in der Rede von Gott überhaupt erst wiederzugewinnen. Theismus und Atheismus sind vom Glauben gleichweit entfernt; nur aus Gründen historischer Kontingenz hat er sich bisher (mono)theistisch formuliert. Seine Neuformulierung muss ihren Ursprung nehmen beim Kreuz.« Und wieder setzt Marie Veit »unten«, bei einer Schüleräußerung aus einer 7. Klasse an: »Wenn Gott wirklich da ist und alles kann, warum kann dann Hitler alles machen, was er will?« Diese Frage wird nun nicht als Systemfrage abgehandelt, sondern sie führt Veit zu der Entdeckung, dass auch der biblische Gott leidet und diese Frage stellt, z.

B. im Weinberglied (Jesaja 5, 1 ff) oder in einem Klageruf (Jesaja 1, 2 f). Und sie kommentiert: »Es ist die leidvolle Frage der Liebe, die bittet, wirbt und ruft, die keinerlei Mittel besitzt, um den anderen zur Zuwendung zu zwingen. Natürlich kann dieser Jahwe, in ohnmächtigem Zorn, die sich ihm Entziehenden kaputtmachen; aber gerade damit käme er nicht (!) zu seinem Ziel. ›Glaube‹ heißt ja Vertrauen; wenn alles sich erzwingen ließe, dieses nicht. Vor dem ihm Wichtigsten wird der biblische Gott zum ohnmächtig Leidenden. In dieser Linie liegt dann auch das Kreuz. … Das Urbild des Verhältnisses zwischen Gott und Mensch ist, biblisch, nicht das der Herrschaft, sondern der vollständigsten Herrschaftsfreiheit: dieser Gott liefert sich selbst dem Menschen aus, so wie die Liebe (solange sie Liebe bleibt) sich ausliefert und nicht beherrscht.« Veit fragt dann, warum Bonhoeffers Erkenntnis: ›Nur der ohnmächtige Gott kann helfen‹[30] vergessen zu sein scheint, obwohl es ja keine neue theologische Erkenntnis sei, sondern diese auch in der deutschen Mystik oder bei Luther zu finden sei. Ihre Antwort ist eine ideologiekritische: »Der Glaube, der den Menschen in einem solchen Maße freilässt, ein solcher Glaube musste, sobald das Christentum sich auszubreiten begann, politisch (!) untragbar werden.« Doch gegenwärtig (in den 1970er Jahren) nimmt Veit wahr, dass diese Tradition neu entdeckt werde, etwa in der Äußerung eines französischen Arbeiterpriesters: »Gott ist nicht der Jäger, er ist das Wild.« Und sie interpretiert: »In jedem Menschen, der gefoltert, ausgebeutet, ermordet, unterdrückt, um seine Freiheit gebracht wird, leidet Gott. Quer durch die Welt, nicht nur in Chile, spalten sich die Kirchen an genau dieser Frage.« Unversehens ist sie mit ihrer Argumentation heraus aus einer theoretischen Debatte um eine Gottesvorstellung und hinein in konkrete politische Entscheidungen gelangt und genau darum geht es, folgen wir Marie Veit, dem biblisch bezeugten Gott. Konkret heißt dies für sie: »Es kommt also in erster Linie darauf an, eine Bewegung einzustudieren, das Aus-der-Hand-geben von Herrschaft, das immer angstfreier werdende Lernen von denen, die ›unten‹ sind. Für den Lehrer bedeutet das: von seinen Schülern zu lernen … Sie gehören ihm nicht. Was er, wenn er ›Religion‹ lehren will, von ihnen lernen muss, das ist vor allem: worunter sie leiden. … Fragt jemand, was das mit Gott (!) zu tun habe? Dann

---

30 Marie Veit bezieht sich hier auf Bonhoeffers Brief vom 16. Juli 1944. In: D. Bonhoeffer, Widerstand und Ergebung. DBW Bd. 8. Gütersloh 2015. S. 526-535, bes. S. 534 f.

ist zu antworten: Es hat mindestens mit dem zu tun, worum es diesem, dem christlichen Gott unterscheidend ging, nämlich mit dem Menschen. Wird er beherrscht, vernachlässigt, übersehen, dann kann man an Gott (!) nicht glauben«, denn im Zentrum dieses Glaubens und christlichen Gottesverstehens steht die Theologie des Kreuzes. »Orientierung am Kreuz, das heißt heute: handeln und zwar gemeinsam handeln. Der Widerstand der Christen gegen eine unmenschliche Welt muss merkbar werden, ›Licht der Welt‹, das nicht unter dem Scheffel steht. Christliche Gruppen, die diesen Widerstand gemeinsam und unnachgiebig leben, sind entstanden und entstehen überall in der ›christlichen‹ Welt. Die Frage, wodurch sie sich von anderen Engagierten, nicht-christlichen Sozialisten beispielsweise, unterscheiden, ist als theoretische Frage ohne jeden Sinn, denn das unterscheidend Christliche ist ja nicht die Theorie. Es ist die Präsenz Gottes auf der Seite der Leidenden. Bevor sie sagbar wird, muss sie gelebt worden sein.«

Damit ist ein Grund theologischen und anthropologischen Selbstverständnisses gelegt, der sich durch das Werk Veits konsequent hindurchzieht – nicht zuletzt weil sie ihren Glauben an Gott und ihr Vertrauen in die Menschen gelebt hat. So berichtet sie 1977 von der »Religion der Sandinisten« (Schriftenverzeichnis Nr. 23), beschreibt ein politisches und praxisrelevantes Christentum – so ganz anders als »die bei uns übliche Beschwichtigungsreligion«. Sie entdeckt und betont Stichworte, die jetzt für sie wichtig geworden sind und in den folgenden Publikationen immer wieder begegnen: der »neue Mensch«, der Kampf für Gerechtigkeit, Parteilichkeit, der Sinn aktiven Leidens, die »größeren Möglichkeiten Gottes«, die Geschwisterlichkeit der Christen und ein Gottesdienstverständnis, das diesen erleben lässt als Fest, Ansage und Vorwegnahme des Reiches Gottes.

Eine erste Frage, die sich mit diesen theologischen Überlegungen stellt, war die nach dem Subjekt der Theologie – erst recht für eine Theologin, die von ihren Schüler*innen oder allgemeiner von denen »unten« lernen will. So erreicht Marie Veit 1977 eine Einladung zu einem Studientag niederländischer Basisgroepen und kritischen Gemeenten in Tilburg mit dem Titel »Wer ist das ›Subjekt‹ der Theologie?« (Schriftenverzeichnis Nr. 26). Marie Veit reflektiert in sieben Thesen ihre theologischen Lehrjahre beim Politischen Nachtgebet in Köln zwischen 1968 und 1973 ausgehend von den Fragen »Ja, wer ist das Subjekt der Theologie? Der Heilige Geist, ganz sicher; aber wessen bedient er sich?

Welcher Theologie ›Subjekt‹ ist er? Wer trifft die Unterscheidung, wer beruft sich zu Recht auf die Bibel und welches ist die richtige Akzentsetzung bei ihrer Auslegung?« Die Thesen sind aufgebaut ähnlich wie eine Bekenntnisformulierung mit einer Bejahung und einem entsprechenden Widerspruch. Ich zitiere mir wesentlich erscheinende Sätze der Thesen:

1. »In der Bibel ist eindeutig, dass das Subjekt die ›Gemeinde‹ ist (oder das ›Volk Gottes‹).
2. Gemeinde bedeutet: Christen in einem lebendigen Zusammenhang, der nur durch gemeinsame Praxis entstehen kann.
3. ›Theologie‹ ist Reflexion der Erfahrungen, die die handelnde Gemeinde macht. Theologien sind so verschieden wie die Erfahrungen der Gemeinden in ihren geschichtlichen Situationen.
4. Marxistische Kategorien helfen der heutigen Gemeinde, die Probleme der Zeit richtig zu analysieren. Zum Beispiel lernen wir bei Marx, dass die Übel der Welt nicht nur in der Gesinnung des einzelnen ihre Wurzel haben, sondern zuerst in der ökonomischen Organisation. Die Praxis der Christen muss sich deshalb auf die Veränderung der ökonomischen Strukturen richten.
5. In ihrer Praxis lernt die Gemeinde, die Bibel und die kirchliche Tradition mit neuen Augen zu sehen. Wir widersprechen der falschen Meinung, als seien Christentum und bürgerlich-konservatives Denken identisch. Sie trennen sich heute unaufhaltsam voneinander.
6. Soll das heißen, dass nur Angehörige des ›Volkes‹, der ›Basis‹, des ›Proletariats‹ zur Gemeinde gehören können? Meine Antwort lautet: Es kommt nicht darauf an, auf welcher Seite der Barrikade ein Mensch geboren und erzogen wurde, sondern auf welche er als Handelnder übergeht. Theologie entsteht, wo das einzige verteidigt wird, was der Verteidigung wert ist: das Recht aller Menschen auf Leben und Freiheit von Angst.
7. Inhalte der neuen Theologie wollen wir uns gegenseitig erzählen. Ich möchte erzählen von: der Entdeckung der Kraft der Schwachen; der Entdeckung einer neuen Inkarnation des Teufels, nämlich in der ›Institution‹; der Entdeckung der Entfremdung der Wissenschaft und des mühsamen Heimwegs zu wahrer (Gegen-)Wissenschaft.«

In diesen Thesen, die den Reichtum dieses Aufsatzes ja lediglich andeuten können, sind wiederum Themen genannt, die in den Folgejahren von Marie Veit bedacht, erforscht und publiziert werden.

So wird Marie Veit 1981 eingeladen zu einem Vortrag bei der Europäischen Konferenz des Christlichen Weltstudentenbundes in El Escorial in Spanien. Das Thema ihres Vortrages lautet: »Theologie der Befreiung – Befreiung der Theologie. Was können wir theologisch tun?« (Schriftenverzeichnis Nr. 31). Sie beginnt bei dem Wir der Gemeinde und fragt, was für »uns heute«, für die Gemeinde, die in befreiender Praxis tätig ist, die entscheidende Erfahrung sei und erkennt sie in der Abwesenheit Gottes als christlicher Erfahrung. ›Was müssen wir, angesichts dieser Erfahrung, heute theologisch tun? Wie müssen wir dann aber denken, von Gott?‹ Und die Antwort: »Wir brauchen tatsächlich eine ›Befreiung der Theologie‹. Die Vorstellung vom allmächtigen Gott, jenem Reflex der Sklavenhaltergesellschaft, ist uns durch unsere Tradition so überkommen, dass wir vielleicht gar nicht mehr merken, dass sie – heidnisch ist. Oder sagen wir besser: dass es eine Gottesvorstellung ist, wie sie den theistisch denkenden Jahrtausenden der Menschheitsgeschichte gemeinsam ist« und in diesem religionsgeschichtlichen Sinn gehört die Bibel in diese theistische Welt. Wenn freilich theologisch gefragt wird, so wird deutlich, dass Glaube auch in der Bibel nie selbstverständlich war. Um dies zu erläutern, orientiert sich Veit an Luthers Auslegung des 1. Gebotes im Großen Katechismus: »Was heißt ›einen Gott haben‹ oder was ist Gott? Einen Gott haben, heißt etwas haben, worauf du dein Herz hängst und verlässt.« Und Veit interpretiert: »Wenn er recht hat, dann heißt das für alle, Theisten wie Atheisten: Wir beten immer, es fragt sich nur zu welchem Gott.« Im Anschluss an diese Überlegung fragt Veit nach biblischen Traditionen und entdeckt dort den allmächtigen Gott als festen Bestandteil der Weltanschauung und – diametral dem theistischen Ansatz entgegengesetzt: »Der biblische Gott – klagt.« Und sie interpretiert dies »als die spezifische Ohnmacht der Liebe. Sie kann nur werben, nur rufen, nur bitten, nur warnen; sie kann nicht und soll nicht – herrschen. In einem Gedicht von Fulbert Steffensky ›An die droben‹ heißt es: ›Ihr habt uns verschwiegen, dass er Liebe ist, und das Liebe Herrschaft zerbricht, und zuerst die eigene.‹ Liebe und Herrschaft schließen sich aus.« Und nun erzählt sie von Erfahrungen der »Kraft der Schwachen« in der Geschichte des Politischen Nachtgebetes: »Ich habe damals etwas verstanden von der Kraft der Schwachen. Sie liegt nicht in dem, was sie leisten. Sie liegt in dem, was sie erwarten, erhoffen, unbedingt haben wollen. Sie liegt in dem Ruf, den sie darstellen. Das Vertrauen der Schwachen ist kostbar; es heilt, es befreit, es hat schöpferische Kraft. ... Liegt die schöpferische Kraft Gottes, dem Menschen gegenüber, vielleicht gar nicht in dem, was er über uns verfügt, sondern in dem, was er von uns vertrauensvoll erbittet? Beharrlich, dringlich, wie ein Liebender?« Diese Erfahrung lässt sich machen, wenn Menschen sich selbst in der Meditation und im Gebet bedenken, »dann lernen wir: die Wahrheit setzt sich von innen heraus in uns selber durch; wir können nicht verfügen. Die sanfte, ganz sichere und unerbittliche Stimme der Wahrheit, unserer Wahrheit bringt sich unser Leben hindurch zur Geltung, will immer mehr Befreiung, immer mehr Mut – für uns.« Und sie erinnert daran, dass ihre ehemalige Schülerin Dorothee Sölle in diesem Zusammenhang von »Hinreise« spricht, in der der einzelne Mensch »einen unvergleichlichen Wert gewinnt. Er gewinnt einen Wert, der weit über das hinausgeht, was er leistet.« Und Marie Veit weiß, dass »es sehr schwer ist, in der Herrschaftstradition, aus der wir kommen, von diesen wichtigsten Zusammenhängen richtig reden zu lernen«. Doch sie versucht es weiter und formuliert den Text abschließend: »Die Sünde des einzelnen liegt zuerst und zutiefst gerade nicht in dem, was wir tun, auch nicht in den Motiven unseres Tuns; sondern sie liegt in unserer Bereitschaft, uns das Wichtigste ausreden zu lassen, sie liegt darin, dass wir zu wenig erwarten. Ich möchte die theologische Kategorie der Erwartung einführen. Dem Gott, der unser Vertrauen erwartet, entspricht der Mensch, der die Erfüllung seines Lebens erwartet. Sünde besteht dann zuerst und zutiefst darin, dass wir nicht insistieren auf unserem Hunger nach Nicht-Entfremdung; dass wir resignieren und dann religiöse Surrogate nehmen. ... damit versäumen wir zugleich unsere tiefste Pflicht – die Pflicht, uns fähig zu machen zur Militanz und in der Erfahrung des Kampfes zu wachsen, uns selbst zu entwickeln, damit wir da sind in der Welt. Heute geht das nur so, dass wir uns die Entwicklungsmöglichkeiten (!) zugleich erkämpfen müssen. Der Psychoanalytiker Erikson sagt, die weißen Industriegesellschaften litten vor allem daran, dass es in ihnen so wenig Erwachsene gebe! Das steht im Einklang mit dem Neuen Testament, das uns anhält, zu wachsen und zum vollkommenen erwachsenen Menschen in Christus zu werden. Damit ist nicht gesagt, seelisches Wachsen im Sinne der Psychologie sei dasselbe wie Wachstum im Glauben. Aber wer seelisches Wachstum verweigert, es sich ausreden lässt, der zerstört das Instrument, auf dem der Glaube musizieren könnte.«[31]

Wenig Neues gegenüber dem zuvor skizzierten Text enthält der 1982 verfasste Essay »Gottes Werben um Vertrauen« (Schriftenverzeichnis Nr. 34), doch werden seine Inhalte einem breiteren Publikum durch den Erscheinungsort in der Zeitschrift »Evangelischen Kommentare« zugänglich gemacht. Ergänzend macht Marie Veit darauf aufmerksam, dass es beim Erwachsenwerden und -sein um »selbstverantwortetes Handeln geht, bei dem auf niemanden, auch nicht auf vorgefundene Autoritäten innen und außen, die eigene Prüfung der Realität und die ihr entsprechende Entscheidung abgeschoben werden kann. ›Alles ist erlaubt, aber nicht alles baut Zukunft‹, sagt Paulus. Die Fähigkeit zur eigenen Entscheidung und verantwortlichen Beurteilung der Realität wird das erste sein, was wir erkämpfen müssen.« Für die Frage nach den ›Kennzeichen einer reifen Moralität‹ ergibt sich aus dieser Überlegung zweierlei: »Jenes Offenbleiben für Erfahrungen, Menschen, Situationen, das wir als ein Kennzeichen reifer Moralität bezeichnen müssen, stellt nicht eine heroische Leistung des Menschen dar, der sich vielleicht lieber zur Ruhe setzen, nicht neuerlich nachdenken möchte, sich das aber nicht gestattet, sondern ist die Folge einer tiefen und grundlegenden, wenngleich selten theoretisch formulierten Erfahrung des Offenen, des nicht endenden Rufes zur Transzendenz. Diese Erfahrung kann nicht als solche bewahrt werden, sondern nur, indem sie sich inkarniert, realisiert wird im Versuch des Menschen, den schaffenden und erlösenden Gott durch sein Handeln ins Dasein zu rufen.«

Beim Jahresfest des Kreisverbandes Bonn der Evangelischen Frauenhilfe im Rheinland hält Marie Veit ebenfalls 1982 den Vortrag mit dem Titel »Gottvertrauen und Selbstvertrauen« (Schriftenverzeichnis Nr. 36, unveröffentlicht). Auch dieser Text lebt von dem Vortrag in El Escorial und verknüpft ihn mit einigen weiterführenden Gedanken. Ausgangspunkt ist eine Gesprächsnotiz mit einem US-amerikanischen Besatzungsoffizier 1947, der Marie Veit sagte: »Ich glaube, euer deutsches Luthertum hat euch zwar äußerst leidensfähig gemacht, aber nicht handlungsfähig. Vor lauter Gottvertrauen vergesst ihr, dass

---

31 Vgl. unten S. 225 f (Schriftenverzeichnis Nr. 108).

ihr selber aktiv werden müsst. Das ist beim Calvinismus der USA gerade umgekehrt, scheint mir.« Zum ersten Mal kam Marie Veit da der Gedanke, »dass einer ganzen Nation gewisse Grundauffassungen ›in Fleisch und Blut übergehen‹, weil sie mit Hilfe der Religion von Kindertagen an eingepflanzt wurden.« Und sie erkannte die Chance des ökumenischen Gesprächs über konfessionelle und nationale Grenzen hinweg. Welchen Typus von Frömmigkeit hat das deutsche Luthertum geschaffen? Am Beispiel von Vertrauensliedern im lutherischen Gesangbuch zeigt sie zwei Gruppen auf: solche eines passiven Vertrauens und solche aktiven Vertrauens. Passives Vertrauen meint »Hinnahme des Schicksals, Ergebung, dabei fortdauernde Treue im Kleinen, alles dies vom Einzelnen erlebt, der ganz allein vor seinem Gott steht« (z. B. »Wer nur den lieben Gott lässt walten«). Aktives Vertrauen meint »das Vertrauen handelnder, auf ein Ziel hin orientierter Christen, die wissen, dass sie in diesem Kampf an Grenzen stoßen, wo sie nicht mehr weiter kommen, Gott aber die Sache weiterführt« (z. B. »Ein feste Burg ist unser Gott«). Sie zeigt auf, wie klar Lieder passiven Vertrauens dominieren und so frömmigkeitsbildender waren als die aktiven Vertrauens und macht so deutlich, »dass es uns evangelischen Christen in Deutschland an christlichem Selbstvertrauen fehlt. Mit diesem Wort beschreibe ich den Mangel an aktivem Vertrauen.«

Zweites Thema des Vortrages ist »Gottes Vertrauen zu uns«: Die Bibel erzählt, wie Gott um uns wirbt, um unser Vertrauen bittet, auf uns ›setzt‹ (Jesaja 1 oder Hosea 11 u.ö.). Gott wettet auf den Menschen gegen den Teufel (Hiob 1). Die Bibelstellen »stellen den biblischen Gott vor Augen, der unter den Menschen leidet. Ja, er leidet, weint und klagt, nicht erst in Jesu Passion; es gehört erstaunlicherweise zum Bild dieses Gottes, dass er nicht unverletzlich ist, sondern leidet, wie Liebe leidet, wenn sie enttäuscht und missachtet wird.« Und Marie Veit denkt systematisch-theologisch weiter: »Was wir hier vor Augen sehen, ist nichts anderes als die Ohnmacht der Liebe. … Liebe und Herrschaft schließen sich aus. … Dietrich Bonhoeffer schreibt einen Satz aus dem Gefängnis, der theologisch noch kaum bedacht ist, geschweige denn angeeignet von der christlichen Gemeinde: ›Nur der ohnmächtige (powerless) Gott kann helfen.‹ Wie lernen wir es, die Schwachheit (powerlessness) Gottes besser zu verstehen? Vielleicht am ehesten, indem wir uns klarmachen, was dieser Gott von seinem Volk erwartet. Es ist Vertrauen. Das aber lässt sich nicht erzwingen, auch durch Allmacht nicht. ... Liegt hier die schöpferische Kraft Gottes dem Menschen gegenüber, vielleicht gar nicht in dem, was er über uns verfügt, sondern in dem, was er vertrauensvoll von uns erbittet? Beharrlich, dringlich wie ein Liebender?« Diese Erfahrungen machen wir in der Meditation oder im Gebet, »dann lernen wir: die Wahrheit setzt sich von innen heraus in uns selber durch; wir können nicht verfügen. Die sanfte, ganz sichere und unerbittliche Stimme der Wahrheit, unserer Wahrheit, bringt sich unser Leben hindurch zur Geltung, will immer mehr Befreiung, immer mehr Mut – für uns.« Marie Veit zitiert Martin Luther und seine Differenz von »Werk« und »Herz«, genauer von »des Herzens Grund«, aus dem Wahrheit sichtbar wird, und Dorothee Sölle, die hier von »Hinreise« sprechen würde. Marie Veit reflektiert dabei die Schwierigkeit in unseren Kirchen, die aus Herrschaftstraditionen kommen, davon zu sprechen, haben sie doch zudem statt von der sich von innen heraus durchsetzenden Wahrheit die Menschen eher Selbstentlarvung und Selbstaggression gelehrt.

Schließlich bedenkt sie den Zusammenhang von Gottvertrauen und Selbstvertrauen: »Gottes Vertrauen weckt unser Vertrauen – zu ihm und zu uns selbst! Indem wir zu verstehen beginnen, dass Gott uns vertraut – uns seine Welt anvertraut, und in ihr unsere Schwestern und Brüder, wo immer sie leben in der Welt, beginnen wir auch Mut zu fassen, uns ein eigens Urteil zu bilden über das, was in der Welt geschieht und was geschehen sollte. ... Christliches Vertrauen zu Gott und zu uns selbst widerstreitet der Resignation. ... Wir haben nicht die Verheißung, dass uns alles rasch gelingt, auch nicht die, dass wir, wenn wir das Richtige zu tun versuchen, selbst unbehelligt bleiben. Im Gegenteil, wer für Gerechtigkeit und Frieden kämpft, wird diffamiert, das ging auch Jesus so. Aber wo viele gemeinsam lernen, Gott und sich selbst zu vertrauen, da bleibt die Wirkung nicht aus. ›Sie gehen hin und weinen und tragen edlen Samen und kommen mit Freuden und bringen ihre Gaben.‹ Da wollen wir dabei sein.«

Wenig erweitert und verändert erscheint dieser Vortrag 1983 unter der Überschrift »Umkehr zum Leben. Was heißt heute ›Gott vertrauen‹?« (Schriftenverzeichnis Nr. 37) in der »Jungen Kirche«. Der Aufsatz setzt bei der Erfahrung der »Abwesenheit Gottes« unter den Christen ein, die sich zusammenschließen, um für Frieden Befreiung, Gerechtigkeit zu kämpfen, wobei »uns sehr hellhörig machen muss: Die Unterdrückten selbst, sofern sie Christen sind (in Lateinamerika) glauben (!) an Gott«. Und Marie Veit variiert den Gedanken des Vertrauens: Während Gott an seinem Vertrauen in die Menschen festhält, sind »wir selber schneller bereit, unsererseits das Vertrauen zum Menschen aufzugeben, nur noch zu denen zu reden, die ohnehin schon unserer Meinung sind, die Mächtigen für zu böse oder zu betriebsblind zu halten, die desinformierten Massen für hoffnungslos und gleichgültig. Wir wollen raschere Erfolge sehen, wir wollen nicht ›ohnmächtig‹ sein. Immer aufs Neue müssen wir uns hiervon bekehren, um zu werden, was wir sind: Mitglieder der Widerstandsbewegung des ohnmächtigen Gottes.«

Führt Vertrauen zu Sicherheit oder zu Gewissheit und was bedeutet das eine, was das andere? Diesen und weiteren Fragen geht M. Veit 1986 – freilich nicht abstrakt, sondern in konkreten Kontexten – in dem Aufsatz »Sicherheit und Gewissheit« (Schriftenverzeichnis Nr. 56) nach. Sie gliedert ihn in drei Abschnitte: zur Situation, theologische Reflexion, pädagogisch-psychologische Überlegungen. Zunächst reflektiert Veit das Konzept »Sicherheit« in ganz unterschiedlichen außen- und innenpolitischen Kontexten sowie in der Werbung. In Auseinandersetzung mit einem Bericht über 25.000 Indochinaflüchtlinge in Paris wird deutlich: »Ein System, das auf Vertrauen statt auf Sicherheitsleistung beruht, setzt offenbar eine funktionierende Gemeinschaft voraus, die in unserem System zu fehlen scheint.« Die Verpflichtung auf den Wert »Sicherheit« schafft außen- und militärpolitisch wie innenpolitisch gerade Unsicherheit. »Das erweist den realitätsfernen, mithin ideologischen Charakter dieses Begriffs«, der durch die Werbung permanent verstärkt wird. »Psychologisch gesehen ist dies nichts anderes als eine Infantilisierung« der Menschen: »Sie weckt oder verstärkt Ängste, verhindert oder erschwert die eigene Realitätsbeurteilung und -verarbeitung, schafft Abhängigkeiten – steht dem Wesen demokratischer ›Mündigkeit‹ entgegen. … Wo Sicherheit das höchste Gut ist, geht Freiheit verloren, gleichgültig in welchem System.«

Die protestantische Tradition unterscheidet Sicherheit (securitas) und Gewissheit (certitudo). »Bei der ›Gewissheit‹ handelt es sich nicht um eine Leistung des Menschen, auch nicht um eine ihm eigene Disposition, in keiner Weise um so etwas wie Besitz. Der Christ bleibt angewiesen auf das Wort, muss immer wieder von ihm erreicht werden; es geht um ein Sich-Öffnen, das nicht leistbar, sondern immer wieder geschenkt ist. Es geht in allem um den Kern der Personalität. Man fühlt sich erinnert an den Satz des Hebräerbriefes: »Es ist ein köstlich Ding, dass das Herz fest werde, welches geschieht durch Gnade« (Hebräer 13,9).« … Sicherheit ist dagegen bei Luther »ein Sich-verlassen-wollen auf einen erreichten Stand, sei es in der Frömmigkeit, sei es im Wissen. Es ist ein Sich-verlassen auf einen Besitz. Nicht der Mensch selbst, sein Bedürftig- und Beschenkt-Sein, sondern das, was er vorzuweisen hat, steht hier im Zentrum. In der Sprache Erich Fromms ließe sich sagen, dass ›Sicherheit‹ und ›Gewissheit‹ sich unterscheiden wie Haben und Sein.«

In den pädagogisch-psychologischen Überlegungen entdeckt Marie Veit starke Analogien zwischen Eriksons Phasen der Ich-Entwicklung und zentralen christlichen (vor allem evangelischen) Glaubensaussagen und sie kommt zu dem Ergebnis: »Gewissheit also, durch vertrauensstiftende und ermutigende Beziehung, ist geradezu die Voraussetzung seelischen Wachstums«, weil dieses von Beginn bis zum Ende Beziehung voraussetzt und weil seelische Entwicklung immer wieder begleitet ist durch Krisen. Letzteres erfordert, dass Erwachsene verlässliche Ansprechpartner der jungen Menschen sind. »Verlässlichkeit ist, so scheint mir, heute die Außenseite des Glaubens. Sie schafft Vertrauen und ermöglicht so Schritte in Richtung auf Identität. Identität im Sinne Eriksons aber dürfte die psychologische Entsprechung zur certitudo sein.«

»Fassen wir zusammen: ›Sicherheit‹ will den Menschen von außen her vor Leiden und Risiko schützen, wie mit einem Panzer umgeben, bestehe dieser nun aus Raketen, aus Eigentum, aus aufgetürmten ›guten Werken‹ oder aus Rechtgläubigkeit. ›Gewissheit‹ lebt innen, als Identität der Person. Zwar kommt sie von außen, aber als Anrede an den Menschen als Person, der er selbst sich erschließt und antwortet. Sie schützt ihn nicht vor Unglück, auch nicht vor Krisen; aber sie hält sein Innerstes lebendig, mit Luthers Worten: sein ›Herz‹. Nur in dieser, nicht im Abgesichertsein, kündigt das Heil des Menschen sich an.«

Einer solchen Gewissheit begegnet Marie Veit bei den »Christen für den Sozialismus«, in deren Korrespondenzblatt sie einige Texte verfasst hat. Drei Texte aus dem Jahrgang 1985 der »Korrespondenz/Christen für den Sozialismus in der BRD und Berlin (West)« zeige ich nun an, die Teile (damals) aktueller Diskussionsprozesse bei den Christen für den Sozialismus spiegeln. »Wo ist unsere messianische Praxis? – Das Manna, das man für sich alleine aufhebt, wird faul« (Schriftenverzeichnis Nr. 48). Marie Veit macht auch hier darauf aufmerksam, »dass wir uns mehr erzählen« sollten: »Vielleicht kann das Einüben des Teilnehmens an dem, was der einzelne von sich aus geben will, und das Geben-wollen, ein Stück neue C-Praxis sein. Nimmt man nicht auch die eigenen Erfahrungen ›wichtiger‹, werden sie nicht ›nährender‹, wenn man sie teilt?« Und den kleinen Text abschließend fragt sie, was denn Glaube sei. »Vielleicht zu lernen, dass wir die Armut offenhalten dürfen, die gerade das innerste Wesen des Menschen ausmacht: die Sehnsucht nach Unendlichkeit, nach unzerstörbarer Schönheit, nach Tiefe, Authentizität. Der verzweifelte Versuch, das große, weite, tiefe ›Vakuum‹ im Innersten mit irgendetwas zu schließen, … kann langsam, staunend aufgegeben werden, weil das Unendliche da ist und (in der Sprache der deutschen Mystik) ›sich ergießen will‹. ›Gott‹ insistiert darauf, das ist das Wichtigste von allem. Das heißt: er herrscht gerade nicht. Aber wenn wir von ihm reden, sieht es leicht danach aus, als ob wir mit ihm herrschen wollten.« »Das ›C‹ in CfS für mich« (Schriftenverzeichnis Nr. 49) ist ein weiterer Text überschrieben, der die Fragen stellt: »Wie können wir ›lieben‹ lernen, d.h. volle Solidarität leben (!) lernen? Woher kommt für uns die Kraft dazu?« Und Marie Veit beantwortet die Fragen in vier Punkten: 1. »Religion, Kirche, Glaube, vor allem die Bibel sind für mich ganz und gar positiv besetzt. … Die Religion hat mich mit ›Zukunft‹ angesteckt.« 2. »Heute meine ich: Religion ist Antizipation. Biblisch ausgedrückt: Wir müssen lernen, ›in‹ der Welt, aber nicht ›von‹ der Welt zu sein. Religion ist Vorwegnahme im Symbol. Symbol heißt Gemeinschaft derer, die sich darum sammeln; Symbol drückt Sehnsucht, Hoffnung aus. Religion gibt uns Sprache für unser Dransein.« 3. Statt ›in den Griff kriegen‹: Leben in Erwartung. Offen bleiben, wachsam bleiben, weiterkommen (nicht nur gedanklich, sondern auch konkret), und zwar gemeinsam. So antworten wir der Erwartung Gottes an uns (›dem Ruf der Zukunft‹).« 4. »Befreit werden muss auch die Religion selbst. Sie ist in den Großkirchen zur Disziplinierungs- und Beschwichtigungsmacht verkommen. Klarste Bibeltexte z.B., die Aufbruch, Veränderung wollen, werden in ihr Gegenteil verkehrt (Beispiel die dritte Vaterunser-Bitte, die eschatologisch gemeint und ›unten‹ stoisch verstanden ist). Ein letzter Beitrag im Kontext der Christen für den Sozialismus heißt »Einige Gedanken zur Geschichte der CfS« (Schriftenverzeichnis Nr. 50). Die Anfänge der Bewegung liegen im Chile Allendes. Doch Marie Veit stellt fest: »Außer dem Namen haben wir mit dieser Bewegung so gut wie nichts gemeinsam: Wir kommen, von Ausnahmen abgesehen, nicht von der direkten Arbeit mit den Armen her.« Marie Veit kommt sodann auf den unmittelbaren Vorläufer der deutschen und der holländischen Sektion der CfS: die Anfänge im Politischen Nachtgebet in Köln[32]. Sie resümiert: »Insgesamt gilt also: es ging um die Befreiung der Christen von lähmenden Traditionen. Es handelte sich nicht so sehr um eine Theologie der Befreiung als vielmehr um eine Befreiung der Bibel, der Theologie.«

1994 oder 1995 – der Text ist unveröffentlicht und undatiert – schreibt Marie Veit einen kleinen Aufsatz »CfS Deutschland innerhalb der Weltbewegung CfS. Rückblick eines Gründungsmitgliedes« (Schriftenverzeichnis Nr. 101, unveröffentlicht). Sie reflektiert die Entstehungsbedingungen der »Christen für den Sozialismus« in der BRD und Berlin/West, seine Entwicklung und die Differenzen zu den Christen für den Sozialismus in Lateinamerika, dort eine Bewegung der Arbeiter und der Armen, hier eine von Mitgliedern der Mittelschicht, die am Ist-Zustand der Kirchen leiden und an der Ratlosigkeit spätkapitalistischer Wohlstandsgesellschaften teilhaben. Dabei fällt auf, dass diejenigen, die am meisten leiden, am meisten Hoffnung und Geduld haben, was weder in der Geschichte der Kirchen noch der Linken neu ist. »Neu ist aber für Deutschland (1992!) etwas anderes: die Linke ruft die Christen. ... Das Projekt der solidarischen Gesellschaft ist eben älter als 70 Jahre, mindestens 3000 Jahre, und der Chef der Geschichte pflegt seine Sache nicht aufzugeben.« Und schließlich beschreibt sie Kontakte zu basissozialistischen Initiativen wie Longo Mai.

In diesen Kontext gehört auch der 1993 erschienene Beitrag zu dem von F.-M. Balzer herausgegebenen Band »Ärgernis und Zeichen. Erwin Eckert – Sozialistischer Revolutionär aus christlichem Glauben«, der überschrieben ist: »Als Christ und Sozialist gegen die ›armselige Judenhetze‹« (Schriftenverzeichnis Nr. 91) Nach einem kurzen Abriss der Geschichte des christlichen Antijudaismus und Antisemitismus erläutert sie Eckerts Position zu den Judenverfolgungen im sog. Dritten Reich im Gegensatz zu dem Verhalten der Kirchen und be-

---

32 S. o. die Hinweise zu Schriftenverzeichnis Nr. 45.

zieht in diese Darstellung wenige andere mit ein: den rheinischen Sozialpfarrer W. Menn, D. Bonhoeffer, das Berliner Büro Grüber von Pfarrer H. Grüber sowie den Schweizer Theologen L. Ragaz.

Selbstverständlich gehört in den Kontext der »Christen für den Sozialismus« für Marie Veit auch der religiöse Sozialismus. So verfasst sie einen leider nicht datierten Aufsatz, »der sich auf die religiöse und kirchliche Situation hier in unserem Land, in unseren großen Kirchen bezieht« mit dem Titel »Religiöser Sozialismus und die Bibel heute (Schriftenverzeichnis Nr. 118, unveröffentlicht). Er blendet die Ansätze neuen theologischen Denkens in Lateinamerika und Südafrika nicht aus, geht aber davon aus; »dass wir unsere befreienden Erfahrungen selbst machen müssen«.

Marie Veit diagnostiziert: »Die großen Kirchen sind seit Jahrhunderten, besonders krass zur Zeit des Frühkapitalismus, auf der anderen Seite der Barrikade gewesen. Selbst die Pflicht zur caritativen Liebe musste erst wieder neu entdeckt werden, wie der Kampf Wicherns und Bodelschwinghs eben hierum zeigt. Die Pflicht der Christen, politisch-ökonomisch auf der Seite der Entrechteten zu stehen, war so vollständig vergessen, dass die Forderung danach als geradezu unchristlich erschien. Und dabei wurde die Bibel doch gepredigt und gelesen!« Was angesichts dessen nottut: »Befreiung der Bibel, Befreiung der Theologie – das stellt sich als dringliche Aufgabe des religiösen Sozialismus in unseren Breiten heraus.« Und dann nennt sie die anstehenden Aufgaben und deutet ihre theologischen Perspektiven an:

- Befreiung vom Schicksalsglauben und Wiederentdeckung der eschatologischen Struktur christlichen Glaubens;
- Entlarvung und Ideologiekritik des biblischen Glaubens als Jenseitsreligion und Wiederentdeckung dessen, was »ewiges Leben« heißt: »Manchmal denke ich, dass die Ersetzung des Reiches Gottes, des ewigen Lebens durch das ›Jenseits‹ die ungeheuerlichste Verdrehung ist, die dem Christentum überhaupt angetan werden konnte. ... In der Tat, der Jenseitsfan wirft Gott seine Schöpfung gewissermaßen vor die Füße.«
- Ideologiekritik an der Misanthropie, der negativen Meinung vom Menschen, und Wiederentdeckung dessen, was die Bibel dem Menschen zutraut und eines biblischen Sündenverständnisses;

- die Befreiung und Wiederentdeckung der Bibel, denn »Befreiungsschritte, die weder mit Sozialismus noch mit der Bibel etwas im Sinn haben, pflegen ganz einfach liberal zu sein. Hauptsache: Ich... So kommt es zu einer Elite... Biblisch aber ist nicht die Elite, sondern die Ekklesia. ... Auch Sozialismus denkt nicht ›Elite‹, sondern Avantgarde. ... Die Richtung ist klar, die Liebe will Befreiung für alle, und sie lässt sich selbst durch die anderen befreien. Welche Umwege noch gegangen werden müssen bis zum Ziel, das weiß sie nicht. Sie verlässt sich auf den Ruf Christi, der immer wieder zu vernehmen sein wird.«

Mehrfach habe ich bereits darauf hingewiesen, wie lehrreich für ihre eigene Theologie Marie Veits Bonhoeffer-Lektüre ist. So hat an dieser Stelle m. E. auch seinen angemessenen Ort ein Vortrag, den Marie Veit 1985 in der Bonhoeffer-Kirche in Biberach an der Riß hält. Der Vortrag hat den Titel »Was heißt christlich leben? Gott im Alltag, Gott in Ausnahmesituationen« (Schriftenverzeichnis Nr. 52). Zwei Fragen sind hier für Marie Veit wichtig: »Wie soll ein Christ handeln?«, eine Frage, die für Bonhoeffer durch seine Mitarbeit im Widerstand ganz neu und dringlich wurde. Und: »Wie muss ein Christ heute von Gott denken?«. Sie beantwortet diese Fragen in umgekehrter Reihenfolge. Für Bonhoeffer ist es nicht mehr selbstverständlich, von Gott zu reden, denn: »Grundsätzlich weiß der Mensch: auf dieser Erde muss ich mit Problemen selber fertig werden« – ohne Gott. Steht Bonhoeffer mit diesem Gedanken unter den Theologen vielleicht alleine, so doch nicht unter den modernen Menschen. Eigentlich wäre Theologie mit diesem Gedanken am Ende. Doch genau da setzt Bonhoeffer ein und fragt nach Gott. Dabei will er Gott nicht in Randgebiete des Lebens abdrängen: Schuld, Tod, auswegloses Leiden. Die Frage, die er beantworten will, lautet: Wo ist Gott mitten im nüchternen modernen Leben am Werk? Wo wird heute Gott erfahren, vielleicht ohne dass dabei das Wort ›Gott‹ benutzt wird? Marie Veit zitiert Bonhoeffers Gedicht »Christen und Heiden« und hält die zweite Strophe für die entscheidende:

»Menschen gehen zu Gott in seiner Not,
finden ihn arm, geschmäht,
ohne Obdach und Brot,
sehn ihn verschlungen von Sünde,
Schwachheit und Tod.
Christen stehen bei Gott,
in seinem Leiden.«

Marie Veit kommentiert: »Dieser Gott ist also nicht fern und unverletzlich über der Welt, so dass ihn das Leiden in der Welt nicht erreichen könnte. ... ›Christen stehen bei Gott in seinem Leiden‹ – das ist ein ungewöhnlicher Satz. Das heißt, es reicht nicht, dass sie den Karfreitag andächtig begehen; sondern sie sehen hin, wo Gott heute um seine Schöpfung sozusagen betrogen wird, indem sie ruiniert und verdorben wird.« Bonhoeffer fragt weiter, wie wir Jesus darstellen müssen. »Jesus ist in erster Linie der Mensch, der sich ganz für andere hingeben kann, weil er im Glauben wurzelt, dem es überhaupt nicht auf sich selbst ankommt, weil er weiß: für ihn ist immer schon gesorgt – auch wenn er drauf geht. So ist auch Gott selbst. ... Gott ist der Ohnmächtige in der Welt. Weil er der ist, der die Menschen bittet, zu glauben, zu lieben, der aber darum nur werben kann. ... Neu über Gott reden, so dass dies ernst genommen wird, heißt: Such Gott nicht bei der Allmacht, such ihn bei der Ohnmacht, such ihn dicht bei den Menschen.« Das heißt nun nicht, »dass Gott mit dem Glück im Leben nichts zu tun hätte«. In seiner Ethik erläutert Bonhoeffer: »Gott ist mitten im Alltag bei den Christen. ... Er will mitten im Leben mit Gott, dem Schöpfer dieser Welt, leben. Gott hat diese Welt aus Liebe geschaffen, und ich kann nur bei Gott sein, wenn ich diese Welt, das Leben und die Menschen liebe. Ob und wieviel ich dabei mit den Lehren der Kirche anfangen kann, das ist eine ganz andere Frage.« Diese Überlegungen fasst Bonhoeffer zusammen in dem Gedanken des Lebens in voller Diesseitigkeit: »Das Leben des Christen spielt in der vollen Diesseitigkeit, in immer größerer Vergessenheit gegenüber der eigenen Seele und was aus ihr wird – denn dafür sorgt schon Gott. Er muss handeln, sich querstellen, eingreifen, trösten und aufbauen. Bonhoeffer selbst tut das – im Gefängnis.« Vielleicht ist die Erkenntnis, so Veit, die ›köstlichste Frucht‹, dass Gott mitten im Leben, im Glück wie im Unglück »drin ist«[33] und es dazu nicht die Sondersituationen religiöser Besinnung braucht. Dieser Gott, der im Alltag und in Grenzsituationen erfahren werden kann, wird niemandem aufgedrängt. »Für Bonhoeffer – gefragt, ob der an Gott glaubt – ist es ein richtiges Problem, wie er antworten soll«, was Marie Veit selbst immer besser versteht: »Wie antwortet man also? Es wird darauf ankommen, mit wem man spricht. Man kann von Gott auch atheistisch reden, etwa so: Da ist die Welt, in der die Menschen ihre Probleme ohne Gott lösen. Diese Welt ist aber kein geschlossenes System, wo die Dinge nach ehernen Gesetzen ablaufen, an denen man nichts ändern kann, sondern sie ist an einer Stelle offen, und zwar nur an der Stelle, wo der einzelne Mensch gerade steht. Ihn kann von Jenseits der Welt ein Ruf erreichen, der ihm deutlich macht, wie die Welt eigentlich sein soll. Dann dringt etwas ein in dieses sich geschlossen gebende System. Es kommt eine neue Kraft herein, und es kann etwas verändert werden.« In all diesen Überlegungen Veits wird auch deutlich, was sie mit Bonhoeffer verbindet, dass das Leben ein Lernweg auch im Glauben und im theologischen Reden ist – »die Kehrseite der Einsicht, dass der Glauben nicht zeitlos ist – weder in der Geschichte der Menschheit, noch im Leben eines einzelnen«.

Spielerisch nähert sich Marie Veit 1987 dem Thema Selbstverwirklichung in dem Text »Gedankenspiele zum Thema Selbstverwirklichung – oder auch: Von Latschenkiefern und Regenwürmern« (Schriftenverzeichnis Nr. 65). Die Gedankenspiele sind nicht zusammenzufassen. Ich berichte und zitiere drei Überlegungen. 1. »An der Latschenkiefer lernt ein Gleichnis«: Die Latschenkiefer – wachsend im Geröll – zeichnet eine starke Originalität aus; sie ist »eigenwillig-schön«. Die Gartenkiefer demgegenüber »gleichmäßig schön – und uninteressant«. »Ist diese Gesellschaft wie Geröll, nahrungsarm für das Selbst und haltlos? Dann wollen wir der Latschenkiefer gleichen. Ihr Wille zum Leben befestigt den Boden, dient anderen und gibt ihr selbst ihre unverwechselbare Schönheit. Geschöpf sein heißt: den Boden annehmen, den wir zur Verfügung haben. Hier werden wir wachsen und durch unser Dasein Veränderungen schaffen.« 2. Unsere Religion denkt das Selbst als »radikale Subjektivität«. Sie meint damit »die unerreichbare Tiefe des personalen Seins

---

33 Vgl. dazu unten S. 223 ff.

(»individuum est ineffabile«), aus der wir kommen, die wir aber nicht ›in den Griff kriegen‹. ... Die christliche Religion bringt das Sich-selbst-nicht-kennen nicht nur mit der Personalität des Menschen in Zusammenhang; sie bringt es vor allem in Zusammenhangmit dem, was sie ›Sünde‹ nennt. Sünde ist: Verweigerung von Beziehungen, Autark-sein-wollen. Sich selbst als Person zu erfahren, das ist, christlich gesehen, nur möglich durch Zuwendung, erfahrene nämlich. Ich erkenne mich, weil ich erkannt bin. Womit wir denn in der Nähe von ›Gnade‹ wären... Sie eröffnet Zukunft, ›je mir‹ und so ›uns‹.« 3. Wir gelangen zu solchen Beziehungen, indem wir für andere da sind (D. Bonhoeffer). »Wir werden dabei viele Fehler machen und daraus lernen. So stiftet sich Vertrauen, so wachsen Beziehungen; so ›werden‹ wir. Selbstverwirklichung geschähe also gewissermaßen nebenbei, indem wir ›in der Fülle der Aufgaben, Fragen, Erfolge und Misserfolge, Erfahrungen und Ratlosigkeiten leben – dann wirft man sich Gott ganz in die Arme.‹ (D. Bonhoeffer). So scheint es zu sein.«[34]

1988 fragt Marie Veit in der »Jungen Kirche« »Wovon leben wir Linken?« (Schriftenverzeichnis Nr. 66) und entstanden ist ein politisch-theologisch-seelsorgerlicher Text, der mit Aussagen ihres Bonhoeffer-Vortrages aus Biberach schließt. »Links sein«, so Marie Veits einfache Definition zunächst, »heißt, die Probleme der Massen für die wichtigsten und für die Situation der

---

34 Martin Buber formuliert im Blick auf die Begriffe »Persönlichkeit« und »Gemeinschaft« einen ganz ähnlichen Gedanken in seinem Vortrag »Wie kann Gemeinschaft werden?«, den er im Juni 1930 auf einer Tagung des Verbandes der jüdischen Jugendvereine Deutschlands in München gehalten hat: »Stellen Sie sich etwa vor, ein Mensch nehme sich vor, Persönlichkeit zu werden. Er wacht eines schönen Tages auf und sagt: ›Das geht nicht so weiter, ich muss eine Persönlichkeit werden.‹ Lassen Sie nun diesen Jugendlichen sich das vornehmen und ihn vom Morgen bis zum Abend unablässig darauf sinnen, wie er eine Persönlichkeit werden könne. Ich weiß über sein späteres Leben nichts zu sagen, aber eines weiß ich mit Bestimmtheit: alles kann er werden nur Persönlichkeit nicht. Es gibt verschiedene Wege zur Persönlichkeit, aber es gibt einen Weg, einen ganz sicheren Weg, Persönlichkeit zu verfehlen, nämlich: sie zu wollen. Leider ist es ähnlich mit der Gemeinschaft. Ebenso wenig wie man Persönlichkeit herstellen kann, ebenso ist es mit der Gemeinschaft; diese hohen Werte entstehen nur als Nebenprodukt.« (M. Buber, Werkausgabe. Bd. 8. Schriften zu Jugend, Erziehung und Bildung. Herausgegeben, eingeleitet und kommentiert von J. Jacobi. Gütersloh 2005. S. 185-199. Zitat S. 189.). Dieser Gedanke erscheint mir auch bedeutsam für M. Veits Überlegungen zum marktorientierten Charakter und dessen Konsequenzen, sich selbst als Produkt zu designen. Zu Bubers Text vgl. auch: Schalom Ben-Chorin, Jugend an der Isar. Ausgewählte Werke. Bd. 1. Darmstadt 2019. S. 42 f und 97.

Gesellschaft entscheidenden zu halten. … Das ›Nein‹ ist das Rückgrat unserer politischen Existenz in dieser Gesellschaft.« Dazu gehört als erstes die »Vision einer Gesellschaft, in der den Menschen ihr eigenes Leben gehört. … Mit der Vision eines Reiches des gerechten Schalom kann man leben.« Dazu gehört sodann die gemeinsame Praxis, neue Erfahrungen und »ein Stück Gegenkultur in Tanz, Lied und Spiel« und Gottesdiensten, die »vorwegnehmen, was kommt, Feier des Reiches Gottes schon jetzt«. Und drittens »der Anblick dessen, was schon gelingt, und dessen Tradieren«: Marie Veit fordert dazu auf, eine linke Erzählkultur entstehen zu lassen, ›damit in Erinnerung bleibt und weitererzählt wird, damit nicht vergessen wird, was möglich ist‹: »Mir wird immer wichtiger, dass die ganze Bibel kein Lehr-, sondern ein Erzählbuch ist. Und ich denke, sie muss fortgeschrieben werden.« Abschließend fragt Marie Veit: »Fehlt noch etwas?« Und sie macht zweierlei aus, von dem implizit bereits immer wieder die Rede war: zuerst, »weil es bei den Linken leicht übersehen wird: die radikale Individualität des einzelnen«. Und dann: »Sie haben eine linke Theologin eingeladen; so müssen Sie mir erlauben, hier von Gott zu reden. Ich will dies in atheistischer Sprache tun. Was leistet der Gottesbegriff? Ich denke, vor allem eins: Er lässt nicht zu, dass irgendetwas innerweltlich Antreffbares absolut gesetzt wird. … Es ist da gewissermaßen eine offene Stelle, Kehrseite der Kontingenz des gesamten Seienden. Diese ›offene Stelle‹ ist die Quelle der Freiheit des Einzelnen. Durch sie kommt der Atem der Zukunft herein, der Ruf zum Leben. Wir sind nicht (!) die Herren des Ganzen, die vom Standpunkt einer überlegenen Lehre her das Ganze ›im Griff‹ hätten. Wir sind nicht ›drüber‹ über der gesamten Wirklichkeit, sondern wir sind ›drin‹. Aber es erreicht uns der Ruf der Zukunft. Wir nennen ihn: die Stimme Gottes.«

3.4 »Gnade als anmutvolle, den Menschen erfreuende Zuwendung Gottes«

Marie Veit beteiligt sich 1984 an einer Ringvorlesung zum Thema »Rechtfertigung« des Fachbereichs Religionswissenschaften ihrer Gießener Universität mit der Vorlesung »Leistungsdruck, ›Leistung‹ und Gnade. Überlegungen zum Lehren und Lernen in der Konsequenz der Rechtfertigungslehre« (Schriftenverzeichnis Nr. 41). Die Ausgangsthese des Textes lautet: »Die Rechtfertigungslehre ist, indem sie bewahrt und weitergegeben wurde, unbemerkt in ihr Gegenteil verkehrt worden.« Was bei Luther ein Vorgang der Befreiung war, wurde zur Fesselung und Hemmung. Aus der Kirche der Gnade wurde die Kirche der Disziplin: aus Vertrauen wurde Subordination, aus lebendiger Anteilnahme am Leben und Leiden der Welt, wie wir es bei Luther beobachten, Schicksalsergebenheit und Apathie. Ein klassisches double bind: »Gepredigt wird die unverdiente Gnade, die Befreiung des Menschen von allem, was ihn ängstigen könnte, auch in sich selbst; aber die Bedingungen, in die diese Botschaft gepresst wird, die Herabsetzung eigenen Handelns, die Verdächtigung eigener Initiative strahlen Ungnade aus und neutralisieren die Botschaft. Dazu kommt der Zwang zur Rechtgläubigkeit und, bald genug und lang genug, die disziplinarische Gewalt der Kirche. Und das Ergebnis sind Gemeinden, die brav gehalten werden, das vor allen Dingen; die zwar an die Gnade glauben sollen, aber doch nicht allzu sehr, nicht so, dass diese Gnade sie auf eigene Füße brächte. Denn wie immer ist die hemmende Seite des ›double bind‹ die stärkere.« Diese Verschiebung des innersten Kerns des Glaubens macht Veit wiederum an Gesangbuchliedern deutlich.

Im Anschluss an diese grundsätzlichen theologischen Überlegungen formuliert Marie Veit vier Thesen:

1. »Unter Leistungsdruck wird weit weniger geleistet, als der Mensch leisten könnte und auch selbst leisten will. Dies gilt auch in quantitativer, vor allem aber in qualitativer Hinsicht. Dies gilt ganz besonders, wo es sich um Lernen und Lehren handelt.

Zunächst zeigt Veit dies am Beispiel »der Akkordarbeiterin«. Sodann weist sie darauf hin: »Der Schüler, der von innen heraus lernen will, lernt mehr, lernt schneller, lernt qualitativ und quantitativ in unvergleichbarer Weise besser als derjenige, der unter Notendruck steht.«

Theologisch entspricht dem – Veit formuliert es als Anfrage an die Systematische Theologie – die Überlegung Luthers, dass wirklich gute Werke durch das Gesetz nicht hervorgebracht werden können.

2. »Schon der Begriff ›Leistung‹ zeigt an, dass eine schleichende Verfälschung menschlichen Wirkens und Lernens Platz gegriffen hat. Er hebt ab auf Messung, Kontrolle, Entsprechung gegenüber einem fremdgesetzten Maßstab. Demgegenüber brachte der ältere Ausdruck ›Werk‹ das Wirken der Person noch stärker zu Wort. Tauschwert, Notenwert, Punktwert z.B. hat den Gebrauchs- wie den Selbstverwirklichungswert des Lernens verdrängt, konform zum Wirtschaftssystem, aus dem das erste Beispiel (Akkordarbeiterin) stammte.«

Theologisch entspricht der formulierten Kritik beispielsweise Matthäus 6 zum rechten Almosengeben, wobei die rechte Hand nicht weiß, was die linke tut; wenn die guten Taten also dem Täter gar nicht bewusst werden, dann kann es sich bei diesen guten Taten niemals um ›Leistung‹ handeln. Und Veit verweist auf Luther: »Der Glaube fragt nicht, ob gute Werke zu tun sind, sondern ehe man fragt, hat er sie getan und ist immer im Tun.«

3. »Wir kommen zu einem zentralen Begriff der Rechtfertigungslehre, dem Begriff der Gnade. Gnade ist neutestamentlich, das verwendete Wort sagt es schon, anmutvolle Zuwendung. …

Gnade als anmutvolle, den Menschen erfreuende Zuwendung ermöglicht ein Offenwerden des Menschen, … das die Voraussetzung ist für eigenes Wirken und verstehendes Lernen. Beide werden durch Leistungsdruck verhindert; er ist geradezu der Gegenbegriff zu Gnade.«

4. »Umso erstaunlicher ist es, dass die Konsequenzen für ein Lernen und Lehren, das den Menschen achtet und ihm zur Selbstentfaltung verhelfen will, historisch gerade nicht in der Kirche der Rechtsfertigungslehre gezogen worden sind. Das liegt an der Verschiebung von der ich sprach. …

Überwiegend ist die Arbeit an einer solchen Weise des Lehren und Lernens, die den Menschen hervorlockt, ihn wachsen lassen will, von Pädagogen vorangebracht worden, die aus ganz anderen Traditionen stammten und stammen, von Rousseau bis zu Paulo Freire.«

Abschließend formuliert Marie Veit fünf Punkte als Konsequenzen für Lehren und Lernen, die aus einer unverfälschten Rechtfertigungslehre folgen, geht es doch nie für diese Theologin allein um die Richtigkeit der Lehre, sondern immer zugleich und vor allem auch um die lebenspraktischen Folgen:

1. »Verstehen ist wichtiger als ›Leistung‹.«
2. »Wir müssen lernen, die Menschen weniger auf das, was sie tun und unterlassen, als auf das, was sie erleiden, anzusehen.« (D. Bonhoeffer)
3. »Problemformulierende Bildungsarbeit verwirft Kommuniqués und verwirklicht Kommunikation.« (P. Freire)
4. »Verzicht auf Leistungsdruck bedeutet nicht ›Laissez-faire‹-Stil.«
5. »Der politische Kampf des Lehrenden um veränderte Lernbedingungen für die Abhängigen ist Teil seines Berufes.«

2003 erscheint in »Publik Forum« ein Interview, das Thomas Seiterich-Kreuzkamp mit Marie Veit führte. Seine Überschrift nimmt Veits Gnadentheologie auf: »Gott hat Charme« (Schriftenverzeichnis Nr. 116). Dies Interview fasst vieles von dem zusammen, was Marie Veit in unterschiedlichen Publikationen veröffentlicht hat. Es beginnt mit dem Thema Gnade, mit dem Zuspruch Gottes, dessen Konsequenz ganz selbstverständlich – wie bei Helmut Gollwitzer – ein Anspruch an den Menschen ist: Auf die Frage, wozu Menschen auf Erden sind, antwortet Marie Veit im wahrsten Sinne entwaffnend: »Um zu leben! ... Das Leben ist nicht zu etwas da. Es ist in sich das entscheidende Geschenk. ... Wenn wir von der Offenbarung inspiriert sind, muss Leben ›solidarisch sein‹ heißen.« Und später im Gespräch wird Marie Veit gefragt: »Sie gelten als linke Theologin? Was bedeutet das? Veit: »Ich sage immer sehr einfach: Links sein heißt, das Befinden der Massen in einer Gesellschaft für das Wichtigste halten. Während rechts sein bedeutet, dass man schon gar nicht mehr merkt, dass es rechts ist, die Aufrechterhaltung der vorhandenen Privilegien für das Wichtigste zu halten, weil angeblich nur so die Ordnung aufrecht erhalten werden kann. Die Orientierung am Ergehen der Massen scheint mir auch gut biblisch zu sein.«

3.5 »Dein Wille geschehe« – eine eschatologische, auf Veränderung zielende Bitte

Zentrale Themen ihrer theologischen Arbeit nimmt Marie Veit in dem kleinen Text »Dein Wille geschehe« (Schriftenverzeichnis Nr. 46) auf. Sie fragt danach, was der Satz »Die Erde ist des Herrn« bei normalen Kirchenmitgliedern bedeutet, »denn die ›Theologie unten‹ ist immer die wichtigere, aller noch so klugen Universitätstheologie zum Trotz«. Und sie nimmt wahr: »Schicksalsglaube. Der Herr, dessen die Erde ist, scheint der griechischen Moira zu gleichen oder der stoischen Vorsehung: Er geht seinen Weg, den wir nicht verstehen; er wird es im Ganzen wohl richtig machen – nimmt aber keine Rücksicht auf uns einzelne. Offensichtlich sind wir nicht so wichtig. ... Schicksalsergebung als Quintessenz christlicher Frömmigkeit? Nein! Sagt die ganze Bibel. ... Die biblischen Beter werfen sich mit Vehemenz dem ›Schicksal‹ entgegen, dringend und unablässig appellieren sie an Gott als den Herrn jedes Schicksals. Die biblischen Menschen wollen leben, und sie wollen, dass die leben können, die sie lieben. Liebe ist es, die sie zwingt, sich dagegen zu werfen. ... Die Erde ist des Herrn, der Liebe ist, der Liebe sucht und das Drängen der Liebe erhört. Warum ist bei uns so weithin der Gott der Liebe durch den heidnischen Gott des Schicksals verdrängt? ... Unsere Frömmigkeitstradition, scheint mir, hat uns vergiftet. Wir müssen uns von ihr bekehren, indem wir wieder beten lernen, wie Jesus uns lehrt: ›Dein Wille, Gott der Liebe, Herr der Erde, muss geschehen wie im Himmel schon längst, so bitte endlich auch auf Erden‹. So nämlich, eschatologisch, auf Veränderung der Erde drängend, war diese Bitte gemeint. So brauchen wir sie.«

3.6 »... damit Kirche mehr Kirche werde, als sie heute ist« – Zur Ekklesiologie

Ein kleiner Text »Kirche und Diskriminierte Minderheiten« (Schriftenverzeichnis Nr. 42) erscheint 1984 in dem von dem Verein »Christenrechte in der Kirche« herausgegebenen Buch »Plädoyer für die Homosexuellen in der Katholischen Kirche«. Zu Beginn fragt Marie Veit, wo »die großen und mächtigen Religionsgemeinschaften« in der Zeit des Nationalsozialismus waren und ob sie sich nach der Diktatur verändert haben. »Es gibt leuchtende Beispiele« und sie erzählt eine Erfahrung in den Niederlanden, wo ein Pastor ein homosexuelles Paar in sein Pfarrhaus aufgenommen und selbst die Erfahrung gemacht hat, dass »wer für Diskriminierte eintritt, an der Diskriminierung teilhat«. Im Wesentlichen aber richten sich die Kirchen »nach der vorhandenen Gesellschaft, übernehmen (und verstärken) ihre Tabus«. Sie weist sodann daraufhin, wie schwer es sei, »sich selbst zu akzeptieren, wenn einen die Gesellschaft, in der man lebt und gar noch die eigene Kirche nicht akzeptiert«. Der Text schließt mit einer rhetorischen Frage und einem Aufruf: »Kirche. Müsste sie nicht selbstverständlich auf der Seite derer sein, denen das Leben ohnehin schwerer gemacht wird als anderen? Dringen wir darauf, als Christen in (!) unseren Kirchen – damit Kirche mehr Kirche werde, als sie es heute ist.«

»Ein Stück oral history« und persönlich-biographischer politisch-kirchlicher Partizipationsgeschichte erzählt Marie Veit 1985 unter dem Titel »Einige Beobachtungen zu Bewegungen ›von unten‹ in der Kirche seit ca. 1968« (Schriftenverzeichnis Nr. 47), deren Ziel das ›Kirchewerden der Kirche‹ war und ist. Sie beschreibt zunächst »grundlegende Erfahrungen« mit dem Politischen Nachtgebet in Köln. Dazu gehört, dass sie hier eine Gruppe erlebte, »die nicht nur Aktionsgruppe war, sondern sich darüber hinaus zu so etwas wie einer Gemeinde entwickelte«. Zielvorgaben waren: Erneuerung der Kirchen im Sinne des 2. Vatikanums, ökumenische Zusammenarbeit von Christen an der Basis, Wahrnehmung der politischen Verantwortung der Christen. Und die entwickelte Gottesdienstform umfasste Information, Meditation, Aktionsvorschlag und Diskussion, also die »Rückfrage an Bibel und Tradition von der heute gegebenen Realität«. Die Gruppe erfuhr

- die »Ambivalenz amtskirchlicher Haltung«, wobei auch die Amtskirche »sich auf Dauer den befreienden, den menschenfreundlichen Impulsen des Evangeliums nicht entziehen kann ebenso wenig wie der Frage nach der Wahrheit«;
- Flügelkämpfe;
- Probleme bei der Erstellung der Texte für die galt: »Die Texte einer Bewegung ›von unten‹ müssen, das ist ihr erstes Gebot, ehrlich sein, d.h. klar

erkennen lassen, was gewollt wird und was im Hintergrund steht, und sie müssen, das ist das zweite Gebot, gut geformt sein, sodass sie hörbar werden. Die kritische Arbeit an unserer Sprache war ein wichtiges Element unseres Tuns; Sprache verrät die Qualität der Sacharbeit, des Nachdenkens darüber und des Gruppengesprächs zum Thema;

- die Rolle der ›Schwachen‹: In einer schweren Krise des Arbeitskreises waren sie es, die bisher im Schatten gestanden haben, die die Arbeit »gerettet haben«: »der Wärmestrom ihrer erwartungsvollen Liebe zur Gruppe steckte andere an«. Dem Vorurteil, dass die Leistungsstarken es sind, die die Zukunft garantieren, hält Marie Veit die Erfahrung gegenüber, »dass ohne das Vertrauen und das Zugehörigkeitsgefühl der ›Schwachen‹ keine Gruppe lebensfähig bleibt. Eine der unbeachteten Seiten des Neuen Testaments übrigens!«

Weitere Erfahrungsfelder waren die »Christen für den Sozialismus«, deren deutscher Zweig 1973 bei einer Tagung in Arnhem/NL von Marie Veit mitgegründet wurde; die Veränderung der Evangelischen Studentengemeinden und der Kirchentage; die Begegnung mit Christen anderer Tradition und anders geprägter Mentalität; der Streit um Barmen in der Kirche »von oben« und »unten«, wo Barmen »in den allermeisten Kirchengemeinden gar nicht angekommen ist«, weil die Kirche weitgehend dort wieder angesetzt hat, wo sie 1933 aufgehört hatte; die Christen und der Frieden; der Kampf um Gerechtigkeit. Bei all diesen Auseinandersetzungen zwischen »unten« und »oben« stößt Marie Veit immer wieder auf das »ökonomische Tabu. Aber gegen die Wahrheit ist kein Kraut gewachsen. Die Bewegungen ›von unten‹ werden weitergehen; und gibt es eine Zukunft (sie ist möglich), dann werden sie die Kirche im Ganzen verändern. Nicht ihre Ideale, auch nicht ihre (oft imponierenden!) Leistungen werden dabei das wichtigste sein, sondern ihre Erfahrungen. Verbunden mit den viel tieferen Leidenserfahrungen der ›Kirchen von unten‹ in Lateinamerika … werden sie der Anfang einer Kirche sein, in der das ›Fest der freien Menschen‹ gefeiert werden kann. Was dies alles für die Theologie bedeuten wird… – auch darüber gibt es anfängliches Nachdenken. Was bei uns nottut, ist nicht so sehr eine andernorts konzipierte Theologie der Befreiung, sondern eine Befreiung der Bibel, der Theologie. Sie ist, denke ich, bereits im Gang.«

Der 1987 veröffentlichte Aufsatz »Verbalismus im protestantischen Gottesdienst« (Schriftenverzeichnis Nr. 61) nimmt ein Marie Veit seit langem wichtiges Thema auf, das für sie zentral auch zur Kirchwerdung der Kirche gehört: Der Gottesdienstbesucher »hört ›Gnade‹. Aber er nimmt auf: Es gilt nicht wirklich. Man muss Angst haben, richtig zu denken, es richtig zu machen. Man darf nicht so sein, wie man wirklich ist, nicht so denken, nicht so empfinden; man muss ›richtig‹ sein, denken, empfinden. Die ›reine Lehre‹ triumphiert.« Und sie fragt dann: »Was heißt denn ›Vertrauen aufs Wort‹?« und antwortet: »Vertrauen ist niemals ein ›Werk‹. Sondern ich kann mich auf etwas einlassen, was mir angeboten wird wie ein Geschenk. ... Vertrauen zu fordern, das hat keinen Wert. Gesundung ist nötig und sie kann nur durch Gegenerfahrungen kommen; die brauchen Zeit, viel Zeit. Lässt nicht der Jesus der Evangelien Gegenerfahrungen machen? Er gibt Brot, gibt Gesundheit, feiert mit den Ausgegrenzten. Dem Wort eines solchen kann man vertrauen.« Doch im Zuge der Lehrentwicklung, der pura doctrina geriet aus dem Blick: »die Lebendigkeit des Wortes in der Bibel, seine Situations- und Adressatenbezogenheit, horribile dictu: seine Relativität, seine Parteilichkeit. ... Man nimmt dem Wort der Bibel die Spitze, wenn man ihm seine Adressaten und damit die Parteilichkeit nimmt. ... Worauf alles ankommt, das ist, dass die Menschen selbst, die heutigen wirklichen Menschen im Gottesdienst vorkommen. Sie, nicht Menschenabstraktionen der noch so richtigen Lehre.« Gegen ›generationenlange, abstrakt-verbale Berieselung‹ klingt dort das Wort der Bibel neu, »wo es entdeckt wird von Menschen, die ihre Klage darin ausgedrückt finden, ihre Sorge und Hoffnung, ihren Dank und ihr Glück. Zugleich erwacht das eigene Wort der Menschen; sie schaffen Texte der Information, Texte der Klage, der Hoffnung, des Dankes, die sich aufs Heute beziehen, auf das gemeinsame Anliegen, die miteinander geteilte Erfahrung der Angst, des Trostes, der zaghaften Zuversicht.«[35] Zusammenfassend: »Das ›Wort‹, das Menschen verkündet wird, kann viel mit ihnen machen: sie lahmlegen, wenn es sie mit abstraktem Verbalismus am Leben hindert – und sie zu lebendigen, tätigen Christen machen, wenn es nicht um seine eigenste Tendenz, den Menschen als Menschen ernst zu nehmen, gebracht worden ist.«

35 Zu diesem Geschehen vgl. beispielsweise Schriftenverzeichnis Nr. 29 (1980): Die Psalmen und wir. S. o. S. 154 ff

Wie in den ekklesiologischen Texten zuvor, so auch hier: Luthers »ecclesia semper reformanda« klingt immer, auch an dem Reformationsfest 1990 mit, als Marie Veit in der Spitalkirche in Biberach an der Riß den Vortrag mit dem Titel »Chancen und Grenzen der Volkskirche« (Schriftenverzeichnis Nr. 78) hält. Der Vortrag beginnt mit dem Neuen Testament und der Feststellung, dass es dort keine Volkskirche gab, sondern in der »riesengroßen Mehrheit heidnischer Religions-Angehöriger eine Minderheit von Juden und kleine Inseln christlicher Gemeinden«. Sie zeichnet dann den Weg nach von der Freiwilligkeits-Gemeinde am Beginn der Kirchengeschichte über die römische Staatskirche hin zur Volkskirche, ›in der man so mitläuft‹ und die von »ernsten Christen immer als eine Art ›Mitläufer-Kirche‹» gekennzeichnet wird. Doch sie »hat auch Chancen und Vorzüge; das sollten wir nicht vergessen.«

»Es ist eine der großen Chancen der Volkskirche, dass sie alle (!) ansprechen kann. ... Nur in einer Volkskirche wird es so etwas wie Religionsunterricht an allen öffentlichen Schulen geben. ... Ich befürchte, in der ehemaligen DDR könnte es zu einer Art Konsum-Faschismus kommen. Ich bemühe mich gerade, Kirchen-Leute dort anzusprechen, dass sie unbedingt für dieses Fach Religionsunterricht eintreten. Die Kinder müssen in der Schule hören, dass es im Leben Verantwortung gibt und eine Hoffnung, die auf mehr gerichtet ist als nur auf Geld, Wohlstand und Besitz; dass man sein Leben aus Liebe für einen anderen Menschen einsetzen kann; dass wir Menschen ein Herz haben, und dass wir erst wirklich Menschen werden, wenn unser Herz für etwas lebt. Es muss ein solches Fach geben, sonst ziele die Lebensorientierung nur darauf, es gut, angenehm und bequem zu haben, und weiter schiene das Leben nichts zu bieten. ... Eine weitere Chance der Volkskirche ist der christliche Festkalender, sind die christlichen Feiertage. Der Festkalender allein kann schon darauf aufmerksam machen, dass es noch mehr gibt, als was der Alltag bietet. ... Durch die Volkskirche ist sogar Einiges vom Christlichen in unsere Gesetze eingegangen. Nicht überall ist – wie bei uns – verankert, dass unterlassene Hilfeleistung strafbar ist. Im Laufe der Geschichte hat etwas aus dem Kern des Evangeliums in die Kultur unseres Landes abgefärbt, bis in die Gesetzgebung hinein.«

Freiwilligkeitskirche lebte in der ehemaligen DDR. Deren leidenschaftliches Interesse daran, »dass der Kern des Glaubens unterscheidbar bewahrt und neu ans Licht gebracht werden muss« – davon könnten wir, die Kirchen im Westen, lernen.

»Ein Zusammenspiel von kleinen Gruppen entschiedener Christen, die in der großen Volkskirche wirken und sie mit den heutigen Aufgaben zu durchdringen versuchen: das wäre wahrscheinlich das Richtige. Solange die Volkskirche besteht, gibt sie uns die Möglichkeiten dazu. Die kleinen Gruppen sind eine Bereicherung für die Volkskirche und zugleich so etwas wie deren Gewissen. ...Wir sollten die Volkskirche nicht – als verwaschen, verflacht – verachten, sondern sie als den Ort betrachten, an den wir geschichtlich gestellt sind; es gehört zum Schöpfungsglauben, den Ort anzunehmen und dort zu arbeiten, wo man hingestellt worden ist. Wir sollten ihre Gefahren sehen und versuchen, in ihr (!) mehr Leben zu entfachen.«

Eine Sorge treibt Marie Veit mehr und mehr um: »Ich habe nämlich das Gefühl, dass wir unmerklich aus dem Christsein herausrutschen könnten. Es geht uns ja gut, wir sind anständige Bürger, klauen nicht, tun keinem etwas Böses, verhalten uns einigermaßen zuverlässig und anständig. Aber – wir könnten dabei ganz und gar übersehen, dass wir als Gesellschaft insgesamt (!) ganz schön ins Rutschen gekommen sind. ... Es gibt viele Stellen, an denen man heute laut und deutlich und mit vielen zusammen Nein (!) sagen muss, weil die Gefahr besteht, dass wir unmenschlich (!) und das heißt unchristlich (!) werden, mitten in unserem bürgerlichen ›Wohlanstand‹, ohne es zu merken. Wir brauchen die kleinen Freiwilligkeitsgruppen, aber in (!) der Kirche, ecclesiola in ecclesia, damit die Volkskirche als Ganze frisches Blut bekommt. ... Wir brauchen so etwas wie die ›Entideologisierung‹ der Institution. Die Institution ›Kirche‹ ist nicht gleichzusetzen mit Volkskirche, sie ist gewissermaßen nur ihr Gerüst. Die Volkskirche betrachte ich als Kostbarkeit.«

Ob diese Kostbarkeit noch gebraucht wird oder ob sie eben nur noch da ist, fragt Marie Veit 1997 in ihrem Text »Noch ist die Kirche da« (Schriftenverzeichnis Nr. 109). Es gibt Gebiete, wo die Kirche vorangegangen ist, auch wenn sie oft hinterherhinkt, zum Beispiel mit »Brot für die Welt« und »Misereor«, zum Beispiel mit der Ostdenkschrift der EKD 1965. »Damals diente die Kirche der Gesellschaft mit dem ganz einfachen, aber inzwischen Seltenheitswert besitzenden Mittel der Aufdeckung der Wahrheit, ... Denken wir weiter zurück bis ins ›Dritte Reich‹. Welche andere gesellschaftliche Gruppe gab es noch, die offiziell, per Brief an den Innenminister Einspruch erhob gegen die Ermordung der Geisteskranken, und zwar 1940, als jeder inzwischen wusste, wie gefährlich die Nazis waren?« In dieser Zeit erfuhr Marie Veit, was Menschsein heißt bei ihrem Besuch in Bethel.[36] Und nicht zuletzt aufgrund dieser sie prägenden Erfahrung, analysiert sie und fragt sie wieder und wieder: »Der Mensch, der nichts ›bringt‹, der auf Hilfe angewiesen ist als Asylbewerber, Obdachloser, Kind einer mittellosen alleinerziehenden Mutter, erfährt vielfach eine Verachtung, die man nicht für möglich halten sollte; an nichts zeigt sich die fortgeschrittene Entchristlichung so sehr wie gerade hier. … Wer arbeitet am Bewusstsein der ganz ›normalen‹ Menschen, die die ›normale‹ Gnadenlosigkeit der kapitalistischen Gesellschaft verinnerlicht haben? … Braucht man die Kirche noch? Ich meine mehr denn je. Wenn sie ihr Proprium unter die Leute bringt. … Brauchen wir die Kirche? Ja, ja, ja. Je mehr sie Kirche ist und ihre Sache wirklich ›übersetzt‹, umso mehr. Noch ist sie da. Helfen wir ihr.«

3.7 »Vision und Analyse« – Sozialethische Themen

1987 fragt Marie Veit in einer Ringvorlesung in Köln »Können Menschen Frieden schaffen?« (Schriftenverzeichnis Nr. 62). Zunächst skizziert sie Stationen der Tradition: Kriegstheologien, die Lehre vom gerechten Krieg, das konstantinische Zeitalter, das negative Vorurteil über den Menschen: Misanthropie, Obrigkeitsakzeptanz; dazu Elemente neutralisierter Religion: eine gefährliche Schicksalsgläubigkeit und ein ebenso gefährliches Misstrauen gegen die Vernunft, eine seltsame Abwehr der Erkenntnis, dass Friede machbar sei. Sodann berichtet sie von fünf konkreten Erfahrungen, dass es möglich ist, Frieden zu schaffen: »Der Friede ist noch nicht gewonnen; aber es ist möglich, ihn zu gewinnen.« Auf diesem Weg erkennen Teile der Kirche, dass »wer den Frieden wolle, sich zugleich für eine gerechtere Wirtschaftsordnung einsetzen müsse. Auch das ist eine Wiederentdeckung biblischer Ansätze.« Sie erwähnt den konziliaren Prozess auf dem Weg zur ökumenischen Weltversammlung und fasst zusammen, was sie für die Methode theologischen Arbeitens zentral hält:

---

36 S. u. S. 268 ff.

»Vision und Analyse gehören zusammen. Die Vision stellt das Ziel vor Augen, eben das Reich des Friedens und der Gerechtigkeit; die Analyse unternimmt es, Hindernisse und Möglichkeiten zu klären. Aus beiden folgt die Praxis für die Zukunft aller. ›Heil denen, die Frieden schaffen‹, wie es in der Bergpredigt heißt.«[37]

Im Rahmen des konziliaren Prozesses hält Marie Veit 1988 einen Vortrag bei der Regionalversammlung für Gerechtigkeit, Frieden und Bewahrung der Schöpfung in Oldenburg (Schriftenverzeichnis Nr. 64, unveröffentlicht). Sie qualifiziert den konziliaren Prozess als »einen belebenden Wind der Auferstehung« gegen das Bündnis von Thron und Altar. 1981 wehte »der Sturmwind von Hesekiel 37 durch dieses Land«. Marie Veit erzählt sodann die ökumenische Vorgeschichte des konziliaren Prozesses seit der Gründung des Ökumenischen Rates der Kirchen 1948 in Amsterdam. Es folgt eine Darstellung von Entwicklungen innerhalb der römisch-katholischen Kirche bis zur Einladung des Papstes 1986 nach Assisi zu einem Friedensgebet der Religionen. Marie Veit ist überzeugt, dass »die mühselige Arbeit an der Basis« mehr bringen wird als symbolische Veranstaltungen der Großkirchen. Auch solche Arbeit »ist ›Gebet‹, theologisch verstanden! Wir lesen ja im Neuen Testament: ›Betet ohne Unterlass.‹ Alles, was wir tun, soll im Dialog mit Christus geschehen, heißt das. Christliches Beten besteht nicht nur im Reden, sondern auch im Hören: Wir lernen, wenn wir beten, und zwar lernen wir, die Welt mit den Augen Christi zu sehen. Er blickt nach ›unten‹. ... Die mühsame Kleinarbeit ist Gebet und viele von uns machen dabei ganz neue Erfahrungen«. Marie Veit nennt deren drei: »1. Wir verlernen die bürgerlich-christliche Meinung, dass man vor allem ›vorsichtig‹ sein müsse. ... Wir lernen stattdessen: Es ist die normale Situation des erwachsenen Christen, dass er oder sie wegen des Kampfes um die Wahrheit und Gerechtigkeit Schwierigkeiten bekommt. 2. Wir verlernen es, unsere Mitstreiter*innen an ihrer Leistung zu messen. Wir müssen Menschen werden, die die mörderische Konkurrenz um Leistung und Prestige beiseite werfen und stattdessen zusammenarbeiten, jeder nach seiner Möglichkeit. 3. Wir müssen uns nicht nur einsetzen, wir bekommen auch etwas geschenkt. Besonders für uns Protestanten mit unserem ausgeprägten Individualismus

37 S. o. S. 162 ff. Vgl. Schriftenverzeichnis Nr. 40.

gilt: Wir verlernen die Isolation, das Autark-sein-wollen; wir lernen und erleben: Gemeinschaft.«

»Was ist nur mit der Jugend los?«, so beginnt 1989 der Aufsatz Marie Veits mit dem Titel »Wir leben in verschiedenen Zeiten« (Schriftenverzeichnis Nr. 73). Der Text zeigt auf, mit welch unterschiedlichen Prägungen Ältere und Jüngere in der gleichen Gesellschaft leben: die Älteren »innengelenkt«, gebunden an ein Wertesystem, in der Jugend gelernt und stabil; die jüngeren »außengelenkt«, Trends folgend mit dem Wunsch, »in« zu sein und dazuzugehören. »Den Weg zur Autonomie haben beide noch vor sich«; es sind verschiedene Wege. Für die Jüngeren bedeutet es, sich dem Gruppendruck auch einmal entziehen zu können; doch die Gefahren der Konsumgesellschaft werden langsam wahrgenommen, die »selbstverantwortete Sorge um die Zukunft, um die Umwelt und die Möglichkeit gesunden Lebens« beginnt. »Das bedeutet Umstellung des eigenen Lebens, ... Selbständigkeit für den einzelnen, Demokratisierung des Denkens und Handelns. Gerade dieses ist es auch, was wir Älteren zu lernen hatten und haben. ... Eines ist jedenfalls sicher: Wir leben in unserem Land nebeneinander in verschiedenen Zeiten. Auch in Bezug auf die Bibel leben wir heute in unserer Kirche in verschiedenen Zeiten: »Die einen betrachten sie noch immer als ein Buch, das eine verbindliche Weltanschauung und bindende Gesetze lehrt; bei näherem Zusehen handelt es sich dabei zumeist um die ältere bürgerliche Weltanschauung der ›Innengelenkten‹. ... Andere aber haben die Bibel auf ganz andere Weise neu entdeckt. Sie sehen vor allen Dingen den Ruf, die Menschen und die ganze Schöpfung zu lieben, und sie erkennen, dass damit weder ein unverbindliches Gefühl gemeint ist noch das pflichtgemäße Einhalten fertiger Vorschriften. Vielmehr macht Liebe selbständig und kreativ (Philipper 1, 5; 1. Thessalonicher 5, 21; 1. Korinther 10, 23). ... Die Mündigkeit, die Selbständigkeit des Christen, die in der Bibel so deutlich ist, wird neu entdeckt. Das aber heißt: Bei allen Themen ... ist in neuer Situation auch neu nachzudenken. ... Darin realisiert sich heute der Glaube.«

1992 nimmt Marie Veit das Friedensthema wieder auf und veröffentlicht einen Text »Zur Rolle religiöser Handlungsorientierungen in Friedenspolitik und Friedenspädagogik« mit dem Titel »Der Heilige Krieg und der Friede Gottes« (Schriftenverzeichnis Nr. 86). Sie zeichnet darin kirchen- und theologiegeschichtlich die unterschiedlichen christlichen Verständnisse des Themas von biblischen Zeiten bis ins 20. Jahrhundert nach. Dabei sieht sie auch die sog. Friedenskirchen seit dem 16. Jahrhundert und stellt gleichwohl – einmal mehr gemeinsam mit Dietrich Bonhoeffer vor ihr – fest: »Der entscheidende Anstoß zur Neubesinnung auf Friedenspolitik und Friedenspädagogik kam von außerhalb des Christentums, von dem Hindu Mahatma Gandhi«, der sich dort orientierte, ›wo er es am wenigsten vermutet hätte – nämlich im heiligen Buch der Weißen‹ (Gandhi). »Hinter Gandhis Kampf, zweimal erfolgreich, stand ein sehr positives Menschenbild: Jeder Mensch hat eine Vernunft und ein Gewissen, man kann sie ansprechen und so, geduldig (›sanftmütig‹) den Gegner zum Freund machen, ohne das Ziel, Abschaffung ungerechter Zustände, feige aufzugeben. Im Gegenteil: es gilt, ›die ganze Kraft seiner Seele dem Tyrannen entgegenzusetzen‹, wie er 1920 schrieb.« Ihm folgte Martin Luther King: »Die Bergpredigt, von einem Hindu neu ernstgenommen, kehrte zu den Christen zurück.«

Im März 1993 hält Marie Veit einen Vortrag in Minden/Westfalen mit dem Titel »Statt Gleichgültigkeit: Mut zur Verantwortung« (Schriftenverzeichnis Nr. 97). Ausgehend von einem Zitat Elie Wiesels steckt sie den Rahmen des Vortrages ab: »Liebe, Hoffnung, geistige Gesundheit, Erinnerung: sie binden uns ins Leben ein, sind Zeichen unserer Identität, unserer inneren Lebendigkeit. Demgegenüber ist Gleichgültigkeit der innere Tod.« Die Quelle des Kampfes gegen die Gleichgültigkeit ist die Bibel »jüdischer und christlicher Konfession«, die hebräische Bibel und das Neue Testament – das Buch der Freude am Leben, in der – und eben nicht in der Moral – die Mitmenschlichkeit wurzelt. Schon 1950 hatte David Riesman die »Gleichgültigkeit neuen Stils« beschrieben, die aus einer Veränderung des Sozialcharakters, dem außengelenkten Charakter herrührt, den wenig später Erich Fromm als marktorientierten Charakter beschreibt, der die Besonderheiten eines Menschen zum unnützen Ballast hat werden lassen. »Aber das Ich, das sich nicht entwickeln kann, rächt sich. Wie ein unverstandener Hilfeschrei erscheint mir ein Phänomen, das wir alle seit Jahren beobachten können: die Zunahme einer unbegreiflichen Destruktivität. ... Beides aber, Gleichgültigkeit und diffuse Destruktivität, gefährdet das Zusammenleben, gefährdet unser Gemeinwesen, gefährdet in höchstem Maße: die Demokratie.«

Marie Veit fragt sodann, was »wir tun können« und nennt »Gegenerfahrungen vermitteln« – »sinnvoll Grenzen setzen«, – »laissez-faire ist eine Form von Gleichgültigkeit« – ›dass wir uns als Erwachsene »störbar« zeigen‹, wobei ihr in diesem Zusammenhang aufgefallen war, »wie störbar der biblische Gott ist« – Kooperation lernen und ermöglichen: Jugendliche wollen Gemeinschaft – »Vergebung, Besinnung auf die eigenen unguten Taten gibt Selbstwertgefühl, das Empfinden: Es ist nicht gleichgültig, was ich mit mir mache. Schuldfähigkeit und Selbstwertgefühl gehören zusammen«.

Doch »nicht nur störbar müssen wir sein, wir müssen auch lernen, Störfaktor zu werden, wenn die Dinge zu glatt laufen, ohne Rücksicht auf die Entwicklung der Menschen« und dabei gilt es, unnachgiebig auf Menschenwürde und Recht zu insistieren.

Ebenfalls 1993 erscheint in dem Band »Politik – Religion – Menschenwürde« der Aufsatz »Theologische und religionspädagogische Aspekte der ›Menschenwürde‹ im Wirkungsbereich des deutschen Luthertums« (Schriftenverzeichnis Nr. 94). Ausgangspunkt ist die Feststellung, dass »Menschenwürde« wie »Selbstverwirklichung« der lutherischen Tradition fremd sind. Arbeit und Beruf der Menschen und das dazugehörende Berufsethos war dagegen von hohem Wert und ohne dies, so Veit, wäre der Aufstieg Preußen-Deutschlands kaum möglich gewesen – »sechs Jahre Hitlerkrieg, mit den immensen Leistungen und Entbehrungen der Massen freilich auch nicht«.

Nach diesen gesellschaftlich-politischen Andeutungen fragt Veit nach biblischen Aspekten: Dass es Menschenwürde in der Bibel gibt, ist für sie keine Frage. Aber wodurch bekommt der Mensch sie? Durch Arbeit offensichtlich nicht, davon ist in der Bibel wie zum Thema Sexualität eher »unaufdringlich« die Rede. Arbeit gehört wie Sexualität »zur Diesseitigkeit alttestamentlichen Lebens und Glaubens. ... Gebot aber, apodiktisches, ist die Ruhe des Sabbats. Die hebräische Wurzel bedeutet ›aufhören‹, ruhen nach vollendeter Arbeit. Von heute her gesehen erscheint es höchst merkwürdig, dass für Israel das ›Aufhören‹ mit der Arbeit zu bestimmter Zeit, in bestimmtem Rhythmus religiös weit wichtiger war als die Arbeit selbst.« Der biblische Mensch definiert sich also nicht über seine Arbeit, nicht sie gibt ihm seinen eigentlichen Wert. »Er selbst versteht sich von den ›großen Taten Jahwes her, von Exodus und Schöpfung. Das Geschenk der Befreiung, das Geschenk des Lebens und der Welt ist für den

Glauben Israels viel wichtiger als alles, was der Mensch an Arbeit vollbringt.« Auf dieser Linie liegt auch das Gleichnis von den Arbeitern im Weinberg (Matthäus 20, 1 ff). Was der Mensch braucht, ist viel wichtiger als das, was er leistet. »In der Bibel besteht Menschenwürde darin, dass der Mensch von Gott geliebt, befreit, beschenkt ist und leben darf, weil dieser Gott ›Wohlgefallen‹ an ihm hat. Auch an den ›Aussteigern‹ (wie Franziskus), auch an denen, die sich nicht über Leistung definieren. Nichts eigentlich könnte dem ›sola gratia‹ der Reformation mehr entsprechen als dieses Verständnis der Menschenwürde. ... Menschenwürde ist, biblisch gesehen, keine ›Eigenschaft‹, die man in größerem oder geringerem Maße ›besitzen‹ kann. Sie wird zugeeignet, geschenkt, immer wieder, durch Ermutigung, Vergebung, durch die lebendig machende Kraft der Verkündigung. So bekommt der Uransatz des Luthertums, dass der Mensch nur ›unter dem Wort‹ sich selbst verwirklichen lerne, gerade wieder recht; es gilt nur, das ›Wort‹ von Überfremdung zu befreien, von jenem Misanthropismus, der es verdeckt. ... Der biblische Gott hört zu. ›Ich habe dein Schreien gehört.‹ Es gehört zu jener Würde, die er (!) dem Menschen gibt. Wir werden ›Menschenwürde‹ nur verstehen und verständlich machen können, wenn wir uns bekehren von jenem deutschen »Selig sind die Tüchtigen« zu den so ganz anderen Seligpreisungen der Bibel. Es wird eine wirkliche ›Umkehr‹ sein – zurück zum sola gratia in seinem vollen Sinn.«[38]

Zum Jahrtausendwechsel stellt Marie Veit in dem Artikel »Wo 1000 Blumen blühen« (Schriftenverzeichnis Nr. 115)[39] fest, dass dreizehn Jahre nachdem der Ökumenische Rat der Kirchen zum konziliaren Prozess für Gerechtigkeit, Frieden und Bewahrung der Schöpfung aufgerufen hat, »alle Aufgaben noch vor uns liegen. ... Die Initiativen dazu kamen von unten.« In diesen Initiativen kann der Mensch zum »neuen Menschen« werden, von dem im sog. »Realsozialismus« viel die Rede war. Er wird es ja nicht per Dekret. »Er muss aus Erfahrung wachsen: Erfahrung von Anfeindung und Verdächtigungen und deren gemeinsamen Verarbeitung, von unablässigem Bemühen, Freunde und Mit-

---

38 Ich verzichte an dieser Stelle auf die Zusammenfassung der religionspädagogischen Konsequenzen der Überlegungen Veits, die im entsprechenden Kapitel dieses Buches anhand anderer Texte dargestellt wurden.

39 Vgl. dazu auch »Gedanken zur Bewegung »Christinnen und Christen für den Sozialismus« in Deutschland heute« (Schriftenverzeichnis Nr. 110).

streiter zu finden, von ersten Erfolgen, vom Aufmerksamwerden anderer, die hinzukommen.« An diese Überlegungen schließt Marie Veit vier Handlungsperspektiven für das neue Jahrtausend an:

- »Initiativen sind am erfolgreichsten, wenn sie ›von unten‹ kommen...
- Wir brauchen einen langen Atem...
- Es muss auch und vor allem weitererzählt werden, was gelungen ist, eine Erzählkultur ›von unten‹. Mahatmas Gandhis Satz gilt, dass jeder Mensch, also auch ›die da oben‹, eine Vernunft und ein Gewissen haben, das man ansprechen könne, – auch wenn Gandhis Brief an Hitler zur Kriegsverhinderung ohne Wirkung blieb.
- ›Die da oben‹ nicht rechts liegen lassen. Ich plädiere für eine ›Seelsorge von unten‹. Man hat oft den Eindruck, dass die Entscheidungsträger in Wirtschaft, Staat und Kirche so weit von der Basis, also von den täglichen Erfahrungen der ganz normalen Menschen entfernt sind, dass ihnen gar nicht deutlich ist, was sie bewirken. Wir müssen uns bemerkbar machen, mit klarer, anschaulich begründeter Kritik, aber auch mit Lob, wenn Verantwortliche in die richtige Richtung agiert haben. ... Und unsere Kritik sowie auch, manchmal, unser Lob müssen öffentlich werden, damit die Lobby für Gerechtigkeit, Frieden und die Bewahrung der Schöpfung immer größer wird. ... Es gibt (!) Lösungen, ganz unerwartete manchmal, Resignation muss nicht sein und sie darf auch nicht sein. Denn was wir mitbringen ins neue Jahr, das sind vor allem wir selbst, Menschen, die viel mehr können als sie manchmal denken, und die Erfahrungen derer, die schon an der Arbeit sind.«

Marie Veit mit Dorothee Sölle bei einer Religionslehrertagung in Goslar 1992

3.8 »Theologie steckt in den Ereignissen drin« – Politische Texte der Theologin

Als Vorbemerkung[40], die anzeigen soll, dass auch die politischen Texte theologische sind wie zuvor die theologischen Texte auch politische waren, nehme ich Bezug auf eine 1991 von Marie Veit in den Evangelischen Kommentaren veröffentlichte Rezension zu Dorothee Sölles Buch »Gott denken« (Schriftenverzeichnis Nr. 80). Drei Punkte aus dieser Rezension sind mit hier wichtig: 1. Der Titel und seine verbale Formulierung zeigen an, »dass es nicht darum geht, über Gott als ein Objekt zu handeln, sondern darum, uns, den Theologie Treibenden gewissermaßen über die Schulter zu schauen, wie wir das denn machen, ›Gott denken‹.« 2. Die Erfahrungsorientierung des Buches, die sich nicht allein auf den ›religiösen‹ Bereich beschränkt, sondern weltweite gesellschaftliche Erfahrungen einbezieht: so wandert viel mehr ›Welt‹ in die Theologie ein.

40 Die Vorbemerkung und die später folgende Nachbemerkung weisen auch darauf hin, dass ich nicht zufrieden bin mit der gesonderten Darstellung der politischen Texte von Marie Veit, da gerade für sie Theologie und Politik nicht lediglich in der Weise zusammengehören, wie es Dorothee Sölle einmal formuliert hat, dass jeder theologische Satz auch ein politischer ist, sondern ebenfalls so, dass jeder politische Satz wenn nicht ein theologischer, so doch ein theologisch reflektierter Satz ist.

3. Gott kann nur als Verbum »als ein Ins-Sein-Rufen und von uns Gerufenwerden« gedacht werden. Veits Hoffnung am Schluss ihres Textes, dass »auch die Universitätstheologie auf Dauer nicht an dieser Art, Gott zu denken und Theologie zu treiben, vorbeigehen kann«.

1992 beteiligt sich Marie Veit an einer Vortragsreihe im »Saarländischen Rundfunk« mit dem Text »Der Sozialismus ist tot? Es lebe der Sozialismus!« (Schriftenverzeichnis Nr. 87), der im gleichen Jahr in einem Band zur Zwischenbilanz der Diskussion um »Sozialismus und christliche Hoffnung« erschien. Veit notiert einerseits zunächst Beispiele aus China versus Brasilien, Shanghai versus Indien sowie aus Kerala und Westbengalen in Indien und resümiert: »Wo Sozialisten regieren, die diesen Namen verdienen, da werden andere Prioritäten gesetzt als im Kapitalismus. Erste Aufgabe ist ein menschenwürdiges Leben ›derer unten‹: Brot und Arbeit für alle, medizinische Versorgung für alle, Alphabetisierung und elementare Bildung für alle.« Sie verweist andererseits auf die Völker Mitteleuropas, die den Sozialismus loswerden wollten: »Ein Volk, das nach Freiheit ruft, hat immer recht.« Doch Sozialismus muss nicht mit Diktatur verbunden sein wie die Beispiele im Chile Allendes und die sandinistische Zeit in Nicaragua zeigen. Lateinamerikanische Befreiungstheologen betonen die »Option für die Armen«, denn »Gott blickt nach unten«, Marie Veit formuliert ihre »Option für die Massen« und plädiert dafür, dass »Sozialismus von unten« kommen muss. Dabei »wird es ohne Eingriff ins Eigentum nicht gehen, wenn eine gerechtere Gesellschaft entstehen soll«, die sich auszeichnet durch: »Selbstverantwortliche Gestaltung des Arbeitsprozesses, gemeinsames Eigentum am Betrieb, Mitbestimmung über das, was produziert wird, solidarische Teilung der Arbeit, Kooperation statt Konkurrenz, aber auch statt Kommando von oben oder bloßem Versorgtsein – dahin muss der Weg gehen, wenn die Menschheit eine Zukunft haben soll.«

Marie Veit will »der Versuchung widerstehen, Schandtaten der beiden Systeme gegeneinander aufzurechnen – oder nur die der jeweils anderen Seite sehen zu wollen« und betont: »Sozialismus will von seinem Ansatz her Lebensrecht und Menschenwürde für alle. Die richtigen Methoden dafür müssen entwickelt werden. ... Der ›Schritt vom Ich zum Wir‹ (alte DDR-Formulierung) ist historisch dran; aber er muss in Freiheit getan werden, sonst entartet er zum Schritt vom Ich zum unterdrückten Ich.«

Marie Veit fragt 1994, im Jahr der zweiten Bundestagswahl nach 1989 nach »Pluspunkte(n) für die PDS?« (Schriftenverzeichnis Nr. 99) und antwortet: »Die PDS ist die einzige Partei, die wenigstens gelegentlich (mir noch viel zu selten!) die unglaublichen Ungerechtigkeiten und Diskriminierungen benennt, die den Bürgern Ostdeutschlands von Politik und Treuhand ununterbrochen angetan werden. ... Heinrich Albertz Ausspruch: ›Es wäre ehrlicher gewesen, wenn wir die DDR militärisch besetzt hätten‹, ist uns wohl noch im Gedächtnis. ... Nein, der Osten hat keine Lobby in Bonn – es sei denn die PDS. ... Dass ökonomisch-soziale Alternativen zur herrschenden kapitalistischen Wirtschaftsform überhaupt nicht sollen gedacht werden dürfen, ist lächerlich und undemokratisch dazu. ... Gerade jetzt, wo beide vorhanden gewesenen Wirtschaftssysteme sich als unzulänglich erwiesen haben, muss dringend neu nachgedacht werden, wie eine Wirtschaft organisiert sein müsste, die Massenverelendung und Umweltzerstörung nicht nötig hat, um sinnloses Wachstum zu betreiben. Nun, ich weiß nicht, ob die PDS hier wegweisend werden kann. Sie ist ja in sich nicht einheitlich, enthält sehr verschiedene Strömungen. Aber ihre Stimme sollte hörbar bleiben, um des Ostens willen, um der geschichtlichen Gerechtigkeit und um des Offenhaltens der sozialistischen Frage willen.«

Ein 1995 verfasster Essay erscheint erst 2002 unter dem Titel: »Wie hab' ich's mit den Parteien?« (Schriftenverzeichnis Nr. 104). In ihm berichtet Marie Veit von Teilen ihrer politischen Biographie im Blick auf Nähe und Distanz zu linken politischen Parteien ausgehend von einer einmaligen Wahl der CDU bei den Landtagswahlen 1946 in Hessen sowie zu der von ihr mitinitiierten Gründung der Partei »Demokratische Sozialisten« 1982. Sie resümiert: »Man sieht, die Frau versucht pragmatisch je nach Stand der Dinge zu handeln und zu wählen. ... Mein ›Herz‹ gehört keiner Partei, sondern den vielen Bürgerbewegungen für Gerechtigkeit, Frieden und die Bewahrung der Schöpfung, die die Parteien ›von unten‹ beeinflussen können.«

In dem von Frank Deppe herausgegebenen Band »Antifaschismus« veröffentlicht Marie Veit 1996 den Aufsatz »Ich bin und bleibe Trümmerfrau« (Schriftenverzeichnis Nr. 108). Als Trümmerfrau hilft sie mit beim Aufräumen in Köln. Dann kamen die Marshall-Milliarden, der nie geträumte Aufbau. Ist also alles vorbei? »Nicht ganz. Eine Kleinigkeit wurde übersehen; die Seelen der Menschen.« Und sie meint die Seelen der Kinder von Nazi-Tätern und -Opfern: »Die Angst und das Grauen der unmittelbaren Opfer- und Tätergeneration sind nicht vorbei, sie wirken in den Kindern weiter. ... Eine ganze Generation hat jahrzehntelang niemals erzählen können von dem, was sie wirklich getan und erlebt haben. ... Eine Kultur bricht ab, wenn die Alten den Jungen ihre Erfahrungen nicht weitergeben können.« Und es bleibt eine »Trümmerlandschaft im Unsichtbaren. Der biblische Satz, dass die Sünden der Väter sich rächen an den Kindern bis ins dritte und vierte Glied, fällt einem ein. Die Aufgabe, das Unglück abzuarbeiten, wird unsere Generation überdauern.« Nötig ist Erinnerungsarbeit – therapeutisch, didaktisch-schulisch im Wiederentdecken des Erzählens in der Schule, kirchlich und seelsorgerlich, in der Arbeit mit Zeitzeugen. »Antifaschismus kann und darf bei der rationalen Aufklärung nicht stehen bleiben.« Dazu gehört – so Marie Veit – auch als der große Zusammenhang jener von Faschismus und Kapitalismus.

Und die Frauenfrage?, mag man fragen. In einem Interview mit Else Grell sagte Marie Veit dazu: »Bin ich Feministin? Selbstverständlich bin ich dafür, dass Frauen ihre vollen Rechte bekommen, dass zum Beispiel mehr Frauen Professorinnen werden können, dass sie nicht benachteiligt werden... Aber ich meine, dass viele grundlegende Probleme unserer Gesellschaft Frauen und Männer betreffen. Soll ›worker's wife‹ gegen ›worker‹ kämpfen oder lieber beide gegen ›capitalism‹? – Ökologische und ökonomische Probleme stehen für mich im Vordergrund. Da kann immer noch gearbeitet werden an der Frage, ob und wie Frauen noch einmal speziell von ihnen betroffen sind.« Dass sie trotz dieser generellen Positionsbestimmung einen Blick dafür hatte, »ob und wie Frauen noch einmal speziell betroffen sind«, zeigt zum einen ihr Einsatz für ihre Schülerinnen in Köln[41] und zum andern ein kleiner Text zu »Hildegard von Bingen« (Schriftenverzeichnis Nr. 70), den sie 1989 veröffentlicht hat. Drei Gesichtspunkte sind ihr dabei wichtig. 1. Hildegard hatte Visionen und diese ihre Sehergabe war konstitutiv für ihre Identität. Veit ist überzeugt davon, dass nicht ihre Krankheit die Ursache der Visionen, sondern umgekehrt: Eine tiefe Irritation des unterdrückten weiblichen Menschen, die ihre Aufgabe »sieht«, aber nicht anzupacken wagt, ist Ursache der Krankheit. Und sie kommentiert: »Wie nahe (!) bei unserer heutigen Erfahrung als Frauen!« 2. Hildegard beton-

41 So o. S. 45 ff.

te, was heute wiederzuentdecken wichtig wäre: eine Hochschätzung des leiblichen Lebens, des engen Zusammenhang von Leib und Seele, vor allem aber: Gott als der Leben schaffende, Freude, Heilung, »Wonne« bringende, der, der Befreiung will. 3. Und schließlich: »Das Herz der Didaktikerin erfreut es vor allem, dass laut Hildegard die ›Unterwiesenen‹ froh (!) gemacht sein wollen: Lernen als Selbstzweck, nichts von ›Pflicht‹, nichts von Verwertungszusammenhängen, Lernen als Menschseinwollen in Freiheit. Gibt es das noch? In Nicaragua zum Beispiel, ja.« Und nachdem Hildegards Schriften im 20. Jahrhundert neu entdeckt und wissenschaftlich »einwandfrei« herausgegeben wurden, stellt sie fest: »Ihre Stimme ist nicht verstummt.«

Als Nachbemerkung zu diesen Texten habe ich den Vortrag »Zu wenig Theologie in der ›Jungen Kirche‹?« (Schriftenverzeichnis Nr. 77) ausgewählt. 1990 findet in Stuttgart ein Lesertreffen der »Jungen Kirche« statt, bei dem Marie Veit diesen Vortrag hält, der wenig später in der »Jungen Kirche« dokumentiert wird. Sie konkretisiert das Thema: »Kirche und Politik – wo bleibt die Theologie?« Zunächst setzt sich Veit mit der Frage auseinander, was Theologie sei, und argumentiert: Wenn Theologie ein Lehrsystem ist, dann gibt es in der Bibel wenig Theologie, denn hier wird erzählt – mit Ausnahme des Römerbriefes. Ansonsten aber gilt: »Theologie steckt in (!) den Ereignissen drin. … In (!) den Alltagserfahrungen lag Theologie verborgen; Paulus holt sie in seinen Antworten heraus und deutet sie.« Auch hier wiederum verweist Veit auf Dietrich Bonhoeffer und seinen Begriff der ›lebendigen Wahrheit‹. »Wohl gibt es in der Bibel Theologie, es gibt Lehre; aber es gibt kein Lehrsystem. … Indem Theologie mit einer in sich abgeschlossenen Lehre verwechselt wurde, ist ziemlich viel Unglück geschehen. … Der Weg, nicht das System ist das Grundmodell biblischen Denkens. In den konkreten Situationen dieses Gehens, auf dem Weg die Grundentscheidungen zu erkennen, um die es jeweils geht, das ist Theologie.«[42]

Sie schlägt im zweiten Teil des Aufsatzes vor, über »gewisse Mangelerscheinungen nachzudenken« und benennt drei: 1. »Es müsste noch mehr und noch deutlicher herausgeholt, uns selbst und anderen bewusst gemacht werden,

42 »Wenn dies richtig ist«, so Marie Veit, »dann stehen wir, biblisch betrachtet, mit der ›Jungen Kirche‹ gar nicht so schlecht da«, und sie weist es empirisch nach.

welche theologischen Impulse unser Engagement und unsere Stellungnahmen hervorbringen – und was wir durch unser Engagement theologisch selbst lernen. Kirche als Lerngemeinschaft, gerade auch in Bezug auf die eigenste Sache, das müsste wohl deutlicher werden.« 2. »Falsche Traditionen vor allem des deutschen Protestantismus benennen und bekämpfen.« 3. Eine »neue unbelastete und für heutige Menschen verstehbare Sprache für das Evangelium« finden. Hier schlägt das Herz der Didaktikerin besonders und Marie Veit führt aus: »Da ist der Glaube an den neuen Menschen, im Neuen Testament gut bezeugt (z.B. 2. Korinther 5,17; Römer 6, 4; Eph 4, 17 ff) und bei uns vergessen oder verleugnet – den Menschen, der sein Haupt erhebt, Mut fasst, seine Würde entdeckt und solidarisch zu leben vermag. Da ist jener Glaube an die größeren Möglichkeiten Gottes, der letzten Endes mit dem mächtigsten Gegner einer gerechten Gestaltung der Welt fertig werden wird. Und da ist der Glaube an den Sinn aktiven Leidens. ... Überhaupt meine ich, wir sollten uns bei unserem Bemühen um die neue Sprache des Glaubens nicht etwa um Originalität bemühen, als ginge es um ein besonders gelungenes Opus, eine Ware; im Gegenteil: Es geht um Zugang, Verstehbarkeit, um Solidarität mit den Menschen, die in der marktorientierten Welt um ihr Menschsein betrogen werden und das Evangelium verloren haben.«

3.9 Zwischenrufe

Im Jahr 1986, in dem Marie Veit Mitherausgeberin der »Jungen Kirche« wird, beginnt schließlich ein neues Genus von Schriften Marie Veits. Sie beteiligt sich unregelmäßig auch an dem jedem Heft beigegebenen »Zwischenruf«. Es sind dies gesellschafts- und kirchenkritische Miniaturen, die sich durch ihre Kürze und Prägnanz auszeichnen.

Der erste »Zwischenruf« von ihr erscheint im Dezember 1986 (Schriftenverzeichnis Nr. 58) zum Weihnachtsfest: Ich zitiere zwei Gedanken: »Weihnachten – ein Fest der Volkskirche... Wissen wir eigentlich noch, was wir an ihr haben? ... Freilich braucht sie Erneuerung; es ist ein altes Haus, in dem wir wohnen. Aber in ihr, nicht gegen sie, muss das Neue aufbrechen. Und geschieht das nicht schon? Weihnachten – was erwarten die Menschen, die fast nur an

Heiligabend in die Kirche kommen? Werden wir es hören können? Es liegen Schätze bereit im Haus unserer Kirche, die ausgeteilt werden wollen. Was werden wir umsetzen können?«

1987 schreibt sie einen »Zwischenruf« (Schriftenverzeichnis Nr. 60). Sein Thema ist »die ›offene Stelle‹, durch die der Ruf der Zukunft hereinkommt«: Es geht um das Verständnis von »Gott« und »Wort«. »Der Gott, von dem die Bibel mit einer so befremdlichen Selbstverständlichkeit redet, dieser Gott lässt nicht zu, dass irgendetwas Innerweltliches absolut gesetzt wird. Kein Führer, kein Lehramt und keine Partei, die immer recht hätten; aber auch keine Lehre, kein Glaubenssatz – kein Buch, unter Einschluss der Bibel selbst: Luthers Warnung vor dem ›papierenen Papst‹ trifft genau diesen Punkt. ... Die Bibel entfaltet nicht Lehren, sondern sie erzählt: wie es denen erging, die der Ruf Gottes auf neue Wege einlud. Die Bibel verstehen heißt: Sie muss fortgeschrieben werden. Im Erzählen der Christen im Aufbruch muss weitergegeben werden, was heute erfahren wird auf dem Weg, auf dem Gott zu uns kommt. Dann leuchten, wir erleben es ständig, die alten Geschichten neu auf... Von der viva vox evangelii, der lebendigen Stimme des Evangeliums, sprach die Reformation.«

Im »Zwischenruf« 1988 (Schriftenverzeichnis Nr. 67) begrüßt Marie Veit, dass die EKD für die AIDS-Kranken gesprochen hat. »Eine diskriminierte Minderheit fand Stützung bei der Kirche... Kirche und diskriminierte Minderheiten – das ist ein trauriges Kapitel. ...Kirche: müsste sie nicht selbstverständlich auf der Seite derer sein, denen das Leben ohnehin schwerer gemacht wird als anderen? Aber jetzt hat die EKD für die AIDS-Kranken gesprochen! Eine diskriminierte Minderheit fand Stützung bei der Kirche...«

Der »Zwischenruf« (Schriftenverzeichnis Nr. 79) im Jahr 1990 hat zum Thema: »Menschenwürde – ein nicht sehr üblicher Begriff bei uns. ... Ist so etwas der Bibel fremd? Manchmal denke ich, wir müssen erst wieder ein Auge dafür gewinnen, mit welcher Achtung vor ihrer Würde Jesus die Menschen behandelt, auch seine Gegner, aber vor allem ›die unten‹, die Frauen, die Kinder, die Diskriminierten – den Verleugner Petrus. Zorn ist ihm nicht fremd, wohl aber Verachtung, Zynismus, Gleichgültigkeit. Dagegen liegt in der Tradition des deutschen Protestantismus, leider, ein menschenverachtender Zug. Die verbreitete Ansicht, dass ›der Mensch eben schlecht sei‹, dürfte hier ihre Wurzel haben. Aber Sünder-sein heißt nicht schlecht sein; und selbst wer schlecht geworden ist (man wird nicht so geboren!), bedarf außer kräftigem Widerstand nur der Hilfe zum Neuwerden, nie der Missachtung. Mag das Wort ›Menschenwürde‹ in der Bibel fehlen (es ist um Jahrhunderte jünger): von der Sache ist das ganze Buch erfüllt. Gewinnen wir sie wieder, Wort und Sache!«

Mit dem Satz »Am noblen Strandbad ein Schild: »Körperbehinderte sind gebeten in ihrem eigenen Interesse und dem der übrigen Gäste während der Saison das Bad nicht zu betreten.« beginnt 1991 der »Zwischenruf (Schriftenverzeichnis Nr. 84). Die Urlaubsstimmung der Gesunden, ihr ästhetisches Empfinden dürfen nicht gestört werden. ... Warenästhetik als oberstes Prinzip wurde uns zur zweiten Natur. Ich habe eine Gegenerfahrung gemacht, die ich in meinem Leben nicht vergessen werde«, und dann erzählt Marie Veit ihr ›Bethel-Erlebnis‹ aus dem Jahr 1939. Der Text endet: »Das Geheimnis unseres Daseins ist unser Angewiesensein auf Liebe – und unser Lieben-Können. ... Mitten in der Zeit des ›lebensunwerten Lebens‹ lehrten die kranken Kinder und ihre Schwester mich, was Menschsein heißt.«[43]

Zum Thema ›Ost- und Westdeutschland‹ erscheint 1993 ein »Zwischenruf« (Schriftenverzeichnis Nr. 88): Marie Veit zitiert zunächst Eduardo Galeano: »Solange die Löwen keine Historiker haben, werden die Jagdgeschichten von den Jägern geschrieben.« Sie konkretisiert dies ebenso kurz wie prägnant: »Heute erleben wir, wie den Bürgern der ehemaligen DDR ihre eigenen Erfahrungen ausgeredet und in Ost und West ein Geschichtsbild suggeriert werden soll, das den ›Sieg‹ des Westens als verdient erscheinen lässt. Es scheint nur zwei Dinge gegeben zu haben: Stasi-Diktatur und eine marode Wirtschaft, für die ›wir‹ im Westen nun bezahlen sollen. ... Lasst uns, in Ost und West, unsere eigenen Erfahrungen festhalten, bedenken und weitergeben! Noch hört man im Osten: ›Es war nicht alles schlecht.‹ Was können wir gegenseitig lernen?«

1995 publiziert sie einen »Zwischenruf« (Schriftenverzeichnis Nr. 103) zum 50. Jahrestag des ersten Atomtests (16. Juli 1945) in New Mexiko. Sie skizziert die Entwicklung der Atombewaffnung im Kontext ökonomischer Fragen, verweist auf die »Genehmigung von Garching II, dem neuen Atomreaktor bei

43 S. o. S. 268 ff.

München, der mit waffenfähigem Uran betrieben werden soll« und fordert dazu auf: »Schließen wir uns dem Protest gegen Chiracs Testvorhaben an, aber übersehen wir dabei nicht, was sich bei uns selber anbahnt!«

Noch einmal schreibt Marie Veit 1997 für die »Junge Kirche« einen »Zwischenruf« (Schriftenverzeichnis Nr. 111) zum Thema der »Maschinenartigkeit des Menschen« und seiner Institutionen und Ämter sowie in der Mentalität derer, die dadurch geprägt sind. »Wäre es nicht, dieses alltäglich-Maschinenhafte, die großen Katastrophen wären vielleicht gar nicht möglich gewesen. ... Wissenschaftler haben darauf hingewiesen, dass sie zunimmt. ›Blank, geruchlos und gut funktionierend‹ wolle der Mensch heute sein, glaube er, sein zu müssen, so der Psychoanalytiker Erikson; ein Maschinen-Über-Ich habe er entwickelt. Staat, Wirtschaft und Gesellschaft, oft genug auch die Kirche, wollen ihn am liebsten so; er stört dann am wenigsten, alles läuft wie geschmiert. ... Wer soll sie sonst aufhalten, die riesige Maschine, wenn nicht der störende, warnende, rechtzeitig aufwachende Mensch?«

IV.

»Menschenwürde hochhalten« – Grundzüge der Theologie Marie Veits

Vorab

Theologie, das lehrt das Studium der Schriften Marie Veits, entscheidet sich an der Anthropologie, an der Antwort auf die Frage: Wer sind die Menschen? Wie (er-)geht es ihnen? Was wird ihnen zugetraut? In diesem Kapitel möchte ich nach den (meist auto-)biographischen Berichten des Lebens und der Darstellung der Schriften Marie Veits und vor dem abschließenden Versuch eines Porträts Grundlinien ihrer Theologie entfalten; ein besonderer Schwerpunkt liegt dabei, das Kapitel abschließend, auf ihren religionspädagogischen Überlegungen.

1.

Das Unendliche ist da

In besonderer Weise berührt hat mich folgender Satz aus dem Aufsatz »Glaubenshindernisse in der Marktgesellschaft«[1]: »Das Instrument, auf dem der Glaube musizieren könnte, die menschliche Seele, kann zerstört werden. Wir haben diese Möglichkeit wahrscheinlich in den Kirchen unterschätzt.«

Die psychologische Basis dieser Feststellung, die auch für Marie Veits Anthropologie von zentraler Bedeutung ist, sind vor allem die von ihr rezipierten Forschungen Erich Fromms[2] zum marktorientierten Charakter sowie die Arbeiten Erik H. Eriksons[3]. Die pädagogischen und religionspädagogischen Ursprünge liegen in Marie Veits Beobachtungen ihrer Schüler*innen und Student*innen sowie in ihren in der Geschichte des Politischen Nachtgebetes gesammelten Erfahrungen der »Kraft der Schwachen«[4], deren Vertrauen kostbar ist, weil es heile, befreie und schöpferische Kraft entfalte. Theologisch verweisen diese Überlegungen auf Mystik und Kontemplation.

Marie Veit erlebt in den Erfahrungen der Schwachen Parallelen zur »Ohnmacht Gottes«, wenn sie fragt: »Liegt die schöpferische Kraft Gottes, dem Menschen gegenüber, vielleicht gar nicht in dem, was er über uns verfügt, sondern in dem, was er von uns vertrauensvoll erbittet? Beharrlich, dringlich, wie ein Liebender?« Liegt also die Kraft Gottes nicht in seinen Machtgestalten, sondern in seinen Gestalten der Liebe – entsprechend der poetischen Weisheit Ful-

---

1 S. u. S. 182 ff.

2 S. u. S. 60 f, 129 f, 153 f, 157 ff. Dort auch Hinweise zur Literatur.

3 S. u. S. 193 f, 198 f, 231 sowie S. 274. Dort auch Hinweise zur Literatur.

4 Diese »Kraft der Schwachen« war ihr erstmals als 17jährige bei einem Besuch in Bethel begegnet, bei dem sie eine prägende Erfahrung gemacht hat S. dazu u. S.268 ff.

bert Steffenskys: »Ihr habt uns verschwiegen, dass er Liebe ist, und dass Liebe Herrschaft zerbricht, und zuerst die eigene«[5]? Und sie beantwortet diese Frage mit Erfahrungen aus Meditation und Gebet: »da lernen wir: die Wahrheit setzt sich von innen heraus in uns selber durch; wir können nicht verfügen. Die sanfte, ganz sichere und unerbittliche Stimme der Wahrheit, unserer Wahrheit bringt sich unser Leben hindurch zur Geltung, will immer mehr Befreiung, immer mehr Mut – für uns.« Das, was die christliche Tradition Gebet nennt, schafft die Sicherheit des eigenen Ichs, das in der kapitalistisch bestimmten Industriegesellschaft in der Gefahr steht, in ein Bündel von Funktionen aufgelöst zu werden. Deshalb ist Beten, sind Meditation und Kontemplation in sich subversive Akte, »Akte der ›unverschämten‹ Selbstbehauptung der Menschen gegenüber dieser Welt«.

Wenn die Wahrheit sich von innen heraus in uns selber durchsetzt, dann sind wir zumindest ganz nahe bei der Mystik Meister Eckharts, dem es um die Einheit und Gegenwart von Gott und Mensch geht und eben nicht um Trennung und Dualität. Und Marie Veit, die in diesem Zusammenhang auf den Terminus »Hinreise«[6] von Dorothee Sölle verweist, sieht selbst diese Nähe, wenn sie in einem kleinen, in der »Korrespondenz/Christen für den Sozialismus in der BRD und Berlin (West)« veröffentlichten Text formuliert: Glauben bedeutet »vielleicht zu lernen, dass wir die Armut offenhalten dürfen, die gerade das innerste Wesen des Menschen ausmacht: die Sehnsucht nach Unendlichkeit, nach unzerstörbarer Schönheit, nach Tiefe, Authentizität. Der verzweifelte Versuch, das große, weite, tiefe ›Vakuum‹ im Innersten mit irgendetwas zu schließen, ... kann langsam, staunend aufgegeben werden, weil das Unendliche da ist und (in der Sprache der deutschen Mystik) ›sich ergießen will‹. ... Das heißt: er herrscht gerade nicht.« Vielmehr umfasst die Liebe Gottes jeden und jede: »alles ist von der Gnade Gottes umfasst«.

Marie Veit weiß um die Schwierigkeit einer solchen Rede von Gott und Mensch, die die Trennung aufhebt und die Einheit behauptet. Sie sieht die Schwierigkeit in einem Doppelten: Einmal in der Machtförmigkeit kirchli-

---

5 Formuliert im Politischen Nachtgebet »Demokratie in der Kirche« 1970; als Manuskript gedruckt, vergriffen.

6 Jetzt in: D. Sölle, Und ist noch nicht erschienen, was wir sein werden. Gesammelte Werke Bd. 2. Hrsg. v. U. Baltz-Otto und Fulbert Steffensky. Stuttgart 2006. S. 7-129.

cher Rede von Gott: »Wenn wir von ihm reden, sieht es leicht danach aus, als ob wir mit ihm herrschen wollten.« Dahinter steckt die Erfahrung von mehr als 1600jähriger kirchlicher und meist auch theologischer Macht- und Herrschaftsgeschichte, mit der noch immer jede Rede von Gott im ›christlichen Abendland‹ identifiziert und ihr Verstehen zumindest erschwert, wenn nicht unmöglich wird. Die andere Schwierigkeit besteht eben in der durch die kapitalistische Ökonomie und eine von ihr bestimmte Gesellschaft verursachte und tief reichende Zerstörung der menschlichen Seele sowie in der damit verbundenen Verweigerung seelischen Wachstums, die Marie Veit nicht müde wird zu beschreiben und anzuklagen.

2.

Zur Gliederung der folgenden Überlegungen

Im Kontext solcher spirituellen Erfahrungen, die ihren Grund nicht zuletzt in ihrer steten, seit der Kindheit geübten Bibellektüre haben, entfaltet Marie Veit – und es kann gar nicht anders sein – eine positive Anthropologie. Eine solch positive Anthropologie hat nahezu selbstverständlich eine präsentische Eschatologie des Lebens in voller Diesseitigkeit und die Frage nach ›Christus heute‹ zur Voraussetzung und Folge. Hier entfaltet Marie Veit – leider nur in wenigen Andeutungen – »Erwartung« als eine theologische Kategorie und entwickelt ein Kirchenverständnis, dessen biblisches Bild nicht »die feste Burg«, sondern »der Weg« ist. Auf diesem Weg hat sie gelernt, Sozialistin zu werden, die selbstverständliche Praxis einer karitativen Liebe zu verknüpfen mit »love in structures«. So haben die theologischen ›Schätze‹ der Kirche eine Chance, wieder unters Volk zu kommen, und Gnade kann sich erneut inkarnieren. In dieser »Bekehrung zur Gegenwart« haben dann auch Marie Veits Verständnis von Gott und ihre Christologie ihren Ort. Schließlich geht es in all diesen Überlegungen immer wieder um den evangelischen Religionsunterricht, dessen Didaktik sie in Gießen lehrte. Als Überschrift dieser ihrer theologischen Gedanken, Entwürfe und Projekte können zwei Befreiungen stehen, die für sie neben den »freien Menschen« zentral waren: die Befreiung der Bibel und die Befreiung der Theologie aus ihren bürgerlich-christlichen Gefängnissen.

Eine solche Systematik, wie ich sie hier andeute und als Gliederungsstütze dieses Kapitels benutze, traue ich mir nur deshalb zu formulieren, weil ich in diesem Buch zuvor Marie Veits theologische Überlegungen im Kontext ihrer Vorträge und Predigten und den meist daraus resultierenden Schriften ausführlich dargestellt habe. Hier und in ihrer politischen und gesellschaftlichen Praxis hat Theologie für sie ihren Entstehungskontext und ihren Ort. Auch deshalb schreibe ich hier von »Grundzügen« ihrer Theologie, die eben untrennbar – ähnlich der Theologien Bonhoeffers oder Gollwitzers oder Sölles – mit ihrer Biographie und persönlichen Lebensführung sowie mit ihrer politischen und gesellschaftlichen Praxis verbunden war.

3.

Der »neue Mensch«

Befreiung der Bibel und des Glaubens von der christlich-bürgerlichen Misanthropie, die biblisch unhaltbar ist und »dicht bei jenem Satan aus Hiob 1 steht« – das sieht Marie Veit als eine »der vordinglichsten Aufgaben« ihres Berufes an. Als Kennzeichen jener christlich-bürgerlichen Misanthropie sieht sie u.a.:

- »die Verwechslung eines – biblisch zum Aufbruch ermutigenden – Gottvertrauens mit Schicksalsergebenheit«: die dritte Vater-Unser-Bitte wird eher stoisch als eschatologisch verstanden;
- »die Herabsetzung des Menschen, die Überzeugung von seiner ›Schlechtigkeit‹ statt des biblischen Zutrauens Gottes zum Menschen«; und damit verbunden eine hohe Akzeptanz jedweder Obrigkeit;
- »ein infantiles Glaubensverständnis, das sich in Denk- und Kritikverboten ausdrückt«; und damit verbunden »ein gefährliches Misstrauen gegen die Vernunft«;
- »das Verständnis von Sünde als Übertretung von Tabus und daraus resultierender Mahnung zu ständiger Vorsicht und Zurückhaltung anstelle eines biblischen Sündenverständnisses, das diese als Mangel an Glauben und d.h.: Mangel an Mut ansieht (vgl. D. Bonhoeffer);
- ein Verständnis, das das eigentliche Leben erst nach dem Tod kommen sieht;
- die Ansicht, der Christ sei friedlich und strebe nach einem gesellschaftlichen Harmoniemodell, brauche also das Austragen von Konflikten nicht zu lernen«: ›wenn alle ein wenig nachgeben, geht alles gut‹;

- ›und schließlich ein verzerrtes Gottesbild, in dem sich der Herrschaftswille der Kirchen widerspiegelt.‹[7]

Dagegen geht es ihr darum, von »der neuen Kreatur« und von den ungeahnten Möglichkeiten des befreiten Menschen zu erzählen und so die biblischen Texte, die Erzähltraditionen und – vielleicht bis auf den Römerbrief – eben keine Lehrtraditionen sind, weiter zuschreiben mit all den Schritten, die Menschen auf dem Weg zu einem befreiten Leben gelingen. Im Neuen Testament ist der Glaube an den neuen Menschen gut bezeugt (z.B. Römer 6,4; 2. Korinther 5,17; Eph 4, 17 ff): der Mensch, »der sein Haupt erhebt, Mut fast, seine Würde entdeckt und solidarisch zu leben vermag«. Im wesentlich lutherisch geprägten deutschen Protestantismus aber ist diese Perspektive vergessen oder verleugnet.

Dabei wäre ein solches Denken und Glauben in der marktorientierten Welt dringend von Nöten, denn hier werden die Menschen um ihr Menschsein generell und um die Perspektive des neuen Menschen schon gar betrogen: Wo der Mensch sich als Ware erlebt, die er auf dem Persönlichkeits- wie auf dem Arbeitsmarkt anpreisen und zugleich verkaufen muss, da ist christlicher Glaube zentral gefordert: »Nicht Leugnung Gottes, sondern Leugnung des Menschen als Person scheint mir heute die Position zu sein, gegen die der Glaube sich bewähren muss.«

Christlicher Glaube kann nicht zulassen, dass die Menschen zur Ware werden, weiß er doch, dass sie wenig niedriger als Gott geschaffen und mit Ehre und Herrlichkeit gekrönt sind (Psalm 8) und denkt er den Menschen eben gerade nicht in Warenkategorien, sondern »als radikale Subjektivität.« Marie Veit meint damit die unerreichbare Tiefe des personalen Seins – in diesem Zusammenhang zitiert sie die antike Weisheit eines Platon und Aristoteles: »individuum est ineffabile« (das Individuum ist als konkrete Existenz unaussprechlich/unerfassbar) –, aus der wir kommen und die wir zugleich nicht ›in den Griff bekommen‹. Auch hier wäre wieder ein Anknüpfungspunkt an die deutsche Mystik und ihr Einheitsdenken möglich oder an johanneisches Gedan-

7 Zum Vorstehenden vgl. M. Veit, Können Menschen Frieden schaffen? Jetzt in: M. Veit, Theologie muss von unten kommen. Wuppertal 1991. S. 96-111.

kengut und seine Verkündigung der Einheit von Gott und Schöpfung, wonach der Vater und ich (der Mensch Jesus) eins seien (Johannes 10,30).[8]

Diese radikale Subjektivität bedeutet auch: der Mensch ist mehr als das, was er arbeitet, ja: Arbeit ist gar keine Kategorie, die Menschsein zentral bestimmt. So gibt es in der hebräischen Schrift kein Arbeitsgebot, wohl aber ein apodiktisches Ruhegebot; und im Neuen Testament sind es die Vögel im Himmel und die Lilien auf dem Felde, die die Menschen lehren können: »das ist nicht ein Rezept, sich zu verhalten; es ist der Wert des Menschen, abgesehen von allem, was er ›leistet‹ und ›besorgt‹. ›Seid ihr nicht viel mehr als sie?‹ Immer wieder ist uns dieser Ton aus der Bibel entgegen geklungen, subversiv gegenüber der Gesellschaft, die wir bisher kennen.« Dies zeigte sich für Marie Veit in vielen Zusammenhängen des konziliaren Prozesses und seinen Initiativen von unten. Hier – so Marie Veit – kann der Mensch zum neuen Menschen werden, von dem im »Realsozialismus« so viel die Rede war. Er wird es ja nicht per Dekret. »Er muss aus Erfahrung wachsen: Erfahrungen von Anfeindungen und Verdächtigungen und deren gemeinsamer Verarbeitung, von unablässigem Bemühen, Freunde und Mitstreiter zu finden, von ersten Erfolgen, vom Aufmerksamwerden anderer, die hinzukommen.« So erfährt er sich selbst neu. So verwirklicht er sich selbst »gewissermaßen nebenbei, indem wir ›in der Fülle der Aufgaben, Fragen, Erfolge und Misserfolge, Erfahrungen und Ratlosigkeiten leben – dann wirft man sich Gott ganz in die Arme.‹ (D. Bonhoeffer). So scheint es zu sein.«

Immer wieder betont die Bibel das Recht des Menschen und ein Gott tritt ins Bild, »der im christlich-bürgerlichen Bewusstsein nur allzu sehr fehlt: der Anwalt des Unschuldigen, der ihm seine Ehre und sein Recht zurückgibt« (1. Könige 21). Zu diesem Recht des Menschen gehört – auch wenn der Begriff ein neuzeitlicher ist und so in den biblischen Schriften gar nicht vorkommen kann – die Menschenwürde. Marie Veit sieht sie darin, dass Menschen angesprochen werden können, ihre Autonomie anerkannt wird und sie so die Frei-

8 Für mich hat solch ein nicht-dualistisches Denken, an das ich mich herantaste, in vielfacher Weise seine biblischen Orte, zum einen beispielsweise ganz am Anfang der hebräischen Bibel in Genesis 2 bei der Erschaffung des Menschen, in dem sich Erde und Himmel vereinen und anders ganz am Anfang des Neuen Testamentes in den Ankündigungs- und Geburtsgeschichte Jesu.

heit haben, mit Ja und Nein zu antworten. Diese Würde ist zentral, denn wer sich nicht selbst als würdig und wertvoll empfindet und erlebt, der kann sich nicht gesund entwickeln und oft sind Depressivität und Destruktivität die Folge. Schließlich steht politisch die Demokratie dort auf dem Spiel: »Demokratie ohne Menschen, die ihres eigenen Wertes sicher sind, d.h. ohne Demokraten, ist nicht möglich«. Die zentralen gesellschaftlichen und politischen Folgen sind sofort bei der Frage nach den Menschen mitbedacht.

Zu der erwähnten Autonomie gehört schließlich, dass Christ*innen erwachsene Menschen werden: »Gott will den Gesprächspartner, nicht das Baby in der Wiege, das er einsingen muss.« Solches Erwachsenwerden schließt Entscheidungsfreiheit ein. Wenn Paulus an die Korinther schreibt, dass alles erlaubt sei, doch nicht alles aufbaue (1. Korinther 6, 12), dann bedeutet dies: Christ*innen werden, wenn sie dieser Aufforderung entsprechen wollen, die Fähigkeit zur eigenen Beurteilung der Realität und zur eigenen Entscheidung sich erkämpfen. Darauf setzt offensichtlich Paulus, der ja darum weiß, dass Gott an den Menschen glaubt – so Marie Veit in ihrer Auslegung von Jona 3[9]. Zu diesem Erwachsenwerden gehören schließlich im Verständnis von Marie Veit auch die Freude und die Neugier auf Fremdes und die Toleranz diesem gegenüber, denn »Fremdeln gehört zum kleinen Kind, es hat in einer bestimmten Lebensphase des ersten Lebensjahres seine Funktion«.

Marie Veits Sicht der Menschen, das wurde in diesen wenigen Hinweisen deutlich, ist theologisch und pädagogisch wie politisch hoch relevant und folgenreich, um der Fremd- und »der Selbstentwertung des Menschen in der Marktgesellschaft zu begegnen«, wozu kritisch-wissenschaftliche theologische Arbeit in der Form, wie Marie Veit sie kennengelernt hat, nicht ausreicht; vielmehr bedarf es dazu als ebenfalls zentraler Methode theologischen Nachdenkens der Gesellschafts- und Ideologiekritik, deren Rüstzeug sie im Wesentlichen in ihrer Mitarbeit im Politischen Nachtgebet sich erarbeitet hatte[10].

---

9 Vgl. dazu auch: G. Orth, Eva, Kain & Co. Was es bedeutet Mensch zu sein und wie dabei von Gott erzählt wird. Eine theologische Auslegung der Urgeschichte. Berlin 2019.

10 Im Blick auf die Entwicklung ihrer Anthropologie, insbesondere zum Problem des Erwachsenwerdens in kapitalistischen Marktgesellschaften, gehören deshalb zu ihrer theologischen Reflexion insbesondere die Arbeiten von Erich Fromm und Erik H. Erikson. Hierzu schreibt sie (s.o. S. 193 f): »Der Psychoanalytiker Erikson sagt, die weißen Industriegesellschaften litten vor allem daran, dass es in ihnen so wenig Erwachsene gebe! Das steht im

4.

»Dein Wille geschehe wie im Himmel so auf Erden«

In dem letzten von ihr mitveröffentlichten Text, einem Interview in Publik-Forum 2003[11], wird Marie Veit die »alte Katechismusfrage« gestellt: »Wozu sind wir auf Erden?« Sie antwortet: »Um zu leben! Schauen Sie sich die Kinder an, die freuen sich einfach, dass sie da sind. Das Leben ist nicht zu etwas da. Es ist in sich das entscheidende Geschenk.« Ich lese dies als Umschreibung von Gottes Willen, der auf Erden geschieht wie im Himmel: Das Leben ist nicht Mittel zum Zweck! »Ich bin Leben, das leben will inmitten von Leben, das leben will«, formuliert bei allen bestehenden theologischen Differenzen Albert Schweitzer[12] seine ganz ähnliche Antwort auf die Frage, wozu wir auf der Erde sind.

Wenn aber das Leben selbst die Antwort auf die Frage ist, wozu Menschen auf der Erde sind, dann geht es theologisch um präsentische Eschatologie: das Reich Gottes weilt immer schon unter uns. Jesus beschreibt dies in einer Fülle von Gleichnissen, Reden und Taten. Es geht um die volle »Diesseitigkeit des Lebens« (D. Bonhoeffer), um den Inhalt eines kleinen biblischen Textes, der Georges Casalis so wichtig war: »Wir wissen, dass wir aus dem Tod ins Leben hinübergegangen sind, weil wir die Geschwister lieben.«[13] Und in seinem

---

Einklang mit dem Neuen Testament, das uns anhält, zu wachsen und zum vollkommenen erwachsenen Menschen in Christus zu werden. Damit ist nicht gesagt, seelisches Wachsen im Sinne der Psychologie sei dasselbe wie Wachstum im Glauben. Aber wer seelisches Wachstum verweigert, es sich ausreden lässt, der zerstört das Instrument, auf dem der Glaube musizieren könnte.«

11 Publik-Forum 11/2003 vom 13. Juni 2003 (Internetausgabe, ohne Paginierung).

12 A. Schweitzer, Kultur und Ethik. In: A. Schweitzer, Gesammelte Werke in fünf Bänden. Bd. 2. Zürich o.J. S. 95-420, Zitat S. 377.

13 1. Johannesbrief 3,14 (Bibel in gerechter Sprache).

»Zwiegespräch mit meinem Tod« schreibt Casalis: »Leben heißt auf den Sinn und die Fruchtbarkeit des Jetzt setzen, immer wieder die alte Legende von Josua erleben, der die Sonne aufhält…«[14] Darum geht es, wenn die dritte Vater unser-Bitte eschatologisch und nicht stoisch verstanden wird. In anderen Worten formuliert Marie Veit jenen Vers aus dem Johannesbrief, wenn sie im gleichen Interview sagt: »»Ich denke, dass wir – wenn wir von der Offenbarung inspiriert sind, ich drücke mich einmal ganz traditionell aus – verstehen, dass Leben ›Solidarisch sein‹ heißen muss.« Jetzt hier im Leben auf Erden soll Gottes Willen geschehen und Christ*innen sind aufgefordert, sich an dessen Realisierung zu beteiligen, denn Christus will heute ›Gestalt gewinnen in der Welt‹ (Gal 4, 19). Die Gemeinde Christi realisiert dies »in dem Versuch des Menschen, den schaffenden und erlösenden Gott ›ins Dasein zu rufen‹ (Dorothee Sölle)«[15]. »Wir müssen lernen, ›in‹ der Welt, aber nicht ›von‹ der Welt zu sein«, formuliert Marie Veit programmatisch.

So wird verständlich, warum Marie Veit nicht müde wurde, gegen ein Jenseits das Diesseits des Lebens zu verteidigen, wenn sie die Veränderung christlichen Glauben in eine »Jenseitsreligion« als »die ungeheuerlichste Verdrehung« kritisiert, »die dem Christentum überhaupt angetan werden konnte«.[16]

Wohl auch, um jedem Missverständnis vorzubeugen, hat Marie Veit neben dem eher traditionellen Begriff der Hoffnung, den sie konsequent als Hoffnung für Gottes Schöpfung, für diese Erde und für die auf dieser Erde lebenden

14 D. Sölle, Parteilichkeit und Evangelium. Grundzüge der Theologie von Georges Casalis. Fribourg/Lu-zern1991. S. 91.

15 S. u. S. 194.

16 Sie stimmt damit tiefgehend neben Dorothee Sölle mit Georges Casalis überein. Dieser schreibt: »Deshalb bedeutet das ewige Leben eine andere Lebensqualität für das Heute und nicht diese Durchschnittserwartung einer hypothetischen Zukunft, nicht die Hoffnung, dass eines Tages, ich weiß weder wann noch wo, alles Leid dieser Zeit aufgehoben sein wird, und vor allem nicht ein Alibi anstelle der gegenwärtigen dringenden Kämpfe und der entscheidenden Solidarität. Ich muss entdecken, was ich jetzt, von einem Tag auf den anderen zu tun habe. Alles andere ist im Vergleich dazu zweitrangig. Ich brauche weniger Tröstung als eine klare Vision des zu verfolgenden Weges. Ich weiß, dass ich diesen Weg nicht allein, sondern nur zusammen mit denjenigen finden werde, die sich ganz der Gegenwart und der Zukunft des Menschen hingeben wollen.« G. Casalis, Zwiegespräch mit meinem Tod. In: D. Sölle (Hrsg.), Parteilichkeit und Evangelium. Grundzüge der Theologie von Georges Casalis. Fribourg/Luzern 1991. S. 81-105. Zitat S. 104.

Menschen versteht, »die theologische Kategorie der Erwartung«[17] eingeführt. Sie versteht dies als Gegenbegriff zur Macht Gottes und als Konkretisierung und Interpretation von Bonhoeffers Gedanke des ohnmächtigen Gottes[18]: Gottes Macht liegt wohl nicht, so formuliert sie vorsichtig, in dem, was er »über uns« verfügt, sondern in dem, was er »von uns« erwartet. Erfahren hat Marie Veit die Kraft solcher Erwartung, die die »Kraft der Schwachen« ist, während der Jahre des Politischen Nachtgebetes und sie empfand sie als heilend, befreiend und verbunden mit schöpferischer Kraft. Sie hilft, nicht zu resignieren und sich mit religiösen Surrogaten zufrieden zu geben, und trägt dazu bei, dass Christ*innen ihre tiefste Pflicht nicht versäumen – »die Pflicht uns fähig zu machen zur Militanz und in der Erfahrung des Kampfes zu wachsen, uns selbst zu entwickeln, damit wir da sind in der Welt«.[19]

»Erwartung« wurde dann auch ein wichtiger Begriff ihrer Überlegungen zu unterschiedlichen Gestalten von Kirche und Gemeinde.

---

17 S. u. S. 193 f.

18 D. Bonhoeffer, Widerstand und Ergebung. DBW Bd. 8. Gütersloh 2015. S. 526-535, bes. S. 534 f.

19 S. u. S. 192 ff.

5.

Das »Fest der freien Menschen« feiern

Marie Veit hat zeit ihres Lebens in unterschiedlichen Gestalten von Kirche gearbeitet und gelebt. Sie hat so die Chancen und Probleme sowohl der Volkskirchen wie auch der kleinen engagierten Gruppen kennengelernt – und so ebenfalls zeitlebens in einem kirchlichen wie in einem radikalen Christentum gelebt.[20] Ekklesiologisch diskutiert sie insbesondere die Frage nach den Gestalten der Kirche und ihr liegt in besonderer Weise der Zusammenhang von Gruppen und Initiativen einerseits und der Volkskirche andererseits am Herzen.

Ähnlich der Sorge Dorothee Sölles, dass die Menschen Gott verlieren, ohne dass sie dabei merken, was ihnen verloren geht, formulierte Marie Veit das Gefühl, »dass wir unmerklich aus dem Christsein herausrutschen könnten« und wir könnten dabei ganz und gar übersehen, dass wir als Gesellschaft insgesamt (!) ganz schön ins Rutschen gekommen sind. ... Es gibt viele Stellen, an denen man heute laut und deutlich und mit vielen zusammen Nein (!) sagen muss, weil die Gefahr besteht, dass wir unmenschlich (!) und das heißt un-

20 Die Einschätzung der Volkskirche durch Marie Veit ist sehr nahe bei der Helmut Gollwitzers, der ebenfalls nicht lediglich die Probleme dieser Gestalt von Kirche sah, sondern ebenso ihre Chancen; vgl. dazu z.B.: H. Gollwitzer, Vortrupp des Lebens, München 1975 und darin seine »Reden zum Thema ›Was ist Kirche?‹ und die »Thesen zur Diskussion« zum gleichen Thema. Dorothee Sölle dagegen hatte ein anderes Verhältnis zur Kirche und sprach ihre Faszination im Blick auf Marie Veits Verständnis von Kirche aus in der Formulierung: Ich war fasziniert »von einem nicht kirchlichen aber radikalen Christentum« (vgl. D. Sölle, Gegenwind. Erinnerungen. AaO. S. 35). Ich halte dies für eine Fehlinterpretation von Marie Veits Verständnis von Kirche und Christentum. Marie Veit war zeitlebens engagiert in den volkskirchlichen Gremien und (!) in radikalen Gruppen; sie hat die Volkskirche geschätzt und (!) kritisiert und sie hat Religionsunterricht und das Studium der Theologie und Religionspädagogik als Weg dahin immer als »eine apologetische Gelegenheit« verstanden. S. dazu auch u. S. 95 f und u. S. 228 f.

christlich (!) werden, mitten in unserem bürgerlichen ›Wohlanstand‹, ohne es zu merken.« Sie sieht diese Gefahr insbesondere innerhalb der volkskirchlichen Christenheit und plädiert deshalb an dieser Stelle zentral für die kleinen engagierten Gruppen – aber innerhalb (!) volkskirchlicher Strukturen. Eine Argumentation, die der Philipp Jakob Speners[21], des großen pietistischen Theologen ähnelt, der seit 1675 von den »ecclesiola in ecclesia« sprach und dessen Begriff Marie Veit aufnahm.

Sie nimmt Weihnachten als Fest der Volkskirche wahr und fragt danach, was die Menschen, die oft nur an Heilig Abend in die Kirche kommen, von der Kirche erwarten, und danach, ob »wir« es wahrnehmen können und ob es uns gelingt, die im Haus unserer Kirche bereitliegenden Schätze auszuteilen.

Nicht zuletzt aufgrund ihrer Erfahrungen in Bethel und in der Bekennenden Kirche analysiert und fragt sie wieder und wieder: »Der Mensch, der nichts ›bringt‹, der auf Hilfe angewiesen ist als Asylbewerber, Obdachloser, Kind einer mittellosen alleinerziehenden Mutter, erfährt vielfach eine Verachtung, die man nicht für möglich halten sollte; an nichts zeigt sich die fortgeschrittene Entchristlichung so sehr wie gerade hier. ... Wer arbeitet am Bewusstsein der ganz ›normalen‹ Menschen, die die ›normale‹ Gnadenlosigkeit der kapitalistischen Gesellschaft verinnerlicht haben? ... Braucht man die Kirche noch? Ich meine mehr denn je. Wenn sie ihr Proprium unter die Leute bringt. ... Brauchen wir die Kirche? Ja, ja, ja. Je mehr sie Kirche ist und ihre Sache wirklich ›übersetzt‹, umso mehr. Noch ist sie da. Helfen wir ihr.« Dabei weiß sie auch, dass die Kirche Erneuerung braucht: »Es ist ein altes Haus, in dem wir wohnen. Aber in ihr, nicht gegen sie, muss das Neue aufbrechen.«

Und sie betont in der Diskussion um den Religionsunterricht mit den Kirchen in den damals neuen Bundesländern die Bedeutung desselben in Westdeutschland; sie verortet ihn in der »Bürgergemeinde«[22] unter dem Stichwort der »Sendung« gegenüber der Gemeindenähe der Christenlehre unter dem Stichwort der »Sammlung«. Sie plädiert nicht für »ein entweder oder«, sondern für ein

---

21 Vgl. P. J. Spener, Pia desideria. www.evangelischer-glaube.de/spener-pia-desideria/

22 Vgl. K. Barth, Christengemeinde und Bürgergemeinde. Zürich 1946. Selten dafür an wichtigen Stellen ihrer Arbeit bezieht sich Marie Veit – auch ohne dezidierten Nachweis – auf Karl Barth; ich halte dafür, dass bei allen Differenzen letztendlich eine große Nähe zwischen beiden ebenso besteht wie zwischen Dorothee Sölle und Karl Barth.

»sowohl als auch« und ihre Argumente sind theologische und (!) politische: »Es ist eine der großen Chancen der Volkskirche, dass sie alle ansprechen kann. ... Nur in einer Volkskirche wird es so etwas wie Religionsunterricht an allen öffentlichen Schulen geben. ... Ich befürchte, in der ehemaligen DDR könnte es zu einer Art Konsum-Faschismus kommen. Ich bemühe mich gerade, Kirchen-Leute dort anzusprechen, dass sie unbedingt für dieses Fach Religionsunterricht eintreten. Die Kinder müssen in der Schule hören, dass es im Leben Verantwortung gibt und eine Hoffnung, die auf mehr gerichtet ist als nur auf Geld, Wohlstand und Besitz; dass man sein Leben aus Liebe für einen anderen Menschen einsetzen kann; dass wir Menschen ein Herz haben, und dass wir erst wirklich Menschen werden, wenn unser Herz für etwas lebt. Es muss ein solches Fach geben, sonst ziele die Lebensorientierung nur darauf, es gut, angenehm und bequem zu haben, und weiter schiene das Leben nichts zu bieten.«[23]

Das biblische Bild für »dieses alte Haus« der Kirche ist der Weg und sie kritisiert, sich in einer festen Burg einrichten zu wollen. Sie beschreibt, wie solch ein Gehen auf dem Weg gelebt werden kann: Ich weiß nie, was nach der nächsten Biegung kommt, ich muss mich beraten mit denen, mit denen ich unterwegs bin. Und die Menschen auf dem Weg brauchen Schutz. Marie Veit weiß, dass »wir unten«, die Gruppen und Initiativen darum wissen, und sie fordert, dass »wir« es der »Kirche oben« nahebringen müssen. Und sie formuliert frech in einem Vortrag: »Na sowas, da bliebe also tatsächlich auch die Kirche angewiesen auf Gott.«

Kritisch sieht sie insbesondere die ›Amtskirche‹, weil diese sich auf ihren Besitz verlässt, »geistig und in jeder denkbaren Hinsicht«. Damit ist sie »eigentlich vom Glauben abgefallen«, obwohl sie »richtig« gelehrt haben mag. Immer wieder verdeutlicht sie dies an dem Zentralbegriff der Gnade, den die ›Amtskirche‹ predigt und lehrt, aber nicht selbst lebt, geschweige denn dafür Sorge trägt, dass die gnadenlose kapitalistische Gesellschaft sich ändert.[24] Doch ihr Fazit ist immer wieder: »Kirche befindet sich auf dem Weg, sie hat viel gelernt in unserem Jahrhundert, das macht uns Mut, sie muss noch viel lernen, wir alle gehören zu ihr und wollen uns gerne darauf einlassen.«

---

23 Zur religionspädagogischen Debatte s. o. S. 152 und o. S. 256.

24 Dazu s. o. S. 111 ff und u. S. 206 ff.

6.

»Gott wendet sich mit Charme dem Menschen zu«

Das griechische Wort Charis kann einerseits Gnade, andererseits Anmut oder Charme bedeuten. Marie Veit wählt lieber das Wort Charme – nicht zuletzt wieder aus anthropologischen Gründen, denn »Gnade« klingt im Deutschen »etwas uncharmant. Gnade, das ist dann so etwas, was die abkriegen, die keine Rechte haben. Dann kriegen die eben Gnade. Diese Gnade setzt den Menschen irgendwie herab. Doch eben dies ist in dem griechischen Wort gar nicht angelegt« – so im letzten von Marie Veit autorisierten Text.[25] Doch schon während ihrer Zeit als Religionslehrerin wurde Gnade zu einem der Zentralbegriffe ihrer Theologie und sie wusste, dass die Gnade Gottes alles umfasst – ob dem Augenschein nach gut oder böse: Gott glaubt an den Menschen und eröffnet ihm immer wieder neue Zukunftsmöglichkeiten. Doch von ihren Schüler*innen lernt Marie Veit, dass die Kirche ihnen nur die Idee der Gnade gibt, nicht aber die Sache selbst, denn nichts in der Wirklichkeit der vom Christentum mitgeprägten Welt entspricht dem, was die Kirchen sagen. Die Schülerinnen stellen die Frage, ob die Rede von der Gnade nichts anderes ist als frommer Betrug.

Dem musste sich Marie Veit stellen und sie erkannte, dass die Rechtfertigungslehre kirchlicherseits, indem sie bewahrt und weitergegeben wurde, unbemerkt in ihr Gegenteil verkehrt worden war. In den frühen christlichen Gemeinden »hat die Gnade einen Leib bekommen«, war Realität geworden in den Beziehungen der Menschen untereinander, die begonnen haben, »den Charme ihres Gottes zu leben«. Heute aber sind »Prediger und Gemeinde in die Leistungsgesellschaft integriert; die Gnadenlosigkeit der Konkurrenz um Aufstieg

25 Publik-Forum, aaO.

und Erfolg, die Pflicht zur Bewährung, zur Sicherung von Einfluss und Besitz ist so verinnerlicht, dass sie meist überhaupt nicht mehr bewusst wird. Jeder weiß, dass das Evangelium in Wahrheit nicht gilt, spricht aber nicht darüber, denkt kaum je darüber nach. … Soll die vermauerte Gnade befreit werden, so müssen wir, die Kirchenleute, das Ausmaß unserer Korruption begreifen. Wir glauben das nicht wirklich, was wir sagen; das sieht man daran, dass wir unserer Welt nicht widersprechen, keine Gegengesellschaft bilden, vielmehr die menschenfeindliche Leistungsgesellschaft auch noch stützen.«

Ohne lebenspraktische Folgen bleibt die befreiende Botschaft der Gnade nicht nur folgenlos, sondern sie verkehrt sich in ihr Gegenteil. Leben mit vergebener Schuld wäre unmöglich, weil kaum einer einem solchen Angebot, geliebt und für wichtig befunden zu werden »ohn all Verdienst und Würdigkeit, trauen könnte – eben weil es sich nirgends, nicht einmal in den christlichen Gemeinden als heilenden Gemeinschaften realisiert, weil es gesellschaftlich folgenlos bleibt. Schuldig gewordene Menschen müssten weiterhin einen Teil ihres Lebens angstvoll von sich abspalten und fernhalten. Befreiung zur eigenen Identität, Befreiung zum neuen Menschen – der charmante Traum neutestamentlicher Autoren – wäre unmöglich, weil die durch Verdrängungsmechanismen gebundenen Kräfte nicht freigesetzt würden zu neuem verändertem Leben.

Die ›richtige‹ Lehre der Gnade, das ›richtige‹ Aufrechterhalten des Erbes der Reformation, das viele Generationen von Konfirmand*innen gesellschaftlich und politisch weitgehend folgenlos gelernt haben, nützt gar nichts, solange Christ*innen und ihre institutionellen Kontexte keine widerständige Praxis in unserer Gesellschaft entfalten. Es kommt darauf an, sich auf den »Weg der Nachfolge« zu begeben, denn Glauben ist kein Fürwahrhalten richtiger Ideen oder Sätze, sondern ein sich-Festmachen an Jesu Ruf: Komm und folge mir nach.

7.

Die Schätze kommen unters Volk, die Gnade kann sich erneut inkarnieren

Im Zusammenhang ihres Lernprozesses im Politischen Nachtgebet formuliert Marie Veit 1972 in einem Text zu den Seligpreisungen erstmals die für sie in den kommenden Jahren zentrale gesellschaftliche Differenz »von oben« und »von unten« und die von ihr vertretene »Option für die Massen«: »Links sein heißt, das Befinden der Massen in einer Gesellschaft für das Wichtigste zu halten«. Es waren die Erfahrungen des Politischen Nachtgebetes, die Marie Veit haben Sozialistin werden lassen.

Links sein hieß für sie auch: pragmatisch sein, sich nicht binden an eine politische Partei, obwohl sie einmal eine – die Partei der »Demokratischen Sozialisten« – mitgegründet hatte. Ihr »Herz« gehörte »den vielen Bürgerbewegungen für Gerechtigkeit, Frieden und Bewahrung der Schöpfung, die die Parteien ›von unten‹ beeinflussen können.« Ihren Ruhestand widmete sie »der christlichen Linken«. 1973 war sie eine der Mitgründerin der holländischen und deutschen Sektion der »Christen für den Sozialismus«[26].

In einem unveröffentlichten Text benannte sie einmal eine für sie wichtige Voraussetzung und Folge eines demokratischen und der Freiheit verpflichteten Sozialismus: die Befreiung und Wiederentdeckung der Bibel, denn »Befreiungsschritte, die weder mit Sozialismus noch mit der Bibel etwas im Sinn haben, pflegen ganz einfach liberal zu sein. Hauptsache: Ich... So kommt es zu einer Elite... Biblisch aber ist nicht die Elite, sondern die Ekklesia. ... Auch Sozialismus denkt nicht ›Elite‹, sondern Avantgarde. ... Die Richtung ist klar, die

26 S. o. S. 54 ff.

Liebe will Befreiung für alle, und sie lässt sich selbst durch die anderen befreien. Welche Umwege noch gegangen werden müssen bis zum Ziel, das weiß sie nicht. Sie verlässt sich auf den Ruf Christi, der immer wieder zu vernehmen sein wird.«

Und in einem Band, der nach dem Ende der DDR die Diskussion zwischen Sozialismus und christlicher Hoffnung resümieren wollte, benannte sie einige Kriterien eines Sozialismus, den sie anstrebte:

- »Sozialismus will von seinem Ansatz her Lebensrecht und Menschenwürde für alle. Die richtigen Methoden dafür müssen entwickelt werden. … Der ›Schritt vom Ich zum Wir‹ (alte DDR-Formulierung) ist historisch dran; aber er muss in Freiheit getan werden, sonst entartet er zum Schritt vom Ich zum unterdrückten Ich.«
- Sozialismus muss von unten kommen. Dabei »wird es ohne Eingriff ins Eigentum nicht gehen, wenn eine gerechtere Gesellschaft entstehen soll«, die sich auszeichnet durch: »Selbstverantwortliche Gestaltung des Arbeitsprozesses, gemeinsames Eigentum am Betrieb, Mitbestimmung über das, was produziert wird, solidarische Teilung der Arbeit, Kooperation statt Konkurrenz, aber auch statt Kommando von oben oder bloßem Versorgtsein – dahin muss der Weg gehen, wenn die Menschheit eine Zukunft haben soll.«

Eine besondere Schwierigkeit besteht in diesem Kampf um sozialistische Perspektiven darin, dass die Kirchen in Deutschland die Massen der Arbeiter und der einfachen Leute – im Unterschied zu anderen Ländern – lange schon verloren haben. »Man muss also zuerst umdenken lernen und auch möglichst viel Kontakt zu Menschen anderer Schichten haben, damit man überhaupt wirklich weiß, wie es denen wirklich geht.« Und so plädiert Marie Veit einmal mehr für geduldiges und aufmerksames, ja empathisches Zuhören – nicht gerade eine große kirchliche Tugend.

8.

»Das Recht aller Menschen auf Leben und Freiheit von Angst«

Marie Veit redete und schrieb viel von Gott – weil es ihr um die Menschen ging. »Theologie entsteht«, so schrieb sie, »wo das einzige verteidigt wird, was der Verteidigung wert ist: das Recht aller Menschen auf Leben und Freiheit von Angst.« Ich erläutere zunächst dieses Zitat Marie Veits: Nachdenkende Rede von Gott entsteht in der Praxis der Menschen, die das Recht aller Menschen auf Leben und Freiheit von Angst verteidigen. Oder noch einmal anders: Bevor wir von der Gegenwart Gottes auf der Seite der Leidenden sprechen, müssen wir sie mit den Leidenden leben.

Ohne lebenspraktische Kontexte der Nachfolge, der Frage, wer Christus für uns heute ist, wie Gnade, der Charme Gottes heute erfahrbar wird, ist Theologie für Marie Veit undenkbar. Die theoretische Frage nach so etwas wie Gott ist für sie ohne jeden Sinn.

Auf der Suche nach einer heute angemessenen Rede von Gott schwankt ihre Gottesrede zwischen mystischer Erfahrung von Nicht-Dualität – Gott will sich ergießen, die Wahrheit setzt sich von innen her im Leben durch und Gott kann nur als Verbum, »als ein Ins-Sein-Rufen und von uns Gerufenwerden gedacht werden« – und einer an Bonhoeffer geschulten nach-theistischen Rede von ›Gott, dessen Sorgen und Trauern die Christen mittragen‹. Beide Sprachformen setzen erwachsene Christ*innen voraus. Hat die Kirche, aus der wir kommen, uns jahrhundertelang infantil gehalten, so gilt es zu lernen, »die erwachsenen Kinder Gottes zu werden«, damit Menschen angemessen heute von Gott zu reden vermögen.

Beide Sprachformen – die mystische und die nachtheistische – gehen aus von der Schwachheit Gottes, eines Gottes, der die eigene Macht um der Liebe willen aufgibt. Das ist die ›Chance‹ der Menschen: die Verwandlung steinerner, nekrophiler Herzen in fleischerne, dem Leben zugewandte Herzen. Und im Nacherzählen des Hesekieltextes (Hesekiel 36) findet Marie Veit Formulierungen, die für mich zwischen den beiden genannten Redeformen changieren bzw. die ich beiden zuordnen kann: Die Verwandlung geschieht dadurch, »dass wir erste zögernde und dann vielleicht immer festere Schritte tun auf dem Weg der Nachfolge ... langsam änderten wir uns selbst ... im Vorwärtsgehen verwandeln wir uns. ... Der Gott der Bibel verwandelt uns gewissermaßen hinter unserem eigenen Rücken, aus Versehen und nebenbei, während wir die Aufgaben anfassen, die wir endlich erkennen.« Den Formulierungen ihrer Rede von Gott ist abzuspüren, wie sie einerseits ein theistisches Reden von Gott sehr klar ablehnt und wie sie andererseits zwischen einer eher erfahrungsorientierten, nachtheistisch-begrifflichen und einer eher erlebnisorientierten mystisch-subjektiven Weise, von Gott zu sprechen, wechselt, wenngleich erstere Sprachform dominiert. Von daher bin ich sicher, dass für sie in diesem Wechsel wohl eine Gott angemessenere Sprache jenseits seiner Machtgestalten zu finden sein wird.

Mit einem solchen Gott ist freilich kein Staat zu machen.

9.

Religionsunterricht als zuhörendes Unterrichten - fünf Überlegungen

Wollte Marie Veit immer wissen, was »unten« geglaubt wird, weil das der Glaube ist, der wirkmächtig im individuellen und gesellschaftlichen Leben der Menschen ist, so gilt dies auch für ihren Religionsunterricht und dessen religionspädagogische und didaktische[27] Reflexion.

So hat sie, neben einem von ihr Jahrzehnte lang aufrecht erhaltenen ›schulseelsorgerlichen‹ Angebot, in den 1950er Jahren »Fragestunden« in ihren Religionsunterricht eingefügt, die bei den Schülerinnen damals sehr beliebt waren: diese schrieben ihre Fragen auf einen Zettel, den sie abgaben und die dann in der/den folgenden Stunde(n) diskutiert und beantwortet wurden. Sie wollten wissen; und sie wollten herausfinden, was wahr war. Beides nahm in den 1960er Jahren zunehmend ab.

1991 beobachtet Marie Veit, dass für die Schüler*innen und Student*innen alles irgendwie »Unterhaltungswert« haben muss. Und sie interpretiert, dass »eine Jugend, die das Leben liebt und will, dass es schön ist, und dass es gesund ist, eigentlich zu ganz großen Hoffnungen berechtigt.« Das »eigentlich« wendet sie nun aber nicht gegen die Jugend, sondern formuliert: »Wir müssen eine ganze Menge umlernen und das dann wieder in die Kirche hineintragen«. Doch es geht nicht lediglich um das Umlernen, sondern auch um Verler-

27 Im Blick auf die Didaktik war ihr natürlich das didaktische ›Dreieck‹ (Schüler, Fachwissenschaft und Gesellschaft) wichtig, doch fragt sie kritisch: Warum übrigens fehlt der Lehrer bei den Curriculumelementen? Ist er nur als Instrument gesehen? Entsprechend dieser kritischen Frage bezieht sie die Lehrer*in in die Unterrichtsvorbereitungen ein, wenn sie beispielsweise im Kontext der Psalmen fragt, was »wir Religionslehrer von der Religion, die wir lehren, selber eigentlich haben, ob sie uns (noch) etwas zu geben hat.«

nen, vor allen Dingen den misanthropischen, resignativen Grundstandpunkt dem Menschen gegenüber.

1995 fragt Marie Veit in dem Aufsatz »Ihre Religion – meine Theologie«: »Was beschäftigt die Jugendlichen welche Sorgen haben sie, was erhoffen sie?« Und der zentrale Wunsch ist, nicht herauszufallen aus der Gruppe der Altersgenossen und im Trend zu liegen, denn wer nicht »in«, ist nicht lediglich »out«, sondern gehört womöglich schon oder bald zu den »Loosern«. Und Marie Veit kommentiert diese Beobachtung: »Das Wirtschaftssystem schafft sich den Menschen, den es braucht. ... Meine Schülerinnen haben mich gelehrt, sie als Opfer einer falschen Religion zu sehen.« Und ihr zentrales Anliegen war nun, die »Schülerinnen so zu nehmen, wie sie gegenwärtig waren ..., um zu entdecken, was der Glaube für sie bedeuten könnte, in ihrer heutigen Situation.« Bonhoeffers Frage, was Christus denn nun wirklich heute sei, wurde jetzt für Marie Veit zentral. So lernte sie, was sich in der von ihr herausgegebenen Publikation »Stumme können selber reden« immer wieder zeigte: »Wunder entspringen einer Grundeinstellung zum Menschen: der Achtung vor seiner je eigenen Würde, vor seinem Bedürfnis, sich selbst darzustellen und auszudrücken, um als er selbst mit anderen in Kontakt zu treten.«

Zuhören – das war wohl eine erste Qualität ihres Religionsunterrichtes in Köln und seiner Theoriebildung dann als Professorin in Gießen. Das, was sie lehrte, sollte nicht lediglich in einem sehr qualifizierten Sinne schüler*innenorientiert sein, sondern führte auch zu ihrem eigenen Um- und Neulernen, das sie auch von anderen Religionslehrer*innen einforderte. Der bei solchem Zuhören wahrgenommene veränderte Sozialcharakter der Jugendlichen von einem innengelenkten zu einem marktorientierten Charakter (E. Fromm) wird Marie Veit weiter beschäftigen.

Im Hören auf ihre Schüler*innen erreichte sie »aushilfsweise« das, was ihr die akademische Theologie nicht zu geben vermochte, eine erste Antwort auf die Frage, welche Theologie für die Jugendlichen in der Schule »die richtigste sei«: »es ist die, die den Menschen menschlicher macht, dem Kind die Frage erlaubt, dem Jugendlichen Chancen des Ich-Seins erschließt und den alten Fehler des Christentums hinter sich lässt: den Menschen durch Doktrinen beherrschen zu wollen«.

Zudem formuliert sie drei ideologiekritische Aufgaben des Religionsunterrichtes: die Wiedergewinnung der Wahrheitsfrage, der Kampf um die Personalität des Menschen und die Befreiung der Bibel von den falschen Traditionen, die sich im Laufe der Jahrhunderte, in denen sich der Protestantismus als herrschaftsstabilisierende Ideologie erwiesen hat, als Lesegewohnheiten um deren Texte herum gebildet haben. Mit Kierkegaard fordert sie die Wiedereinführung des Christentums in der Christenheit.

In den fünfzig Jahren ihrer Berufstätigkeit als Lehrerin und Professorin hat Marie Veit die gesamte Konzeptionsentwicklung des Religionsunterrichtes der zweiten Hälfte des 20. Jahrhunderts von der Evangelischen Unterweisung über den Hermeneutischen bis zum problemorientierten Religionsunterricht kennenlernt. Das zentrale Problem der ersten beiden genannten Konzeptionen sah sie darin, dass die Kirchensprache kaum mehr in der Lage ist, den Schüler*innen zu verdeutlichen, was Kirche zu sagen hat. Das Übersetzungsproblem musste gelöst werden.

So begrüßte sie den problemorientierten Religionsunterricht, da er im Blick auf seine Themenstellung den Ausgang bei den (tatsächlichen oder vermeintlichen) Problemen der Schüler*innen nahm. Schüler*innenorientierung war ihr seitdem ein hohes Gut. Gleichwohl meldete sie auch eine doppelte Kritik an dieser Konzeption an: zum einen befürchtete sie Dilettantismus seitens der Religionslehrer*innen, weil die sozialwissenschaftliche und psychologische Kompetenz für einen solchen Unterricht nicht selbstverständlich von ihnen erwartet werden kann, zum andern – und dies war gewichtiger – sah sie in dem problemorientierten Religionsunterricht den »Verlust gerade jener Perspektiven, die in der überlieferten Theologie, in der geistigen Arbeit von zwei Jahrtausenden, besonders ausgearbeitet und sonst nirgends zu haben sind«.

Um diesem Verlust zu begegnen entwickelt Marie Veit ihr Konzept eines schüler- und problemorientierten Bibelunterrichts. Von der Struktur her ähnelt das Konzept den Elementen des Politischen Nachtgebetes, wenn sie diese Gottesdienstform beschreibt als »Rückfrage an Bibel und Tradition von der heute gegebenen Realität her«, wobei die biblischen Erzählungen entscheidendes Thema und Anstoß des Nachdenkens und der Diskussion mit den Schüler*innen ist.

Drei grundsätzliche religionspädagogische Überlegungen stehen zu Beginn des Entwurfes jenes Unterrichtskonzeptes:

- Die existentiale Interpretation muss eine doppelte Fortsetzung sowohl in einer politischen Hermeneutik als auch in gesellschaftlicher Ideologiekritik finden.
- Da der biblische Gott eindeutig für die ›unten‹ Partei nimmt, erscheint es sinnvoll, den hermeneutischen Ansatz bei einer »Option für die Massen« zu nehmen.
- Der schülerorientierte Ansatz ist auch bei einem biblischen Unterricht entscheidend, weshalb Veit Unterrichtsziele, Stoffauswahl und Methoden von der heutigen individuellen und gesellschaftlichen Situation der Schüler*innen her zu gewinnen sucht. Bei ihnen nimmt sie gravierende Sozialisationsschäden[28] wahr, sodass sie sich, bibeltheologisch bestimmt, in die ›Tradition‹ des ›therapeutischen‹ oder ›sozialisationsbegleitenden‹ Unterrichts[29] stellen möchte.

Für das Unterrichtskonzept selbst macht sie drei Perspektiven stark:

1. »Gelingt es durch Rückfrage von heutigen Problemen her, durch Konfrontation heutiger Fragen und Lösungsansätze mit den Texten der Bibel und mit übersehenen Strängen theologischer Tradition, die Überfremdung der Bibel und des Glaubens mehr und mehr zu entdecken und zu überwinden, gelingt also die Erneuerung der Theologie selbst hinsichtlich ihres Menschen- und Gottesbildes, dann kann Bibelunterricht das

---

28 Vgl. ihre zustimmende Aufnahme des Stichwortes der »neutralisierten Religion«, das Dieter Stoodt – ausgehend von Th. W. Adorno – in die religionspädagogische Diskussion eingeführt hatte. Vgl. Th. W. Adorno, Studien zum autoritären Charakter. Frankfurt 1976.

29 Vgl. dazu Dieter Stoodt, Überlegungen zum »therapeutischen Religionsunterricht«, in: Arnoldshainer Protokolle 7.74, hrsg. v. Evangelische Akademie Arnoldshain, wobei D. Stoodt später das Therapeutische seiner Vorstellung von Religionsunterricht im Sinne eines »sozialisationsbegleitenden RU mit seelsorgerlichem Akzent« konkretisierte. Vgl. dazu auch: D. Stoodt, Religionsunterricht als Interaktion. Düsseldorf 1975, insbes. S. 13 f: Sozialisationsbegleitender Unterricht als »Pädagogik vom Kinde aus«. Vgl. auch R. Möller, Sozialisationsbegleitender Religionsunterricht: https://www.bibelwissenschaft.de/stichwort/100 123/

Interessanteste sein, was im Religionsunterricht überhaupt geschehen kann.«

2. Außerschulische kirchliche Aktivitäten hält Veit für einen solchen religionspädagogischen Neuansatz für unerlässlich: »Ich meine damit die Einübung von Gruppen erwachsener Christen in die neue Fragebewegung: von heutigen Leiden, Ängsten und Problemen her Rückfrage an die Bibel. Dieses Fragen wird nur dann gelingen, wenn es dem Handeln dienen soll und deshalb von gutem Informationsstand und gutem, gemeinsamem Durchdenken dieses heutigen Leidens und seiner Ursachen herkommt. Das Klischee vom ›sündigen‹ Menschen, der ›nichts‹ tun kann, wird dabei unwirksam; man will (!) ja gerade handeln! Und so entsteht die Chance ganz neu zu entdecken, was ›Sünde‹ heute ist (z.B. Nichthandeln!)« und wieviel Menschen, wenn sie den Aufbruch wagen, bewirken können. Es kommt darauf an, »die zentralen Erkenntnisse des Glaubens, zu denen wegen ihrer Überfremdung Millionen keinen Zugang mehr haben, gerade nicht aufzugeben, sondern ganz neu zu gewinnen.«[30]
3. »Zugleich wird nicht nur die Überfremdung der Bibel abgebaut; die Bibel wird gewissermaßen weitergeschrieben. Indem die handelnde und fragende Gemeinde ihre Erfahrungen macht und indem sie diese weitergibt, setzt sie die Bibel fort.«

Dabei kommt es darauf an, die christliche Botschaft als stärkende und befreiende Botschaft Gestalt werden zu lassen, und dass das Kriterium dazu die Praxis ist. Es bedarf dazu:

- der »Freude durch Steigerung des Selbstwertgefühls« der Kinder und Jugendlichen (»Ernährung« vor Forderung),
- Erwachsener, die verlässliche Ansprechpartner der jungen Menschen sind. »Verlässlichkeit ist, so scheint mir, heute die Außenseite des Glaubens. Sie schafft Vertrauen und ermöglicht so Schritte in Richtung auf Identität.«[31]

---

30 Vgl. dazu o. S. 142 ff. (Schriftenverzeichnis Nr. 45)

31 Identität im Sinne Eriksons versteht Marie Veit als psychologische Entsprechung der certitudo (und gerade nicht der securitas). Immer wieder finden sich im Werk Marie Veits solche relationalen Analogien zwischen den Sozialwissenschaften einerseits und der Theo-

- des »Lernziels Solidarität« als gesellschaftliches und nicht lediglich individuelles Lernziel,
- des Entwurfes von Gegenmodellen gegenüber vorherrschenden Formen gesellschaftlichen Lebens zur Identifikation: Marie Veit hält das kritische Element, das im Begriff der Emanzipation liegt, auch wenn sie es für unaufgebbar erachtet, für nicht hinreichend. »Wer sinnvoll Kritik an Zwängen üben soll, der muss etwas Besseres haben. Die bloße Destruktion überkommener Lehren (seien sie dogmatischer oder moralischer Art) führt als solche noch nicht zur Befreiung, ebenso wenig wie deren Konservierung. Vielmehr gilt: Christus will heute ›eine Gestalt gewinnen‹ in der Welt (Galater 4,19); was dem im Wege steht, das muss beseitigt werden, und zwar in gemeinsamer Arbeit. Emanzipation entsteht dabei dann auch – weitgehend unbemerkt und wie von selbst, wie die ›von selbst wachsende Saat‹ (Markus 4).«[32]

Ein solcher Religionsunterricht hat für Marie Veit selbstverständlich missionarischen, zumindest aber apologetischen Charakter.
Zu einem solchen Bibelunterricht gehört notwendig die geistige Arbeit von zwei Jahrtausenden, in denen Christi*nnen versucht haben, die biblischen Texte in unterschiedlicher Weise zu leben und ihnen in Gemeinde und Gesellschaft unterschiedlich Gestalt zu geben. Dazu bedarf es auch des kirchengeschichtlichen Unterrichtes: Es gilt, das einzuüben, was Johann Baptist Metz »gefährliche Erinnerung« genannt hat.

Geschichtsblindheit und mangelndes Selbstvertrauen, so Marie Veit, habe dazu beigetragen, dass Obrigkeitsgehorsam viel länger sich halten kann als »die Obrigkeiten« selbst: »und eben dies ist die Lebenssituation, die wir vorfinden: eine schlechte Disposition der meisten Erwachsenen für Freiheit, Selbstbestimmung und demokratische Kontrolle der Macht«. Evangelischer Religionsunterricht – soll er dem entgegenwirken – hat im Verständnis Marie Veits immer auch eine Identität und Autonomie stärkende und damit immens politische Funktion und Folge. Deshalb wendet sie sich auch gegen ein vom Individuum

---

logie andererseits.

32 Zu den konkreten Ideen und Entwürfen eines solchen Unterrichtes vgl. Schriftenverzeichnis Nr. 29, 30, 40, 71, 72, 76, 90 und 98.

»als Grundkategorie der bürgerlichen Gesellschaft« ausgehendes Verständnis der Geschichte und fordert als erste hermeneutische Aufgabe kirchengeschichtlichen Unterrichts, »vom individualistischen Interpretationsansatz wegzukommen und stattdessen die Geschichte der Gemeinde zu erzählen«. Deren Lernprinzip formuliert Marie Veit in »der zweiten hermeneutischen Aufgabe gerade kirchengeschichtlichen Unterrichts: dem Prinzip des Lernens von den Unterlegenen«. Methodisch schlägt Marie Veit das Erzählen vor, weil »hier neben kognitiven auch affektive Lernziele erreichbar sind: das Gewinnen innerer Bilder beim Hören, die Inanspruchnahme kreativer Phantasie, die Sensibilisierung für menschlich-geschichtliche Möglichkeiten und Schicksale ist kaum irgendwo so möglich.«

In einem solchen Setting möchte Marie Veit Kirchengeschichte verstanden wissen als Geschichte der Erfinder und Entdecker von der Schaffung des Diakonenamtes in der allerersten Gemeinde bis zu Martin Luther King, Nelson Mandela, zum Konziliaren Prozess. »Wie ein Brett vor dem Kopf versperrt hier lutherische Orthodoxie – und ihre Sorge, es könne ›Werkgerechtigkeit‹ einen Verlust des sola gratia bedeuten – den Blick auf die Welt.

Drei Aspekte, die Marie Veit für jedweden Religionsunterricht und darüber hinaus als bedeutungsvoll ansieht, seien nun – die Kapitel abschließend – benannt:

- Eine rein verbale oder auch andere Medien einbeziehende Vermittlung reicht insbesondere im Religionsunterricht nicht aus. Vielmehr müssen seine Inhalte im »Klima« in der Klasse erfahrbar sein – »durch die verlässliche Zuwendung des Lehrers (nicht nur im RU)«, der eben sieht, was die Schüler*innen brauchen und sich genau dafür einsetzt: Solche Zuwendung »ist mehr als ›Nett-Sein‹, sie erfordert u.U. eine Parteinahme für Schüler, durch die sich der Lehrer selbst Ärger zuzieht! Aber gerade solche Situationen sind für Schüler der entscheidende Prüfstein für die Gültigkeit dessen, was der Lehrer sagt.«
- Sie plädiert für eine »Gnadenkultur« auch in der Schule, denn im Blick auf »Schule und Lernen liegt die Sünde in den Strukturen«, die die von Marie Veit als »menschenfeindlich« charakterisierte Leistungsgesellschaft spiegeln und verschärfen und die das »Menschsein in einem qualifizier-

ten theologischen Sinne in Lernen und Lehren gerade verhindern«. Unter Leistungsdruck lernen Kinder und Jugendliche quantitativ und qualitativ weitaus weniger als es möglich wäre. Leistungsdruck ist geradezu der Gegenbegriff zu Gnade, die zuerst danach schaut, was der Mensch braucht und gerade nicht, was er leistet. Wenn so an einer der wichtigsten Stellen des Lebens, im Lernen und Lehren Menschsein verhindert wird, dann sieht Marie Veit dies als Leugnung Gottes. Und sie folgert daraus: »Ein Religionsunterricht, der sich dem herrschenden Lernsystem einfach anpasst, hat seinen Gegenstand bereits verloren, genauer: Er widerspricht ihm in sich selbst.« Und an anderer Stelle generell: »Der politische Kampf des Lehrenden um veränderte Lernbedingungen für die Abhängigen ist Teil seines Berufes.«

- Und schließlich formuliert sie drei Wünsche für das gemeinsame Schulleben mit Schülerinnen und Schülern – wiederum nicht lediglich an Religionslehrer*innen, sondern an alle in Schule und Unterricht Tätigen:
  - dass jede Schülerin und jeder Schüler sich als Person ernst- und angenommen erfahren kann,
  - dass jede Schülerin und jeder Schüler, die/der sich so erfährt, die Fähigkeit entwickeln kann, eigensinnig zu leben und selbständig zu denken und dabei Interesse für andere Menschen aufbringt,
  - dass jede Schülerin und jeder Schüler Zutrauen zum eigenen Urteilsvermögen gewinnt und so widerständig gegen jedwede Manipulation und offen für die Frage nach der Wahrheit werden kann.

Und Marie Veit sieht, dass, ›wenn dies nicht gelingt, auch die Gefahr eines neuen Faschismus droht‹.

V.

Marie Veit – ein Porträt

Vorab

Seinen wohl meist zitierten Satz aus den »Minima Moralia«: »Es gibt kein richtiges Leben im Falschen«[1] hat Adorno in seiner Vorlesung »Probleme der Moralphilosophie« im Wintersemester 1956/57 konkretisiert. Er schrieb: »Man sollte, soweit es nur irgend möglich ist, so leben, wie man in einer befreiten Welt glaubt, leben zu sollen, gleichsam durch die Form der eigenen Existenz, mit all den unvermeidbaren Widersprüchen und Konflikten, die das nach sich zieht (...). Dieses Bestreben ist notwendig zum Scheitern und zum Widerspruch verurteilt, aber es bleibt nichts anderes übrig, als diesen Widerspruch bis zum bitteren Ende durchzumachen. Die wichtigste Form, die das heute hat, ist der Widerstand.«[2]

Man kann diese Zeilen lesen als eine abstrakte und zugleich sehr konkrete Beschreibung des Lebens Marie Veits. Sie stammt aus einem gutbürgerlichen Professorenhaushalt, in dem die Kirche Teil ebenso selbstverständlicher wie patriarchaler Bürgerlichkeit ist. Sie wird eine »bürgerliche« Theologin, die sich dem »Abenteuer bürgerlichen Bewusstseins« stellt, Sozialistin wird und evangelische Theologin bleibt. Und sie schreibt: »Es kommt nicht darauf an, auf welcher Seite der Barrikade ein Mensch geboren und erzogen wurde, sondern auf welche er als Handelnder übergeht.«[3]

---

1 T. W. Adorno, Minima Moralia. Frankfurt 1985 (1951). S. 42.

2 Zit. nach Gerhard Schweppenhäuser, Ethik nach Auschwitz. Adornos negative Moralphilosophie. Hamburg 1993, S. 192.

3 M. Veit, Wer ist das »Subjekt« der Theologie? In: Junge Kirche 39. Jg. 1978. S. 306-308, Zitat S. 308.

1.

Die Sozialisation in Kindheit und Jugend

Mit drei jüngeren Geschwistern wächst sie in Köln als älteste Tochter auf, die sich in diesem Rahmen selbst als »ein christliches deutsches Mädchen« sieht, in einem Glaubensbekenntnis formuliert, dass sie als »Mädchen zum Dienen und Dulden geschaffen« ist, und später feststellt, dass die deutschnationalen Ideale des Elternhauses, ›auch in Bezug auf Frau und Mann ganz gut zu den Nazis passten‹.[4] Dass die Familie zur evangelischen Kirche gehört, ist keine bewusste Entscheidung, es ist normal und unhinterfragt, wozu auch der sonntägliche Gottesdienstbesuch zählt.

Ihre Kindheit und Jugend erlebt sie als »sehr schwer, sehr angst- und schuldbesetzt war es, sich zwischen der zugemuteten Rolle und dem eigenen inneren Wollen zurechtzufinden. Die Rolle war heilig, das eigene Wollen aber unbezwinglich. War das vielleicht die Macht der Sünde, von der man in der Kirche hörte? Aber es war doch nichts Schlechtes, was ich wollte? In diesen Zwiespalt hatten mich Familie und Kirche gemeinsam gebracht.

Aber die Kirche tat noch etwas anderes für mich und das werde ich ihr bis an mein Lebensende danken. Sie gab mir nämlich das Neue Testament in die Hand. ... In ihm entdeckte ich so viel Verheißungen, so viel nach vorn weisende Worte, dass ich, unklar noch und mehr gefühlsmäßig, Mut zum eigenen Leben zu fassen begann. ... Da kommt noch etwas. Die Zukunft hält noch etwas für mich bereit. ... Ich glaube bis heute, dass mich dieser Zukunftstrost davor

---

4 Die Zitate und ihre Nachweise finden sich in E. Grell, Marie Veit (*1921) – Ein Fenster zur Zukunft öffnen. AaO. S. 300 f.

bewahrt hat, seelisch krank zu werden. Er machte mich übrigens so mutig, dieser Trost, dass meine Mutter mir die Bibel zeitweise wegschloss: das Kind wurde zu selbstsicher.«[5]

Doch nicht aus dieser Erfahrung, sondern aus der Selbstverständlichkeit bürgerlicher Kirchenzugehörigkeit erwächst die Zugehörigkeit zur Bekennenden Kirche, in der die Familie – der Vater ist ein sog. »Vierteljude« und 1937 wird er aus dem Universitätsdienst entlassen – eine selbstverständliche Gemeinschaft erlebt. Ebenfalls 1937 hört Marie Veit mit ihrem Vater eine Predigt Niemöllers, die beide sehr beeindruckt; Niemöller betonte die Bedeutung von bekennender Kirche in dieser politischen Situation. Und 1939 im Sommer besucht sie Bethel, eine zweite ausgesprochen eindrückliche und – wie sich später zeigt – ihr Leben prägende Erfahrung: Sie erlebt ein körperlich und geistig schwerstbehindertes Mädchen und beschreibt diese Erfahrung in einem mehrfach abgedruckten Text, den ich auch hier im Wortlaut wiedergeben möchte:

»Im Sommer 1939 – ich war 17 Jahre alt – besuchte ich mit einer Gruppe Gleichaltriger die Anstalt Bethel. Wir lernten während mehrerer Tage das Leben der Schwestern und ihrer kranken Schutzbefohlenen kennen.

Eines Morgens besuchten wir Patmos, die Station der Schwerstbehinderten. Ich fand mich plötzlich, verwirrt, am Kinderbett eines kleinen Mädchens. Was mich verwirrte, war, dass die Kleine, die ihrer Körpergröße nach kein Jahr alt sein konnte (ich hatte kleine Geschwister und kannte mich schon etwas aus), dass diese Kleine so lange goldblonde Haare hatte, die sauber gescheitelt, in zwei Zöpfe geflochten und zu ›Affenschaukeln‹ hochgebunden waren, mit leuchtend blauen Schleifen. Ein Baby mit Zöpfen? Ebenso leuchtend blau wie die Schleifen waren die weit geöffneten Augen des Kindes; es lag ganz still.

Meine Augen wanderten zu der Tafel, die über dem Bettchen angebracht war und Auskunft gab über Namen und Alter. Mein Herz blieb fast stehen: das ›Baby‹ war 14 Jahre alt!

In dem Wunsch, einen Kontakt mit ihr Aufzunehmen; trat ich einen Schritt näher und sprach sie an, wie man ein Kind anspricht. Sie bewegte sich nicht, reagierte in keiner Weise. Die schönen blauen Augen blieben weit geöffnet, aber sie sahen mich nicht.

5 M. Veit, Auf dem Weg der Befreiung. AaO. S. 338f.

Plötzlich bemerkte ich, dass das Kind weder Händchen noch Füßchen hatte; nur Stummel von Armen und Beinen zeichneten sich unter der dünnen Sommerdecke ab. Und nichts bewegte sich.

Ich kann kaum beschreiben, was für ein Entsetzen mich packte. Noch niemals hatte ich einen solchen Menschen gesehen. Ja, war es ein Mensch? Oder nicht?

Ich trat zurück, kaum fähig, mich zu fassen. In diesem Augenblick betrat eine Schwester den Raum, sah mich an, verstand augenblicklich, was vorging. Sie eilte zum Bettchen, beugte sich über das Kind und rief ihm munter zu: ›Na, Thereslein? Wie geht es dir denn heute? Hast du gut geschlafen?‹

Und die Kleine, die unbewegliche Kleine? Sie jauchzte zur Antwort, wie kleine Kinder es tun; das ganze Gesichtchen war Lachen, es lebte, rötete sich vor Freude; das ganze unbehilfliche Körperchen arbeitete unter der Decke – kein Zweifel, es strampelte vor Lebenslust, so gut es strampeln konnte. Die Schwester pikste es ein wenig in den Bauch, es lachte laut, sie versprach, ihm sein Frühstück zu bringen, und ging dann mit mir hinaus.

Draußen erklärte sie mir, dass sie meinen Schrecken verstände. Vor ihr sei eine Schwester auf dieser Station gewesen, die die innere Abneigung gegen die missgebildeten Kinder nie ganz habe überwinden können. Sie habe sie sorgsam gepflegt, nie einem Kind etwas zuleide getan; aber sie habe es kaum ertragen, mit ihnen umzugehen. Die Kinder hätten damals viel geschrien. Gerade das sei der Schwester besonders unerträglich gewesen; sie habe es anfangs für einen Teil ihrer Krankheit gehalten und gemeint, die Kinder litten eben sehr unter ihrem Geschick. Aber dann sei ihr aufgefallen, dass sie immer dann zu jammern begannen, wenn sie, die Schwester, kam und sie ihre Stimme hörten. Da habe sie um ihre Ablösung gebeten und arbeite jetzt auf einer anderen Station.

Seither sei sie, meine Gesprächspartnerin, hier tätig, und das Schreien habe sich vollständig gelegt. ›Im Gegenteil, sie freuen sich, wenn ich komme. Wissen Sie, ich sehe gar nicht mehr, dass sie nicht richtig entwickelt sind. Sie sind für mich wie meine Blumen auf der Fensterbank: Die können auch nicht sprechen oder laufen, aber wenn ich gut zu ihnen bin, dann danken sie es mir, indem sie blühen und gedeihen. Und meine Kinder danken mir mit ihrer Freude.‹ Nachdenklich fügte sie hinzu: ›Wissen Sie, ich glaube, sie haben eine besonders feinfühlende menschliche Seele. Sie haben eben gespürt, dass meine Mitschwester sie ablehnte, auch wenn sie es nicht zeigen wollte, und deshalb haben sie geschrien. Nur ihr Körper ist nicht richtig entwickelt, und so kann die Seele sich nicht so äußern wie bei anderen Menschen. Aber sie ist da.‹

Ich bin davon gegangen in dem Gefühl, etwas Kostbares geschenkt bekommen zu haben – und dass ich lange brauchen würde, um es ganz zu erfassen: Der Wert eines Menschen liegt nicht in dem, was er leisten kann. Das Geheimnis unseres Daseins ist unser Angewiesensein auf Liebe und unser Lieben-Können. Die kranken Kinder waren nicht zu täuschen. Mitten in der Zeit des »lebensunwerten Lebens« lehrten sie und ihre Schwester mich, was Menschsein heißt.«[6]

Beides, die Bedeutung von Bibel und Kirche und das Wissen um den Wert eines Menschen, der nicht in seiner Leistung begründet ist, sondern darin, dass er Liebe empfangen und schenken kann, sind für Marie Veit ihr Leben prägende Erinnerungen und (!) Perspektiven.

---

6 M. Veit, Angewiesen auf Liebe. In: J. R. Didszuweit, R. Meier (Hrsg.), Niemand ist allein. Begegnungen. Gütersloh 1987. S. 195-197.

2.

Das Theologiestudium

Das Fenster zur Zukunft war offen(er) geworden und Marie Veit beginnt ihr Theologiestudium, dessen Schwerpunkte in den beiden biblischen Fächer liegen, den Wissenschaften vom Neuen Testament vor allem bei Rudolf Bultmann in Marburg und vom Alten Testament vor allem bei Gerhard von Rad in Jena. Und ihr bleibt in sehr guter Erinnerung Hanna Jursch, Dozentin für Kirchengeschichte ebenfalls in Jena, die ihre Liebe zu diesem theologischen Fach weckt; Gerhard von Rad hat ihr Frau Jursch, die erste in Deutschland habilitierte Theologin mit den Worten »Da können Sie was lernen« sehr empfohlen. Diese drei theologischen Disziplinen werden neben der Systematischen Theologie, die sie sich wesentlich selbst aus dem Erbe Bonhoeffers erarbeitet hat, auch für ihre Zeit als Lehrerin und Professorin und der damit selbstverständlichen Religionspädagogik hoch bedeutsam. Marie Veit war Theologin und als solche nicht zu beschränken auf eine der theologischen Disziplinen.

Eine weitere für ihre kirchliche, religionspädagogische und theologische Arbeit zentrale Fragestellung wird während ihres Studiums für sie wichtig: Auf der einen Seite hat ihr die wissenschaftliche Arbeit an biblischen Texten diese neu erschlossen und wichtig werden lassen – gerade auch in ihrer Adressaten- und Situationsbezogenheit wie in eins damit ihrer Zeitgebundenheit. Marie Veit erlebte dies als Befreiung. Auf der anderen Seite erlebt sie in unterschiedlichen Situationen die tiefe Frömmigkeit von Menschen und deren sie stärkende und ihr Leben tragende Bibellese. Unmöglich erscheint ihr, eine der beiden Seiten aufzugeben oder für unbedeutender zu halten als die andere, haben sie doch beide ihre eigene Wahrheit. Doch wie sie aufeinander beziehen? Es werden die Schülerinnen und Schüler und »die Praxis des eigenen

Unterrichtens« sein, mit denen und in der Marie Veit, ›schrittweise eine Lösung für sich findet‹[7].

In ihrer Jugend und im Studium hatte Marie Veit beide Hermeneutiken erlebt und gelernt, sie wertzuschätzen: Hatte ihr das Neue Testament in ihrer Kindheit und Jugend Zukunft eröffnet, so ist es vor allem Rudolf Bultmann und seine historisch-kritische Arbeit am Text des Neuen Testamentes und seine existenziale Interpretation dieser Texte, die Marie Veit jetzt »den Menschen« bedeutsam machen.

---

7 M. Veit, Auf dem Weg der Befreiung. AaO. S. 342.

3.

Die Tätigkeit als Religionslehrerin

Nach den beiden theologischen Examina 1944 und 1946 als Volltheologin mit mancherlei Hindernissen[8] und ebenfalls 1946 ihrer Promotion im Fach »Neues Testament« mit Rudolf Bultmann als Doktorvater[9] unterrichtet Marie Veit von 1947 bis 1972 an einem Mädchengymnasium, der späteren Hildegard-von-Bingen-Schule in Köln.

Sie ist begeisterte und begeisternde Religionslehrerin: Es geht um die Frage nach der Wahrheit, die immer wieder zu hinterfragen und zu prüfen ist, um das, was im Leben trägt und zählt. Dafür richtet sie »Fragestunden« ein: die Schülerinnen schreiben ihre Fragen auf Zettel und diese waren sodann Thema der Stunden. Dorothee Sölle, mit der Marie Veit eine lebenslange Freundschaft verbindet, erinnert sich: »Ich hatte eine Religionslehrerin, die einen phantastischen, begeisternden Religionsunterricht gab: Marie Veit. In meinem Tagebuch aus jenen Jahren steht der mich heute erheiternde Satz: ›Die neue Religionslehrerin ist umwerfend gut, leider Christ!‹ Das zeigt meine achtzehnjährige Arroganz, meine Vorstellung, Christen seien eben dumm, zurückgeblieben, feige und unklar. Bis ich mir zugab, dass das, was mich da faszinierte, viel stärker war als meine Weisheit, dauerte es noch einige Zeit. Auf dem Weg nach Athen merkte ich plötzlich, dass ich eigentlich nach Jerusalem wollte. Von Anfang an. … Heute denke ich, sie hat meinen Zorn respektiert und meine Arroganz belächelt, sie hat unsere Intelligenz herausgefordert, weil sie Menschen einfach zutraute, dass sie der Erkenntnis und des Gewissens fähig sind.«[10] Es sind viele von Veits

8 S. o. S. 36.

9 S. o. S. 41 ff.

10 Dorothee Sölle. Gegenwind. Erinnerungen. Zitiert nach: D. Sölle, Gesammelte Werke

Schülerinnen, die sich nach ihrer Schulzeit noch gut an ihre Religionslehrerin in Köln-Klettenberg erinnerten, wo Marie Veit neben dem Religionsunterricht jeden zweiten Donnerstag Schulgottesdienst im Tersteegenhaus der Evangelischen Kirchengemeinde Klettenberg gehalten hat: »Sie war ein Schwarm von uns jungen Mädchen« berichtet eine ihrer Schülerinnen, »sie war sanft, konnte gut zuhören und bot uns sogar an, persönliche Probleme bei ihr zu Hause zu besprechen. Das war in der damaligen Zeit etwas ganz Besonderes.«[11]

Geht es in den ersten fünfzehn Jahren ihrer schulischen Tätigkeit zentral um die Wahrheitsfrage, um das, woran das Leben sich entscheidet, so nimmt das Interesse daran seitens der Schülerinnen ab den 1960er Jahren ab. Für Marie Veit bedeutet dies eine große Verunsicherung und hilfreich erlebte sie da – eine ihrer früheren Schülerinnen: Dorothee Sölle. Über sie kommt sie zu soziologischer und sozialpsychologischer und nochmals Jahre später zu gesellschaftlich-ökonomischer und polit-ökonomischer Literatur. Die Namen, die jetzt wichtig werden, sind: David Riesman[12], Erich Fromm[13], Herbert Marcuse[14], Erik H. Erikson[15] und dann natürlich Karl Marx und »Das Kapital«.

Marie Veit entdeckt, wie die ökonomische Struktur einer Gesellschaft sich in die Menschen einschleicht und ihren Charakter verändert. Waren sie und ihre Generation geprägt von einem innengelenkten Charakter, d. h. von ethischen und moralischen Werten und religiösen Vorstellungen, die einmal angeeignet lebenslange Gültigkeit beanspruchen konnten, so bemerkt sie nun, wie sich die Charakterstruktur ihrer Schülerinnen verändert: die kapitalistische Ökonomie bemächtigte sich des Charakters der Menschen, sie werden außengelenkt, es geht darum, sich als Ware anzubieten und Waren zu konsumieren, ›in-sein‹ ist gut, ›out-sein‹ eine Katastrophe. Dem innengelenkten Charakter der Leh-

---

Bd. 12. Hrsg. v. U. Baltz-Otto und F. Steffensky. Freiburg 2010. S. 35 f. (urspr. Erscheinungsdatum 1995). Ausführlich dazu s. o. S. 45 ff. Viel später als in der Zeit, die Dorothee Sölle hier im Blick hat, wird Marie Veit bei M. K. Gandhi und P. Freire genau diesen Zusammenhang von Verstand und Gewissen für sich entdecken und damit immer wieder die Hoffnung auf die Lernfähigkeit aller (!) Menschen – derer »von unten« wie »derer von oben« – begründen.

11 https://www.kirche-koeln.de/marie-veit-eine-der-wichtigsten-lehrerinnen-nicht-nur-von-dorothee-soelle-ist-tot/ vom 4. März 2004.

12 Die einsame Masse. Reinbek 1958.

13 Psychoanalyse und Ethik. Zürich 1954.

14 Kultur und Gesellschaft Bd. 1 und 2. Frankfurt 1970.

15 Identität und Lebenszyklus. Frankfurt 1966; Kindheit und Gesellschaft. Stuttgart 1965.

rerin steht nun der außengelenkte, der marktorientierte Charakter der Schülerinnen gegenüber. Ausgesprochen bemerkenswert bei diesen Wahrnehmungen und dem daraus resultierenden Lernprozess Marie Veits finde ich, dass sie in der Auseinandersetzung mit diesen Differenzen feststellt, dass Eigenständigkeit und Autonomie beide noch vor sich hatten: die innengelenkte Lehrerin wie ihre außengelenkten Schülerinnen. Also kein: früher war alles besser, nun wird alles schlechter, sondern sie entdeckt Risiken in beiden Charakterformen wie sie auch zu Bewahrendes und neue Chancen in beidem wahrnimmt. Sie selbst erlebt das Lernen dieser Jahre als »Bekehrung zur Wirklichkeit«: »Jetzt erst schlug Bonhoeffer in meinem Denken wirklich durch. ... Seine Frage danach, wer Christus für uns heute wirklich sei, erwies sich als zentral. Es galt, die Menschen, auch meine Schülerinnen, so zu nehmen, wie sie gegenwärtig waren, ... um zu entdecken, was der Glaube für sie bedeuten könnte, in ihrer heutigen Situation.«[16] Marie Veit entwickelt ihr theologisches Denken aus der Sympathie zu den kleinen und großen Menschen, die ihr im Leben in der Nähe und aus der Ferne begegnen. So geht sie realen Veränderungen im Leben ihrer Schülerinnen und der Gestalt, die diese ihrem Leben geben, nach, um darin positive Anzeichen und Anknüpfungspunkte zu entdecken für ihren Unterricht, der durchaus – und dazu steht sie zeitlebens – apologetischen Charakter hat.

In diese Zeit der sozialwissenschaftlichen Entdeckungen Marie Veits fällt auch ihre Mitarbeit in der ökumenischen Arbeitsgruppe zum Politischen Nachtgebet in Köln. Sie lernt und lernt: Kooperation mit anderen, Gruppenprozesse, Richtungskämpfe, dazu weitere ökonomische Erkenntnisse – die Wahrnehmung, dass hinter gesellschaftlichen Prozessen nicht einzelne Gesinnungen, sondern letztendlich ökonomische Verhältnisse, Kräfte, Interessen und Entscheidungen stehen –, dazu kommen neue theologische Blickwinkel. Die zwei bedeutsamsten sind meiner Erkenntnis nach: einerseits die Wahrnehmung, dass es ›den Menschen‹, den sie in Bultmanns existenzialer Interpretation kennengelernt hatte, nicht gibt, sondern dass die Menschen ganz unterschiedlich und jeweils besonders sind, je nach ihrer Stellung im gesellschaftlichen Machtgefüge und den damit verbundenen Interessen; daraus resultiert die zweite Erkenntnis: zu der historisch-kritischen Arbeit an den biblischen Texten, die u.a.

16 M. Veit, Auf dem Weg der Befreiung. AaO. S. 350.

deren Adressaten-, Situations- und Zeitbedingtheiten deutlich werden lassen, muss die ideologie- und theologiekritische Arbeit treten. Beides zusammen erlebt Marie Veit als Chance und Aufgabe der »Befreiung der Bibel« und der »Befreiung der Theologie«. Jetzt, 1972, begegnen auch erstmals in einem Beitrag zur Auslegung der Bergpredigt[17] Begriffe Marie Veits, die für ihre weitere politische und publizistische wie berufliche Tätigkeit zentral sind: die »Option für die Massen« und als Kategorien einer Beschreibung von Gesellschaft die Bezeichnungen »von oben« und »von unten«: Spätestens jetzt sieht sich Marie Veit als demokratische Sozialistin[18]. 1973 ist sie Mitbegründerin der deutschen und holländischen Sektion der »Christen für den Sozialismus«.

Im Blick auf ihre neue Sicht der Bergpredigt erläutert sie, was sie von Mahatma Gandhi und Martin Luther King gelernt hat: »‹Von unten›, von den Leidenden, Diskriminierten her lassen sich Gandhi und King ihre Ziele setzen. … Die Idee des gewaltlosen Widerstandes benutzt die Leidensfähigkeit der unterdrückten Massen und verwandelt sie in Kraft zum Druck ›von unten‹; sie gibt damit zugleich den Entmutigten Mut, den Abgestumpften Sensibilität, den Gleichgültigen Hoffnung zurück, lässt Menschen wieder Menschen sein. Ist die Bergpredigt so richtig verstanden? Eins ist sicher: Wo mit der Bergpredigt Politik gemacht wird, wird jedes ihrer Worte konkret: Die Sanftmütigen kommen tatsächlich in den Besitz ihres Landes, die nach Gerechtigkeit Hungernden erfahren Sättigung, die ihre Sorgen, ja ihr Leben gering achten in diesem Kampf, erleben Erfüllung. Die ›wilde Exegese‹, d.h. die nicht-wissenschaftliche Textauslegung Mahatma Gandhis, der jene lapidaren Sätze vernahm und in die Tat umsetzte, hat Geschichte gemacht und zwar befreiende Geschichte.«[19] Die Befreiung der Bibel geschieht in der Praxis befreiender Geschichte.

---

17 M. Veit, Über die Auslegung von Bergpredigttexten. In: R. Schulz (Hrsg.), Texte der Bergpredigt. Stuttgart 1972. S. 14-26. Vgl. dazu auch H. Gollwitzers Auseinandersetzung mit der Bergpredigt ein Jahrzehnt später: H. Gollwitzer, Bergpredigt und Zwei-Reiche-Lehre (1981). In: H. Gollwitzer, …dass Gerechtigkeit und Friede sich küssen. Aufsätze zur politischen Ethik. Bd. 1. Hrsg. v. A. Pangritz. Ausgewählte Werke Band 4. München 1988. S. 40-68.

18 Zu dem Begriff vgl. die von ihr 1982 mitbegründete Partei der »Demokratischen Sozialisten«, die zehn Jahre später, 1992, sich wieder auflöste. Vgl. dazu M. Veit, Wie hab ich's mit den Parteien. Essay (1995). In: M. Veit, Vom Charme Gottes reden. AaO. S. 54 f.

19 AaO. S. 22.

4.

Die Arbeit an religionspädagogischen Konzepten

In der Zeit ihrer Unterrichtspraxis erlebt Marie Veit im Blick auf die religionspädagogischen Konzeptionen zunächst die Evangelische Unterweisung, sodann den Hermeneutischen Religionsunterricht und schließlich den problemorientierten Religionsunterricht in seinen unterschiedlichen Varianten, wobei ihr der Ansatz des sozialisationsbegleitenden oder therapeutischen Religionsunterrichtes von Dieter Stoodt und dessen Beschreibung der »neutralisierten Religion« innerhalb der problemorientierten Phase am meisten einleuchten. Generell begrüßt sie den problemorientierten Unterricht als eine Öffnung zu gegenwärtigen Fragestellungen, sieht freilich auch zwei gravierende Probleme, zum einen eine Überforderung der Lehrer*innen, denen die sozialwissenschaftliche Ausbildung zu einem solchen Unterricht fehlt, und zum andern für Marie Veit gewichtiger: Es droht das hintangestellt zu werden, was in keinem anderen Unterricht begegnet und was doch der zentrale Inhalt evangelischen Religionsunterrichtes ist: die Bibel. Noch während ihrer Zeit als Religionslehrerin arbeitet sie in vier Richtlinienkommissionen für evangelische Religionslehre in Nordrhein-Westfalen mit, war Fachseminarleiterin am Studienseminar und Mitglied des wissenschaftlichen Prüfungsamtes Köln. Ihr Ziel ist hier schon, »die zentralen Erkenntnisse des Glaubens, zu denen wegen ihrer Überfremdung Millionen keinen Zugang haben, gerade nicht aufzugeben, sondern ganz neu zu gewinnen«[20]. An diesen Fragen wird sie in Gießen als Professorin weiter arbeiten.

---

20 M. Veit, Zur Situation des evangelischen Religionsunterrichts in der Bundesrepublik Deutschland. In: Arnoldshainer Protokolle (1978), Nr.5. O. S.

Über ihre kirchlichen Aktivitäten berichtet Marie Veit: »Kirchlich arbeitete ich in Presbyterium, Kreissynode und Kreissynodalvorstand mit, erlebte dort z.B. die Auseinandersetzungen um den Sonderfonds des Antirassismusprogramms, aber auch die Auswirkungen des Zweiten Vatikanischen Konzils mit (neue ›Mischehen‹-Regelung). Es war eine besonders arbeitsreiche Zeit. Die gleichzeitige Tätigkeit in einer Basisinitiative (Politisches Nachtgebet) und in der kirchlichen Institution ließ mich Chancen und Probleme beider Arten kirchlichen Handelns deutlich erkennen.«[21]

21 M. Veit, Auf dem Weg der Befreiung. AaO. S. 353 f.

5.

Die Tätigkeit als Professorin

1972 wechselt sie an die Justus Liebig Universität in Gießen auf eine Professur für Didaktik des Religionsunterrichts. Ihr erster Aufsatz als Professorin – 1974 veröffentlicht – gilt dem kirchengeschichtlichen Unterricht[22] und seiner ihn vorbereitenden Hermeneutik. Was Kirchengeschichte für Marie Veit bedeutete, beschreibt ein Text in der Festschrift der Christen für den Sozialismus zu ihrem 65. Geburtstag[23]. Klaus Kreppel schreibt in Briefform den Beitrag »Erzählend an Befreiung erinnern...«[24] und knüpft darin an ein Gespräch mit Marie Veit an, in dem er von Vitus Heller zu erzählen begann. Kreppel schreibt: »Deine erste Reaktion war, wir müssten uns viel mehr solcher Geschichten erzählen, um die vielen kleinen unbekannten Hellers dem Dunkel der Vergessenheit zu entreißen, die Kontexte ihrer Kämpfe in die unseren miteinzubeziehen, ihre Utopien und Hoffnungen analog zu unseren Zielen zu setzen, aus ihrem Scheitern lernen, kurzum, wir sollten einfach erzählend ihrer Befreiungstaten gedenken, um eine Art permanenter gefährlicher Erinnerung für ihre Gegner, die Herrschenden in Kirche und Gesellschaft, zu betreiben.« Es geht also darum, der Sache der Früheren »erzählend zum Fortleben zu verhelfen, damit sie

22 Hermeneutische Aufgaben des kirchengeschichtlichen Unterrichts. In: Jendorff, Bernhard/ Schmalenberg, Gerhard (Hrsg.): Tradition und Gegenwart. Ernst Schering zum 60. Geburtstag gewidmet. Frankfurt am Main 1974. S. 235-245. Ausführlich dazu s. o. S. 168.

23 »Theologie von/für Kopf, Herz & Hand« war die Festschrift der Christen für den Sozialismus für Marie Veit zum 65. Geburtstag überschrieben, die dann zum 66. Geburtstag erschienen ist. Sie spiegelt in gelungener Weise Marie Veits theologischen Schwerpunkt: die Bibel und ihre Lektüre. Bis auf zwei Beiträge sind alle anderen Predigten oder andere Auslegungen biblischer Texte.

24 AaO. S. 81-91, Zitat S. 81.

zur Praxis wird und sich etwas in uns und unserer Gesellschaft verändert«.[25] Klaus Kreppel, Historiker und Theologe, Mitglied der »Christen für den Sozialismus« und so Marie Veit verbunden, konkretisiert: »Religiös-sozialistische Kirchengeschichte sollte

- aus der Perspektive der Menschen erzählt werden, die in konfliktreichen Situationen daran gearbeitet haben, die Utopie vom Reich Gottes den Menschen etwas näher zu bringen, indem sie sich selbst hoffend, handelnd und hingebend einbrachten;
- aus der Perspektive der bislang Ohnmächtigen, Herrschaftslosen, objekthaft Ausgenutzten, Erfolglosen, Gescheiterten«[26] erarbeitet werden.

Der Aufsatz Marie Veits löst mit dem Begriff der »gefährlichen Erinnerung« von J. B. Metz das ein, was Klaus Kreppel beschreibt und sein Text zeigt, wie entscheidend es für Marie Veit ist, Einblicke in die reiche Denkgeschichte des Christentums den Schüler*innen und nun an der Universität den Student*innen zu geben. Dabei betont sie in besonderer Weise das Erzählen – bisher eine wichtige Form des biblischen Unterrichts, macht Veit es nun auch für den Religionsunterricht zu kirchengeschichtlichen Themen stark, weil »hier neben kognitiven auch affektive Lernziele erreichbar sind: das Gewinnen innerer Bilder beim Hören, die Inanspruchnahme kreativer Phantasie, die Sensibilisierung für menschlich-geschichtliche Möglichkeiten und Schicksale ist kaum irgendwo so möglich.«[27] Ohne die erzählte Geschichte des Christentums, wird christlicher Glaube zur Lehre, was er ursprünglich in biblischen Kontexten – vielleicht mit Ausnahme des Römerbriefes – nie war.

Doch im Zentrum ihrer Arbeit stehen neben der Kirchengeschichte die »Befreiung der Bibel« – hier entwickelt Marie Veit Vorschläge für einen problemorientierten Bibelunterricht – und die »Befreiung der Theologie« – hier geht es ihr insbesondere um ein angemessenes, biblisch fundiertes Gottesverständnis.

---

25 AaO. S. 81.

26 AaO. S. 82.

27 M. Veit, Hermeneutische Aufgaben des kirchengeschichtlichen Unterrichts. AaO. S. 243 f.

6.

Politisches Nachtgebet und die Auswirkungen auf den Religionsunterricht

Erstmals taucht der Begriff eines problemorientierten Bibelunterrichtes in einem später publizierten Vortrag in der Evangelischen Akademie Arnoldshain 1978 »Zur Situation des evangelischen Religionsunterrichtes in der Bundesrepublik Deutschland« auf. ›Pate‹ einer solchen religionspädagogischen Konzeption, die Veit, weil Schülerorientierung keinesfalls im Religionsunterricht wieder aufgegeben werden darf, später auch als »schülerorientierten Bibelunterricht« bezeichnet, waren ihre Erfahrungen beim Politischen Nachtgebet. Hier wurden ausgehend von Informationen zu einem politischen und/oder gesellschaftlichen Problem biblische Texte und Themen ganz neu relevant, um dann aus dem Zusammenspiel von Analyse und Information einerseits und biblischen Texten andererseits Gebets-, Gesprächs- und Aktionsmöglichkeiten zu entwickeln. In einem solchen Religionsunterricht findet die existenziale Interpretation biblischer Texte und deren historische Kritik ihre konsequente Fortsetzung in einer ideologiekritisch orientierten politischen Hermeneutik. Marie Veit löst damit m. E. auf ihre Art eine Aufforderung Karl Barths ein: »Kritischer müssten mir die Historisch-Kritischen sein!«[28]

---

28 Vgl. dazu F.-W. Marquardt, Exegese und Dogmatik in Karl Barths Theologie. Was meint »Kritischer müssten mir die Historisch-Kritischen sein!«? In: K. Barth, Die Kirchliche Dogmatik. Registerband, hrsg. v. H. Krause. Zürich 1970. S. 649-676. Wenn Barth in seiner Dogmatik von der »real verändernden Tatsache, dass Gott ist« schreibt (KD II.1 S. 289) so korrespondiert dies bei aller Differenz zumindest dem Ansatz nach mit Veits Insistieren auf den größeren Möglichkeiten Gottes. Veit selbst nimmt sehr sporadisch, doch an wichtigen Stellen ihres Werkes Bezug auf Barth. Der theologische Ansatz, dem sie am nächsten steht, ist zweifellos das Denken und Handeln Dietrich Bonhoeffers.

Drei besondere Aufgabenstellungen weist sie dabei einem solchen Unterricht zu: 1. Die Wiedergewinnung der Wahrheitsfrage zunächst für die Lehrer*innen selbst und dann für die Schüler*innen.[29] 2. Der Kampf um die Personalität des Menschen und gegen einen resignativen Misanthropismus. 3. Die Befreiung der Bibel durch eine Wiedereinführung des Christentums in der Christenheit (Kierkegaard).

Wenn Marie Veit vom Kampf um die Personalität des Menschen spricht, dann meint sie damit eine Erziehung und eine schulische Bildung, die Kindern und Jugendlichen mit Würde und Respekt begegnet, die sie stärkt und sie emotional selbstgewiss macht, weil sie so eher wissen wer sie sind und dadurch weniger verführbar sind durch einen wie auch immer sich gebärdenden neuen Faschismus. Damit ist nicht zuletzt der politische Charakter eines solchen problem- und schülerorientierten Bibelunterrichtes benannt.

Im Prozess eines solchen Lernen und Lehrens wird schließlich deutlich, dass das zentrale Symbol der Bibel nicht die feste Burg, sondern der Weg ist, der gemeinsam zu begehen und ›an jeder Weggabelung‹ neu zu beraten ist. Dabei formuliert Marie Veit auch jetzt in ihrer neuen Tätigkeit als Professorin, dass ein solcher Unterricht in einem guten Sinne apologetisch ist.

---

29 Vgl. dazu insbes. Marie Veits Aufsatz »Die Psalmen und wir« (Schriftenverzeichnis Nr. 29), der damit beginnt, dass M. Veit fragt, was »wir Religionslehrer von der Religion, die wir lehren, selber eigentlich haben, ob sie uns (noch) etwas zu geben hat«. S. o. S. 154 ff.

7.

Christlicher Glaube im Widerstand

Dieser ständig neue Beratungsbedarf ›auf dem Weg‹ besteht auch im Blick auf das Bild, das Marie Veit von Gott zeichnet, der eben nicht metaphysisch oder theistisch als in sich ruhende Größe in einem Jenseits gegenüber der Erde geglaubt und gedacht wird, sondern als einer, der sich stören lässt, der um den Menschen wirbt, der sich ändert, wenn Menschen sich an ihn wenden, der – ohnmächtig ist: Mit Bonhoeffer ist Marie Veit überzeugt davon, dass Gott »nachtheistisch« zu denken ist und dass Anfänge dessen und Hinweise darauf sich in den biblischen Traditionen – jenseits ihrer auch theistischen Weltanschauungselemente – zuhauf finden.

»Dietrich Bonhoeffers berühmter, aber in der Theologie noch kaum bedachter und aufgenommener Satz, dass nur der ohnmächtige Gott helfen könne, besagt ja nicht etwa, dass Gott kraftlos sei; sondern er besagt, dass dem Menschen nur auf diese Weise geholfen werden kann, dass er Anrede und Verheißung vernimmt und sich selbst auf den Weg begibt.«[30] Und auf diesem Weg ist dann jeweils zu fragen, was heute dran ist, was Christus heute für uns bedeutet. Auf dem Höhepunkt der Friedensbewegung in den 1980er Jahren bedeutet dies für Marie Veit: »Heute ist für uns dran: Wenn Gott um seine Menschen trauert und sich sorgt, ist für uns nicht die Zeit, sorglos leben zu wollen. Aus der Trauer und dem Ernst Gottes wächst uns der Mut zur unbeirrbaren, immer intensiveren Arbeit für den Frieden. Indem wir mit anderen zusammen in der Arbeit stehen, erfahren wir vielleicht überhaupt erst, was Trost Gottes bedeu-

30 M. Veit, Welche Theologie lebt »unten«? In: Junge Kirche. 46. Jg. 1985. Jetzt in: M. Veit, Theologie muss von unten kommen. AaO. S. 13-19. Zitat S. 17.

tet. ... Meine Übersetzung für Gottesfurcht: Sich die Sorgen Gottes nicht ausreden lassen, sie teilen und mit Gott gegen die Gefahren wirken.«[31]

Seit den 1970er Jahren nimmt Marie Veit wahr, dass die Theologie Bonhoeffers und die damit angestoßene theologische ›Tradition‹ neu entdeckt wird, etwa auch in der Äußerung eines französischen Arbeiterpriesters: »Gott ist nicht der Jäger, er ist das Wild.« Und Veit interpretiert: »In jedem Menschen, der gefoltert, ausgebeutet, ermordet, unterdrückt, um seine Freiheit gebracht wird, leidet Gott. Quer durch die Welt, nicht nur in Chile, spalten sich die Kirchen an genau dieser Frage.« Unversehens ist sie mit ihrer Argumentation heraus aus einer theoretischen Debatte um eine Gottesvorstellung und hinein in konkrete politische Entscheidungen gelangt und genau darum geht es, folgen wir Marie Veit, dem biblisch bezeugten Gott. Konkret heißt dies für sie: »Es kommt also in erster Linie darauf an, eine Bewegung einzustudieren, das Aus-der-Hand-geben von Herrschaft, das immer angstfreier werdende Lernen von denen, die ›unten‹ sind. Für den Lehrer bedeutet das: von seinen Schülern zu lernen. ... Sie gehören ihm nicht. Was er, wenn er ›Religion‹ lehren will, von ihnen lernen muss, das ist vor allem: worunter sie leiden. ... Fragt jemand, was das mit Gott (!) zu tun habe? Dann ist zu antworten: Es hat mindestens mit dem zu tun, worum es diesem, dem christlichen Gott unterscheidend ging, nämlich mit dem Menschen. Wird er beherrscht, vernachlässigt, übersehen, dann kann man an Gott (!) nicht glauben«, denn im Zentrum dieses Glaubens und christlichen Gottesverstehens steht die Theologie des Kreuzes. »Orientierung am Kreuz, das heißt heute: handeln und zwar gemeinsam handeln. Der Widerstand der Christen gegen eine unmenschliche Welt muss merkbar werden.... Christliche Gruppen, die diesen Widerstand gemeinsam und unnachgiebig leben, sind entstanden und entstehen überall in der ›christlichen‹ Welt. Die Frage, wodurch sie sich von anderen Engagierten, nicht-christlichen Sozialisten beispielsweise, unterscheiden, ist als theoretische Frage ohne jeden Sinn, denn das unterscheidend Christliche ist ja nicht die Theorie. Es ist die Präsenz Gottes auf der Seite der Leidenden. Bevor sie sagbar wird, muss sie gelebt worden

---

31 M. Veit, Angst und Gottesfurcht. Meditation beim Kongress der »Christen für die Abrüstung« am 5. Oktober 1984 in Hamburg. In: Junge Kirche. 45. Jg. 1984. S. 658-661. Zitat S. 661.

sein.«[32] Denn, davon ist Marie Veit überzeugt: »Theologie entsteht, wo das einzige verteidigt wird, was der Verteidigung wert ist: das Recht aller Menschen auf Leben und Freiheit von Angst.«[33] Doch auch hier gibt es keine raschen Erfolge, und Marie Veit kommentiert: »Wir wollen raschere Erfolge sehen, wir wollen nicht ›ohnmächtig‹ sein. Immer aufs Neue müssen wir uns hiervon bekehren, um zu werden, was wir sind: Mitglieder der Widerstandsbewegung des ohnmächtigen Gottes.«[34]

32 M. Veit, Die Gottesfrage in einer nachtheistischen Zeit. In: Schönberger Hefte 6 (1976), H. 1, S. 3-8.

33 M. Veit, Wer ist das Subjekt der Theologie? In: Junge Kirche 39 (1978). S. 306-308.

34 M. Veit, Umkehr zum Leben. Was heißt heute ›Gott vertrauen?‹ Jetzt in: M. Veit, Theologie muss von unten kommen. AaO. S. 77-84. Zitat S. 84.

8.

Marie Veits Definition des Sündenbegriffs

Um freilich »zu werden, was wir sind«, müssen die Kinder Gottes erwachsene Menschen werden[35] – ein weiteres zentrales Thema der Theologie Marie Veits ist eine positive Anthropologie, mit deren Entwurf sie sich gegen die »Misanthropie« der theologischen Tradition, insbesondere der lutherischen Kirchen und Theologien wendet. Auch hier geht es ihr um eine Wiederentdeckung dessen, was die Bibel den Menschen zutraut, wenn diese sie beispielsweise als Mitarbeiter*innen Gottes oder ›nur wenig niedriger als Gott geschaffen‹ (vgl. z. B. Psalm 8) beschreibt. Marie Veit macht hier spannende Entdeckungen von relationalen Analogien zwischen der Entwicklungspsychologie Eriksons und dem Neuen Testament, angefangen von dem zur Entwicklung des Menschen notwendigen Urvertrauen und dem Vorrang der Gnade[36] vor allem irgendetwas

35 »Der Psychoanalytiker Erikson sagt, die weißen Industriegesellschaften litten vor allem daran, dass es in ihnen so wenig Erwachsene gebe! Das steht im Einklang mit dem Neuen Testament, das uns anhält zu wachsen und zum vollkommenen erwachsenen Menschen in Christus zu werden. Damit ist nicht gesagt, seelisches Wachsen im Sinne der Psychologie sei dasselbe wie Wachstum im Glauben. Aber wer seelisches Wachstum verweigert, es sich ausreden lässt, der zerstört das Instrument, auf dem der Glaube musizieren könnte.« Vgl. M. Veit, Theologie der Befreiung – Befreiung der Theologie. Was können wir theologisch tun? In: Neue Wege o. Jg. 1981. H. 7/8. S. 198-207. S. o. S. 192 ff.

36 Der »Vorrang der Gnade« ist ein zentrales Glaubensbekenntnis und Theologoumenon Marie Veits, die ohne unkritisches ›Überspringen‹ der Christentumsgeschichte anknüpfen möchte an Praxis und Theologie der frühen christlichen Gemeinden, in denen die Gnade einen Leib bekommen und Gestalt angenommen hat in den Beziehungen der Menschen untereinander, in einer »Art von Gegengesellschaft, die den Charme ihres Gottes zu leben beginnt«. Vgl. dazu einen der Texte, den ich für einen der großartigsten von M. Veit halte: M. Veit, Die vermauerte Gnade. In: Bühler, Karl-Werner (Hrsg.): Vernunft ist weiblicher Natur. München 1972. S. 40-51. Jetzt auch in: M. Veit, Theologie muss von unten kommen. AaO. S. 133-142.

tun können bis hin zu Gemeinsamkeiten zwischen dem seelischen Wachstum und dem erwachsenen Menschen in der Theologie des Paulus.[37]

Verbunden mit der theologischen Arbeit an einer positiven Sicht der Menschen, von denen es heißt, dass sie »sehr gut« geschaffen sind, ist eine Klärung des biblischen Sündenbegriffes, mit dem eben nicht gemeint ist, dass der Mensch schlecht ist. So darf der Sündenbegriff auch nicht dazu missbraucht werden, Menschen klein zu machen. Marie Veit wehrt sich vehement gegen das Klischee des ›sündigen Menschen, der nichts tun kann‹. Vielmehr beschreibt sie Sünde, biblisch verstanden, als den Versuch des Menschen, sein Leben beziehungslos zu gestalten; Sünde meint, so Veit in Übereinstimmung mit Bonhoeffer, der gerade darin exemplarisch die Sünde des Bourgeois sah, einen Mangel an Glauben, d.h. einen Mangel an Mut, das zu tun, was wir tun können – was in aller Regel mehr ist als wir uns selbst auf den ersten Blick zutrauen mögen; so ist Sünde letztendlich ein anderes Wort für Resignation, für Aufgabe unseres Vertrauens Gott und den Menschen gegenüber.[38]

---

37 In ganz anderen Fragestellungen erinnern die Überlegungen Veits an Jürgen Habermas Gedanken zum Verhältnis von Theologie und Philosophie, wenn er aus Gesprächserfahrungen mit Johann Baptist Metz in seinem Versuch »der Genealogie nachmetaphysischen Denkens« festhält, dass »semantische Gehalte biblischen Denkens in die Grundbegriffe des nachmetyphysischen Denkens überführt worden« sind. Auch im Blick auf Veits Bonhoefferrezeption sind hier sicherlich spannende Entdeckungen zu machen. Vgl. J. Habermas, Auch eine Geschichte der Philosophie. 2 Bde. Berlin 2019, hier Bd. 1. S, 12 ff (Zitat S. 15), wo Habermas programmatisch das Erkenntnisinteresse seines Alterswerkes formuliert.

38 Zu Chancen einer positiven Anthropologie vgl. auch Marie Veits Gandhi-Rezeption, beispielsweise: M. Veit, Wo 1000 Blumen blühen. In: Junge Kirche 61. Jg. 2000. S. 676-680; vgl. weiter: G. Orth, Traditionen der Gewaltfreiheit. Berlin 2017; ders., Eva, Kain & Co. Was es heißt, ein Mensch zu sein und wie dabei von Gott erzählt wird. Eine theologische Auslegung der Urgeschichten. Berlin 2019.

9.

Kritik am Jenseitsbegriff

Zu dem kritisierten Klischee des sündigen Menschen, der hier auf Erden nichts Vernünftiges tun kann, gehört als weitere ideologische bzw. weltanschauliche Vorstellung dessen, was »unten« geglaubt wird, der Begriff des Jenseits, in dem dann der Ausgleich für die auf Erden erlittene ›Schmach‹ in Form des ewigen Lebens als der eigentlichen Hoffnung der Christ*innen gesehen wird. Marie Veit verwendet einige Mühe auf die Entlarvung und Ideologiekritik des angeblich biblischen Glaubens als Jenseitsreligion, denn »das Wort ›Jenseits‹ kommt in der Bibel nicht vor.«[39] Gott schafft die Erde als Ort des guten Lebens für die Menschen inmitten von Leben, das leben will, wie Albert Schweitzer es formuliert hat.

Wenn vom »ewigen Leben« insbesondere im Johannesevangelium die Rede ist, ersetzt es dort zeitweise den Terminus »Reich Gottes«. »Es scheint, als ob das ›Reich Gottes‹ den Akzent mehr auf das neue Leben für alle, das ›ewige Leben‹ mehr auf die Verwandlung des einzelnen setzte. ... Ewig heißt nicht ›zeitlos‹, sondern ›zum neuen Äon gehörig‹.«[40] »Ewiges Leben« meint das Leben in Fülle im Augenblick[41], an dessen Ende man »alt und lebenssatt« sterben kann.[42] »Keiner der beiden Begriffe – Reich Gottes oder ewiges Leben – hat etwas zu tun mit dem ganz unbiblischen Begriff des ›Jenseits‹, der sich in unserer Frömmigkeitstradition eingenistet hat. Der biblische Glaube ist keine Jen-

39 M. Veit, Religiöser Sozialismus und die Bibel heute. O. J. Schriftenverzeichnis Nr. 118. Unveröffentlicht. S. 8.

40 M. Veit, Religiöser Sozialismus und die Bibel heute. AaO. S. 9.

41 Vgl. Johannes 5, 24, 1. Johannesbrief 3, 14; vgl. auch Kolosserbrief 1, 12 f.

42 Vgl. beispielsweise 1. Mose 25 und Hiob 42.

seitsreligion! ... In der Bibel liegt der Akzent auf der wirklichen Menschenwelt und ihrer Zukunft.«[43]

---

43 M. Veit, Religiöser Sozialismus und die Bibel heute. AaO.. S. 7.

10.

Ihr Engagement dafür, dass »eine andere Welt möglich ist«

Um die Zukunft der wirklichen Menschenwelt innerhalb der ganzen Schöpfung geht es Marie Veit in ihren beruflichen wie gesellschaftlichen und politischen Tätigkeiten.[44] Ihr weites Engagement wird von einer Freundin so skizziert: »An der Uni Gießen, in der ›Initiative für mehr Demokratie‹, beim Kampf gegen Berufsverbote, auf den Kirchentagen, in der Friedensbewegung, beim Aufbau eines demokratischen Nicaragua, beim Protest gegen Rassismus und Ausländerfeindlichkeit..., immer war sie auf der Seite derer, deren Rechte beschnitten wurden, deren Menschenwürde bedroht wurde, immer war sie mit denen, die für ein Leben aller in Würde und Gerechtigkeit (auf)standen und (auf)stehen.«[45]

Und diese Aufzählung ist bei weitem noch unvollständig; hinzukommen u.a.:

- die Mitarbeit im Herausgeberkreis der »Jungen Kirche« in den Jahren 1987-2003 sowie der »Blätter für deutsche und internationale Politik« in den Jahren 1986 bis zu ihrem Tod im Jahr 2004,
- ihr von der Bekennenden Kirche geprägtes Engagement in der Kirchlichen Bruderschaft im Rheinland, gegen die Wiederbewaffnung der Bundesrepublik Deutschland in den 1950er Jahren und die Gefahren eines

44 Wer in diesem Porträt Mitteilungen aus dem persönlich-privaten Leben Marie Veits erwartet hat, den verweise ich auf den Text von Else Grell »Marie Veit. Ein Fenster zur Zukunft öffnen«. AaO. Ihr als Freundin steht zu, das davon zu berichten, was Freundinnen füreinander für angemessen halten.

45 E. Grell, Marie Veit. Ein Fenster zur Zukunft öffnen. AaO. S. 312.

Atomkrieges in der zweiten Hälfte des 20. Jahrhunderts (Ostermärsche und Friedensbewegung); so stand Marie Veit beispielsweise auch Pate bei der Gründung des »Friedenspolitischen Ratschlags 1994« in der Universität Kassel[46],

- die Mitarbeit bei den »Christen für den Sozialismus«, die für sie ein wichtiges Netzwerk waren; in der Festschrift der »Christen für den Sozialismus« zum 65. Geburtstag von Marie Veit heißt es: »Wir wissen, liebe Marie, dass du jeglichen Personenkult ablehnst. ... Du gehörst zu den wenigen, die CfS mitbegründet und durch alle Höhen und Tiefen über einen Zeitraum von 14 Jahren entscheidend geprägt und getragen haben. Alle, die dich kennen, mögen Dein erfrischendes, überzeugtes Auftreten. Deine faire, undogmatische Form der Auseinandersetzung sowie das Zusammenwirken von Wort und Tat innerhalb deiner persönlichen Lebensführung. Dein Mut und Dein Durchhaltevermögen wirken auf viele von uns ansteckend und mitreißend. Als Theologin hast Du der CfS-Bewegung wichtige Impulse gegeben, wie Glaubens- und Lebenspraxis zu einer Befreiungspraxis verschmelzen können«[47],
- ihre Mitarbeit in Pro Asyl
- sowie eine Fülle von Mitgliedschaften beispielsweise auch in dem in Köln beheimateten Komitee für Grundrechte und Demokratie.

Es geht ihr um »die Menschwerdung der Gesellschaft« (H. Böll[48]) und sie engagiert sich in einem Zusammenhang, den sie zeitlebens betonte: dem Zusammenhang von caritativer und politischer Liebe, von persönlicher Nächstenliebe und »love in structures« (Ökumenischer Rat der Kirchen 1968). Dazu gehören auch in den Jahren nach ihrer Emeritierung 1989 Vorlesungen in Gießen, Kassel und Siegen, die Vortrags- und Predigttätigkeit beim Deutschen Evangelischen Kirchentag und immer wieder Lehrer*innenfortbildungen, insbesondere auch in den damals neuen Bundesländern, wo sie einerseits für den im bundesrepublikanischen Grundgesetz festgeschriebenen Religionsunterricht warb

46 Vgl. http://www.ag-friedensforschung.de/themen/Kirche/veit.html
47 Korrespondenz der Christen für den Sozialismus Nr. 58. Bielefeld 7/87. S. 5.
48 H. Böll an die Mitglieder des Politischen Nachtgebets. In: D. Sölle, F. Steffensky (Hrsg.), Politisches Nachtgebet in Köln. Mainz 1969. S. 155-157.

und andererseits eindringlich die Menschen darum bat, an den auch positiven Erinnerungen ihres Leben in der Deutschen Demokratischen Republik festzuhalten und diese, wo immer möglich, in den Diskurs um die Gestaltung des Lebens im ›vereinten‹ Deutschland einzubringen bzw. einen solchen Diskurs überhaupt erst einzufordern[49]. Paul Gerhard Schoenborn erzählt davon anlässlich des 80. Geburtstages von Marie Veit und zitiert sie selbst: »Unermüdlich ist sie – auch nach ihrer Emeritierung – unterwegs gewesen, um andere zu ermutigen: ›Seid aktive Christen in dieser Zeit, ihr seid geliebt, das Fenster zur Transzendenz steht euch offen, bereitet den Boden, dass das Reich Gottes näher kommen kann.‹ Vielen von uns ist Marie Veit im Laufe der Jahrzehnte begegnet – bei Studientagen, Vorträgen oder Podiumsdiskussionen, bei Politischen Nachtgebeten und auf Kirchentagen, bei Eine-Welt-Wochen, bei Workshops für Religionslehrerinnen und -lehrer, bei Akademietagungen über theologisch-politisch-pädagogische Themen.«[50]

Individuelle, persönliche Zuwendung zu Menschen in Not – »bei ungewollter Schwangerschaft, bei Drogenabhängigkeit, bei Verlust des Arbeitsplatzes«[51] – und der kirchliche, gesellschaftliche und politische Einsatz für »Gerechtigkeit, Frieden und die Bewahrung der Schöpfung« gehören für Marie Veit zeitlebens untrennbar zusammen. Sie versuchte zu leben, was sie lehrte, schrieb und predigte – »oft bis an den Rand des physisch, psychisch und finanziell Verkraftbaren«[52].

---

49 Vgl. dazu oben S. 152.

50 Transparent-extra 63/2001. Ein Gratulationsheft der Zeitschriften AMOS und TRANSPARENT zum 80. Geburtstag von Marie Veit: file:///C:/Users/Judith/AppData/Local/Temp/Marie%20Veit%20in%20Transparent%2063extra.%20pdf-1.pdf

51 E. Grell, aaO. S. 313.

52 E. Grell, ebd.

11.

Die letzten Lebensjahre

Marie Veit in ihrem Arbeitszimmer vor dem Umzug in das Clarenbachstift Köln 2002

Nachdem ihr jüngerer Bruder Hans 1945 nicht aus US-Gefangenschaft in Remagen zurückgekehrt war, da sein Jahrgang 1926 »als Rache für die KZ's« erschossen worden sei, 1997 die Schwester Gertrud und 1999 der jüngste Bruder Klaus gestorben waren, zieht Marie Veit 2002 nach Köln in das Clarenbachstift, ein Altenheim, getragen vom Gemeinnützigen Sozialwerk der Evangelischen Clarenbach-Kirchengemeinde Köln-Braunsfeld GmbH. Es ist dies die Kirchengemeinde, in der Marie Veit als Predigthelferin ordiniert worden ist, denn die rechtliche Gleichstellung für Pfarrerinnen und Pfarrer gab es erst seit 1975. Und es ist die Kirchengemeinde, in der sie von 1964 bis 1972 als Presbyterin aktiv war. Und schließlich liegt das Clarenbachstift im Gebiet des evangelischen Stadtkirchenverbandes Köln, in dem sie sich als Mitglied des Schulausschusses und von 1961 bis 1972 im Kreissynodalvorstand des Kirchenkreises Köln-Nord engagiert hat.

Marie Veit bei der Verleihung des Bundesverdienstkreuzes 1. Klasse im Historischen Rathaus Köln 2003

2003 ehrt Bundespräsident Johannes Rau Marie Veit mit der Verleihung des Bundesverdienstkreuzes 1. Klasse in Köln. Am 9. April d. J. überreichte in Vertretung des Bundespräsidenten der Oberbürgermeister der Stadt Köln im Rahmen eines Empfangs für verdiente Bürgerinnen und Bürger den Orden, den Prof. Marie Veit als herausragende Religionspädagogin erhielt, »die sich vor allem dadurch auszeichnete, dass sie es verstand, ihr differenziertes theologisches Reflexionsvermögen mit einem nachhaltigen pädagogischen Engagement zu verbinden«. Ihr besonderes Anliegen sei es, in Wort und Tat sich gerade um die Menschen zu kümmern, die auf der Schattenseite des Lebens stehen. »Ihr weitgefächertes soziales Engagement in Schule, Kirche und im Zusammenhang der politischen Auseinandersetzung«, so heißt es weiter in der Vorschlagsbegründung, »hat zutiefst biblische Wurzeln.«[53] Mit der Überreichung des Ordens hat Marie Veit ein großes Fest in dem Altenheim organisiert, in dem sie mittlerweile lebte, wobei sie die Begründungen der Ordensverleihung und die Ordensübergabe selbst kommentierte mit den Worten: »Man macht's ja nicht deshalb, aber der Mensch freut sich doch.«[54]

Marie Veit stirbt am 14. Februar 2004 in Köln; bestattet wurde sie am 8. März 2004 auf dem Kölner Melatenfriedhof.

---

53 https://www.kirche-koeln.de/marie-veit-eine-der-wichtigsten-lehrerinnen-nicht-nur-von-dorothee-soelle-ist-tot/ vom 5. März 2004.

54 Mündliche Mitteilung von Else und Wolfgang Grell.

Eine ansteckende Lebensfreude, das Zusammensein mit Kindern und ein großer Kreis von Freundinnen und Freunden gehörte zum Leben Marie Veits genauso dazu wie eine tiefe Spiritualität und dabei insbesondere die Liebe zum Singen, zur Musik und zur Kirchenmusik vor allem.

Gruppenbild mit der ›besten Freundin‹ Else Grell und ihrer Familie anlässlich der nachträglichen Feier des 70. Geburtstages von Marie Veit 1991 in Biberach/Riß

Else Grell, eine Freundin, schreibt: »Jemand, der vielen Hoffnung gibt, braucht selbst Ermutigung. Zu den Quellen, aus denen Marie Veit Kraft schöpft, gehört ein verlässlicher Freundeskreis. Sich selbst hilft sie mit ihrem ›Hoffnungsschrank‹[55], den Dorothee Sölle«, eine andere Freundin, »bedichtet hat:

> *›Meine alte lehrerin erfindet den hoffnungsschrank*
> *mit den guten nachrichten,*
> *die wir sammeln sollen*
> *für die zeit des hungers…‹*[56]*.«*[57]

---

55 Vgl. Schriftenverzeichnis Nr. 85.

56 D. Sölle, Marie Veit. Ein Vorwort. In: M. Veit, Theologie muss von unten kommen. Wuppertal 1991. S. 7-10, Zitat S. 8.

57 E. Grell, aaO. S. 314.

Fulbert Steffensky hält in seinem Nachruf fest: »Sie kannte Niederlagen, politische und persönliche. Aber den Luxus der Hoffnungslosigkeit hat sie sich nie geleistet. … Das Schönste, was man von ihr sagen kann: Sie war eine Lehrerin. Ihre Siege bestanden darin, auf jede Gewalt gegen andere zu verzichten.«[58]

Und schließlich: Marie Veit war eine Textzeile von Thiago de Mello, die korrespondiert zu dem Eingangszitat dieses Porträts von Adorno, so wichtig, dass sie zu der Zeile einen Kanon komponierte: »Noch ist es dunkel, aber ich singe, weil der Tag bald kommt«[59]:

58 F. Steffensky, Marie Veit +. In: Blätter für deutsche und internationale Politik 4/2004.

59 Vgl. dazu noch einmal eine Formulierung von Georges Casalis: »Allein derjenige kann ein wirklicher Revolutionär sein, der nichts für sich erwartet und in der dunkelsten Nacht zu sterben vermag, weil er weiß, der Tag kommt.« Wenig später folgt in diesem »Zwiegespräch mit meinem Tod« der Satz: »Hast du bemerkt, dass ich schon seit einiger Zeit nicht mehr zu dir spreche?« Vgl. D. Sölle (Hrsg.), Parteilichkeit und Evangelium. Grundzüge der Theologie von Georges Casalis. AaO. S. 102. Ich denke der Satz von Georges Casalis gilt auch für eine Revolutionärin.

Marie Veit: Schriftenverzeichnis[1]

1 Das Schriftenverzeichnis wurde zusammengestellt von Annebelle Pithan und Else Grell, durchgesehen und erweitert von Gottfried Orth. Sollten Sie weitere Schriften kennen, die hier nicht aufgeführt sind, bin ich für einen Hinweis (g.orth@tu-bs.de) dankbar.

1. Die Auffassung von der Person Jesu im Urchristentum nach den neuesten Forschungen. Inaugural-Dissertation. Marburg (Lahn). 1946.

2. A: Luthers Antwort auf die Frage: Gibt es eine politische Verantwortung der christlichen Kirchen? Fragment eines Referates vom 25. Februar 1946.

2. B: Aufbau der Schülermitverwaltung an unserer Schule. In: Festschrift zur Einweihung des neuen Gebäudes der Staatlichen Hildegard-von-Bingen-Schule zu Köln. 15. November 1961. S. 88-90.[2]

3. Der Prediger zwischen Universitätstheologie und Gemeinde. In: Kirche in der Zeit 21 (1966). S. 534-538.

4. Schülersprache – Kirchensprache. In: Der evangelische Erzieher 20 (1968). S. 422-428.

5. M. Veit u.a., Einführung in das Neue Testament. In: Kraus, Hans Joachim/ Schneider, Grete: Gott kommt. Unterrichtswerk für Gymnasien. Oberstufe Teil 2. Einführung in das Neue Testament. Neukirchen-Vluyn 1969, 2. Aufl. 1978.

6. Höflich, Egbert/Veit, Marie/Dohle, Michael/Sölle, Dorothee: »Politisches Nachtgebet« als Modell. In: Blätter für deutsche und internationale Politik 13 (1968). S. 1147-1158.

7. Ökumenischer Arbeitskreis »Politisches Nachtgebet« Köln. M. Veit u.a.: Glaube und Politik. Politisch Lied – ein kirchlich Lied... 6. Politisches Nachtgebet am 4. März 1969 Antoniterkirche Köln. S. 1- 15 .

8. Hermeneutische Arbeit an nichtmythologischen Texten der Bibel. Ein Bericht aus der Schulpraxis. In: Wegenast, Klaus (Hg.): Theologie und Unterricht. Über die Repräsentanz des Christlichen in der Schule. (Festgabe für Hans Stock).Gütersloh 1969. S. 371-402.

9. Messias. Arbeitshilfe für den RU. In: Der evangelische Erzieher 22 (1970). S. 65-77.

2 Schriften, die mir in der Korrekturphase des Buchmanuskriptes zugänglich wurden habe ich mit großen Buchstaben in die Nummerierung eingefügt, da es mir nicht mehr möglich war, die Nummerierungen im gesamten Text zu verändern.

10. Die Wahrheitsfrage im biblischen Unterricht des 5. und 8. Schuljahrs. In: Theologia practica 5 (1970). S. 259-268.

11. Glaubensbekenntnisse – Texte und Interpretationen. (Das Gespräch. Heft 95). Wuppertal 1971.

12. Des Menschen Heil und Zukunft. In: Hasenhüttl von, Gotthold (Hg.): Staub der Jahrhunderte. Oder: Wie kann man Dogmen glaubhaft verkünden? Mainz 1971. S. 127-142.

13. Gebet und Engagement. In: Der evangelische Erzieher 24 (1972). S. 461-466.

14. (Mitarb.): Kollegstufe NW. Strukturförderung im Bildungswesen des Landes NRW. (Eine Schriftenreihe des Kultusministers. Band 17). Ratingen 1972.

15. (Mitarb.): Empfehlung zur Gestaltung des Religionsunterrichts der gymnasialen Oberstufe in der Sekundarstufe II. (1972).

16. Über die Auslegung von Bergpredigttexten. In: Schulz, Rudolf (Hg.): Texte der Bergpredigt. Göttingen 1972. S. 14-26.

17. Predigt D zu Mt 5, 5. In: Schulz, Rudolf (Hg.): Texte der Bergpredigt. Göttingen 1972. S. 70-76.

18. Die vermauerte Gnade. In: Bühler, Karl-Werner (Hg.): Vernunft ist weiblicher Natur. München 1972. S. 40-51.

19. Hermeneutische Aufgaben des kirchengeschichtlichen Unterrichts. In: Jendorff, Bernhard/Schmalenberg, Gerhard (Hg.): Tradition und Gegenwart. Ernst Schering zum 60. Geburtstag gewidmet. Frankfurt am Main 1974. S. 235-245.

20. Die Gottesfrage in einer nachtheistischen Zeit. In: Schönberger Hefte 6 (1976), H. 1, S. 3-8. (Erschien auch in: Estudos Teologicos. Sao Lepoldo 1980, H. 1.)

21. Kann »Moralität« ein Lernziel sein? Überlegungen zum Religionsunterricht in der Marktgesellschaft. In: Junge Kirche. 38. Jg. (1977). S. 419-427. Auch in: Dautzenberg, Gerhard/Schering, Ernst Albrecht/Schmalenberg,

Gerhard/ Stolte, Manfred (Hg.): Theologie und Menschenbild. Frankfurt am Main/Bern /Las Vegas 1978. S. 103-114.

22. Zwischen Lebensangst und Lebensglück. In: Mut zum Leben, Mut zum Sterben. Ökumenische Vorträge. Brugg 1977. S. 1-11. (Dieser Text war für mich nicht auffindbar.)

23. Die Religion der Sandinisten. In: Korrespondenz. Christen für den Sozialismus 4/1977.

24. (Hg.): Stumme können selber reden. Praxisberichte aus dem Religionsunterricht an Haupt- und Sonderschulen. Wuppertal 1978.

25. Zur Situation des evangelischen Religionsunterrichts in der Bundesrepublik Deutschland. In: Arnoldshainer Protokolle o.Jg (1978). Nr.5, o.S.

26. Wer ist das Subjekt der Theologie? In: Junge Kirche. 39. Jg. 1978. S. 306-308.

27. Als Gastdozentin in Sao Leopoldo. In: Junge Kirche. 40. Jg. 1979. S. 488-493.

28. Gesellschaftliche Konsequenzen von Religion und Theologie. Fünf Vorlesungen. In: Estudos teologicos. Sao Leopoldo 1979, H. 3. (portugiesisch)

29. Die Psalmen und wir. In: Der evangelische Erzieher 32 (1980). S. 467-482.

30. Psalm 139 im Unterricht. In: Sonderheft der Schönberger Hefte zum 70. Geburtstag von Friedrich Hahn o. Jg. (1980). S. 63-67.

31. Theologie der Befreiung – Befreiung der Theologie. In: Neue Wege o. Jg. 1981. H. 7/8. S. 198-207.

32. Religionspädagogen schlagen zum Lesen vor. In: Evang. Erzieher 33/1981. S. 386-408; darin Beitrag von M. Veit: S. 406-408.

33. Meditation über Elia. In: Schönberger Hefte 12 (1982), H. 2. S. 6-8.

34. Gottes Werben um Vertrauen. In: Evangelische Kommentare 15 (1982). S. 388-390.

35. Perspektiven eines emanzipatorischen Religionsunterrichts. In: Junge Kirche. 43. Jg. 1982. S. 258-262.

36. Gottvertrauen und Selbstvertrauen. Vortrag beim Jahresfest des Kreisverbandes Bonn der Ev. Frauenhilfe im Rheinland 1982. Unveröffentlicht.

37. Umkehr zum Leben. Was heißt heute »Gott vertrauen«? In: Junge Kirche. 44. Jg. 1983. S. 162-165.

38. So kehrt um von euren bösen Wegen – Warum wollt Ihr sterben. In: Christen für die Abrüstung 3/83. S. 36-39.

39. Das »Proprium« evangelischer Theologie als didaktisch-methodisches Problem. In: Jendorff, Bernhard/Schmalenberg, Gerhard (Hg.): Anwalt des Menschen. Gießen 1983. S. 335-351.

40. Unterricht im Dienste des Friedens. Lernbereich Religion. In: Reich, Brigitte/Weber, Norbert (Hg.): Unterricht im Dienste des Friedens. Bedingungen und Möglichkeiten einzelner Unterrichtsfächer zur Friedenserziehung in der Sekundarstufe I. Düsseldorf 1984. S. 271-288.

41. Leistungsdruck, »Leistung« und Gnade. In: Dautzenberg, Gerhard/ Schmalenberg, Gerhard/Stock, Konrad (Hg.): Rechtfertigung. Ringvorlesung des Fachbereichs Religionswissenschaften im Lutherjahr 1983. Gießen 1984. S. 105-118.

42. Kirche und diskriminierte Minderheiten. In: Christenrechte in der Kirche e.V. (Hg.): Plädoyer für die Homosexuellen in der Katholischen Kirche. Frankfurt 1984. S. 3-5.

43. Angewiesen auf Liebe. In: J. R. Didszuweit, R. Meier (Hrsg.), Niemand ist allein. Begegnungen. Gütersloh 1987. S. 195-197

44. Angst und Gottesfurcht. Meditation beim Kongress der »Christen für die Abrüstung« am 5. Oktober 1984 in Hamburg. In: Junge Kirche. 45. Jg. 1984. S. 658-661.

45. Alltagserfahrungen von Jugendlichen, theologisch interpretiert. In: Biehl, Peter u.a. (Hg.): Jahrbuch der Religionspädagogik. Band 1, 1984. Neukirchen-Vluyn 1985. S. 3-28.

46. Dein Wille geschehe. In: Radius 2/1985. S. 27.

47. Einige Beobachtungen zu Bewegungen »von unten« in der Kirche seit ca. 1968. In: Parabel. (Schriftenreihe des Evangelischen Studienwerkes e.V. Band 2). Schwerte 1985. S. 39-50.

48. Wo ist unsere messianische Praxis. In: Korrespondenz. Christen für den Sozialismus 50-51/1985. S. 129-132.

49. Das »C« in CfS – für mich. In: Korrespondenz. Christen für den Sozialismus 50-51/1985. S. 148-150.

50. Einige Gedanken zur Geschichte der CfS. In: Korrespondenz. Christen für den Sozialismus 50-51/1885. S. 87-98.

51. Welche Theologie lebt »unten«? In: Junge Kirche. 46. Jg. 1985. S. 254-258. Auch unter leicht veränderten Titeln in: Thesen zur Frage: Welche Theologie lebt »unten«? In: Neue Wege 2/1986. S. 36- 39; Jetzt in: M. Veit, Theologie muss von unten kommen. Wuppertal 1991. S. 13-19.

52. Was heißt christlich leben? Gott im Alltag, Gott in Ausnahmesituationen. Vortrag über Dietrich Bonhoeffer am 15. 11. 1985 in der Bonhoeffer-Kirche in Biberach an der Riß. In: M. Veit, Vom Charme Gottes reden. Biberach a.d.Riß 2002. S. 35-44.

53. Arbeit aus biblischer Perspektive. In: Der evangelische Erzieher 38 (1986). S. 18-34.

54. Widerstand, Selbstfindung und die Rolle der Religion in der Erziehung. In: Claussen, Regina/Schwarz, Siegfried (Hg.): Vom Widerstand lernen. Bonn 1986. S. 199-207.

55. Umkehr. In: Junge Kirche. 47. Jg. 1986. S. 594-598.

56. »Sicherheit« und »Gewißheit«. In: Jendorff, B./Schmalenberg, G. (Hg.): Festschrift für Jürgen Redhardt. Gießen 1986. Auch in: M. Veit, Theologie muss von unten kommen. AaO. S. 85-95.

57. Die Schwachheit Gottes. In: Neue Wege 2/1986. S. 33-36.

58. Zwischenruf. In: Junge Kirche. 47. Jg. 1986. S. 661.

59. Alfred K. Treml: Der Freire Mythos. Zur Entmythologisierung der Freire-Pädagogik aus entwicklungspädagogischer Sicht. M. Veits Widerspruch zu Treml: Freires pädagogische Grundgedanken in Europa (Erwiderung). In: Erziehen heute 37 (1987), H.1. S. 2-7; H.2. S. 20-21.

60. Zwischenruf. In: Junge Kirche. 48 Jg. (1987). S. 541

61. »Verbalismus« im protestantischen Gottesdienst. In: Radius 2/1987. S. 19-30.

62. Können Menschen Frieden schaffen? In: M. Veit, Theologie muss von unten kommen. Wuppertal 1991. S. 96-111.

63. Biblische Frömmigkeit im Lichte unserer Erfahrungen. In: Botschaft und Dienst 1987. S. 33-40.

64. Vortrag zur Vorbereitung der Weltversammlung 1990 in Oldenburg am 13. 2. 1988. Unveröffentlicht.

65. Gedankenspiele zum Thema Selbstverwirklichung. In: Junge Kirche. 49 Jg. 1988. S. 322-324.

66. Wovon leben wir Linken? Vortrag im Rahmen eines Wochenendseminars der Kölner »Werkstatt Politische Theologie« am 31. Oktober 1987. In: Junge Kirche 49. 1988. S. 12-17.

67. Zwischenruf. In: Junge Kirche 49. Jg. 1988. S. 401.

68. Auf dem Weg der Befreiung. In: Lachmann, Rainer/Rupp, Horst F. (Hg.): Lebensweg und religiöse Erziehung. Religionspädagogik als Autobiographie. Band 1. Weinheim 1989. S. 335-355.

69. Herzen aus Stein. In: Junge Kirche. 50 Jg. 1989. S. 498-500. Wiederabgedruckt als »Meditation an der Gedenkstätte Palmiry bei Warschau« in: Jendorff, Bernhard /Schmalenberg, Gerhard: Evangelium Jesu Christi heute verkündigen. Gießen 1989. S. 229-233.

70. Hildegard von Bingen. In: Schottroff, Luise/Thiele, Johannes (Hg.): Gotteslehrerinnen. Stuttgart 1989. S. 59-68.

71. Veit, Marie/Grotjahn, Friedrich: Wenn ich nur dich habe, so frage ich nichts... In: Grotjahn, Friedrich/Gutmann, Hans Martin (Hg.): Parabel. Band 10/11. Münster 1989. S. 16-22.

72. »... die sind glücklich in der Welt und werden reich«. Die Religion der Bildzeitung. In: Grotjahn, Friedrich/Gutmann, Hans Martin (Hg.): Parabel. Band 10/11. Münster 1989. S. 23-30. Auch in: Die Religion der BILD-Zeitung. »...die sind glücklich in der Welt und werden reich«. In: ChristInnen für den Sozialismus (Hg.): Geschichte-Theorie-Praxisberichte. Münster 1992. S. 133-142; forum religion o. Jg. (1992), H. 3. S. 12-16.

73. Wir leben in verschiedenen Zeiten. In: Thiele, J. (Hg.): Berlin 89. Impulse für den Kirchentag. Stuttgart 1989. S. 110-118.

74. Kirchentags-Predigt über Markus 1, 14-15. Berlin 1989. Später veröffentlichte in: A. Greve u.a. (Hrsg.), »... dann werden wir sein wie die Träumenden«. Festschrift für Martin Baldermann zum 65. Geburtstag. Siegen 1994. S. 400-404.

75. Kirchentags-Predigt über Matthäus 6, 12a. Berlin 1989. Unveröffentlicht.

76. Braun, Konrad/Futterlieb, Hartmut/Schweitzer, Ulrike/Weidinger-Vandirk, Christoph/Veit, Marie: Wer ist »reich«? Zwei Beispielerzählungen für die Arbeit in der Berufsschule. In: forum religion o.Jg. (1990). H. 1. S. 20-22.

77. Zu wenig Theologie in der »Jungen Kirche«?. In: Junge Kirche. 51. Jg. 1990. S. 371-375.

78. Chancen und Grenzen der Volkskirche. Vortrag zum Reformationsfest am 31. 10. 1990 in der Evangelischen Spitalkirche in Biberach an der Riß. In: M. Veit, Vom Charme Gottes reden. AaO. S. 27-34.

79. Zwischenruf. In: Junge Kirche. 51 Jg. 1990. S. 411.

80. Rezension zu: D. Sölle, Gott denken. In: EvKomm 10/1990. S. 631 f.

81. Theologie muß von unten kommen. Ratschlag für Linke. Wuppertal 1991.

82. Das Bild der Bibel ist eigentlich der Weg ... Mir wurde klar, daß das schon falsch ist mit der »festen Burg«. In: Religion heute o.Jg. (1991). H. 6. S. 104-107.

83. Zur Planung eines schülerorientierten Biblischen Unterrichts. In: Biehl, Peter u.a. (Hg.): Jahrbuch der Religionspädagogik. Band 7. Neukirchen-Vluyn 1991. S. 103-119.

84. Zwischenruf. In: Junge Kirche. 52 Jg. 1991. S. 455.

85. Good News im Hoffnungsschrank. Gesammelte Zeitungsmeldungen. In: Contrapunkt (1992). H. 2. S. 6-7. Auch in: Profile. Evangelische Jugend Rheinland und Westfalen (1992). Nr.2-3. S. 28

86. Der Heilige Krieg und der Friede Gottes. Zur Rolle religiöser Handlungsorientierungen in Friedenspolitik und Friedenspädagogik. In: Hessische Blätter für Volksbildung 0. Jg. (1992) H. 2. S. 127-133.

87. Der Sozialismus ist tot? Es lebe der Sozialismus. In: N. Sommer (Hrsg.), Der Traum aber bleibt. Berlin 1992. S. 393-399.

88. Zwischenruf. In: Junge Kirche 54. Jg. 1993. S. 547.

89. Der Religionsunterricht und die Frage nach der Wahrheit. Abschiedsvorlesung 1990. Vollständig in: Profile. Evangelische Jugend Rheinland und Westfalen (1992). Nr.2-3. S. 13-18 (Dokumentation eines Vortrags von PTI und Amt für Jugendarbeit der EKiR im März 1992.) und in M. Veit, Vom Charme Gottes reden. AaO. S. 69-79. Teilabdruck in: EvKomm 9/1990. S. 544-552 unter dem Titel: Die Liebe schafft den Menschen neu. Die Frage nach der Wahrheit im Religionsunterricht.

90. Die Beichte (M7). In: Thema Gewalt. 36 Arbeitsblätter für einen fächerübergreifenden Unterricht Gymnasium/Realschule. Stuttgart 1993. (Aus: Marie Veit: »Zur Grundlegung eines Sekundarstufen-Lehrplans«. Referat, gehalten in Hohenwart am 3. Oktober 1992.)

91. Als Christ und Sozialist gegen die »armselige Judenhetze«. In: Friedrich-Martin Balzer (Hg.): Ärgernis und Zeichen. Erwin Eckert – Sozialistischer Revolutionär aus christlichem Glauben. Marburg 1993. S. 207-212.

92. Über die Religion der BILDzeitung. »Unser Vater Cäsar Springer«. In: reformiert. Bilder und Berichte aus der Evangelisch-reformierten Kirche. Leer 1993. S. 4.

93. Orientierungsmöglichkeiten und Integrationsaufgaben im Spannungsfeld von Leben, Lernen und Arbeiten. In: Evangelische Bildungsarbeit: Standortbestimmung, Diskussion über Ziele. epd-Dokumentation o.Jg. (1993). H. 11. S. 12-16.

94. Theologische und religionspädagogische Aspekte der »Menschenwürde« im Wirkungsbereich des deutschen Luthertums. In: Jendorff, Bernhard/Schmalenberg, Gerhard (Hrsg.): Politik – Religion – Menschenwürde. Gießen 1993. S. 403-413.

95. Glaubenshindernisse in der Marktgesellschaft. In: Mertin, Jörg/Neuhaus, Dietrich/Weinrich, Michael (Hg.): Mit unserer Macht ist nichts getan. Festschrift für Dieter Schellong. Frankfurt 1993. S. 399-406.

96. Predigt zum Hohelied 4, 9-12 am 10. 7. 1993 anlässlich einer Trauung in Langenhagen bei Duderstadt. In: M. Veit vom Charme Gottes reden. AaO. S. 25 f.

97. Statt Gleichgültigkeit: Mut zur Verantwortung. Vortrag am 7. März 1993 in Minden/Westfalen. Unveröffentlicht.

98. Das Marburger Religionsgespräch 1529, didaktisch aufbereitet. In: Kurz, Wolfram/Lächele, Rainer/Schmalenberg, Gerhard (Hg.): Krisen und Umbrüche in der Geschichte des Christentums. Gießen 1994. S. 403-412.

99. Pluspunkte für die PDS? In: Junge Kirche. 55. Jg. 1994. S. 470-472.

100. Religionsunterricht und Gemeindebezug. Von Chancen, Lasten und Gefahren. In: Zeichen der Zeit 48 (1994). H. 6. S. 212-214.

101. CfS Deutschland innerhalb der Weltbewegung CfS. Rückblick eines Gründungsmitglieds. O. J. 1994/1995. Unveröffentlicht

102. Mein Kriegsende in Marburg. Veröffentlicht in einem »Frauenbuch« des DGB Marburg-Biedenkopfkreis. 1995. Nähere Angaben konnte ich trotz mehrfacher Nachfrage beim DGB nicht ausfindig machen.

103. Zwischenruf. In: Junge Kirche. 56. Jg. 1995. S. 413.

104. Wie hab ich's mit den Parteien? – Essay. In: M. Veit, Vom Charme Gottes reden. AaO. S. 54 f.

105. Ihre Religion – meine Theologie. Die ›Religion‹ unserer Schüler – wie erkennen wir sie? In: entwurf o.Jg. (1995). H. 1. S. 3-7.

106. Der Konziliare Prozeß in Schule und Gemeinde. In: Lähnemann, Johannes (Hg.): »Das Projekt Weltethos« in der Erziehung. Referate und Ergebnisse des Nürnberger Forums 1994. Hamburg 1995. S. 343-346.

107. Mitspielen lernen im Spiel der Religion. In: Deuser, Hermann/Schmalenberg, Gerhard (Hg.): Christlicher Glaube und religiöse Bildung. Festschrift für Friedel Kriechbaum zum 60. Geburtstag. Gießen 1995. S. 351-362.

108. Ich bin und bleibe Trümmerfrau. In: F. Deppe (Hrsg.), Antifaschismus. Heilbronn 1996. S. 611-613.

109. Noch ist die Kirche da. Junge Kirche. 57. Jg. 1996. S. 386-389. Auch in: Aufbrüche 1/1997. S. 6-7.

110. Gedanken zur Bewegung »Christinnen und Christen für den Sozialismus« in Deutschland heute. In: Neue Wege 90 (1996). S. 376-378

111. Zwischenruf. In: Junge Kirche. 58 Jg. 1997. S. S. 69

112. Interview mit Marie Veit am 5. 8. 1998 in Marburg. S. 49-61.

113. Noch einmal von vorn anfangen…? Von Bultmann zur Didaktik des RU – ein persönlicher Weg. In: forum religion 2/1998. S. 29-36. Unter dem leicht anderen Titel »Von Bultmann zur Didaktik des Religionsunterrichtes – eine Testamentsvollstreckung« auch erschienen in: M. Veit, Vom Charme Gottes reden. AaO. S. 80-94.

114. Entwurf für ein Buch zur Theologie Dorothee Sölles. 1998. Unveröffentlicht.

115. »Wo 1000 Blumen blühen«. In: Junge Kirche. 61. Jg. 2000. S. 676-680.

116. Vom Charme Gottes reden. Hrsg. v. E. Grell. Biberach 2002.

117. »Gott hat Charme – Was antwortet die evangelische Theologin Marie Veit auf die Frage: Wozu sind wir auf Erden?« von Thomas Seiterich-Kreuzkamp. In: Publik-Forum 11-2003. Digitale Fassung. 4 Seiten.

118. Predigt über 1. Mose 2, 4 ff. Unveröffentlicht o.J.

119. Religiöser Sozialismus und die Bibel heute. Unveröffentlicht o. J.

Unveröffentlichte, bisher nicht auffindbare Schriften

Der Wert des Menschen in biblischer Sicht im Gegensatz zur kirchlichen Tradition. Unveröffentlichtes Manuskript eines Vortrages im Rahmen einer Veranstaltungsreihe des ökumenischen Arbeitskreises. Biberach 1970.

Die Bergpredigt – Aufforderung zu einem »anderen« Leben? Unveröffentlichtes Manuskript eines Vortrages auf dem evangelischen Lehrertag. Lich 1982.

Die Rolle der Bibel im problemorientierten RU. Unveröffentlichtes Manuskript eines Vortrages. Schönberg 1987.

Unveröffentlichtes Manuskript einer Rede zum Bußtag. Nürnberg 1987.

Kirche, Glaube, Bürgerlichkeit. Gemeindevortrag zum Reformationstag 93 in Ravensburg.

Über Marie Veit

Bibliographie der Veröffentlichungen von Marie Veit. In: Jendorff, Bernhard/ Schmalenberg, Gerhard (Hg.): Sichtweisen in Theologie und Religionspädagogik. Gießen 1981, 227-229.

Christen für den Sozialismus. In: Korrespondenz. Theologie von/für Kopf Herz & Hand. Bielefeld 1987, Nr. 58.

Blickpunkt. In: Unsere Kirche. 43. Jg. Sonntag, 3. Oktober 1993, 1.

Selbstwert entdecken. In: Unsere Kirche. 43. Jg. Sonntag, 3. Oktober 1993, 10.

Die Wolle und der Mensch. In: Nachrichten aus Longo mai (1996), Nr. 66.

Vom langen Atem der Solidarität. Die Tagung »... die im Dunkeln sieht man nicht ...« – ein Geschenk für Marie Veit. In: Transparent (1996), H. 44. S. 28-30.

Paul Gerhard Schoenborn, Vom langen Atem der Solidarität. Für Marie Veit. In: Transparent 44/1996. S. 28-30; auch in: CuS – Blätter des Bundes der religiösen Sozialistinnen und Sozialisten Deutschlands e. V., Nr. 4/96, Friedrichroda 1996, S. 7–10.

E. Grell, Ein Fenster zur Zukunft öffnen. In: A. Pithan (Hrsg.), Religionspädagoginnen des 20. Jahrhunderts. Göttingen 1997. S. 299-318.

Freundeskreis Marburger Theologie. Mitglieder-Rundbrief (1999), Nr. 1.

Edition ITP-Kompass

Bücher zur Befreiungstheologie aus dem Institut für Theologie und Politik

Alle Veröffentlichungen unter www.itpol.de
Bestellungen an: buecher@itpol.de oder Institut für Theologie und Politik (ITP), Friedrich-Ebert-Str. 7, 48153 Münster.

Kuno Füssel/Michael Ramminger (Hg.)
Kapitalismus: Kult einer tödlichen Verschuldung
Walter Benjamins prophetisches Erbe

Als Startschuss für unseren diesjährigen inhaltlichen Schwerpunkt zu Walter Benjamins Fragment „Kapitalismus als Religion“ (verfasst 1921 vor hundert Jahren), haben wir nun einen internationalen Sammelband herausgegeben. Benjamins Fragment gelangte seitdem nicht nur zu einer großen Berühmtheit, sondern gewann auch an Aktualität immer mehr dazu. Die hier anlässlich dieses Jubiläums versammelten Beiträge versuchen, den von Walter Benjamin mit seinem Text durch das komplexe Universum der kapitalistischen Moderne geöffneten Bahnen zu folgen. Die internationalen AutorInnen verknüpfen Benjamins Thesen mit befreiungstheologischen Perspektiven und stellen davon ausgehend die Frage nach einer möglichen Form der Vergesellschaftung jenseits des Kapitalismus.

Edition ITP-Kompass Bd. 34, Münster 2021
364 Seiten, 22,80 €

Arbeitskreis Religionslehrer_innen im ITP

Künstliche Intelligenz oder kritische Vernunft

Wie Denken und Lernen durch die Digitalisierung grundlegend verändert werden

Die Digitalisierung von Bildungsprozessen ist in vollem Gange. Und sie erscheint notwendiger denn je. Aber das bedeutet nicht, dass man sich dieser Digitalisierung ausliefern muss. Schon gar nicht, wenn Bildung ihren emanzipatorischen Kern nicht aufgeben will. Für den neoliberalen globalen Kapitalismus scheint das digitale Subjekt als Idealvorstellung am Horizont auf. Für eine befreiende Pädagogik darf das nicht so sein. Was ist zu tun und was müssen wir vor allem verstehen, wenn wir uns diesen Prozessen nicht widerstandslos unterwerfen wollen?

Edition ITP-Kompass Bd. 31, Münster 2020
148 Seiten, 13,00 €

Institut für Theologie und Politik (Hg.)

Hoffnung praktisch werden lassen

Befreiungstheologische Interventionen

Christliche Existenz bedeutet, Hoffnung praktisch werden zu lassen. Eine solche Theologie reflektiert nicht nur die christlichen Begriffe, sondern sie formuliert eine konkrete Hoffnung sowie den Grund dieser Hoffnung in eine Situation hinein, die von Leiden, Kämpfen und Widersprüchen geprägt ist.
Mit Beiträgen von Norbert Arntz, Fernando Castillo, Nancy Cardoso Pereira, Kuno Füssel, Franz Hinkelammert, Barbara Imholz, Michael Ramminger, Jon Sobrino, Paulo Suess, Elsa Tamez u.a.,

Edition ITP-Kompass Bd. 30, Münster 2020
Hardcover, 348 Seiten, 27,00 €

Institut für Theologie und Politik

Das Institut für Theologie und Politik (ITP) ist unabhängig, aber parteilich. Befreiungstheologie ist unser Ansatzpunkt, um Gesellschaft zu begreifen, Herrschaftsverhältnisse in Frage zu stellen und solidarische Alternativen zu entwickeln. Seit 1993 ist der Träger des ITP ein als gemeinnützig und wissenschaftlich anerkannter Förderverein.

Das ITP ist ein Multiplikator befreiungstheologischer Theorie und Praxis unter aktuellen globalen gesellschaftlichen Bedingungen und Schnittstelle zwischen Kirche und Sozialen Bewegungen.

Es geht darum, neue Machtverhältnisse zu schaffen, und zwar von unten her. Ein Wandel der Verhältnisse geschieht aber nicht von allein, sondern braucht Reflexion, Organisation, Beratung und Begleitung.

Wir wollen uns gemeinsam mit allen auf den Weg zu einer anderen Kirche und Gesellschaft machen, die dem Reich Gottes näher kommt, als das, was heute als alternativlos gilt.

Das ITP wird getragen von einem gemeinnützigen Förderverein. Dies bringt inhaltliche Unabhängigkeit, aber auch ökonomische Unsicherheit mit sich. Arbeit wird vor allem durch ehrenamtliches Engagement der MitarbeiterInnen geleistet. Finanziert wird das ITP vor allen Dingen durch Spenden.

Weitere Informationen unter www.itpol.de

AF547988

MON COQ
edition

SABINE HAHN

Die WORLD Hockey-Kids

Das interaktive Video-Mitmachbuch

Max
Lena
Lars

Über dieses Buch

Auf Lena, Max und Lars wartet ein großes Abenteuer, auch wenn es im grauen Herbst und an ihrer neuen Schule erst einmal nicht danach aussieht ...

Doch ehe sie es sich versehen, hat es schon begonnen – und ihr seid ebenfalls mittendrin, denn immer wieder heißt es zwischen all den vielen Seiten: „Und jetzt du!"

Schnappt euch also gleich euren Hockeyschläger und probiert die vielen tollen Tricks, die die Hockey-Kids in diesem Buch lernen, auf diesen Seiten gleich gemeinsam mit ihnen aus.

Ihr wollt sie euch erst einmal anschauen? - Kein Problem! Auf den Mitmach-Seiten findet ihr unten rechts einen gesprenkelten QR-Code, den ihr einfach mit eurem Handy „fotografiert" und somit direkt zum Video gelangt*. Dort könnt ihr den echten WORLD Hockey-Kids zuschauen und es dann selbst versuchen.

Doch damit nicht genug! Schickt uns*, mit Erlaubnis eurer Eltern und gemeinsam mit ihnen, eure Zeichnungen, Fotos und Videos mit diesem Buch im Bild, wie ihr unsere beschriebenen Tricks ausprobiert und wir zeigen sie auf unseren Seiten im Internet.

So werdet ihr selbst zu waschechten WORLD Hockey-Kids ... ihr alle ... überall auf der Welt.

Und jetzt – viel Spaß mit diesem ultimativen und einmaligen, coolen Buch:

Willkommen bei den WORLD Hockey-Kids!

Eure Sabine & Die Hockey-Kids

#worldhockeykids

Videos : YouTube : „Autorin Sabine Hahn"

* Hinweise zum Internet & Adressen für eure Einsendungen findet ihr mit euren Eltern im Impressum.

Bibliografische Information der Deutschen Nationalbibliothek:
Die Deutsche Nationalbibliothek verzeichnet diese Publikation in der Deutschen Nationalbibliografie; detaillierte bibliografische Daten sind im Internet über http://dnb.dnb.de abrufbar.

Text, Illustration & Konzept: Sabine Hahn
Sportfachliches Lektorat: Prof. Andy Gasser

Druck: Libri Plureos GmbH, Friedensallee 273, 22763 Hamburg

ISBN Buch: 978-3-9822387-1-5, ISBN E-Book: 978-3-9822387-2-2

Schickt uns eure Tricks und erfahrt mehr über die WORLD Hockey-Kids auf www.sabinehahn.net und www.facebook.com/DieHockeyKids

Liebe Eltern,
bitte beachten Sie, dass wir keine Haftung für eventuelle Schäden und Verletzungen übernehmen, sollten durch das freudige Hockeyspielen und -ausprobieren Ihres Kindes jemals solche entstehen. Gleiches gilt für das Verhalten Ihres Kindes im Internet, zu dessen hockeyfachlicher Erkundung & zum Mitgestalten wir mit diesem Buch einladen möchten, jedoch keinerlei Haftung für Schäden jeglicher Art übernehmen. Bitte begleiten Sie Ihr Kind durch das Internet, helfen Sie ihm, sich dort den Urheber- und Persönlichkeitsrechten entsprechend und sicherheitsbewusst bewegen zu lernen.
Ihre Sabine Hahn & Die Hockey-Kids

Die Handlung und alle handelnden Personen dieses Buches sind frei erfunden. Jegliche Ähnlichkeit mit lebenden oder realen Personen wäre rein zufällig.

Inhalt

#1 Kein Tag wie jeder andere 11

#2 Geheimnisvolle Klänge 16

#3 Ein Fenster in die Hockeywelt 23

#4 Aus Alt mach Neu 30

#5 Weltreise mit der Hockeyfamilie 35

#6 Cool und abgebrüht 44

#7 Erkenntnis in der Grube 48

#8 Geheimnisse 62

#9 Wie von Zauberhand 67

#10 Eine ziemliche Überraschung 77

#11 Plötzlich doppelt! 83

#12 Eine Hockeyfamilie für alle 91

#Tricks 96

#Videos 97

#1 Kein Tag wie jeder andere

„Schon wieder verschlafen! Verflixt!" Mit einem Mal ist Lars hellwach, wirft die Bettdecke von sich und seine Beine mit Schwung über die Bettkante. Fast fällt er dabei aus dem Bett. Hoffentlich schafft er es noch pünktlich zur Schule!

Aber der Blick auf den Wecker ist ernüchternd. Eilig schlüpft er in seine Klamotten, schnappt sich sein Handy und stolpert samt Schultasche geradewegs ins Bad. Nach einer flüchtigen Katzenwäsche und ohne Frühstück im Bauch verlässt er Hals über Kopf das Haus ...

So geht das nun schon seit Tagen. Seine Eltern sind ratlos und sogar Lena und Max warten seit einiger Zeit lieber direkt vor der Schule auf ihn, um nicht selbst noch zu spät zu kommen. Völlig außer Atem stößt er auch heute erst in allerletzter Minute zu ihnen, als es läutet.

„Oh Mann, das war wieder mal knapp ... ", murmelt Lena. Max schüttelt nur den Kopf und seufzt. Ein neuer Schultag beginnt.

War der Morgen noch so hektisch, ziehen sich die ersten Schulstunden nun endlos und zäh wie ein alter Kaugummi.

Als später alle zur großen Pause hinausstürmen, fegt ein kalter Herbstwind über den Schulhof und treibt das vertrocknete Laub vor sich her. Lautlos wirbeln die alten braunen Blätter zwischen den unzähligen Schülern umher und erreichen schließlich auch Lena, Max und Lars. An der grauen Hauswand ihrer neuen Schule angelehnt beobachten die drei Freunde das Geschehen rings um sie herum. Zu ihren Füßen sammelt sich das Laub mittlerweile zu einem dicken Haufen.

„Diese blöde Mathearbeit!", brummt Max, „Da hätte ich mir das Lernen auch sparen können! Und Paula hat mich einfach nicht abschreiben lassen!" Niedergeschlagen ärgert er sich über die Arbeit, die sie gerade geschrieben haben, ... und über seine Tischnachbarin, die ihre Lösung ständig mit der Hand abgeschirmt hat. Mit seinem Fuß kickt er in den Blätterhaufen.

„Mhmm ... echt wahr! Die Aufgaben waren wieder mal viel zu schwer!", findet auch Lars.

Selbst Lena grübelt vor sich hin. Hoffentlich hatte sie diesmal mehr Glück. Mit ihrem neuen Lehrer kommt sie irgendwie nicht zurecht und so war schon die letzte Klassenarbeit eher glimpflich für sie ausgegangen.

Da ertönt plötzlich ein leises „Pling" aus Max' Hose. „Du weißt doch, dass Handys in der Schule verboten sind!", ermahnt ihn Lena, „Mach's lieber schnell aus!"

Umständlich hantiert Max am alten zerkratzten Gerät, das er von seiner Mutter „geerbt" hat. Das altmodische Teil hält er sowieso lieber versteckt. Hoffentlich hat es keiner gesehen ... Doch zu spät:

„Na, Max, gibt dein Ding noch Rauchzeichen ... oder versteckst du da eine Brieftaube? Gurrrruuuu, guuuurrrruu!"

Laut grölend bewegt sich die kleine Gruppe halbstarker Jungs zielstrebig auf Lena, Max und Lars zu. Dabei wedelt Leo, ihr Anführer, mit seinem nagelneuen Hochglanz-Handy in der Hand. Selbst bei diesem schlechten Wetter blitzt und funkelt es. Dass die vier wieder mal nur auf Ärger aus sind, ist kaum zu übersehen.

„Kommt ...", flüstert Lena, „gehen wir schnell rein." Entschlossen packt sie ihre beiden Freunde am Ärmel und gemeinsam verschwinden sie ins riesige Schulgebäude.

„Das ist jetzt schon das hundertste Mal, dass mich dieser Blödmann ärgert!", schimpft Max lautstark, als sie die Eingangshalle der Schule durchqueren. „Und das nur, weil meine Eltern es einfach nicht auf die Reihe kriegen, mir ein neues Handy zu kaufen!"

Aufgebracht lässt er sich auf die harte Sitzecke der Mensa fallen. Lena und Lars rutschen zu ihm an den Tisch.

„Naja, die sind eben ziemlich teuer ...", versucht Lena ihn zu beruhigen, „mach dir nichts draus. Ich hab' schließlich noch überhaupt gar keins."

„Na und? …“, zetert er zurück, „Dich ärgern die anderen Mädchen doch genauso! Diese aufgeblähten Hühner! Ich bin doch nicht blind!“

Lars schaut erst zu Max, dann überrascht zu Lena. Ertappt senkt sie den Kopf, schaut auf ihre Schuhspitzen und seufzt:

„Ach, lass sie doch reden! Dafür haben wir UNS! Und außerdem hat Lars ja ein tolles Handy. Das eine reicht für uns alle.“

Lars verschluckt sich fast an seinem Sprudelwasser, als Lena dabei energisch auf seinen Arm tippt. Dass ihm sein Handy vorhin in der Hektik noch ins Klo gefallen ist, verschweigt er ihnen lieber. Echt peinlich! Seitdem badet es zuhause in einer Schale, gefüllt mit Mamas sündhaft teurem Basmatireis, in der Hoffnung, dass es bald wieder trocken ist und funktioniert.

„Ja, ich hab' eins. Aber warum man damit angeben muss? Keine Ahnung! Ich hab's heute noch nicht einmal dabei. Seht ihr?!“

Lars deutet auf seine leeren Hosentaschen. „Ach … Lasst uns nachher nochmal zur Eisdiele gehen!“, lenkt er ab und dann klingelt es bereits zur nächsten Unterrichtsstunde.

#2 Geheimnisvolle Klänge

Wie verabredet schlendern die drei Freunde am Nachmittag von der Eisdiele aus durch die Gegend, jeder mit einem dicken Eis in der Hand. „Schade, dass sie morgen schon zumachen und erst im Frühling wieder öffnen. So eine lange Eispause!", findet Lena.

„Ja, die Eissaison ist vorbei ... und bestimmt auch die Hockey-Feldsaison!", bestätigt Lars, „Wisst ihr noch? Da hinten ist doch die Turnhalle! Da haben wir im Winter immer gespielt!"

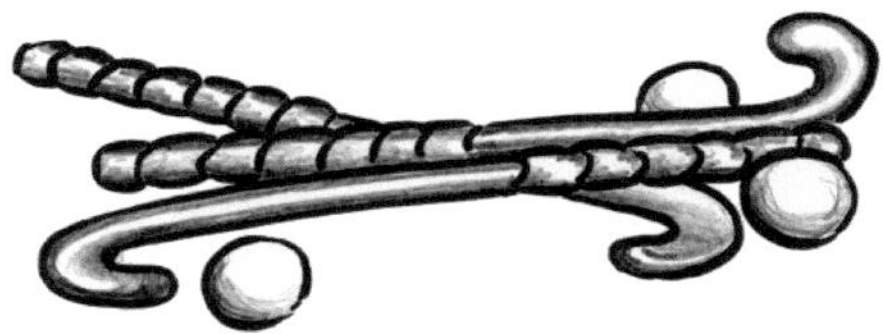

In Gedanken versunken schlagen die drei eine andere Richtung ein und denken zurück an die vielen tollen AG-Stunden mit all ihren Freunden.

Ein Jammer, dass Tom, Clara und Anna nun auf einer anderen Schule sind und sie alle schon so lange kein Hockey mehr gespielt haben! Doch mit dem Schulwechsel waren sich ihre Eltern einig, dass die

Kinder sich erst einmal auf die neue Schule konzentrieren sollten. Ob die Erwachsenen da wirklich recht hatten? Lena bezweifelt das mittlerweile: Noch nie hatte sie so wenig Lust zu lernen; noch nie machte ihr die Schule so wenig Spaß wie heute.

Gerade jetzt, an der Turnhalle, spürt Lena, wie sehr sie diese unbeschwerten Hockeystunden und ihre Freunde vermisst.

Plötzlich reißt Max sie aus den Gedanken: „Hört ihr das? Das klingt ja gerade so, als ob jemand Hockey spielen würde?!" Mit dem Handrücken wischt er sich aufgeregt das verschmierte Eis vom Mund.

Überrascht bleiben Lena und Lars ebenfalls stehen und halten inne ... Ein Auto fährt röhrend an ihnen vorbei und auf der anderen Straßenseite kläfft ein Hund einem Eichhörnchen nach, während weit entfernt ein Presslufthammer seinen Weg durch den harten Asphalt schlägt.

Doch wirklich! Jetzt hören auch sie es! Ein vertrautes Geräusch tönt von irgendwoher aus der Nachbarschaft in ihre Ohren.

„Ich weiß nicht ...", grübelt Lena, „das könnten schon Hockeyschläger und -bälle sein. Aber hier?

Hier ist doch nichts!" Denn genau so verhält es sich; entlang der Straße reihen sich lediglich Wohnhäuser, ein Supermarkt, ein Frisörsalon und eine verlassene Autowerkstatt. Trotzdem folgen die drei Freunde dem Geräusch, das mit jedem Schritt immer deutlicher zu hören ist. Vor der Autowerkstatt bleiben sie stehen und lauschen. Tatsächlich! Hinter diesem metallenen Schiebetor ertönt das Geräusch nun laut und deutlich! Ebenso eine coole Musik im Hintergrund.

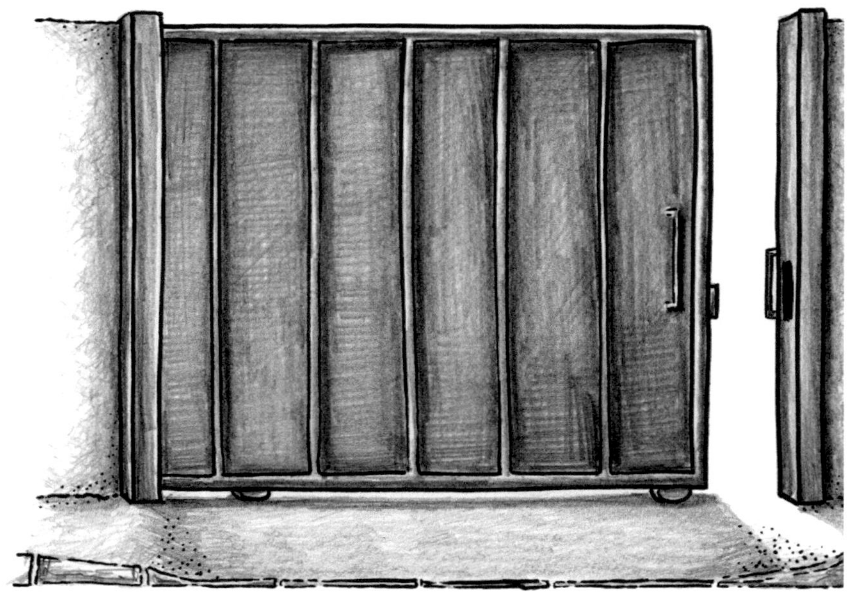

Neugierig quetschen sich die Hockey-Kids an den äußersten schmalen Torspalt und schauen hindurch. Drei schwarzgekleidete junge Männer stehen im dunklen Autohof zwischen alten Autoreifen, dicken Rohren und unzähligen Hockeybällen. Jeder scheint mit seinem Hockeyschläger konzentriert für sich allein zu üben.

Im Hintergrund leuchten zwei Scheinwerfer mystisch aus der düsteren Garage durch den aufsteigenden Staub.

„Rutscht mal, ich seh' ja gar nichts!", meckert Lena. „Psst! Sonst hör'n die uns noch!", flüstert Max ängstlich, „Habt ihr gesehen, wie groß die sind?!" Das Ganze ist ihm etwas unheimlich. Dennoch linst er beeindruckt durch den schmalen Spalt.

Lars dagegen ist sofort hin und weg: „Wow!", staunt er, „Du Angsthase! Die sind einfach mega cool! Habt ihr die Tricks gesehen, die die draufhaben? Echt krass!"

„Ach, so was geht doch gar nicht! Bestimmt ist der Ball einfach nur am Schläger festgeklebt ...", entgegnet Max und schnaubt.

Lena dagegen schwärmt schweigend. So etwas hat sie noch nie gesehen! Da wirbelt einer der drei großen Jungs überraschend seinen Schläger hoch in die Luft, lässt ihn einige Male um seine eigene Achse drehen und fängt ihn wieder auf; ebenso den Ball, der sogar noch höher geflogen ist und der kurz darauf wieder sicher auf dem Schläger landet.

„Tzzzz, angeklebt ... von wegen! Die können was! Siehst du?!" Lars stößt Max mit dem Ellbogen in die Seite und ist ziemlich begeistert.

Die beiden diskutieren inzwischen lautstark, bis sich plötzlich das große rostige Tor laut quietschend zur Seite schiebt und die drei jungen Männer vor ihnen stehen. Mit offenem Mund und schlagartig mucksmäuschenstill starren Max und Lars die drei an. Lena spürt ihr Herz bis zum Hals pochen.

Mit einem Mal beginnen die drei Großen zu lachen und einer meint: „Na, da haben wir euch aber ganz schön erschreckt, was?" Lena, Max und Lars nicken erst verängstigt, beruhigen sich aber schnell.

Denn die drei scheinen richtig nett und nur wenig älter zu sein als sie.

„Wollt ihr reinkommen? Spielt ihr etwa auch Hockey?", fragt nun der zweite. Lars nickt eifrig: „Klar, das war echt super eben! Aber hier gibt es doch kein richtiges Spielfeld! Wie macht ihr das mit den Tricks?" Er schaut sich um und seine Stimme überschlägt sich vor Aufregung: „Wir haben letztes Jahr Hockey in der Schule gespielt. In uns'rer neuen gibt's das aber leider nicht."

„Ja, echt blöd!", meint jetzt auch Max, „Außerdem sollen wir uns erst mal auf die Schule konzentrieren, sagen unsere Eltern. So ein Quatsch, wenn ihr mich fragt!"

Lena nickt: „Und überhaupt haben wir nur ganz alte Schläger, die schon richtig kaputt sind."

„Das macht alles nichts!", meint nun der Dritte, „Spaß macht es trotzdem, egal wie alt der Schläger ist und tolle Tricks gehen damit auf jeden Fall auch. Für die brauchen wir schließlich kein richtiges Spielfeld ... wobei man ein lustiges Match ja ohnehin fast überall machen kann. Vielleicht redet ihr einfach nochmal mit euren Eltern; wegen der Schule und dem Hockey, meine ich. Sport ist immer mein bester Ausgleich, wenn ich Stress habe. Ich heiße übrigens Bob. Und das sind Dave und Ron. Zusammen sind wir wahre „Hockey Bros.“, erklärt er verschwörerisch, packt seine beiden Freunde an den Schultern und zwinkert.

„Aha!“, denkt sich Max, als er die drei mustert, die vor ihm zusammenrücken.

Während er versucht, sich zu erinnern, wo er das Wort „Bros.“ bereits einmal gehört hat, prägt sich Lena alle drei Namen fest ein und Lars stellt seine beiden Freunde vor:

„Das sind Lena und Max. Ich heiße übrigens Lars ... Zusammen sind wir die Hockey-Kids. Stolz zieht auch er seine beiden Freunde eng an sich heran und grinst breit.

„Wisst ihr, Hockey-Kids, das mit den Tricks ist reine Übungssache ...“, meint Ron. Dabei zieht er sich die Kapuze seines Sweatshirts vom Kopf und seine kurzen Haare stehen stoppelig in alle Richtungen. „Je öfter man übt, desto besser klappt's. Hauptsache, man bleibt im doppelten Sinne „am Ball“ ... Hier, nehmt mal unsere Schläger. Ich hab' eine Idee.“

#3 Ein Fenster in die Hockeywelt

Kurz darauf stehen Lena, Max und Lars am Ende des Hofes nebeneinander in einer Reihe; jeder einen Schläger ihrer drei neuen Freunde in der Hand und einen Ball zu ihren Füßen. Lars wippt lässig zur Musik. Erwartungsvoll sehen sie zu, wie Ron, Bob und Dave alle Autoreifen zur Seite rollen, das „Spielfeld" freimachen und ihnen eine Übung vorbereiten. „Hockey Ball Evasion" heißt sie.

„Wisst ihr, was das heißt?", fragt Max leise. „Keine Ahnung!", antwortet Lars. Auch Lena zuckt nur mit den Schultern. Alle drei sind sich einig, dass sie ab sofort unbedingt besser Englisch lernen müssen. All die vielen neuen Namen, die die „Hockey Bros." benutzen. Das klingt echt cool.

„Seid ihr bereit?", ruft ihner Dave von gegenüber zu. Die Hockey-Kids nicken und schon geht es los. Während Lena, Max und Lars ihre Bälle dribbelnd auf die gegenüberliegende Seite bewegen sollen, rollen ihnen ihre Hockeyfreunde neue, entgegenkommende Bälle in den Weg.

Und jetzt DU!

Mach mit und gehöre zu den World Hockey-Kids!

↷ leicht

#HOCKEY BALL EVASION

Führe deinen Ball vor deinem Körper und weiche entgegenkommenden Bällen aus.

Deine Notizen:

Konzentriere dich gut auf deinen Ball.

Dribble in kleinen Schritten nach vorne.

Entdecke den Trick im Video!

Diesen müssen die Hockey-Kids ausweichen und dürfen sie nicht berühren. Wie in einem Computerspiel führt jeder seinen Ball blitzschnell von links nach rechts und von rechts nach links hin und her. In kleinen Schritten geht es dabei nach vorne, an den Hindernissen vorbei. Nach jeder Runde folgt die nächste. Mal gewinnt Max, mal Lars oder Lena.

Zusammen haben die sechs neuen Freunde so viel Spaß, dass sie die Zeit dabei fast vergessen. Erst als Dave in sein Handy schaut, stutzt er und es wird Zeit zu gehen.

„Wenn ihr wollt, könnt ihr in den nächsten Tagen immer mal herkommen!", erklärt er. „Wir besuchen hier meinen Onkel. Ihm gehört die Werkstatt und hier wollen wir auch noch einige neue Tricks filmen."

Die drei Hockey-Kids sind begeistert. „Na, klar!“, freuen sie sich, „Gleich morgen!“

Lars überlegt: „Und was macht ihr mit euren Filmen?“

„Na, die laden wir hier hoch, so, wie die Fotos von unseren Tricks. Seht ihr?“

Mit der Fingerspitze wischt er über das Display seines Handys und vor ihren Augen rollen unendlich viele Hockeyfotos und -videos über den kleinen Bildschirm.

„Das ist schon irgendwie cool!“, überlegt Max, „Aber warum macht ihr das? Ich meine, solche Tricks kann man doch nicht in einem Match bringen, oder?“

„Nicht alle ...“, stimmt ihm Dave zu, „aber darum geht es eigentlich auch gar nicht, sondern viel mehr um das Ballgefühl. Wer solche 3D-Tricks schafft, der lässt sich im Match nicht so leicht den Ball wegschnappen, hat sehr viel mehr Kontrolle über ihn und überrascht seinen Gegner.“

Er überlegt und fährt fort: „Die Videos zeigen wir unter anderem, weil das Internet für einige Menschen auf der Welt oft die einzige Möglichkeit ist, etwas über Hockey zu erfahren, zu lernen und zu staunen. Manche leben so abgeschieden, in Armut oder isoliert und nicht überall kennt man Hockey. Ein Blick ins Internet ist manchmal schon eher möglich und ein wunderbares Fenster in die Welt."

Da fragt Bob: „Hast du außerdem gemerkt, wie schnell die Zeit gerade vergangen ist?" Max schüttelt eifrig den Kopf.

„Und hast du eben beim Hockeyspiel an die Schule oder an deine Sorgen gedacht?"

Nun schütteln alle drei Hockey-Kids die Köpfe und beginnen langsam zu begreifen.

„Seht ihr, und genau das macht Hockey aus. Während man Hockey spielt, ist man frei, vergisst für einen Moment seine Sorgen oder denkt nicht an die Schule, sondern ist einfach nur glücklich."

Max überlegt: „Ja! Und zwischendurch, wenn gerade kein Training ist oder keine Freunde da sind, muss man nicht erst ewig warten, bis das ganze Team wieder zusammen kommt ..."

„Sondern kann sich selbst immer neu herausfordern und fühlt sich dabei ebenso glücklich!", beendet nun Ron Max' Satz, „Außerdem macht es so unendlich viel Spaß!"

Schweigsam grübeln Lena, Max und Lars vor sich hin, während Dave wieder in sein Handy schaut. Neugierig strecken die drei den Hals, um ebenfalls hineinsehen zu können. Bilder aus der ganzen Welt fliegen über den Bildschirm.

„Was war das für ein Mädchen?“, fragt Lena ihn plötzlich und rückt näher an ihn heran.

„Tja, wie gesagt, so wie uns geht es vielen anderen auch: Überall haben Menschen Spaß am Hockeyspiel. Jeder auf seine Art, jeder, wie er es kennt.“, erklärt Dave.

„Eben auch an Tricks.“, fügt Ron hinzu, „Viele üben sie, schicken uns dann ihre Fotos oder Filme zu oder erzählen uns einfach etwas über Hockey in ihrem Land.“

Dave nickt: „So, wie das Mädchen hier. Seht ihr? Sarah heißt sie übrigens und kommt aus Kanada, steht hier drunter. Ein so riesiges Land, in dem sehr viele Eishockey, aber nur wenige Hockey spielen.“

„Krass“, haucht Max ans Handy, „sowas macht ihr im Internet? Meine Eltern lesen da immer nur Zeitung ... naja und ich spiele da eben ein bisschen ...“, gibt er leise zu.

Ob das mit dem Filmen auch mit seinem alten Handy geht? Seine Fotos waren bisher immer ziemlich unscharf.

Dave, Ron und Bob können sich ein Lachen nicht verkneifen: „Ja, genau das machen wir. Wisst ihr was? Kommt morgen einfach vorbei, dann könnt ihr beim Filmen dabei sein."

Während Lars niedergeschlagen und etwas angeekelt an sein feuchtes Handy in der Reisschale zuhause denkt, starrt Lena noch immer nachdenklich auf Sarahs Foto auf dem kleinen Bildschirm. „I love my hockeyfamily!" steht dort.

Eine richtige Hockeyfamilie auf der ganzen Welt, sozusagen WORLD Hockey-Kids, verbunden in diesem kleinen Handy. Ein so schöner Gedanke! Wer wohl alles zu dieser Familie dazugehört? Und woher diese vielen Menschen ihre Bilder und Videos schicken? Plötzlich kann es Lena kaum noch erwarten, morgen gleich wieder hierher zu kommen, um es herauszufinden.

#4 Aus Alt mach Neu

Am nächsten Tag in der Schule sitzen Lena, Max und Lars in der Mensa und verbringen dort ihre Pause.

„Iiihhh, was hast du denn mit deinen Händen gemacht?", wundert sich Lena, als sie Max' schwarz gesprenkelte Finger entdeckt. Angewidert beobachtet sie, wie er sich mit diesen auch noch seine Gurkenscheiben in den Mund schiebt.

Lars schaut ihn ebenfalls fragend von der Seite an: „Das sieht schon ziemlich eklig aus ..."

„Ach das! ... Naja ...", druckst Max herum, „ich hab' gestern Abend noch meinen alten Hockeyschläger rausgekramt. Der sah so schrecklich aus! Naja, da hab' ich ihn mit meinem Lackstift komplett schwarz angemalt. Ihr wisst schon, so wie die tollen Schläger von Ron, Dave und Bob eben. Meiner glänzt jetzt genauso!" Stolz verschränkt er die Arme und lehnt sich nach hinten.

„Gar keine schlechte Idee!“, gibt Lars zu, „Und das hält?“

„Und wie!“, nickt Max und grinst, „Sogar auf den Händen ... und auf Gurke. Siehst du doch!“

Und so stehen sie an diesem Nachmittag voller Vorfreude wieder vor dem großen Metalltor der Autowerkstatt; jeder mit seinem schwarz angemalten, glänzenden Schläger in den ebenfalls sehr schwarzen, verschmierten Händen.

Von außen hört man schon deutlich das Hockeyspiel ihrer drei neuen Freunde und tolle Musik. Lars überlegt, ob er laut anklopfen soll. Doch Max schiebt die Tür einfach selbst zur Seite und sein Freund kann gerade noch seine Finger zurückziehen.

Zielstrebig läuft Max mit den beiden hinein und ruft lauthals: „Hi Jungs!“ über den Autohof.

Seinen Schläger schwingt er lässig hin und her. „Hi!", schallt es zurück.

Die drei bleiben sogleich stehen: In der Mitte des Hofes steht Ron weit im Hohlkreuz und starrt konzentriert in den Himmel. Seinen Schläger hält er waagerecht über seinen Kopf gestreckt und auf ihm ruht ein Hockeyball.

Max und Lars schauen ihm voller Ehrfurcht zu, den Mund offen, während Lena hofft, dass ihm der Ball nicht gleich auf den Kopf fällt. Als Ron diesen jedoch schwungvoll mit seiner Hand auffängt, atmet sie erleichtert auf.

Lächelnd kommt er auf die Hockey-Kids zu, und bemerkt sofort ihre schwarzen Fingerkuppen. Er grinst: „Hey! Da seid ihr ja schon! Und eure Schläger habt ihr heute auch dabei! Super! Aber so alt sehen die ja gar nicht aus!" Er zwinkert ihnen zu.

Max versteckt seine Finger, während er verschmitzt lacht und antwortet: „Naja, schließlich sind wir ja jetzt Die WORLD Hockey-Kids!"

Lars will gleich loslegen und fragt neugierig: „Zeigt ihr uns heute ein paar Tricks?"

„Na klar!", antwortet Bob, der nun ebenfalls dazukommt. Beide erklären den dreien eine neue Übung. „On the Edge" heißt sie und ist gar nicht so einfach.

„Bestimmt habt ihr schon mal versucht, den Ball so lange wie möglich hochzuhalten, also zu jonglieren oder zu „ditschen". Versucht das heute mal mit der schmalen seitlichen Kante."

„Aber im Match darf der Ball doch nur mit der flachen Seite gespielt werden!", bemerkt Lena.

„Jaja ... das schon. Jetzt geht es aber nur um euer Ballgefühl. Wenn ihr das mit dieser Kante schafft, ist das mit der flachen Seite im Spiel ein Klacks!", entgegnet Ron.

Und so stehen die drei kurz darauf in ihre Übung versunken auf dem Werkstatthof, umgeben vom gleichmäßigen Geräusch der aufschlagenden Bälle und leiser Hintergrundmusik.

Und jetzt DU!

Mach mit und gehöre zu den World Hockey-Kids!

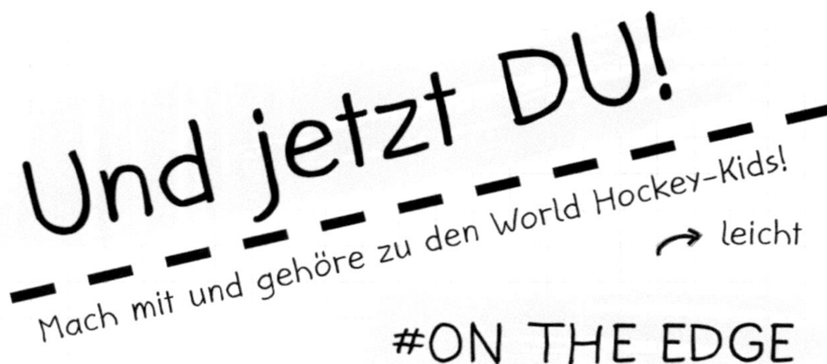

↷ leicht

#ON THE EDGE

Versuche den Ball so oft wie möglich auf der schmalen Kante hoch zu spielen.

Deine Notizen:

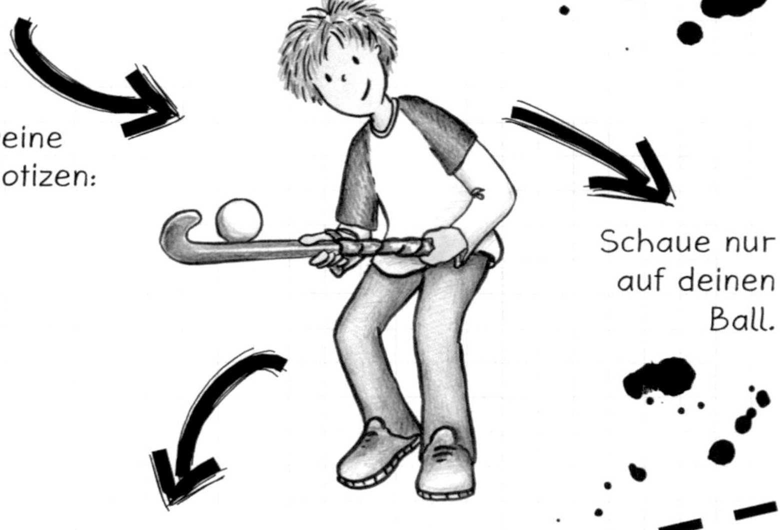

Schaue nur auf deinen Ball.

Halte den Schläger parallel zum Boden.

Entdecke den Trick im Video!

#5 Weltreise mit der Hockeyfamilie

Zufrieden legt Lena irgendwann eine Pause ein und setzt sich zu Dave. „Hat Sarah wieder etwas geschrieben?", fragt sie ihn gespannt.

„Hmm, keine Ahnung ...", antwortet er, „aber viele andere, die etwas über ihr Hockey schreiben. Schau mal, sind die nicht klasse?"

Mit seinem Finger tippt er ein Foto an, das sich als Video entpuppt und sich sofort in Bewegung setzt: Eine Gruppe aufgeweckter, dunkelhaariger Jungs und Mädchen düst lautstark über einen Kunstrasenplatz.

Einer von ihnen, Sotaro, und ein Mädchen kommen herbeigerannt und erzählen lachend, wie viel Spaß sie hier in ihrem Verein immer haben. Hinter ihnen jagen die Kinder mit ihren Hockeyschlägern noch immer einem Ball hinterher, während sich Lena ärgert, dass sie dem Englisch der beiden nicht so schnell folgen kann.

Dave bemerkt es und erklärt: „Er und seine Schwester Sakura leben in Japan. Siehst du die hübschen Häuser weiter hinten? Die mit den Spitzen auf dem Dach? Und die zarten Bäume?“

Lena blickt begeistert in die mandelförmigen Augen der beiden und nickt eifrig. Ob Japan sehr weit entfernt ist? Sie bewundert die leuchtend gelben Trikots der beiden, auf denen in einer fremden schönen Schrift wohl der Vereinsname zu stehen scheint.

„Jedenfalls lieben die beiden Hockey, weil es sie immer wieder neu herausfordert und recht knifflig ist. Das finden sie toll und mit ihren vielen Freunden treffen sie sich sogar bis zu viermal in der Woche, um zu trainieren und sich mit ihnen zu messen."

Lena überrascht der Ehrgeiz nicht, den sie von sich selbst nur allzu gut kennt. Sobald sie einen Hockeyschläger in der Hand hält, ist sie nicht mehr zu bremsen.

Dave streicht bereits suchend über die nächsten Mitteilungen und fasziniert schaut Lena zu, wie dabei eine ganze Hockeywelt über den kleinen Bildschirm huscht.

„Darf ich auch mal?", fragt sie leise. Ihre Augen leuchten.

„Na klar!", nickt Dave. Er überlässt ihr das Handy und beobachtet die anderen, während Lena in eine andere Welt eintaucht.

Vorsichtig gleitet ihr Finger über den Bildschirm, der mal in Hockeyplatz-Grün, mal in

Turnhallen-Gelb und dann wieder in Erd-Rot flimmert. Da sie niemand übersehen und keine Geschichte verpassen will, schaut sie sich einfach jedes einzelne Bild an ...

So zum Beispiel das von Pedro aus Argentinien, der auf einem sandigen, trockenen Kunstrasen seine Tricks übt. Verschmitzt grinst er in die Kamera und hält seinen Hockeyschläger mit beiden Händen fest. Was er wohl über sein Hockey schreibt?

Lena überfliegt den Text und entdeckt zu ihrer Freude einen kleinen Button, auf dem „Übersetzen" steht. Als sie ihn antippt, verwandeln sich alle Buchstaben in Sekundenschnelle und werden für sie lesbar.

Bereits nach wenigen Worten stutzt sie, denn in Argentinien spielt man anscheinend kein Hallenhockey; und das bei der Hitze!? Das wäre innen doch bestimmt kühler, überlegt Lena. Oder gerade nicht?

Pedro jedenfalls findet es toll, Hockey in der Sonne zu spielen, mit seinen Freunden Spaß zu haben und dabei in der Natur zu sein. Dann schubst sie Pedros Foto mit ihrem Finger aus dem Bildschirm, sieht Rosa und ihren Freunden beim Hockeyspielen in Mexiko zu, wie sie fröhlich über einen blau getünchten Betonboden flitzen und gelangt mit einem Wisch schon zum nächsten Bild ...

Es ist Ben aus den USA, der es sehr schade findet, dort zu den nur wenigen Jungen zu gehören, die begeistert Hockey spielen. „Wie schön wäre es, wenn wir viel mehr Jungs wären! So, wie fast überall auf der Welt!“, schreibt er und erzählt, wie sie hier leider in der Minderheit sind und bis vor wenigen Jahren sogar eine Art Rock tragen mussten, um gemeinsam mit den Mädchen überhaupt Hockey spielen zu dürfen.

Ungläubig schüttelt Lena den Kopf und überlegt, was wohl Lars und Max dazu sagen würden, wenn sie so etwas tragen müssten. Sie schaut sich das Bild der vielen Mädchen an, die auf einem Kunstrasenplatz eine Handvoll Jungen umgeben.

Manche tragen spezielle vergitterte Brillen. „I love my hockeyfamily!“, erklärt Ben. Das hat Sarah gestern ebenfalls geschrieben.

USA, das ist ein so riesiges, weites Land. Lena kennt es aus dem Fernsehen. Bestimmt muss man lange Strecken fahren, um mal gegen andere Mannschaften zu spielen. Ob sich das jeder leisten kann?

Sie denkt an Max' altes Handy, an Menschen, die sich vieles nicht leisten können, weil es ganz einfach zu teuer ist.

Wie das wohl in Amerika ist? Was machen die Kinder, die nicht gefahren werden können, weil ihre Familien kein Auto, kein Geld haben? Können sie dann etwa kein Hockey spielen? Grübelnd schiebt Lena Ben wieder aus dem Bildschirm, gleitet mit den Fingerspitzen über das Display, bis sie auf ein Mädchen stößt, das sie munter und zufrieden anschaut.

Helena heißt sie und als Lena ihre Zeilen überfliegt, erkennt sie, dass sich nicht nur ihre Vornamen sehr ähneln, sondern ebenso ihre Gedanken:

„Ich liebe Hockey! Es gibt nichts Schöneres, als mit meinem Team zusammen zu sein! Meine Mannschaft ist zu meiner Familie geworden, wie Brüder und Schwestern: Meine Hockeyfamilie! Zusammen feiern wir Siege, zusammen überstehen wir Niederlagen. Hier habe ich Spaß, vergesse ich meine Sorgen und meine Schmerzen ..."

„Genau so fühlt es sich an!", denkt Lena glücklich und erst beim letzten Wort wird sie etwas stutzig. Welche Schmerzen? Ungläubig überfliegt sie Helenas restliche Zeilen und klickt auf ihr Foto, um es vollständig anzuschauen ...

Sie kann es nicht glauben! Helena sitzt im Rollstuhl! Mitten in einer großen Sporthalle, in der schmale Kunststoffbanden das Spielfeld eingrenzen.

Ähnliche Banden kennt Lena noch aus der Hockey AG. Nur waren sie dicker und niedriger als diese hier ... Hinter dem Mädchen erkennt Lena ein flaches, langgezogenes Tor. Wie klein das ist! Und wie schwierig es sein muss, dieses kleine Tor zu treffen!

Voller Stolz hält Helena ihren Hockeyschläger in den Händen, der etwas dünner ist als Lenas und dessen Keule am Ende flach und durchlässig wie ein Gitter endet. Sie erklärt, wie sie einst Feldhockey gespielt hat, bis zu jenem verhängnisvollen Tag, an dem sie fröhlich mit ihren Freunden zum Spielplatz rannte und beim Überqueren einer Straße plötzlich von einem rasenden Auto übersehen wurde ...

Lena schluckt. Helena konnte nach diesem schrecklichen Unfall nie wieder laufen. Doch ihre Freude am Hockey ist bis heute geblieben, nur, dass es nun eine andere Art des Hockeys ist.

Nachdenklich schaltet Lena das Handy aus und gibt es Dave schweigsam zurück.

„Und?", fragt er sie, „Hast du was Tolles entdeckt?" Lena überlegt erst ein wenig, doch dann nickt sie plötzlich und strahlt:

„Ja, unsere Hockeyfamilie hab' ich entdeckt! Die ist nämlich echt klasse, sooo riesengroß ... und wirklich für alle da!"

Lars und Max, die vor ihr stehen und eine kurze Pause machen, schauen sich verwundert an. Doch ihre drei großen neuen Freunde verstehen es:

„Ja, das ist unsere Familie. Und das Beste ist: Wir sechs gehören auch alle dazu." Die Hockey-Kids sind begeistert.

So hört man selbst später, nachdem sie das schwere Tor von außen wieder zugeschoben haben, Lenas aufgeregte Stimme, als sie fröhlich nach Hause gehen. Schließlich hat sie ihren beiden Freunden viel zu erzählen ...

#6 Cool und abgebrüht

„Mensch Lars! Wo kommst du denn schon her!? Heute mal nicht verschlafen?", wundert sich Max am nächsten Morgen auf dem Schulweg. Lars erwartet seine Freunde bereits auf halber Strecke und zuckt mit den Schultern.

„Ach!", meint er und schiebt mit seinen Füßen das leuchtend-rote Herbstlaub zusammen, „Ich war heute irgendwie schon früh wach."

Lena freut sich: „Ging mir genauso!" Ob das an ihren neuen Freunden liegt? Oder ist es die Aussicht, später wieder Hockey zu spielen? Beschwingt laufen alle drei voller Vorfreude auf den Tag zur Schule.

Die Freude schwindet allerdings, als sie kurz darauf schon von weitem Leo und seine Bande am Eingangstor erkennen.

„Dabei hatte der Tag so gut angefangen!", stöhnt Lena.

Doch Max schreitet mit großen Schritten voran: „Lasst mich nur machen." Mit extra lauter Stimme beginnt er ein scheinbares Gespräch mit seinen beiden Freunden:

„Lars, findest du nicht auch, dass unsere neuen Freunde, die „Hockey Bros.", echt megacool sind?! Und erst die Tricks, die sie uns beibringen! Da kann keiner mithalten! Ich fand ja schon „Hockey Ball Evasion" ziemlich funny, aber „On the Edge" ist richtig krass ... Und nachher gibt's gleich more. Let's go!"

Verwundert und sprachlos beobachtet Leo mit seinen Freunden, wie die drei stolz an ihnen vorbeimarschieren. Max vorneweg, der mit geöffneter Jacke in einem coolen schwarz-weißen T-Shirt steckt. Als die Hockey-Kids das Schulgebäude erreichen, kann sich Lena vor Lachen kaum noch halten:

„Die drei grübeln jetzt wahrscheinlich den ganzen Tag, was du da eigentlich erzählt hast. Davon haben die doch nur die Hälfte verstanden! Das war zu gut!"

Auch Lars lacht: „Dein Englisch hast du über Nacht jedenfalls mächtig aufpoliert!" Dann stutzt er: „Was ist das übrigens für ein T-Shirt? Hast du das neu?"

Verschämt schaut Max an sich herunter und zupft sein Oberteil glatt. „Nee", grinst er, „ich habe nur alle blauen Streifen schwarz angemalt."

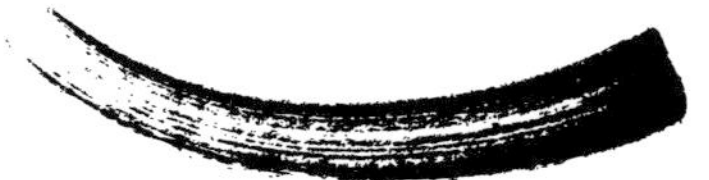

Erst jetzt fällt Lena auf, dass seine Streifen ziemlich ungleichmäßig aussehen. Die Sache mit dem Anmalen ist eigentlich keine so schlechte Idee. Doch als sie an ihre vielen schönen rosa Pullis und T-Shirts denkt, ist sie sich sicher: Sie bleibt auf jeden Fall bei ihrer Lieblingsfarbe Rosa. Um cool zu sein, wird ihr schon noch etwas anderes einfallen. Aber ... will sie das überhaupt? Cool sein? Muss man sich dazu gleich komplett verändern? Und wozu?

Max ist jedenfalls zufrieden. Ihn wird Leo bestimmt erst einmal in Ruhe lassen. Während Lars ebenfalls glücklich ist, weil er heute seit Ewigkeiten mal nicht verschlafen hat, freut sich Lena schon auf einen weiteren tollen Hockey-Nachmittag mit ihren neuen Freunden.

Wie im Flug vergeht die Schule diesmal an diesem Tag und auch die Hausaufgaben sind ungewohnt schnell erledigt. So machen sich die drei schon früh auf den Weg zur Autowerkstatt.

Dort angekommen wundern sie sich jedoch, wie leise es heute ist, als sie das verrostete Tor zur Seite schieben. Kein Ballgeräusch, keine Musik.

„Oh nein, ob sie doch schon früher abgereist sind?", fragt Lena entsetzt. Weit und breit ist im Hof niemand zu sehen. Nur ein Hockeyball liegt einsam an einem aufrecht stehenden Autoreifen. Mit seinem Schläger lässt Lars ihn einige Male hin und her durch den Reifen hüpfen.

„Da!", ruft Max plötzlich aufgeregt und winkt seine Freunde zu sich. An der Rückseite des Tors klebt ein gelber Zettel. Laut liest er vor: „Hallo Hockey-Kids! Wir sind heute am alten Hafen. Übt entweder hier alleine in der Garage oder kommt zu uns. Ihr findet uns am großen stillgelegten Kran. Eure Freunde Dave, Bob & Ron ..."

„Den alten Hafen kenn' ich!", ruft Lars aufgeregt, „Das ist nur eine Häuserecke weiter!"

„Ja, da ist doch auch der riesige Spielplatz mit der verlassenen Skaterbahn!", meint Lena. Die Jungs nicken und alle drei rennen los.

#7 Erkenntnis in der Grube

Am Hafen angekommen sehen sie schon von weitem eine kleine Menschentraube an der maroden Skateranlage neben dem Kran stehen. Immer wieder erkennt man einen einzelnen Hockeyball aus der tiefen „Skatergrube“ hinauffliegen und die Menge klatscht und pfeift vor Begeisterung.

„Oje!“, zögert Lena, „Das wird heute aber kein ruhiges Treffen unter uns!“ Vorsichtig quetscht sie sich mit ihren Freunden durch die Zuschauer. „Ach was!“, winkt Lars ab, „Die paar Leute!“

Da schiebt sich Max mit einem Mal nach vorne: „Platz da! Lasst mich mal schnell durch!“

Überrascht machen die beiden den Weg frei. Als er wie zuvor am Morgen mit übertrieben lauter Stimme weiterspricht, sehen sie auch schon den Grund seiner Aktion: Mit verdutzten Gesichtern sitzen Leo und seine Bande wenige Meter vor ihnen lässig auf ihren sündhaft teuren roten Fahrrädern. Sein Schauspiel geht also weiter.

„Hey Rohooon, wir sind daahaaa!", ruft Max aus vollem Hals nach unten in die „Grube". Stolz erklärt er in Leos Richtung: „Das sind unsere Freunde! Die „Hockey Bros."! DIE sind richtig cool!" Mit Schwung setzt er sich mit Lena und Lars mutig auf die Kante. Dann rutschen sie gemeinsam mit ihren Schlägern vorsichtig zu den drei Großen hinunter.

„Da seid ihr ja! Kommt schnell hierher!", ruft Dave zurück, „Kennt ihr die Jungs da oben?"

Max winkt ab: „Ach, das sind nur Angeber aus unserer Schule. Können nichts – geben aber ständig an mit ihren teuren Sachen."

Dave versteht: „Das habe ich mir schon gedacht. Na, dann zeigen wir ihnen mal, dass es nicht darauf ankommt, was man ANhat, sondern was man DRAUFhat."

Er zwinkert den dreien zu und gemeinsam schauen sie zu Bob. Der spielt gerade „Hockey Zero Gravity", lässt den Ball in der Luft ständig von links nach rechts hüpfen, wie auf dem Boden, nur eben in der Luft.

Ron kniet etwas unterhalb und filmt ihn dabei. Die Menge über ihnen jubelt und auch die Hockey-Kids sind begeistert. Plötzlich ruft Bob Max ein lautes „Und jetzt du!" zu und spielt ihm den Ball direkt auf seinen Schläger.

Überrascht aber sicher fängt Max ihn auf und lässt ihn einige Male auf der flachen Seite hüpfen. Dann konzentriert er sich, wagt es und versucht einige „On the Edges", die sie gestern gelernt haben.

Und jetzt DU!

Mach mit und gehöre zu den World Hockey-Kids!

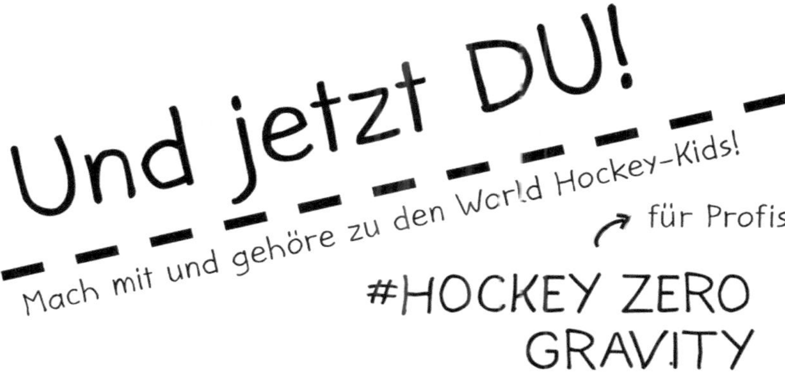

für Profis

#HOCKEY ZERO GRAVITY

Spiele den Ball etwa auf Augenhöhe mit der Vor- und Rückhand.

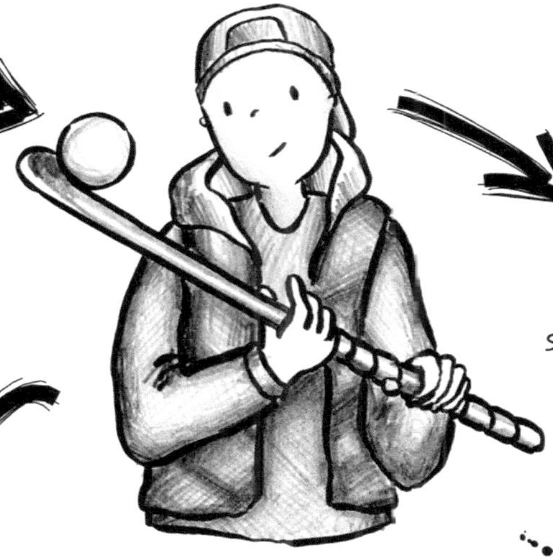

Deine Notizen:

Halte den Schläger stets unter dem Ball.

Stehe locker mit leicht gebeugten Knien.

Entdecke den Trick im Video!

Ein beeindrucktes „Ahhh“ und „Ohhh“ tönt hier und da aus der Menge, als der Ball auf der schmalen Kante tanzt. Während Max den Ball gekonnt an Lars weiterspielt, übernimmt Bob nun das Filmen.

Alle spielen sich den Ball zu, hin und her und lassen ihn hoch durch die Luft wirbeln. Immer wieder bauen Ron und Dave einige coole Tricks, wie das „Up to the Stars“ ein. Mittendrin filmt und fotografiert Bob das ganze Geschehen.

Als sie eine kleine Pause einlegen, hat sich die Zuschauermenge oben aufgelöst und Lena, Max und Lars sitzen ziemlich erschöpft, jedoch sehr glücklich nebeneinander.

„Das hat echt mega Spaß gemacht!“, erklärt Lars. Max nickt:

„Ja, und die Angeber aus der Schule haben vielleicht gestaunt! Richtig beleidigt sind die dann abgezischt.“ Bob lacht:

„Ach, lasst sie nur. Wahrscheinlich würden sie das gerne selbst alles mal ausprobieren.“ Bei dem Gedanken bekommt Max jetzt schon Bauchweh.

„Wichtig ist, dass IHR Spaß hattet und die Welt um euch herum für einen Augenblick einfach vergessen habt", meint Dave. Und das hatten sie!

Auch Lena fällt auf, dass sie keinen Moment daran gedacht hat, dass der Ball ja auf den Boden fallen könnte, sie stolpern oder andere sie auslachen könnten. Für sie alle gab es einfach nur den Ball, ihren Schläger und ihre Freude ...

Da unterbricht Ron die nachdenkliche Stille: „So, ihr Schlafmützen, genug ausgeruht! Jetzt wird's Zeit für einen neuen Trick! „Magic Hockey Steps" heißt er. Seid ihr bereit?"

Lena, Max und Lars springen auf: „Na klar!" Und so passen sich die sechs Freunde den Ball mit diesem neuen Trick zu: Breitbeinig stoppen sie ihn von hinten, mittig zwischen den Beinen, folgen ihm mit dem Schläger weit hinter sich und spielen den Ball hinter dem rechten Fuß wieder nach vorne ab.

Max verrenkt sich umständlich, um mit seinem Schläger durch seine Beine zu gelangen und Lena stolpert fast über ihren Schläger. Auch Lars stochert wild an seinen Füßen herum, bis der Ball tatsächlich im Bogen um seinen Fuß und wieder nach vorne rollt.

#MAGIC HOCKEY STEPS

Führe den Ball und den Schläger mittig durch deine Beine nach hinten.

Spiele den Ball um deinen rechten Fuß wieder vor.

Entdecke den Trick im Video!

Immer schneller gelingt ihnen die neue Bewegung, bis Lena kurz verschnaufen möchte und sich zu Dave auf den Boden setzt.

Um sie herum prangen wilde Graffiti-Bilder auf dem Boden und an den Wölbungen. An manchen Stellen blättert die Farbe bereits ab.

„Na Lena, genug geübt?" Mit roten Wangen und außer Puste nickt sie: „Ja, echt lustig, aber gar nicht so einfach diese „Magic Hockey Steps"!"

Dann schaut sie neugierig auf sein Handy. „Und? Hat euch heute wieder jemand geschrieben?", fragt sie. Dave blickt ihr nachdenklich ins Gesicht:

„Na klar ... hier, lies selbst. Das ist Taio ..." Mit der Fingerspitze berührt er den Beitrag, dann drückt er Lena das Handy vertrauensvoll in die Hand.

Als er aufsteht und mit den anderen Jungs langsam mit der bunten Graffiti-Landschaft verschmilzt, taucht Lena in die bunte Welt Afrikas ein.

Denn von dort schreibt Taio und beginnt mit dem Satz, den schon so viele andere vor ihm geschrieben haben: „Ich liebe meine Hockeyfamilie!"

Neugierig tippt sie sein Foto an und es erstreckt sich über den gesamten Bildschirm. Stolz hält Taio seinen Hockeyschläger in der Hand, die runde Keule auf dem roten sandigen Boden gestützt. Vor seinen nackten Füßen liegt ein Hockeyball.

Lena folgt dem bunten Farbenspiel; ihr Blick wandert vom tiefblauen Himmel über die knorrigen grünen Bäume, hinüber zu Taios schwarzen krausen Haaren bis hinunter zum leuchtend roten Boden, der in der glühenden Sonne flirrt. So viele tolle Farben! Als sie das Bild berührt, verkleinert es sich wieder und Lena liest weiter.

Der Junge erzählt, wie er und seine Schwester Mapenzi täglich den langen Weg zur Schule barfuß zurücklegen. Beide sind froh, dass sie lesen und schreiben lernen, denn das dürfen dort längst nicht alle.

Er erklärt, wie sie eines Tages in der Schule Hockey kennengelernt haben, als ein Trainer ihre Schule besuchte. Seit dem wundern sich die Dorfbewohner noch immer etwas über diese eigenartigen Schulkinder, die mit komischen „Gehstöcken" einem kleinen Ball nachjagen. Besonders die dick eingepackten „Roboterkinder" im Tor werden misstrauisch beäugt, denn Hockey gibt es bei ihnen, wie in den meisten Teilen Afrikas, so gut wie gar nicht.

Und so kommt es nicht selten vor, dass ihre Eltern von Nachbarn besucht werden, nur um einen neugierigen Blick auf diese „sonderbaren" Kinder zu werfen. Taio aber genießt jeden Augenblick, den er mit seinem bunt zusammengewürfelten Hockeyteam verbringen kann.

Durch Hockey vergisst er Streitereien und Sorgen, ist glücklich und entdeckt sogar die Welt: So wie letzte Woche, als er das erste Mal in seinem Leben sein Dorf verlassen hat, um mit seinen Trainern und seinem Team die Stadt zu besuchen.

Das allerbeste war aber die Pizza, die es dort für alle gab. Die allererste seines Lebens.

„So etwas hab' ich noch nie zuvor gegessen!", schreibt der Junge aus Afrika.

Lena schüttelt den Kopf. Wie leicht und einfach ihr das eigene Leben hier plötzlich erscheint! Sie schaut auf ihre Schuhspitzen, denkt an Taios nackte Füße und mit einem Mal fühlt sie sich etwas beklommen: Was wohl Taio und seine Schwester über Lena und ihr Leben denken würden?

Hier gibt es alles im Überfluss. Wenn sie wollte, könnte sie jeden Tag von morgens bis abends Pizza essen. Und sollte sie nicht ebenso glücklich sein, lesen und schreiben zu können oder in die Schule gehen zu dürfen?

Wie missmutig sie doch alle drei in der letzten Zeit in den Unterricht gegangen sind, während andernorts Kinder glücklich wären, sie dürften überhaupt mal zur Schule!

Grübelnd schaut sie vor sich hin. Lars und Max üben mittlerweile schon einen weiteren Trick.

„Hockey Trap!", rufen sie ihr laut zu. „Echt abgefahren! Guck mal!"

Stolz lässt Lars einen Ball auf seinem Schläger ruhen, schwingt ihn plötzlich nach oben und fängt den Ball zwischen seinem Ellbogen und dem Schläger eingeklemmt wieder auf.

Lena klatscht begeistert in die Hände. „Cool!" Das muss sie auch gleich mal ausprobieren und springt auf.

Halte den Ball konzentriert auf deinem Schläger & spiele ihn gerade hoch.

Deine Notizen:

Hebe deinen Ellbogen.

Klemme den Ball zwischen Schläger und Ellbogen ein.

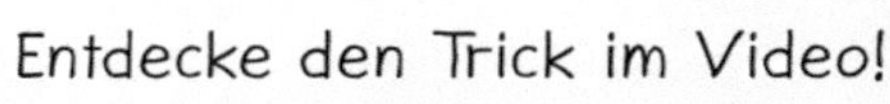

Noch einmal schaut sie Taios Bild an und liest den kleingedruckten Text darunter: „Danke für die vielen tollen Schläger, Bälle und Torwartausrüstungen, die ihr gespendet habt! Ohne euch gäbe es hier kein Hockey! Danke Hockeyfamilie!"

Lena erinnert sich, wie sie alle damals mit ihrer Hockey AG auch Schläger und Bälle auf große Reise nach Afrika geschickt hatten. Wer jetzt wohl mit ihnen spielt? Kinder wie Taio und Mapenzi?

Sie beobachtet, wie Leo oben mittlerweile alleine noch immer seine Kreise auf seinem nagelneuen blauen Fahrrad zieht und zwischendurch neugierig zu ihnen nach unten linst, während Taio im weit weit entfernten Afrika gerade barfuß von der Schule heimkehrt und noch bis spät am Abend wieder die Schafe seiner Familie hüten wird ...

#8 Geheimnisse

Auch der nächste Schultag vergeht für die Hockey-Kids schneller als gewöhnlich.

Trotzdem stöhnt Max, als die drei Freunde später gemeinsam nach Hause gehen: „Das ist echt total übertrieben! Sooo viele Vokabeln sollen wir bis übermorgen lernen!"

Beim Verlassen der Schule entdeckt er Leo und seine Bande, die die drei von Weitem zu beobachten scheinen und wieder mal tuscheln.

„Ja!", findet nun auch Lars, „Die Hälfte hätte ja schon gereicht ... oder, Lena?"

Doch Lena wirkt abwesend und träumt vor sich hin. Als sie fast gegen den Mast einer Straßenlaterne läuft, schrickt sie plötzlich auf. Brummend antwortet sie mit einem leisen „Mhmmm".

Max und Lars schauen sich verwundert an. Was ist nur mit ihr los?! Den ganzen Tag war Lena schon so schweigsam.

„Sag mal, hast du Halsschmerzen ... oder warum sagst du heute kein Wort? Du hörst ja gar nicht zu! ...

Oder hast du etwa Geheimnisse vor uns?", will Lars wissen und zwinkert verschwörerisch. Empört stemmt Lena die Hände in die Hüften und schnaubt:

„Ich hab' keine Geheimnisse! ... Ich denke nur nach. Und im Übrigen habe ich sehr wohl zugehört: Wenn das wirklich so viele Vokabeln sind, müssen wir sie eben nur flotter lernen. So einfach ist das. Sonst können wir uns heute nicht mehr mit unseren Hockeyfreunden treffen. Strengt euch also an." Das klingt einleuchtend, aber auch richtig mühsam, findet Max.

„Und worüber denkst du so angestrengt nach?", wundert sich Lars. Neugierig hakt er nach: „Wenn es kein Geheimnis ist, dann kannst du es ja sagen."

Unsicher zögert Lena etwas. Was, wenn ihre Idee total übertrieben ist und die Jungs sie auslachen? Wäre schließlich nicht das erste Mal, dass sie sich über einen ihrer Einfälle lustig machen. Darauf hat sie heute nun wirklich keine Lust! Als sie an einer roten Ampel warten, gibt sie sich einen Ruck. Mutig erklärt sie mit fester Stimme:

„Ich will einen Film machen." Max, der das rote Ampelmännchen nicht aus den Augen lässt, traut seinen Ohren nicht:

„Du willst WAS? ... Meinst du etwa so ein cooles Hockey-Video? ... DU?"

„So was in der Art ...", nickt Lena etwas eingeschüchtert und ärgert sich schon fast, ihnen von ihrer Idee erzählt zu haben. War doch klar, dass sie ausgelacht wird!

Lars grübelt: „Aber du kannst die ganzen Tricks doch noch gar nicht so gut. Da hättest du mehr mit uns üben müssen, statt immerzu nur in Daves Handy zu gucken." Max stimmt Lars zu:

„Ja, ... und außerdem hast du doch gar kein Handy zum Filmen. Dave braucht seins bestimmt selbst."

Als die Ampel auf Grün springt, ist Lena heilfroh, dass sie endlich weitergehen können. Mit hängenden Schultern und ziemlich niedergeschlagen erklärt sie:

„IHR wolltet doch wissen, worüber ich nachdenke! Außerdem muss ich ja auch noch erst meine Eltern fragen. Im Internet und mit den Filmen muss man ja vieles beachten, sagen sie immer. Wenn sie das nicht erlauben, kann ich es sowieso vergessen ... Eigentlich dachte ich, dass du mit deinem Handy filmen könntest, Lars."

„Das geht nicht!", kommt es jedoch blitzschnell zurück.

„Ist ja schon gut! War ja auch nur eine Frage!", antwortet Lena gereizt. Ein bisschen mehr Hilfsbereitschaft hätte sie schon von ihm erwartet.

„Was soll das heißen ... Das geht nicht?" Skeptisch beobachtet Max Lars von der Seite und ist sich sicher, dass nun ER etwas vor ihnen verheimlicht. Selbst Lena wird nun misstrauisch.

Verlegen knetet Lars seine Hände in den Sweatshirt-Taschen. Als seine beiden Freunde vor ihm stehen bleiben, gibt er schließlich auf:

„Ach, was soll's! Ihr lasst ja doch nicht locker! Aber wehe, es lacht jemand!" Lena und Max schütteln wild ihre Köpfe, obwohl Lena ihm seine heftige Reaktion schon noch ein wenig übel nimmt.

So ist es jetzt Lars, der erst zögert, dann tief einatmet und zugibt: „Mein Handy ist ins ... Wasser gefallen. Der Klassiker ... Totalschaden ... Da ist nichts mehr zu machen ... So, jetzt wisst ihr's!"

„Wie hast du das denn geschafft!?", stöhnt Lena, „Das gibt's doch gar nicht!"

„Wo habt ihr denn zuhause so viel Wasser, dass dein Handy darin absäuft? – Da fällt mir nur das Klo ein. Aber das wär' echt zu eklig!", erwidert Max angewidert.

Doch als Lars schweigt und beide in sein Gesicht sehen, wissen sie Bescheid.

„Volltreffer! Na super! Das fasse ich für meinen Film bestimmt nicht mit den Fingern an!", zetert Lena, „Ausgerechnet jetzt! Das war's dann wohl mit meiner Idee! Bis später dann!"

Enttäuscht steigt sie die Treppen zu ihrer Haustür hinauf und geht seufzend hinein. Ihr muss etwas einfallen!

#9 Wie von Zauberhand

In Windeseile und hochkonzentriert versuchen die drei an diesem Nachmittag, sich die vielen Vokabeln zu merken.

Max ist überrascht, wie viele dieser Wörter irgendwie zusammengehören und sich eigentlich gebündelt ganz praktisch lernen lassen. Auch Lars hat bereits alles in sein Heft abgeschrieben und das meiste schon im Kopf. Zufrieden machen sich die beiden Jungen mit ihren Hockeyschlägern auf den Weg und holen Lena ab.

Hatten sich die beiden gerade noch auf ihre schlechte Laune vorbereitet, scheint diese jedoch bereits verflogen. Denn kaum haben sie geklingelt, springt auch schon die Tür auf und Lena hüpft mit ihrem Schläger fröhlich die Stufen runter.

„Mädchen!", flüstert Max Lars zu, „Da soll einer noch durchblicken! Diese ständigen Launen!" Lars nickt zustimmend und von ihrem Lachen angesteckt folgen sie Lena, die schon weit vor ihnen läuft.

Wie gestern verabredet, treffen die Hockey-Kids ihre Freunde auch heute wieder am alten Hafen. Als sie dort ankommen, lassen sie ihren Blick suchend über die weite Anlage schweifen.

Schließlich entdecken sie Dave und die beiden anderen ganz hinten, in einer Art riesigem Käfig. Blitzschnell spielen sich Ron und Bob mehrere hüpfende Bälle auf einmal zu. Hin und her kommen diese erst auf dem Boden auf und springen kniehoch wieder nach oben.

Aus der Luft heraus nehmen die beiden jeweils den aufspringenden Ball an und spielen ihn wie beim Tennis sofort in hohem Bogen wieder zurück. Lena kann kaum mitzählen, wie viele Bälle dort tatsächlich auf und ab hüpfen.

„Hi Hockey-Kids!", ruft ihnen Bob unter seiner Sweat-Shirt-Kapuze zu, ohne die Bälle aus den Augen zu verlieren, „Kommt, macht gleich mit! Das ist witzig!"

Das lassen sich die Hockey-Kids natürlich nicht zweimal sagen! Und schon spielt Ron Lena den ersten Ball zu. Hüpfend landet er vor ihr auf dem Boden und springt sofort wieder hoch.

Lass den Ball 1 Mal aufkommen, nimm ihn in der Luft an & spiele ihn hoch zurück.

Deine Notizen:

Übe an der Wand, mit Tennisball oder zu zweit.

Nimm nach und nach immer mehr Bälle dazu.

Entdecke den Trick im Video!

Lena nimmt ihn aus der Luft heraus vorsichtig an und spielt ihn in hohem Bogen an Ron zurück. Der hat ihr bereits den zweiten Ball zugespielt.

Wie lustig die Bälle auf diesem gummiartigen Boden hochspringen! Ganz anders als in der Turnhalle oder auf dem Kunstrasen!

„Bouncy Hockey Balls" heißt diese Übung, erklärt Bob ihnen.

Gemeinsam mit Max spielt er sich die Bälle konzentriert zu und bald nehmen sie sogar einen dritten Ball mit auf. Dabei dürfen sie aber Dave und Lars nicht in die Quere kommen, denn die beiden stehen dicht neben ihnen und spielen bereits mit vier Bällen. Lars kann sich nicht erinnern, wann er das letzte Mal solchen Spaß hatte! Alles andere und noch so Nervige scheint einfach ausgeblendet zu sein ...

Kurze Zeit später sitzen alle sechs gemeinsam im Metalltor des „Käfigs" und legen eine Pause ein.

„Das war echt toll!", schwärmt Lars noch immer. Max nickt zufrieden:

„Ja, echt lustig, diese „Bouncy Hockey Balls"! Und wisst ihr was? Diese vielen Vokabeln, die wir lernen müssen, waren mit jedem Ballspiel plötzlich ganz klar in meinem Kopf! Wie von Zauberhand!"

Bekräftigend tippt er sich auf seine Stirn. Lena und Lars geben ihm recht. Dieses rhythmische Hin und Her war ebenso beruhigend wie stärkend.

„A propos Zauberhand!", schreckt Bob sie plötzlich auf, „Diesen Trick kennt ihr noch nicht!" Er springt auf, schnappt sich seinen Hockeyschläger und einen Ball und macht eine tiefe Verbeugung: „Darf ich vorstellen?! – „The Hockey Wizard"!"

Gespannt sitzen alle im Halbkreis vor ihm. Mit ruhiger Hand balanciert er den Ball auf der flachen Seite, ganz weit vorne auf der Keule seines Schlägers; die linke Hand am Griffband, die rechte Hand weiter vorne.

Lena, Max und Lars schauen ihm gebannt und mucksmäuschenstill zu.

Plötzlich lässt Bob den Ball die Schlägerlänge entlang zu seiner rechten Hand rollen, hebt den Schläger nach oben über den Kopf nach hinten.

Erstaunt warten die drei Hockey-Kids auf das Aufschlagen des Balles hinter ihm auf dem Boden.

#THE HOCKEY WIZARD

Rolle den Ball ruhig über den Schläger zur Hand und halte ihn schnell heimlich fest.

Deine Notizen:

Schwinge beides nach hinten & übe mitTennisball.

Lass den Ball unbemerkt hinten in deine Kapuze fallen.

Entdecke den Trick im Video!

Doch es bleibt still. Mit ihren Augen suchen sie den gesamten „Käfig" ab, aber der Ball ist mit einem Mal verschwunden!

„Wow!", rufen sie, „Cool!" Max springt nun auf und stürmt auf Bob zu: „Wo ist der Ball? Sag schon! Das war echt abgefahren!"

Bob grinst und lässt ihn noch ein wenig suchen. Dann greift er in seine Kapuze, fischt den Ball heraus und drückt ihn Max zwinkernd in die Hand.

„Das musst du uns unbedingt auch beibringen!", ruft Lars begeistert, „Lena, das ist doch auch was für deinen Film!" Überrascht schauen die „Hockey Bros." Lena an.

„Was für ein Film?", fragen sie beinahe gleichzeitig. Langsam steht Lena auf und räuspert sich:

„Ja, das ist ja eigentlich nur so 'ne Idee ... aber ich will auch einen Film machen. So wie ihr ... und wie die vielen anderen auf der ganzen Welt in deinem Handy." Aufgeregt und mit leuchtenden Augen schaut sie Dave an:

„Ich hab' darin sooo viel gesehen und so lange nachgedacht! Jetzt will ich ihnen auch etwas von unserem Hockey zeigen und erzählen, warum wir

Hockey so mögen, was es mit uns macht und wie man es bei uns spielt! Ich möchte den Kunstrasen zeigen, die Turnhalle und die Traglufthalle. Ich will ihnen erzählen, wie und wo wir hier aber auch überall sonst noch Spaß beim Hockeyspiel haben. Meine Eltern hab' ich heute schon gefragt, ich meine, wegen dem Internet und so. Und weißt du was? Sie erlauben es mir!"

Lena überschlägt sich vor Aufregung und Freude. Max dagegen ist enttäuscht:

„Und ich dachte, wir filmen unsere Tricks! Wie wir hier Hockey spielen, interessiert doch keinen! In der Turnhalle und auf dem Kunstrasen, ... das weiß doch jeder! Das ist doch alles langweilig und nichts Besonderes!" Doch Bob schüttelt den Kopf:

„So wie hier ist es aber nicht überall. Wer euer Video von Argentinien, Brasilien, Vietnam, Thailand oder Peru aus ansieht, findet das bestimmt genauso spannend, wie ihr, wenn ihr ihre fernen Hallen und Spielfelder seht. In vielen dieser Länder gibt es gerade mal bunt angemalte, unebene Betonböden mit einem Wellblechdach darüber. Das nennt man dort dann schon Hallenhockey. Kunstrasenplätze, die gewässert werden, wie ihr es kennt, sucht man in diesen Ländern vergeblich. Oft ist es dort dafür zu heiß oder das Geld fehlt dazu." Ron nickt:

„So ist es. Eher findet man noch eine Art trockene Kunstrasen-Sand Variante, denn das Wasser dort ist immer knapp und die Sonne brennt erbarmungslos."

„Lena, das ist eine wirklich sehr schöne Idee!", findet Dave anerkennend. Auch Max und Lars sind jetzt begeistert:

„Aber Tricks müssen auch mit rein!" Beide sind sich einig, dass sie heute noch unbedingt ihre Eltern fragen müssen, ob sie ebenfalls bei dem Film mitmachen dürfen. Kein Wunder, dass ihre Freundin vorhin plötzlich so gute Laune hatte! Da fällt Max jedoch wieder etwas Wichtiges ein:

„Ja, und mit welchem Handy machst du jetzt dein Video?" Verlegen scharrt Lena mit ihrer Fußspitze auf dem Boden.

„Naja, ich dachte, dass ich eins dafür nehmen könnte, Dave?!"

„Ich fürchte, daraus wird leider nichts, Lena!", entgegnet Dave, „Hier, siehst du, meine Kamera ist hinüber. Das ist gestern erst passiert. Sorry."

Er zeigt auf die Rückseite seines Handys. Ein tiefer Kratzer zieht sich quer über die gesamte Linse seiner kleinen Handykamera. Entschuldigend hebt er die Schultern.

„Tut mir echt Leid. Und Ron und Bob brauchen ihre immer selbst ... Aber was ist mit euch Jungs?" Fragend schaut er zu Max und Lars. Mit hochrotem Kopf erklärt Lars:

„Meins ist auch hinüber ... Leider!" Mit einem Blick beschwört er Max, nichts von seinem Missgeschick zu erzählen. Doch der meint nur knapp:

„Ja, und meins ist einfach zu alt und schlecht. Da erkennst du rein gar nichts auf dem Video!"

„Ich kann euch filmen!", ruft plötzlich jemand hinter ihnen und die Stimme kommt ihnen nur allzu bekannt vor!

#10 Eine ziemliche Überraschung

Leo!

Auch das noch! Was macht der denn hier?! Und ganz alleine, ohne seine Bande? Max schluckt. Was will dieser Fiesling? Ihn wieder ärgern und angeben?

Lena, Max und Lars sehen sich entgeistert an ... Aber halt, wie war das? Was hat Leo gerade gesagt? Er will sie filmen?

Ron stellt sich zwischen die beiden „Lager" und unterbricht das unangenehme Schweigen:

„Hi, schön, dass du da bist!" Er schaut in die Runde, dann etwas verunsichert zu Lena, Max und Lars: „Das hatten wir ganz vergessen, euch zu erzählen: Nachdem ihr gestern gegangen wart, kam dieser junge Mann auf seinem Rad hier nochmal vorbeigefahren und schien ganz interessiert. Da haben wir ihn angesprochen und gefragt, ob er nicht auch mal mitmachen wollte." Er zwinkert.

Max ist am Boden zerstört und bekommt mit einem Mal wieder Bauchschmerzen. Lena und Lars sind zu verdutzt, um etwas zu sagen. Was für eine bescheuerte Idee! Wie konnten sie nur ausgerechnet den blödesten Angeber ihrer Schule ansprechen!

Lars' Gedanken schwirren im Kreis umher: Das hier, das war ihre eigene, kleine Hockeywelt; das war alles, worauf sie sich in den vergangenen Tagen gefreut hatten! Und jetzt sollen sie das alles mit diesem giftigen Kerl teilen?

Auch Lena ist enttäuscht und kann es nicht fassen. Ihren Kummer kann man ihr deutlich ansehen, ihre Abneigung steht ihr regelrecht in ihrem Gesicht geschrieben.

Dave räuspert sich. „Lena, hast du vorhin nicht noch erklärt, dass du allen auf der Welt von „eurem" Hockey erzählen willst? Dass du allen zeigen willst, wie ihr es spielt und warum ihr es so liebt?"

Widerwillig muss Lena zugeben, dass er Recht hat und nickt vorsichtig.

„Siehst du. Und genau das ist der richtige Weg, um allen zu verdeutlichen, was unsere Hockeyfamilie ausmacht ... eine Familie, in der jeder willkommen ist ... Und dieser Weg fängt gleich hier, direkt bei dir an." Mit seinem Finger deutet er mitten auf Lenas Herz.

Unsicher hält sich Lars mit seiner Hand kurz die Brust, irgendwo dort, wo sein eigenes Herz steckt, und seufzt. Auch wenn er Leo bisher nicht ausstehen konnte:

Mit ihm und seiner Bande wären sie fast wieder ein richtiges Team, wenn sie tatsächlich interessiert sind. Und natürlich nur, wenn sie sich nicht zu dämlich anstellen. Dann könnten sie auch endlich wieder öfter spielen! Aber wo stecken eigentlich die anderen Fieslinge?

Ron bemerkt seine Zerrissenheit und greift sie gleich auf: „Lars, du könntest unserem neuen Hockeyfreund doch das Wichtigste über Hockey erklären und ihm vielleicht sogar einen Trick beibringen! Hier habt ihr meinen Schläger!"

Und ehe Lars etwas erwidern kann, schiebt Bob den Neuling schon zu Lars. Lena und Max zucken mit den Schultern und schließen sich dem Spiel nachdenklich an.

Ihre kleine Hockeygruppe wächst. Das ist im Prinzip ja ganz schön, nur eben anders, als sie es sich vorgestellt und vielleicht gewünscht hätten.

Ausgerechnet Leo! Ohne es zu merken, schüttelt Lena den Kopf. Aber wer weiß, womöglich entwickelt sich das Ganze ja noch zu etwas richtig Tollem, auch wenn es sich im Moment nicht so recht danach anfühlt.

Am nächsten Tag machen sich die Hockey-Kids gemeinsam auf den Weg zur Schule. Lars, der mittlerweile fast gar nicht mehr verschläft, läuft in der Mitte zwischen seinen Freunden.

„Ob Leo in der Schule wieder der alte Angeber ist? Gestern war er ja eigentlich sogar fast richtig nett.", meint er. Max schnauft nachdenklich:

„Keine Ahnung. So richtig traue ich der Sache ja noch nicht. Ein Fiesling wird doch nicht ganz plötzlich nett!"

„Aber, wenn er heute wieder beim Hockey dabei sein will, muss er das!", gibt Lena zu bedenken.

Als sie kurz darauf um die nächste Häuserecke biegen, erkennen sie bereits Leo und seine beiden Freunde. Doch noch während diese die Hockey-Kids bemerken, wenden sie sich plötzlich ab und machen sich laut lachend davon. Max und Lars sehen sich an. War ja klar, dass er doch noch irgendwie der Alte ist.

„Das soll einer mal verstehen", brummt Max. Lars stimmt ihm zu:

„Echt wahr! Alles wie gehabt! Jetzt tut er wieder so, als ob er einen nicht mehr kennt." Nachdenklich folgt Lena ihnen. Irgendetwas stimmt mit Leo nicht ...

Später sitzt Max nach der Schule in seinem Zimmer vor seinen Vokabeln und öffnet stöhnend sein Buch. Mit seinem Heft deckt er eine Spalte zu. Wort um Wort, Zeile um Zeile sagt er laut jede gefragte Vokabel auf und stutzt, als er mühelos und in kürzester Zeit beim letzten Wort angekommen ist.

„Krass! Ich kann wirklich alle!", jubelt er. Zufrieden klappt er sein Buch zu, schnappt sich seine Hockeysachen und eilt zu Lars. Der erwartet ihn schon vor der Haustür.

„Ging's bei dir auch so flott mit dem Lernen? Irgendwie kann ich's kaum glauben. Sooo viele Vokabeln! Und alle schon hier drin!", freut er sich und tippt sich auf seine Stirn.

Gut gelaunt laufen sie weiter, um auch Lena zum Hockeyspielen abzuholen. Mit schnellen Schritten haben sie nur wenige Minuten später ihr Haus erreicht und klingeln.

Ungeduldig tippeln sie von einem Bein aufs andere, bis Lena schließlich herauskommt. Endlich kann es losgehen!

#11 Plötzlich doppelt!

Vor der Autowerkstatt angekommen, öffnet Lars das große, schwere Tor und die drei Freunde schieben sich durch den schmalen Spalt in den Hof.

Vor ihnen zeigt sich ein vertrautes Bild: Bob ist gerade dabei, einige Autoreifen für einen Parcours aufzubauen, während Ron hochkonzentriert einen Ball auf seinem Hockeyschläger balanciert: „Up to the Stars"

„Das probiere ich heute auch mal!", erklärt Lena und freut sich, „Da hinten ist Dave!"

Schon geht sie zielstrebig auf ihn zu, bis sie allerdings Leo neben ihm entdeckt. Interessiert lässt er sich anscheinend gerade einige Videos zeigen. Lena seufzt enttäuscht und ihre Schritte werden deutlich langsamer.

„Ob er uns jetzt wieder so abblitzen lässt, wie heute morgen in der Schule?", fragt Lars seine Freunde leise. Max zuckt mit den Schultern:

„Das werden wir ja gleich sehen. Aus dem werd' ich jedenfalls nicht schlau. Der zieht doch nur eine scheinheilige Show ab. Macht hier auf freundlich und morgen in der Schule kennt er uns dann wieder nicht."

Jetzt hat auch Dave die drei entdeckt und winkt sie zu sich: „Hi! Kommt schnell her! Toll, dass ihr auch schon da seid! Dann könnt ihr heute gleich mit eurem Film anfangen!"

Max und Lars eilen zu ihm hin; Lena dagegen ist hin und her gerissen. Eigentlich freut sie sich ja, dass es nun tatsächlich losgeht und sie ihren eigenen Film machen werden, aber zusammen mit Leo? Nachdenklich läuft sie ihren Freunden hinterher, vorbei an Leos blauem Fahrrad, das an der Wand lehnt ...

„Ich hoffe, ihr habt euch schon überlegt, womit ihr in eurem Video anfangen wollt?", fragt Dave die drei, als sie vor ihm stehen.

„Naja, mit ein paar Tricks vielleicht?", meint Lars. Fragend schaut er zu Lena. Max nickt eifrig und sieht Lena ebenfalls an.

„Ich weiß nicht ...", überlegt sie unschlüssig, „eigentlich müssten wir uns vielleicht erst einmal vorstellen, damit alle wissen, woher wir kommen und wer wir sind."

Und jetzt DU!

Mach mit und gehöre zu den World Hockey-Kids!

↗ für Profis

#UP TO THE STARS

Bringe den Schläger samt Ball vorsichtig nach oben über den Kopf.

Deine Notizen:

Übe mit einem Tennisball. Arme leicht beugen.

Rücken im Hohlkreuz – Blick auf den Ball.

Entdecke den Trick im Video!

Dave ist begeistert: „Das ist eine gute Idee! Und danach könnt ihr ja die Tricks einbauen.", zwinkert er Max und Lars zu, „Das mit dem Vorstellen könnt ihr ja dann erst mal mit Jan üben." Mit diesen Worten steht er auf, um Bob beim Aufbau zu helfen und lässt die Hockey-Kids verwundert hinter sich.

„Na toll, jetzt lässt der uns einfach hier stehen!", brummt Max. Lena flüstert ihren Freunden gleichzeitig aufgeregt zu:

„Wie sollen wir denn einen Film machen?! Wir haben doch keine Ahnung, wie das geht!" Doch Lars unterbricht die beiden mit einer noch viel wichtigeren Frage:

„Wer ist eigentlich dieser Jan?"

„Ich bin Jan!"

Lena, Max und Lars wirbeln herum. Vor ihnen steht Leo.

„Du?", fragen alle drei. Max reicht es jetzt:

„Hör endlich auf, uns an der Nase herumzuführen, Leo! Mir reicht's! Ich gehe!"

Auch Lars ist wütend und wendet sich schon zum Gehen. Wenn das wieder so ein Spielchen ist, dann ohne ihn!

Den Blick fest auf den Fiesling gerichtet, setzen die beiden Jungen rückwärts die ersten Schritte und rempeln Lena dabei fast um. Wie versteinert steht sie ihnen fassungslos im Weg und rührt sich nicht.

In ihrem Kopf schwirren die Gedanken: Was ist bloß mit Leo los? Warum behauptet er, sein Name sei Jan? Weiß er selbst nicht mehr, wer er ist? Bei alten Menschen gibt es doch so eine Krankheit, bei der man alles vergisst. Fast tut er ihr schon ein wenig Leid.

Doch da unterbricht Jan ... oder Leo ... oder wie auch immer er heißen mag, die angespannte Stille und wiederholt:

„Ja, ich bin Jan." Er lächelt schief, denn die drei vor ihm sehen aus, als hätten sie gerade ein Gespenst gesehen. „Ich heiße nicht Leo!"

„Was gibt's da zu lachen!?", wirft ihm Lars aufgebracht vor, „Natürlich heißt du Leo. Uns machst du nichts vor! Du siehst aus wie Leo, du sprichst wie Leo, und bist genauso ... ach!" Lars winkt ab und verschränkt die Arme. Max beobachtet die beiden schweigend.

Dann wandert sein Blick zu Lena, die noch immer in Gedanken versunken auf Leos blaues Fahrrad starrt ... diese Farbe ... hat Leo nicht ein rotes Rad? Langsam beschleicht die zwei eine leise Ahnung und die beiden schauen sich ungläubig an, bevor Jan ihnen eine Überraschung offenbart.

„Leo ist mein Bruder. Wir sind Zwillinge."

Die Hockey-Kids können es nicht fassen! „Mann, das ist ja 'n Ding!", freut sich Max. Die drei Freunde sind mehr als erleichtert, denn anders als sein Bruder Leo scheint Jan wirklich richtig nett und lustig zu sein.

„Ach, Leo ist doch auch ganz in Ordnung!", erklärt ihnen ihr neuer Freund, als er merkt, wie sie verstummen, sobald der Name seines Bruders fällt, „Der versucht immer nur besonders cool zu sein, wenn seine komischen Freunde dabei sind. Auf die hatte ich überhaupt keine Lust und wollte deshalb nicht mit Leo auf die gleiche Schule."

„Wie schade!", findet Max. „Sonst wären wir vielleicht sogar in die gleiche Klasse gekommen!"

Jan zuckt mit den Schultern und erzählt, wie er ganz allein auf seine neue Schule kam und nach und nach tolle neue Freunde fand.

„Und jetzt euch!", grinst er. Auch Lena, Max und Lars sind sich jetzt schon sicher, dass sie noch richtig gute Freunde werden.

„Na, wie sieht's mit eurem Video aus?", hören sie Bob und Dave fragen, die gerade vom Parcours-Aufbau zurückkehren.

„Habt ihr schon eine sensationelle Idee?", will Ron wissen.

„Und was für eine!", lacht Lena, die Jan dabei zuwinkert. Max und Lars klopfen diesem auf Schulter und erklären einstimmig:

„Jan hat anscheinend ein richtiges Händchen für kleine Sensationen!" Ron lacht:

„Na, dann lasst uns gleich mal ein paar sensationelle Tricks üben und ein wenig Hockey spielen!"

Das lassen sich die Hockey-Kids natürlich nicht zweimal sagen, schnappen sich ihre Schläger und ihren neuen Freund.

#12 Eine Hockeyfamilie für alle

Wenige Tage später sitzen Lena, Max, Lars und Jan wieder mal auf einem Stapel alter Autoreifen in der Werkstatt. Jan hat ihr Video am Vorabend mit seinem Vater im Internet hochgeladen. Der war sichtlich beeindruckt. Heute wollen sie es sich nun gemeinsam anschauen.

Noch immer kann es Lena kaum fassen, dass sie es tatsächlich geschafft haben: ihr kleiner Film ist fertig, vollgepackt mit all dem, was ihr Hockey ausmacht, warum sie es so lieben und was sie anderen Kindern auf der Welt darüber erzählen möchten.

Während Jan Abschnitt für Abschnitt nochmal genau unter die Lupe nimmt, beobachtet Lena ihn von der Seite.

Unglaublich, wie sich die beiden Zwillinge ähneln und welchen Schrecken ihnen Jan vorgestern eingejagt hat, als er so tat, als sei er sein Bruder Leo. Allerdings hatte er sein eigenes blaues Fahrrad dabei und der Schwindel flog gleich auf. Lena grinst.

„Kann's jetzt losgehen?", holt Jan sie aus ihren Gedanken und Max und Lars rücken noch etwas näher heran.

„Ist das nicht mega spannend? Sooo viele Leute sehen jetzt, wie wir hier Hockey spielen!", freut sich Lars. Jan nickt.

„Na los, dann lass ihn mal laufen!", quengelt Max. Doch Jan wartet noch auf Ron, Bob und Dave, die sich diese kleine Premiere natürlich nicht entgehen lassen möchten.

Als alle neugierig auf den kleinen Bildschirm schauen, drückt Jan auf den winzigen Button mit dem Dreieck und die Bilder beginnen sich zu bewegen. Vorbei ziehen alle Orte, die sie in den vergangenen Tagen besucht und alle Tricks, die die Hockey-Kids mit ihren Hockeyfreunden wieder und wieder geübt haben.

Jan stellt den Ton etwas lauter und während Ron, Bob und Dave im Hintergrund mit ihren Hockeyschlägern „zaubern", sieht man im Vordergrund einen winzig kleinen Max, der von der Schule erzählt, die ihm so sehr viel mehr Spaß macht und ihm leichter fällt, wenn er denn nachmittags Hockey spielen kann.

Dann schiebt sich ein ebenso kleiner Lars ins Bild, stimmt ihm lauthals zu und erklärt, dass er vor lauter Vorfreude auf das Hockeyspielen morgens jetzt sogar besser aus dem Bett kommt.

„Das wolltest du doch rausschneiden!", beschwert sich der große echte Lars zwinkernd bei Jan. Alle müssen lachen, bevor sie sich die letzten Sekunden des Films anschauen. Die gehören Lena, weil sie schließlich die Idee dazu hatte.

Auf dem Display schießen alle besuchten Orte nochmal im Zeitraffer durch das Bild und bleiben schließlich auf einem sandigen Platz stehen. Kein nagelneuer Kunstrasen, keine saubere Halle, einfach nur irgendein Boden, der ebenso überall auf der Welt sein könnte ...

„Das ist unser Hockey!", spricht die kleine Lena dort nun, „Für uns gibt es nichts Schöneres, als Hockey zu spielen: egal wo ... zu jeder Zeit ... mit jedem. Weil wir es lieben und weil es uns glücklich macht ... so wie euch auch ... denn wir alle sind eine Hockeyfamilie." Dann verschwimmt das Bild und wird dunkel.

Kurz schweigen alle und starren noch immer auf den Bildschirm. Jeder weiß nur zu gut, wovon hier gerade gesprochen wurde und wie es sich anfühlt, Teil dieser unvergleichlichen Hockeyfamilie zu sein.

Dave räuspert sich und auch Ron und Bob sind sichtlich gerührt.

Doch das laute Quietschen des riesigen Metalltors holt alle schlagartig wieder aus ihren Gedanken. Wer mag das sein?

Überrascht beobachten sie, wie sich das Tor langsam zur Seite bewegt.

Max schluckt und befürchtet schon fast, dass Leo nun tatsächlich hier aufkreuzt. Aber das leise Surren eines Motors und der niedrige Schatten, der ihr Kommen ankündigt, lässt alle sprachlos in ihre Richtung starren.

„Helena!?“, flüstert Lena ungläubig.

Dave nickt zufrieden; Ron und Bob zwinkern ihm zu. Die Überraschung ist ihnen gelungen.

Interessiert verfolgen die Hockey-Kids, wie ihre drei großen Freunde Helena im Rollstuhl über den Hof begleiten. Lenas Gedanken überschlagen sich:

Helena scheint also hier ganz in der Nähe zu leben! Wie konnte sie das nur übersehen! Ob sie ihren Hockeyschläger dabei hat? Und wie geschickt sie ihren Rollstuhl mit dem kleinen Joystick über den Hof manövriert!

Zappelig hält sie es auf ihrem Platz nicht mehr aus, packt Lars und Max an den Händen und gemeinsam gehen sie ihre neue Freundin begrüßen, überhäufen sie aufgeregt mit ihren Fragen.

Selbst Jan, der das Geschehen ziemlich verdutzt beobachtet hat, wird einfach mitgerissen und alle sind sich einig:

Hockey steckt voller Überraschungen und ist einfach der wunderbarste Sport der Welt ... für alle ... überall.

ENDE

Tricks

#HOCKEY BALL EVASION	leicht	24
#ON THE EDGE	leicht	34
#HOCKEY ZERO GRAVITY	für Profis	51
#MAGIC HOCKEY STEPS	leicht	54
#HOCKEY TRAP	mittel	60
#BOUNCY HOCKEY BALLS	mittel	69
#THE HOCKEY WIZARD	mittel	72
#UP TO THE STARS	für Profis	85

Videos

Auf YouTube erkennt ihr die Videos an diesem Bild.

Auf den Mitmach-Seiten findet ihr unten rechts einen gesprenkelten QR-Code, den ihr einfach mit eurem Handy „fotografiert" und somit direkt zum Video gelangt. Dort könnt ihr den echten WORLD Hockey-Kids zuschauen und es dann selbst versuchen.

Auch ohne QR-Code gelangt ihr leicht zu den Videos:

Auf YouTube : „Autorin Sabine Hahn"

Die WORLD Hockey-Kids

von Sabine Hahn

Entdeckt alle Bücher der Hockey-Kids auf
www.sabinehahn.net